Big Data

大数据

技术创新与专利保护

国家知识产权局专利局专利审查协作北京中心 组织编写

知识产权出版社
全国百佳图书出版单位
—北京—

图书在版编目（CIP）数据

大数据技术创新与专利保护/国家知识产权局专利局专利审查协作北京中心组织编写．—北京：知识产权出版社，2023.9

ISBN 978－7－5130－8926－5

Ⅰ.①大…　Ⅱ.①国…　Ⅲ.①数据处理—专利—保护—研究—中国　Ⅳ.①D923.424

中国国家版本馆 CIP 数据核字（2023）第 182997 号

内容提要

本书围绕大数据技术创新与专利保护这一主题，从大数据采集与预处理技术、大数据存储技术、大数据计算技术、大数据应用技术和大数据可视化技术五个方面进行阐述，涵盖了大数据相关技术的基本概念、技术发展趋势、专利布局状况等内容，可为读者提供有益参考。

责任编辑：王祝兰　　**责任校对**：潘凤越
封面设计：杨杨工作室·张冀　　**责任印制**：刘译文

大数据技术创新与专利保护

国家知识产权局专利局专利审查协作北京中心◎组织编写

出版发行：	知识产权出版社有限责任公司	**网　址**：	http：//www.ipph.cn
社　址：	北京市海淀区气象路 50 号院	**邮　编**：	100081
责编电话：	010－82000860 转 8555	**责编邮箱**：	wzl_ipph@163.com
发行电话：	010－82000860 转 8101/8102	**发行传真**：	010－82000893/82005070/82000270
印　刷：	天津嘉恒印务有限公司	**经　销**：	新华书店、各大网上书店及相关专业书店
开　本：	787mm×1092mm　1/16	**印　张**：	17.5
版　次：	2023 年 9 月第 1 版	**印　次**：	2023 年 9 月第 1 次印刷
字　数：	325 千字	**定　价**：	99.00 元

ISBN 978－7－5130－8926－5

前　言

创新是引领发展的第一动力。大数据作为驱动新一轮科技变革和推动经济高质量发展的新型生产要素，在激发商业模式创新、催生新业态、促进新兴领域业务创新增值、提升企业核心价值方面具有不可替代的作用。无论是人工智能智能体执行推理和决策任务，还是生成式人工智能大模型海量训练数据的处理和存储，其背后都需要先进的大数据技术来支撑。

为全面推进大数据发展和应用，加快建设数据强国，完善政府社会治理及监管能力，我国相继制定实施大数据有关战略。2015 年 8 月，国务院印发《促进大数据发展行动纲要》，2021 年 11 月，工业和信息化部发布了《“十四五”大数据产业发展规划》，该规划提出了“十四五”时期总体目标，即到 2025 年，创新力强、附加值高、自主可控的现代化大数据产业体系基本形成。

大数据技术是一种处理海量数据的信息技术，通过数据的全生命周期管理，更大程度上发挥了数据资源在行为决策、洞察发现等方面的重要作用。大数据技术发展至今已形成完整的技术体系。一般而言，大数据技术包含大数据采集与预处理、存储、计算、应用和可视化技术，这些技术在整个数据处理过程中融合交汇，共同作用。大数据采集与预处理技术转换和汇集多来源、多类型的海量数据。作为核心基础，大数据存储技术将海量数据存储在支持不同数据库模型的数据库中，并对外提供透明、实时的访问，大数据计算技术则调度海量、虚拟化资源，完成离线批处理和实时流计算等计算任务。依托大数据应用技术，新的知识和规律得以从纷繁复杂的数据中被发现和提取出来，而大数据可视化技术支撑着至关重要的数据价值交互和表达过程，帮助数据使用者准确高效作出决策。随着数字经济和实体经济日益紧密融合，加之各项利好政策的驱动，大数据领域技术创新活跃，同时专利保护也为其提供了内在激励机制和动力源泉。

本书围绕大数据技术创新与专利保护这一主题，从大数据采集与预处理技术、大数据存储技术、大数据计算技术、大数据应用技术和大数据可视化技术五个方面进行阐述，涵盖了大数据相关技术的基本概念、技术发展趋势、专利布局状况等内容。书中运用科学的分析方法，分析重要创新主体，解读重点专利，梳理大数据关键技术发展脉络，从国内到国外，多层次、多维度地对大数据专利技术进行了剖析。从当前发展态势来看，创新主体对于大数据技术专利保护的需求愈发强烈，正逐步由追求专利数量向提升专利质量转变。本书基于创新主体对上述领域的专利保护需求，从专利数据分析的视角为读者展现大数据产业的专利全景图。

本书主要面向大数据领域相关技术人员以及知识产权从业人员，笔者希望通过本书帮助读者从大数据技术革新以及知识产权保护视角，深入了解大数据领域重点关键技术、应用发展现状、专利布局状况以及重点企业分布，从而为大数据产业的可持续创新和知识产权保护提供参考和建议，更好地促进大数据技术在不同产业中的保护和运用，服务经济社会高质量发展。

本书各章节的撰写人员如下：

第1章、第2章2.1.1—2.1.2及2.6节、第3章3.1.1及3.5节、第4章4.1及4.2.1节、第5章5.1.2及5.2.1节、第7章由李俊完成，第2章2.1.3—2.5节由冯婷霆完成，第3章3.1.2—3.4节由李福永完成，第4章4.2.2—4.6节由张文完成，第5章5.1.1、5.1.3—5.1.4及5.2.2—5.5节由李航完成，第6章由唐嫣完成。

目　录

第1章　绪论

1.1　引言

随着信息技术日新月异，人类产生的数据种类和规模正在以前所未有的速度增长。这些海量的数据产生于各种来源，包括互联网、物联网、移动设备、社交媒体等。2011 年，麦肯锡全球研究院在《大数据：下一个创新、竞争和生产力的前沿》❶ 研究报告中最早提出了词汇“Big Data”（大数据）。之后，大数据概念开始风靡全球。维基百科中将大数据定义为：所涉及的资料量规模巨大到无法通过目前主流软件工具，在合理时间内撷取、管理、处理，并整理成为对企业经营决策有用的资讯。国际数据公司（IDC）将大数据定义为：为更经济地从高频率的、大容量的、不同结构和类型的数据中获取价值而设计的新一代架构和技术。信息专家涂子沛在著作《大数据》❷ 中认为：“大数据”之“大”，并不仅仅指“容量大”，更大的意义在于通过对海量数据的交换、整合和分析，发现新的知识，创造新的价值，带来“大知识”、“大科技”、“大利润”和“大发展”。

传统意义上的“数据”，是指有根据的数字，但在进入信息时代之后，“数据”的内涵在扩大，它不仅指“数字”，还统称一切保存在计算机内的信息，包括文本、声音、视频等。大数据技术的出现，让人类能够更好地了解和分析这些数据，从而发现其中的规律和趋势，探索更多的应用场景和商业机会。

目前，对于“大数据技术”的概念并没有一个明确的定义。多个企业、机构和数据科学家对于大数据的理解阐述，虽然描述不一，但存在一个普遍共识，

---

❶ 归心．大数据：下一个创新、竞争和生产力的前沿（原文翻译）[EB/OL]．(2017－02－20)[2023－05－28]．https：//zhuanlan. zhihu. com/p/25313298.

❷ 涂子沛．大数据 [M]．桂林：广西师范大学出版社，2013：345－346.

即“大数据技术”的关键是在种类繁多、数量庞大的数据中快速获取信息。目前最为流行和重要的技术包括机器学习、人工智能、云计算、数据挖掘等。这些技术能够帮助我们更好地处理和分析大数据，发现其中的规律和趋势，从而发现其中的价值和意义，并为我们提供更加准确和有效的决策支持。

大数据技术的应用领域非常广泛，具有巨大的潜力和价值。目前已经广泛应用于商业、政府、教育、医疗、金融、制造等各个领域。[1]

商业领域，是大数据应用最广泛的领域。通过对海量数据的分析，企业可以更好地了解市场趋势和客户需求，从而调整产品和服务策略，提高销售额和客户满意度。沃尔玛通过对消费者购物行为等非结构化数据进行分析，了解顾客购物习惯，从销售数据分析适合搭配在一起买的商品，创造了“啤酒与尿布”的经典商业案例；淘宝服务于卖家的大数据平台——“淘宝数据魔方”，“监听”着几百万淘宝买家的“心跳”，收集分析买家的购物行为，为买家量身打造完善网购体验的产品。

政府领域，大数据能够提高政府决策的科学性和精准性。在大数据时代，数据的价值随着海量积累而产生质变，能够对经济社会运行规律进行直观呈现。政府可以通过收集和分析大量的经济、社会、环境等方面的数据，更好地了解社会状况和问题，制定更加科学和有效的政策措施，从而降低政府治理偏差概率，提高政府治理的精细化和科学化水平。利用大数据，可以使政府治理所依据的数据资料更加全面，不同部门和机构之间的协调更加顺畅，进而有效提高工作效率，节约治理成本。在2020—2022年三年的新冠疫情防控期间，我国通过大数据技术获知人口流向，预判疫情传播趋势，预警风险区域，找到风险人群，这些都是大数据在政府治理过程中成功的应用。

教育领域，大数据能够提高教育质量和教学效果。通过对大量的学生数据进行分析，教育机构可以更好地了解学生的学习情况和学习需求，提供更加个性化和有效的教学方案和评估体系。此外，大数据还可以帮助教育机构进行教育资源的优化和配置，提高教育服务的效率和质量。著名的在线教育公司Coursera，通过其智能学习平台免费开放美国各著名大学的课程，记录学生对课程每张PPT的点击，发现不同的人对不同知识点的不同反应，总结出哪些知识点需要重复或强调、哪种陈述方式或学习工具在哪种情况下最有效等规律，从而对不同学习者提供有针对性的帮助。

医疗领域，大数据能够提高医疗服务的质量和效率。通过收集和分析大量的

[1] CoXie. 大数据综述.［EB/OL］.（2018－05－26）［2023－05－28］. https：//zhuanlan. zhihu. com/p/37341889.

医疗数据，包括病历记录、医学图像、基因数据等，医疗机构可以更好地了解病情、进行诊断并确定治疗方案，提高医疗服务的准确性和效率。公共卫生部门可以通过覆盖全国的患者电子病历大数据，快速检测传染病，进行全面的疫情监测。医药公司在新药物的研发阶段，可以通过大数据建模和分析，确定最有效率的投入产出比，从而达到最佳资源组合配备。

金融领域，大数据能够提高金融机构的风险控制和客户服务能力。通过对大量的金融数据进行分析，金融机构可以更好地了解市场趋势和客户需求，提供更加科学和有效的投资策略和金融产品。同时，大数据还可以帮助金融机构进行风险评估和预测，从而降低风险和提高收益。Equifax 公司是美国三大个人征信所之一，其存储的财务数据覆盖了所有美国成年人，包括全球 5 亿个消费者和 8100 万家企业。在它的数据库中与财务有关的记录包括贷款申请、租赁、房地产、购买零售商品、纳税申报、费用缴付、报纸与杂志订阅等信息，看似杂乱无章的数据，经过交叉分享和索引处理，能够得出消费者的个人信用评分，从而推断客户支付意向与支付能力，发现潜在的欺诈。

制造领域，大数据能够帮助企业优化供应链、降低成本、提高生产效率，提高企业的盈利能力。随着 ERP 等信息化系统的部署完成，制造企业管理方式由粗放式管理逐步转为精细化管理，新产品的研发速度和设计效率有了大幅提升，企业在实现对业务数据进行有效管理的同时，积累了大量的数据信息。企业需要在储存的海量信息中挖掘出需要的信息，并且对这些信息进行分析，通过分析工具推动决策、规避风险。越来越多的企业在原有的各种控制系统和生产经营管理系统的基础上，建立以产品为核心的覆盖产品全生命周期的大数据系统，从而更加经济地从多样化的数据源中获得更大价值。

由此可见，大数据已经成为当前最为热门和重要的技术领域之一，它的应用和发展会对人类社会产生深远的影响和变革。

1.2　大数据技术概述

1.2.1　大数据技术发展概况

1.2.1.1　大数据的产生

现代社会是一个信息化、数字化的社会，互联网、物联网、个人终端、智能设备的迅猛发展，使数据充斥着整个世界。数据并非单纯指人们在互联网上发布的信息。全世界的工业设备、汽车、仪器设施上有着无数的传感器，随时测量和传递有关位置、运动、振动、温度、湿度乃至空气中化学物质的变化等参数，同样产生了海量的数据信息。数据已经成为一种新的自然资源，亟待人们对其加以合理、高效、充分的利用，使之能够给人们的生活工作带来更大的效益和价值。

在这种背景下，不仅数据的数量以指数形式递增，而且数据的结构越来越趋于复杂化。在科学研究、工业制造、互联网应用、电子商务等领域，数据量均呈现快速增长的趋势。目前世界上90%以上的数据是最近几年才产生的。

科学研究产生大数据。在网络化、全球化的科学知识生产背景下，单一科研机构很难再拥有知识生产的全部资源，这就要求在知识产权保护允许的前提下，不同国家的科学共同体之间要建立起必要的合作和共享关系，在一定范围内共享各种大型仪器设备。这不仅可以节省大型昂贵设备的购买费用，而且可以降低数据获取和处理的时间成本，从而提高全球范围内学术资源的配置效率。比如，通过国际“虚拟天文台”，世界各地的天文爱好者都能通过网络获取普通望远镜无法比拟的海量数据，这就使得每天都有大量的科学数据在互联网上传递。

物联网的应用产生大数据。物联网是新一代信息技术的重要组成部分，解决了物与物、人与物、人与人之间的互联。随着数据通信成本的急剧下降，物联网在各行各业得到了推广应用。各种传感技术和智能设备出现，每秒钟都会产生海量的数据。据统计，目前联网的设备已经超过100亿部，并且还在飞速增长。手环、共享单车、智能电表、数控机床等都在源源不断地产生海量的实时数据并发往云端。

互联时代产生大数据。特别是在移动互联时代，个人随时随地都会获取和产生新的数据。谷歌公司每月的访问量超过800亿次，并且呈继续高速增长的趋势；YouTube上每天上传7万小时的视频；淘宝拥有3.7亿会员，在线商品8.8亿件，每天手机交易超过数千万笔，单日数据产生量超过50TB，存储量40PB；Facebook注册用户数量超过8.5亿，每天上传3亿张照片，每天生成300TB日志数据；新浪微博上每分钟都会发出数万条微博；所有的这些都是海量数据的呈现。

1.2.1.2 大数据技术的发展

（1）萌芽阶段

随着信息技术的发展，产生的数据越来越多。此时，传统的软件已经无法处理和挖掘大量数据中的信息。2003—2006年，谷歌公司发表了三篇划时代的论文：*The Google File System*（*GFS*）、*MapReduce*：*Simplified Data Processing on Large Clusters*、*Bigtable*：*A Distributed Storage System for Structured Data*，系统地介绍了谷歌公司如何对大规模数据进行存储和计算。简单地讲，GFS 解决了海量超大文件的分布式存储问题，MapReduce 解决了海量数据并发计算的问题，Bigtable 解决了实时在线应用的海量数据该如何存储的问题。这三篇论文奠定了大数据技术的基石，被称为大数据的“三驾马车”。在当时，大部分公司还在致力于提高单机性能，谷歌公司已经开始设想把数据存储、计算分给大量的廉价计算机去执行。

（2）大数据平台阶段

这一阶段主要体现为以 Apache Hadoop/Spark 为主的大数据技术，将过去的商业数据仓库技术逐步替换，其以分布式、高性能、开源免费的方式快速占领大部分市场。

首先是 Hadoop 技术。2004 年，一位名叫 Doug Cutting 的美国工程师和 Apache 开源伙伴 Mike Cafarella 合作，开发了一款可以代替当时的主流搜索的开源搜索引擎，命名为 Nutch。Doug Cutting 基于谷歌公司的 GFS 论文，实现了分布式文件存储系统，并将它命名为 Nutch Distributed File System（NDFS）。2005 年，Doug Cutting 又基于 MapReduce，在 Nutch 搜索引擎实现了该功能。2006 年，Doug Cutting 加盟雅虎公司之后，将 NDFS 和 MapReduce 进行了升级改造，并重新命名为 Hadoop（NDFS 也改名为 Hadoop Distributed File System，HDFS）。这个，就是后来的大数据框架系统——Hadoop。而 Doug Cutting，则被人们称为“Hadoop 之父”。

Hadoop 的开源推动了大数据产业的蓬勃发展，带来了一场深刻的技术革命。2008 年 1 月，Hadoop 正式成为 Apache 软件基金会的顶级项目。同年 2 月，雅虎公司宣布建成了一个拥有 1 万个内核的 Hadoop 集群，并将自己的搜索引擎产品部署在上面。此后，Hadoop 便进入了高速发展期，直至现在。

其次是 Spark 技术。它是加州大学伯克利分校开源的类 Hadoop MapReduce 的通用并行框架，同样属于 Apache 软件基金会的项目。相对比 Hadoop，它可以说是青出于蓝而胜于蓝。MapReduce 由于是面向磁盘的，受限于磁盘读写性能，在处理迭代计算、实时计算、交互式数据查询等方面并不高效。但是，这些计算却在图计算、数据挖掘和机器学习等相关应用领域中非常常见。而 Spark 是面向内存的。这使得 Spark 能够为多个不同数据源的数据提供近乎实时的处理性能，适用于需要多次操作特定数据集的应用场景。在其他方面，例如处理迭代运算、计算数据分析类报表、排序等，Spark 都比 MapReduce 快很多。所以，Spark 在某些领域的应用超过了 Hadoop。

在美国谷歌公司、亚马逊、AOL 大量使用开源软件之后，国内互联网公司也纷纷开始研究大数据技术。国内企业的大数据也以 Hadoop/Spark 为主进行。借助开放的代码、低廉 X86 硬件支持、简单易用的 SQL，Hadoop/Spark 生态成为中国国内大部分中型互联网公司进行大数据管理和挖掘的主要技术框架。

（3）数据中台阶段

随着互联网业务发展，数据驱动深入人心，越来越多的业务需求涌向大数据平台。因为数据量巨大，原先的调度工具无法满足需求，各互联网公司开始自建自有调度引擎或者采用新一代调度分布式引擎作为调度工具。为此，阿里巴巴公司提出了“数据中台”（Data Middle Office）的概念，将多种大数据工具集成至一个数据平台体系下快速满足企业用户的需求。

（4）云原生阶段

依据云原生计算基金会（Cloud Native Computing Foundation，CNCF）给出的定义，云原生技术是保证能够在公共、私有和混合云等现代动态环境中构建和运行应用程序的一类技术。随着人力成本上升，全球化布局发展，充分利用云设施提供的高性能存储及计算能力，能够更高效地开发、部署、管理应用程序。因此，企业的数据中心基本选择从自建走向云化，成本更低更安全更环保的云计算代替数据中心成为大势所在。

1.2.2 主要国家大数据政策梳理

大力发展大数据产业已经成为世界各国的共识，各国纷纷制定政策对本国的大数据产业进行规划。在《主要发达国家大数据政策比较研究》[1] 中记载了主要发达国家的部分大数据政策。近年来，大数据产业相关的政策内容已经从全面、总体的指导规划逐渐向各大产业、细分领域延伸，物联网、云计算、人工智能、5G 技术与大数据的融合发展进一步加快。

1.2.2.1 中国

2015 年 8 月，国务院印发《促进大数据发展行动纲要》，提出要全面推进我国大数据发展和应用，加快建设数据强国。

---

[1] 张勇进，王璟璇. 主要发达国家大数据政策比较研究 [J]. 中国行政管理，2014（12）：113 - 117.

2016 年 12 月，工业和信息化部印发《大数据产业发展规划（2016—2020 年）》，提出要在“十三五”期间大力推动我国大数据产业持续健康发展，贯彻国家大数据战略。

2020 年 12 月，国家发展和改革委员会、中央网络安全和信息化委员会办公室、工业和信息化部、国家能源局联合发布了《关于加快构建全国一体化大数据中心协同创新体系的指导意见》。该指导意见的发布，意味着国家将在顶层设计层面规范大数据产业发展，用“全国一盘棋”体系破除“数据孤岛”，从而促进大数据在产业、企业的应用场景落地和创新。

2021 年 3 月，工业和信息化部发布《2021 年工业和信息化标准工作要点》，指出要推进新技术新产业新基建标准制定，其中，明确要大力开展大数据的标准研究和制定。

2021 年 5 月，国家发展和改革委员会、中央网络安全和信息化委员会办公室、工业和信息化部、国家能源局联合印发了《全国一体化大数据中心协同创新体系算力枢纽实施方案》，明确提出布局全国算力网络国家枢纽节点，加快实施“东数西算”工程，构建国家算力网络体系；提出在京津冀、长三角、粤港澳大湾区、成渝，以及贵州、内蒙古、甘肃、宁夏等地布局建设全国一体化算力网络国家枢纽节点，发展数据中心集群，引导数据中心集约化、规模化、绿色化发展。

2021 年 6 月，第十三届全国人民代表大会常务委员会第二十九次会议表决通过了《中华人民共和国数据安全法》（以下简称《数据安全法》），于 2021 年 9 月 1 日正式生效，这标志着我国在数据安全领域有法可依，为各产业数据安全提供监管依据。《数据安全法》明确数据安全主管机构的监管职责，建立健全数据安全协同治理体系，提高数据安全保障能力，促进数据出境安全和自由流动，促进数据开发利用，保护个人、组织的合法权益，维护国家主权、安全和发展利益，让数据安全有法可依、有章可循，为数字化经济的安全健康发展提供了有力支撑。

2021 年 11 月，工业和信息化部发布《“十四五”大数据产业发展规划》。该规划提出了“十四五”时期总体目标，即到 2025 年，我国大数据产业测算规模突破 3 万亿元，年均复合增长率保持在 25% 左右，创新力强、附加值高、自主可控的现代化大数据产业体系基本形成。

2022 年 12 月，《中共中央 国务院关于构建数据基础制度更好发挥数据要素作用的意见》（“数据二十条”）出台，明确了坚持促进数据合规高效流通使用、赋能实体经济这一主线，初步形成数据基础制度的“四梁八柱”。

2023 年 3 月，第十四届全国人民代表大会第一次会议通过了国务院机构改革方案，组建国家数据局，负责协调推进数据基础制度建设，统筹数据资源整合共享和开发利用，统筹推进数字中国、数字经济、数字社会规划和建设等。组建国家数据局是我国实施数据发展战略的重要举措，彰显了国家对数据的生产要素和资源属性的认知更为深入。

此外，浙江、上海、江苏、山东等多地出台了数据相关条例（包括大数据条例、数据条例、数字经济条例，统称为“数据条例”），对数据赋能产业、数据安全保护、数据共享等内容进行规定，以促进当地数字经济高质量发展。

1.2.2.2 美国

美国在推进大数据应用上形成了从发展战略、法律框架到行动计划的完整布局。2012 年 3 月，白宫发布《大数据研究和发展计划》，并成立“大数据高级指导小组”。该计划涉及美国国防部、美国能源部、美国国家卫生研究院、美国国家科学基金、美国地质勘探局等多个联邦政府部门，宣布投资 2 亿多美元，用以大力推进大数据的收集、访问、组织和开发利用等相关技术的发展，进而大幅提高从海量复杂的数据中提炼信息和获取知识的能力与水平。

2013 年 11 月，白宫推出“数据 - 知识 - 行动”计划，进一步细化了大数据改造国家治理模式、促进前沿创新、提振经济增长的路径，这是美国向数字治国、数字经济、数字城市、数字国防转型的重要举措。

2014 年 5 月，美国总统办公室提交了《大数据：把握机遇，维护价值》政策报告，强调政府部门和私人部门紧密合作，利用大数据最大限度促进增长，减少风险。

2016 年 5 月，白宫发布《联邦大数据研发战略计划》，在已有基础上提出美国下一步的大数据发展战略。

1.2.2.3 英国

2013 年 10 月，英国政府紧随美国，发布了《把握数据带来的机遇：英国数据能力战略》。该战略旨在促进信息经济的条件下实现英国在数据挖掘和价值萃取领域的世界领先地位，在强化数据分析技术、加强国家基础设施建设、推动研究与产研合作、确保数据被安全存取和共享等几个方面作出部署。

2013 年，英国政府加大了对大数据领域研究的资金支持，提出总额 1.89 亿英镑的资助计划，包括直接投资1000万英镑建立“开放数据研究所”。

此后，英国又发布《数字战略2017》《工业战略：建设适应未来的英国》等，希望到2025年数字经济对本国经济总量的贡献值可达2000亿英镑，积极应对“脱欧”可能带来的经济增速放缓的挑战。

大数据已经成为英国政府目前大力发展的战略领域之一。英国大数据战略的主要措施是加大投资技术研发、建设强大的基础数据库、重视数据的开放性等；其特点是政府积极引导大数据战略，并通过大数据战略树立透明的政府、智慧的政府和负责任的政府形象。

1.2.2.4　法国

为抓住大数据发展机遇，促进本国大数据领域的发展，以便在经济社会发展中占据主动权，2013年2月，法国政府发布了《数字化路线图》，宣布将投入1.5亿欧元大力支持5项战略性高新技术，而“大数据”就是其中一项。

2013年7月4日，法国中小企业、创新和数字经济部发布了《法国政府大数据五项支持计划》，包括引进数据科学家教育项目；设立一个技术中心给予新兴企业各类数据库和网络文档存取权；通过为大数据设立一个全新的原始资本，促进创新；在交通、医疗卫生等纵向行业领域设立大数据旗舰项目；为大数据应用建立良好的生态环境，如在法国和欧盟层面建立用于交流的各类社会网络等。

1.2.2.5　德国

2014年8月，德国联邦政府内阁通过了由德国联邦经济和能源部、内政部、交通与数字基础设施建设部联合推出的《2014—2017年数字议程》，提出在变革中推动“网络普及”“网络安全”“数字经济发展”三个重要进程，希望以此打造具有国际竞争力的“数字强国”。无论是之前的信息社会发展战略，还是现在的数字议程，德国始终对互联网基础设施建设、数据安全保护、挖掘数字化价值创造潜力在公共管理和国民经济各领域的运用等方面保持了高度关注，这些措施为德国迈入大数据时代提供了有力支撑。

1.2.2.6　日本

2013年6月，安倍内阁正式公布了新信息技术（IT）战略——“创建最尖端IT国家宣言”。该宣言全面阐述了2013—2020年以发展开放公共数据和大数据为核心的国家战略，强调“提升日本竞争力，大数据应用不可或缺”，包括了向民间开放公共数据、促进大数据的广泛应用等政策。为此，日本政府大量投资用于大数据研发，包括开发高速网络基础设施和试验高效的数据中心运营系统、数据分析应用项目，以此增加日本工业竞争力、拓展新行业。

1.2.3 大数据产业发展现状

根据 IDC 数据，2020—2024 年全球大数据产业规模在五年内实现约 10.4% 的复合增长率，预计 2024 年全球大数据市场规模约为 2900 亿美元。据此测算，到 2026 年，全球大数据市场规模将超过 3600 亿美元。[1]

根据 Statista 最新发布的统计数据，全球大数据中心主要集中在美国、中国及日本。美国大数据发展领先全球，截至 2020 年年末，美国大数据中心数量占全球的比例达到 39%，中国占比达到 10%，日本为 6%。同时，由 2017—2020 年全球大数据中心数量的分布变化趋势来看，中国占比持续提升，逐步抢占市场。

以下详细介绍中国的大数据产业发展现状。

（1）大数据产业规模不断扩大

2009—2013 年是我国大数据市场萌芽、起步期，大数据概念在国内获得极大关注度，随着技术的沉淀和应用市场探索的深入，整个大数据生态圈逐渐演变。2015 年大数据产业进入高速发展时期，市场规模增长加快。随着移动互联网、物联网、云计算产业的深入发展，大数据国家战略的加速落地，大数据产业体量呈现爆发式增长态势，大数据产业进入成熟期，不但自身成为规模庞大的新兴产业，并有望在“十四五”期间带动市场规模万亿元的 IT 服务业转型，促进国民经济其他领域的飞速发展。

在第五届数据资产管理大会上，中国信息通信研究院云计算与大数据研究所发布了《大数据白皮书（2022 年）》。该白皮书显示，2021 年我国大数据产业达到 1.3 万亿元，复合增长率超过 30%；大数据市场主体总量超 18 万家，形成了大企业引领、中小企业协同、创新企业不断涌现的发展格局。[2] 根据工业和信息化部测算，到 2025 年中国大数据产业规模将突破 3 万亿元，大数据与实体经济、

---

[1] 前瞻产业研究院. 2023—2028 年全球及中国大数据产业发展分析［EB/OL］.（2023-05-05）［2023-05-28］. https://baijiahao.baidu.com/s?id=1765047622434401128&wfr=spider&for=pc.

[2] 中国信息通信研究院. 大数据白皮书（2022 年）［EB/OL］.（2023-01-05）［2023-05-28］. https://www.xdyanbao.com/doc/ok1rsa7cv5?bd_vid=7958738674139094491.

社会治理、民生服务、乡村振兴深度融合。

（2）大数据产业投融资逐渐迈向成熟

根据“前瞻经济学人”报道，我国大数据产业的融资事件数量和金额分别于2016年和2018年达到顶峰，2016年发生大数据融资事件共500多起，2018年融资金额达到了1500多亿元。2019年开始融资事件数量和金额均有所下降，但仍然保持在较高的水平。因此可以看出，大数据产业融资最为活跃的时期已经过去。

从单笔融资金额来看，2010年—2022年10月整体呈现上升的趋势，2018年和2021年单笔融资金额达到4亿元以上。从大数据产业的投资轮次分析，过去几年大数据产业的融资轮次以A轮及以前为主。近几年C轮后的融资数量占比逐渐提升，由此可见，大数据产业的投融资逐渐迈向成熟阶段。

目前，大数据投融资主要集中在企业服务、金融和健康医疗行业，其中企业服务占比超过50%，金融和健康医疗占比分别约为12%和8%。[1]

（3）大数据产业主要聚集发达地区

我国大数据产业集聚区主要位于经济比较发达的地区，北京、上海、广东是发展的核心地区。这些地区拥有知名互联网及技术企业、科技人才、国家强有力的政策支撑等良好的信息技术产业发展基础，形成了比较完整的产业业态，产业规模仍在不断扩大。

除此之外，以贵州、重庆为中心的大数据产业圈，虽然地处经济比较落后的西南地区，但是依托政府对其大数据产业发展提供的政策引导，积极引进大数据相关企业及核心人才，力图占领大数据产业制高点，带动区域经济新发展。

产业地图显示，北京大数据产业上市企业数量多，达到了37家；其次，广东为21家；上海则为10家，其余省份的大数据上市企业均在10家以下。[2]

（4）大数据产业创新能力持续增强

《大数据白皮书（2022年）》数据显示，我国大数据产业创新能力持续增强。2021年我国发表大数据领域论文量占全球31%，大数据相关专利受理总数占全球超50%，均位居第一。经过多年技术和产业的发展，大数据内部逐渐细化，形成数据存储与计算、数据管理、数据流通、数据应用、数据安全五大核心领

---

[1] 前瞻经济学人．启示2022：中国大数据产业投融资及兼并重组分析（附投融资汇总、兼并重组等）[EB/OL]．（2022-10-20）[2023-05-28]．https://baijiahao.baidu.com/s?id=1747190017430982408&wfr=spider&for=pc.

[2] 尚学堂人工智能学院．大数据产业现状及发展趋势分析[EB/OL]．（2021-01-28）[2023-05-28]．https://www.bilibili.com/read/cv9506609/.

域。五大核心领域当前呈现不同发展现状，在数据成为生产要素的新形势下，发展方向均进一步明确。数据挖掘、机器学习、产业转型、数据资产管理、信息安全等大数据技术及应用领域都将面临新的发展突破，成为推动经济高质量发展的新动力。

（5）大数据应用领域不断丰富

根据观研报告网发布的《中国大数据行业发展深度研究与投资前景分析报告（2022—2029 年）》[1]，大数据主要应用于媒体社交娱乐业、金融业、基础电信行业。随着互联网、云计算等技术的发展，大数据应用领域不断丰富，并开始向医疗、交通、政府等领域深入。

当前，以企业为主体，大数据与各行业应用深度融合。各产业都在深入挖掘大数据的价值，研究大数据的深度应用。城市管理部门通过大数据在执法、社会治理、安全生产、应急救援、市场监管、药品监管、环境保护等方面提升城市精细化管理能力。电商借力大数据实现快速发展。医疗行业通过大数据提高治愈率。旅游行业通过大数据实现营销。安防行业通过大数据提高应急处理能力和安全防范能力。交通行业通过大数据有效缓解交通拥堵，并快速响应突发状况，为城市交通的良性运转提供科学的决策依据。

（6）大数据产业支撑体系不断深入完善

随着《促进大数据发展行动纲要》等一系列配套政策的贯彻落地和实施，我国大数据产业发展环境持续优化，产业生态系统日趋完善。开展了大数据技术、交易、开放共享、工业大数据等国家标准的研制工作，在北京、上海、贵阳开展了大数据标准试点示范，大数据标准体系初步形成。一批大数据技术研发实验室、工程中心、企业技术中心、产业创新平台、产业联盟、投资基金等形式的产业支撑平台相继建成。大数据安全保障体系和法律法规不断完善。

同时，《大数据白皮书（2022 年）》显示，中国数据中心产业正由高速发展向高质量发展全面演进。在大数据时代，算力正在成为一种新的生产力，为各行业的数字化转型提供基础动力。数据中心是算力的物理承载，是数字化发展的关键基础设施。我国“东数西算”工程的实施，为数据中心协同、一体化发展指明了方向，推动数据中心产业布局不断优化。在市场方面，多样化的算力需求不断涌现，为通用、智算、超算及边缘等不同类型和形态的数据中心发展提供了有效的市场牵引，推动中国数据中心市场规模持续增长。在技术方面，储能、蓄

---

[1] 观研报告网．中国大数据行业发展深度研究与投资前景分析报告（2022—2029 年）[EB/OL]．(2022-06-29) [2023-05-28]．https：//business.sohu.com/a/562003639_121222943.

冷、高密度、算力网络，智能运维，超融合架构等技术的创新，加速推动数据中心向大型化、智能化、绿色化方向发展。

1.2.4　大数据技术架构

如图1－2－1所示，大数据技术的技术架构包括大数据采集与预处理技术、大数据存储技术、大数据计算技术、大数据应用技术和大数据可视化技术五个方面。

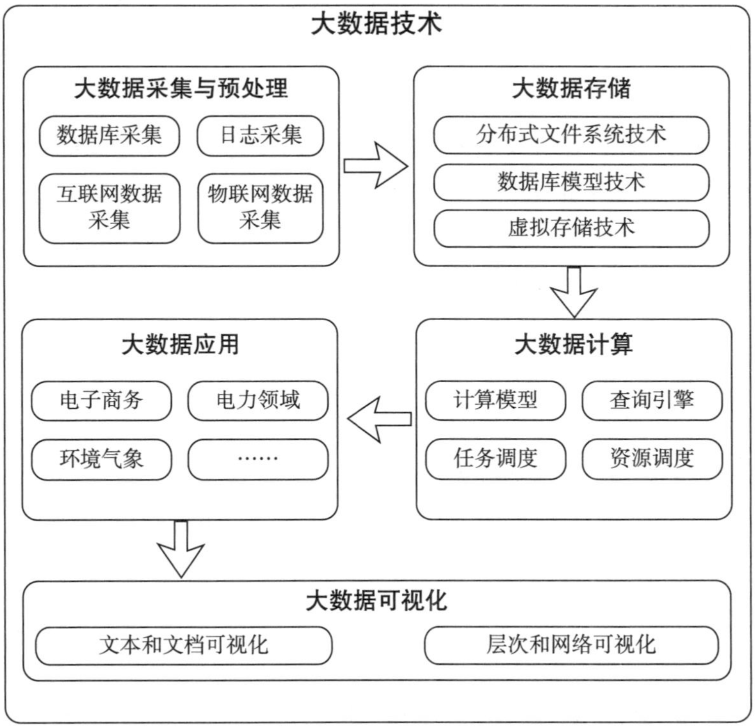

图1－2－1　大数据技术的技术构架

大数据采集与预处理技术是通过多种技术手段从各种数据源收集数据，然后将采集到的多样的、杂乱的原始数据进行一系列数据清洗、数据集成、数据转换、数据规约等操作，以提高数据的质量，并且最大限度精简数据集，为后续的实时分析决策、数据计算、查询和分析提供坚实基础。其主要技术分支包括：数据库采集、日志采集、互联网数据采集、物联网数据采集等四种类型。

大数据存储技术是将这些数量巨大，难于收集、处理、分析的数据集持久化到计算机中。大数据存储技术用存储器等设备把采集到的数据存储起来，建立相应的数据库，并进行管理和调用。重点解决复杂结构化、半结构化和非结构化数据的管理与处理，实现大数据的可存储、可表示、可处理、可靠及有效传输。其关键技术包括：分布式文件系统技术、数据库模型技术、虚拟存储技术（如存储虚拟化、存储云等）。

大数据计算技术与大数据存储技术关系密切，研究如何对存储的各种类型的数据进行快速、高效、准确、低成本的查询和计算，例如海量数据的排序、求和统计、查找最小值等，并高效、准确地完成。其技术分支主要包括：计算模型、查询引擎、任务调度和资源调度技术。

大数据应用技术主要包括精准预测、决策辅助、精准营销、商业模式创新等方面的应用。本书将选择电子商务、电力领域、环境气象三个典型应用的技术进行介绍。

大数据可视化技术是将大规模数据转化为可视化图形或动画的技术，旨在帮助用户更好地理解和分析数据。大数据可视化通常需要使用高级的数据分析和可视化工具，如数据挖掘、机器学习、人工智能、虚拟现实等，以实现对大数据的有效分析和可视化展示。其中，文本和文档可视化、层次和网络可视化是应用热点和/或专利创新较多的领域。

为了让更多的人了解大数据技术，本书将从大数据专利技术出发，对以上五类关键技术及其重要分支的发展趋势、专利技术布局进行介绍。

下面对于本书中涉及的部分术语作如下约定。

专利申请量：由于大数据领域相关专利申请以发明专利申请为主，因此，本书中所述专利申请量即为发明专利申请量。

各国家/地区申请人专利申请量占比：按照申请人所属国家/地区，统计出的申请量占比情况。

专利申请目标地申请量：根据专利申请的公开号即 PN，统计出的在各个国家或专利局公开的专利申请量。

专利申请原创地申请量：根据专利申请的申请号即 PR，统计出的在各个国家或专利局提交的专利申请量。有优先权的，按优先权申请统计。

技术构成：以各申请人申请的专利族为分析对象，统计分析得出的各专利族所涉 IPC 分类的小类的次数占比情况。

技术功效分布：以各申请人的中国专利申请为分析目标，统计分析得出的各专利申请所涉技术方案的技术功效占比情况。

第 2 章　大数据采集与预处理

2.1　大数据采集与预处理概述

2.1.1　大数据采集与预处理的概念

随着人类社会的发展以及互联网、物联网等技术的兴起与运用，每分每秒都在产生散布在世界各个角落的海量数据。这些海量数据中包括了大量的具有分析价值的数据，它是大数据在各行各业应用并且创造实际价值的前提。为了有效地挖掘、融合和利用这些有价值的数据，诞生了多种大数据采集与预处理技术，同时，随着大数据产业应用的不断深入，交通运输、零售、医疗等诸多传统领域逐步开始运用大数据技术，数据采集与预处理的需求逐步被激发，并且对采集数据的质量、效率提出了更高的要求，也带动了数据采集软件及服务的市场规模逐步扩大。

大数据采集也被称为大数据获取，是指通过多种技术手段从各种数据源收集数据的过程。数据采集范围非常广泛、数据量巨大且数据类型丰富，可以是传统媒体数据、智能设备数据、业务或管理系统数据、通信数据、社交数据等，不仅具有多样性，而且涉及多种行业、内容形式繁杂，包括：语音、图片、视频、文字等。采集到的数据被分为三种类型，即非结构化数据、结构化数据以及半结构化数据。结构化数据往往是由二维表结构来逻辑表达和实现的数据，严格遵守数据格式与长度规范，主要通过关系型数据库进行存储和管理。半结构化数据严格遵守数据格式与长度规范，但是不能用二维表结构进行逻辑表达和实现，常见的有可扩展标记语言（XML）等格式表达的复杂结构。常见的非结构化数据为文本、图像、视频、声音等，这些数据的数据结构不规则或不完整，需要用复杂的逻辑才能处理。

大部分数据挖掘算法对数据质量、数据规模有特殊的规定和要求。为了更高效地利用采集到的大数据进行挖掘和利用，数据预处理是不可或缺的重要过程。在一个数据挖掘与分析项目中，数据准备、清洗和转换甚至会占到高达 50%—80% 的工作。数据预处理能有效地提高数据的质量，为数据挖掘过程节约大量时间和空间。

数据预处理是将采集到的多样的、杂乱的原始数据进行一系列数据清洗、数据集成、数据转换、数据规约等操作，以提高数据的质量，并且最大限度精简数据量，为后续的数据计算、查询和分析提供坚实基础。例如，原始采集的很多数据存在重复、缺失、错误、格式不统一等问题，数据预处理对这部分数据进行加工处理，校正、合并、删除错误数据，以获得可用结果。

2.1.2 大数据采集与预处理的发展现状

随着时代的进步，大数据采集和预处理技术面临着诸多挑战：一方面数据源的种类多，数据的类型和表现形式繁杂，数据量大，并且产生的速度快；另一方面需要保证数据采集与预处理的全面性、高效性、准确性、可用性。全面性是指：数据量足够具有分析价值、数据面足够支撑后续分析需求。高效性是指：技术执行快速，能够快速满足不同应用场景下获取数据的实时性要求和目标实现的高效。准确性是指：采集和预处理后的数据相比原始数据的内容偏差概率小，能够保证一致性要求。可用性是指：数据具有多种维度，质量足以保证，能够灵活、快速自定义数据的多种属性和不同类型，从而满足不同的分析目标。

大数据采集往往涉及对多种数据源同时进行采集，而不同的数据源对应的采集技术通常不一样，并且对采集的要求较高，因此，大数据采集过程往往混合使用了多种技术。从时效性看，有对时效性要求不高的离线采集方法，用于按照规定的周期定期对大批量数据进行采集，还有对时效性要求高的实时采集方法，用于将需要的数据实时进行采集以保证及时的处理和分析，从而能够快速地获取到所需的数据。

随着数据量的激增和数据源的多样化，数据采集过程中易受到噪声数据、数据冲突等影响。因此，需要使用预处理技术，根据具体的业务规则和要求进行处理，对采集到的数据进行数据清洗、数据转换等，帮助我们将庞大的、杂乱无章的数据转化为相对单一且便于处理的形式，以达到快速分析处理的目的，其是大数据过程质量的体现。

在大数据技术快速发展的背景下，各国纷纷出台相关政策，以大力支持大数据产业的发展。

近年来，以美欧为代表的发达国家/地区和以中国为代表的新兴经济体国家，对数字产业战略规划和部署的重视程度不断加大，数据采集与预处理作为数字产业最前端的部分，各国纷纷围绕该部分加大了部署和规划。

2021 年 11 月，我国工业和信息化部发布了《“十四五”大数据产业发展规划》，其中明确提出，支持企业通过升级信息系统、部署物联感知设备等方式，推动研发、生产、经营、服务等全环节数据的采集。以构建稳定高效产业链为主要目标，在数据生成采集环节，着重提升产品的异构数据源兼容性、大规模数据集采集与加工效率。2019 年 12 月，美国发布的《联邦数据战略和 2020 年行动计划》中指出保护数据的质量、完整性和可理解性；充分使用现有数据并预期未来用途，注重塑造数据间的互操作性；加强及时响应能力，改进数据收集、分析和传播方式。2022 年 2 月，欧盟公布《数据法案（草案）》全文，该草案就数据采集明确提出，要为部门间重复使用的数据制定互操作性标准，消除跨特定领域欧洲共同数据空间的数据共享障碍，以提升两个或多个数据主体交换和使用数据的能力。

通过各国的政策可以看出，大数据采集与预处理过程得到了高度重视，具体涉及实现多领域数据的获取与集成、保证数据的标准化和高质量等多个方面，数据的价值不断被认可，高质量可用大数据的获得在数字时代发挥了重要作用。

2.1.3　大数据采集与预处理的专利状况

随着数据采集和预处理技术的发展与革新，各国创新主体进行了非常多的创新，并逐步在实际生活中予以应用实现。同时，各国创新主体也通过专利的方式对自己的创新进行了保护。专利的申请量和拥有量是一个国家/地区科技水平高低的重要指标，可以从侧面反映出一个国家/地区的创新能力、科技水平和市场化程度，衡量该国家/地区的科技产出和知识创新。下面通过发明专利申请情况，对数据采集和预处理的技术发展情况进行分析。

2.1.3.1　专利申请态势

通过对大数据采集和预处理的相关专利进行检索（检索截止日期为 2023 年 4 月 30 日），全球相关专利申请为 72525 项，近二十年的专利申请态势如图

2-1-1所示。根据全球申请量的逐年变化趋势可以看出，在2004—2010年，大数据采集和预处理技术还在初步摸索起步阶段，申请量比较平稳；从2011年开始专利申请的增长率逐渐攀升，并呈现迅猛增长的趋势，尤其是2018—2021年，增长率突出；2022年和2023年的部分申请尚未公开，导致了申请量的下滑。原因在于国内外从2012年起逐步开始重视大数据技术，建立了大数据战略，例如美国于2012年3月推出《大数据研究和发展计划》，推动大数据技术创新与工具开发。同年，韩国国家科学技术委员会制定了《大数据未来发展环境战略计划》，日本政府推出了《面向2020年的ICT综合战略》。[1] 2014年，大数据首次写入我国政府工作报告，上升为国家战略。

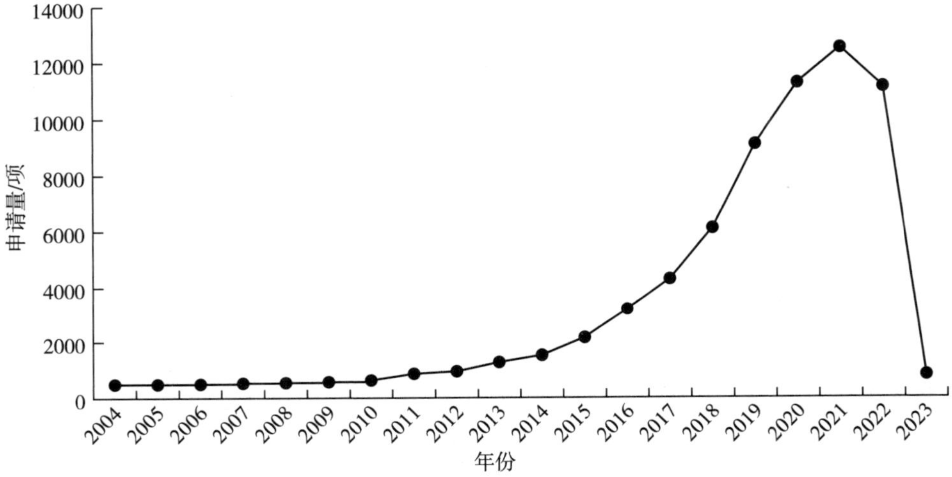

图2-1-1 大数据采集与预处理全球专利申请趋势

对全部专利申请的专利分类号进行分析，按照专利申请的数量排序，主要涉及如下分类号：G06F（电数字数据处理），因为其包含了大数据的重点分类号G06F 16；G06Q（专门适用于行政、商业、金融、管理或监督目的的信息和通信技术），因为大数据采集与预处理技术在商业、金融、行政等行业中的应用非常活跃；其他还包括H04L（数字信息的传输，例如电报通信）、G06K（图形数据读取；数据表达；记录载体；处理记录载体）、G16H（医疗保健信息学，即专门用于处置或者处理医疗或健康数据的信息和通信技术）、G06N（基于特定计算模型的计算机系统）、G06T（一般的图像数据处理或产生）等，可见大数据采集与

[1] 林子雨．世界各国的大数据发展战略［EB/OL］．（2020-05-29）［2023-04-02］．https：//dblab.xmu.edu.cn/blog/2616/.

预处理技术与人工智能技术、通信技术领域结合较为紧密。

中国大数据采集与预处理的相关发明专利申请总量在全球的占比为67%，从图2－1－2的大数据采集与预处理中国发明专利申请趋势可以看出，中国大数据采集与预处理技术发展与全球趋势基本一致，从2013年开始，专利申请的增长率逐渐攀升，尤其是在2015年时，申请量首次突破千件，之后的几年增长趋势明显，2021年的申请量达到了万件以上，这得益于2014年大数据上升至国家战略后多项政策的支持，大数据采集与预处理技术不断地发展，创新层出不穷，创新主体也重视技术的保护，从而在全球总量中占据了优势地位。

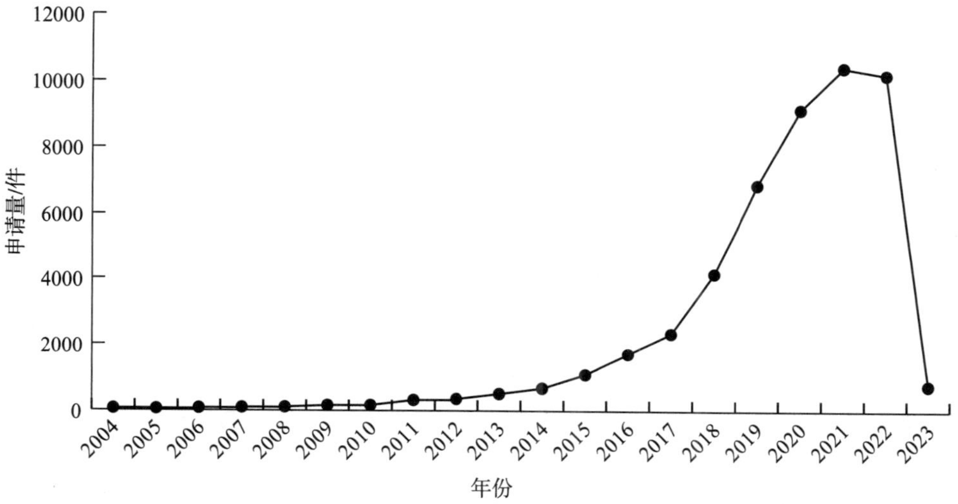

图2－1－2　大数据采集与预处理中国专利申请趋势

2.1.3.2　各国家/地区申请情况

如图2－1－3所示，从来自各国家/地区申请人的专利申请量来看，亚洲多个国家位居前列。中国和美国属于大数据采集与预处理申请的第一梯队，全球7万多项申请中，中国的数量占据绝对优势，其后美国占到17%。接下来日本、韩国、印度三个亚洲国家申请量较高，共占到11%。在我国申请量中，北京和广东的申请量占比相对较高，分别达到17%和13%。其中广东早期在申请量方面占据优势，但北京从2011年开始发力，增长趋势明显，尤其是2016年8月，北京市人民政府发布了《北京市大数据和云计算发展行动计划（2016—2020年）》，全面推进北京市大数据发展，相应的大数据采集与预处理专利申请量逐步与其他省份相比扩大了优势，2019年申请量突破了2000件。广东的申请量紧随其后，牢牢占据第二的位置。江苏、上海和浙江的申请量也占有一定优势，占比均达到4%以上，基本都是从

2015 年开始大力加强了大数据采集与预处理技术的保护。

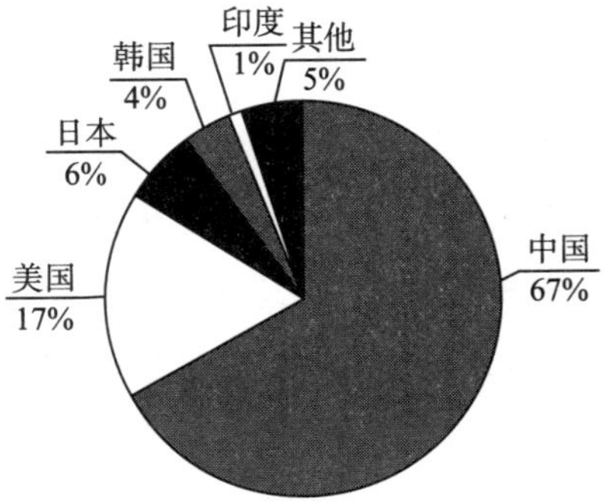

图 2-1-3　大数据采集与预处理各国家/地区申请人专利申请量占比

对专利申请公开量排名前五位的中国、美国、日本、韩国和印度的申请量变化情况进行分析，美国的技术起步早，并且在 2004—2015 年的申请量一直位于全球首位，中国的专利申请量在 2016 年首次超越美国，并且涨幅明显快于其他国家/地区。美国的申请量在 2013—2019 年迎来了快速发展的小高峰，随后申请量逐年下降。日本的技术起步也比较早，在 2010 年以前位于全球第二位，但和韩国、印度一样，申请量并未有非常显著的突破，仅在部分年份有小幅增长，申请量峰值均未达到千件，具体参见图 2-1-4。

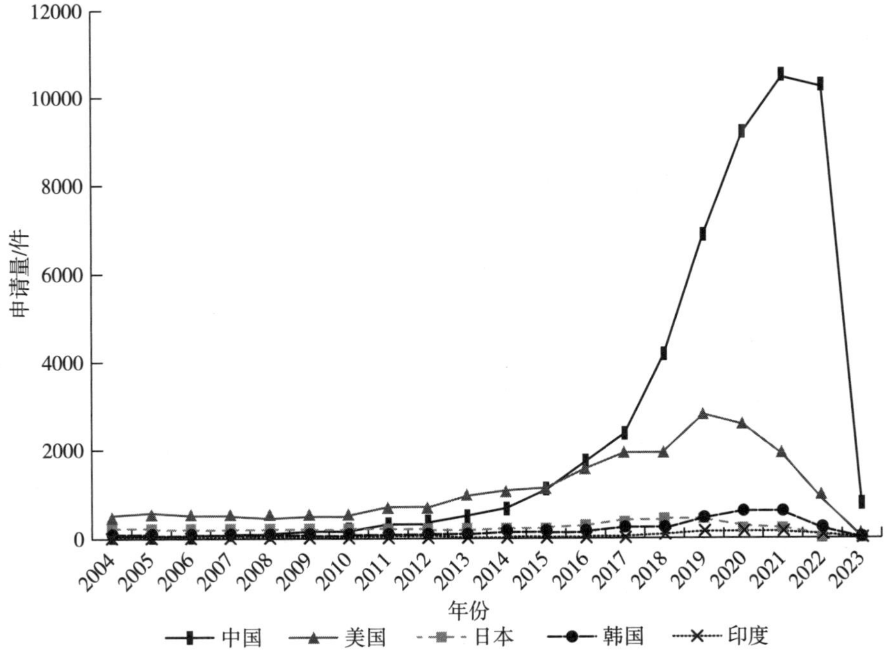

图 2-1-4　大数据采集与预处理专利申请主要公开地申请量态势

2.1.3.3　主要创新主体

图2－1－5展示了大数据采集与预处理全球主要创新主体，从排名来看，中国的公司成为该领域的创新主力，包括了多家全球知名的公司。申请量位于首位的是美国的国际商业机器公司（International Business Machines Corporation，IBM），其作为信息技术和业务解决方案公司，致力于大数据技术领域的研发和创新，旗下拥有多款知名产品和基于大数据技术的解决方案。中国平安保险（集团）股份有限公司（以下简称“中国平安”）紧随其后，该公司成立于1988年，是中国第一家股份制保险企业，已经发展成为金融保险、银行、投资等多种金融业务为一体的综合金融服务集团。中国平安旗下拥有多家公司，其中平安科技（深圳）有限公司（以下简称“平安科技”）在专利申请上表现更为突出。平安科技是中国平安旗下科技解决方案专家，赋能集团金融服务建设，致力于成为国际领先的科技公司。紧随中国平安之后的是浪潮集团有限公司（以下简称“浪潮集团”）、国家电网有限公司（以下简称“国家电网”）以及阿里巴巴集团控股有限公司（以下简称“阿里巴巴”），第二位到第四位的申请量差别不大。其他创新主体也均为大型公司，包括美国的微软公司和谷歌公司、中国的深圳市腾讯计算机系统有限公司（以下简称“腾讯公司”）和百度（中国）有限公司（以下简称“百度公司”），以及日本的株式会社日立制作所（以下简称“日立公司”）。从上

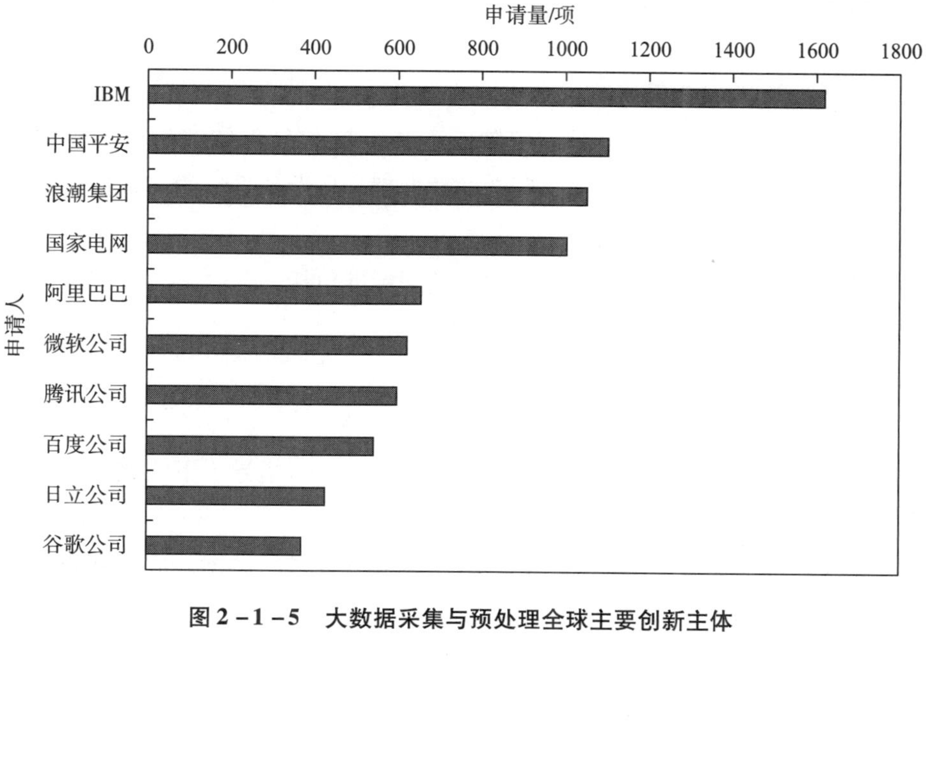

图2－1－5　大数据采集与预处理全球主要创新主体

述申请人排名可以看出，大型信息技术公司在大数据采集与预处理技术的创新与保护方面更加积极主动并且占有优势。

2.1.4 大数据采集与预处理的关键技术

根据采集数据的来源进行分类，大数据采集技术主要包括数据库采集、日志采集、互联网数据采集、物联网数据采集四种类型。

（1）数据库采集

数据库数据包括业务系统数据、用户信息数据等。企业在进行数据转型期间，需要读取源头数据库中的数据，对数据进行迁移。

（2）日志采集

日志数据包括通过客户端埋点、服务端埋点等方式采集的系统日志数据和业务日志数据等。这些数据被采集过来之后可以反哺业务，为后期的运营和决策提供数据支撑。日志采集涉及从主机、服务器、应用程序等的日志文件中获取有用的信息，以便于统计、分析、管理和监控。

（3）互联网数据采集

互联网数据包括互联网网页中的新闻、博客等数据。当企业内部信息不足时，可以考虑利用外部互联网数据进行一些“化学反应”，即将外部的数据和内部的数据进行有效融合，从而让内部数据在应用上有更多价值。互联网数据采集是指从互联网中获取数据信息的过程。

（4）物联网数据采集

物联网数据包括通过传感器、摄像头、Wi－Fi 探针等智能硬件采集到的数据。物联网数据采集，顾名思义，所有的数据都是从设备采集的，采集设备包括传感器和智能设备。[1]

此外，一个可接受的多维视角数据预处理标准包括：

准确性：相同条件下对应的值是否不一样；

完整性：数据是否丢失；

一致性：数据结果是否冲突不一致；

时效性：经过长周期采集才能获取的数据，有时对指导当下问题的分析，价值可能不高；

可信度：非原始一手数据，经过别人聚合或处理过的数据，应用到我们自己

---

[1] 徐葳．大数据技术及架构图解实战派［M］．北京：电子工业出版社，2022：11，73．

的分析问题中，有多大把握保证是可信的；

附加值：选择该数据所分析的结果能否带来价值；

可解释性：数据是否具有清晰的知识表达，轻松匹配人的知识框架；

可得性：数据是否容易持续获取，容易采集。

数据预处理的主要任务包括：

数据清洗：填补缺失值、平滑噪声数据、识别并移除异常值和噪声数据、解决不一致性、解决数据整合后带来的冗余；

数据整合：集成多个数据库或多个文件；

数据转换：正则化、聚合化；

数据减少：提取特征化的数据，减少数据量，并能够产生相同或相似的分析结果；

数据离散：对某些数值型数据有时需要。[1]

接下来本章重点针对数据库采集、日志采集、互联网数据采集以及在数据预处理过程中占据重要一环的数据清洗进行详细的分析与介绍。

2.2 数据库采集

2.2.1 数据库采集的概念

数据库具有多种类型，既包括传统的关系型数据库 MySQL 和 Oracle 等，又包括 Redis、MongoDB 和 HBase 等非关系型数据库。传统的业务数据存储基本上采用关系型数据库进行存储，随着大数据时代的到来，非关系型数据库也常用于数据的存储，从各类数据库中采集数据以进行大数据分析的过程称为数据库采集。

2.2.2 数据库采集的发展现状

从实时性上来看，数据库采集技术分为离线数据采集和实时数据采集。

离线数据采集是将数据按照一定的周期进行采集，通常用于需要庞大数据、

---

[1] Emma 的杂货铺．数据预处理技术全解（笔记）[EB/OL]．(2021－01－11)[2023－04－02]．https：//zhuanlan. zhihu. com/p/342666681.

长时间进行分析和处理的场景。离线数据采集常见的工具包括：Apache 开源工具 Sqoop、阿里巴巴开源工具 DataX 等。其中，Sqoop 是主要用于实现各类关系型数据库与分布式系统基础架构 Hadoop 之间传输数据的工具，可以从关系数据库 MySQL、Oracle 导入数据到 Hadoop 的 HDFS、HIVE、HBASE 等中，也能够将 Hadoop 中的数据转换导出到关系数据库管理系统中。

实时数据采集是指数据产生后需要即时将其进行采集并传输到目的地址的过程，其通常适用于需要实时计算的场景中，例如实时交易量的统计等。实时数据采集常见的工具包括：美国 Zendesk 公司开源工具 Maxwell、阿里巴巴开源工具 Canal 等。Maxwell 是用 Java 语言编写的 MySQL 实时抓取软件，能够实时读取 MySQL 二进制日志 Binlog，并生成 JSON 格式的消息，作为生产者发送给 Kafka、Kinesis、RabbitMQ、Redis 或其他平台的应用程序。

从数据量上来看，数据库采集技术分为全量采集技术和增量采集技术。

全量采集技术是指每次读取数据库中所有数据或者某个表中的所有数据，并将其存入目标地址，可以导出成特定格式的文件，再将数据导入到目标数据库中。

增量采集技术是指按照一定的规则采集数据，比如按照某一字段的内容每次采集新增数据，通过捕捉源数据库内数据的变化，将采集到的变化数据更新到目标数据库中，实现的具体方法比较多，如触发器法、日志法等。

2.2.3 数据库采集的专利状况

通过对全球专利库中数据库采集相关的主题进行检索（检索截止日期为 2023 年 4 月 30 日），共得到 19329 项专利申请。

2.2.3.1 专利申请态势

如图 2－2－1 所示，数据库采集技术申请量全球变化趋势与大数据采集与预处理全球申请量变化趋势基本相同，在 2004—2013 年，数据库采集技术处于初步发展阶段，申请量变化不明显，从 2014 年开始专利申请量逐渐攀升，并呈现迅猛增长的趋势，尤其是 2018—2021 年增长显著，其中 2022 年和 2023 年的部分申请尚未公开，导致了申请量的下滑。

图 2－2－2 为数据库采集的中国专利申请趋势，通过对比可以看出，中国的专利申请在 2011 年之前积累有限，不足百件，从 2014 年不到全球份额的一半开

始逐步增长，2021 年已经占据全球总量的近 85%，爆发期与全球趋势基本一致，并具有更快的增长速度，牢牢巩固了优势位置。

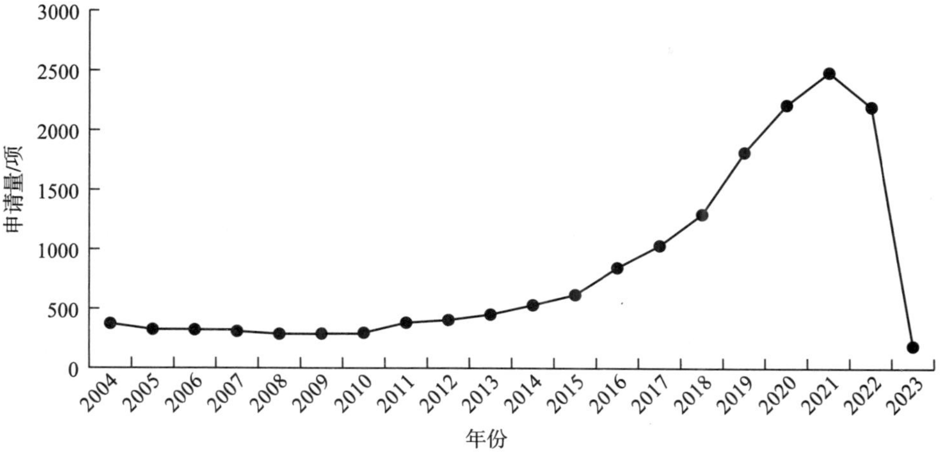

图 2-2-1　数据库采集全球专利申请趋势

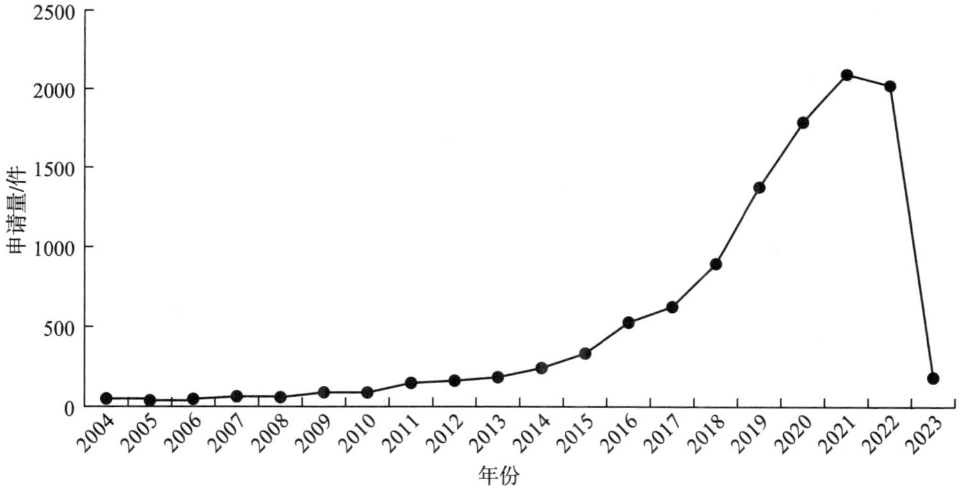

图 2-2-2　数据库采集中国专利申请趋势

从中国申请的省份分布来看，创新的第一梯队是北京、广东、江苏、上海和浙江，这五个省份的数据库采集申请量占有率均在 4% 以上，这些地区经济相对发达，处于第二梯队的有山东、湖北、四川、福建等，占有率均在 1% 以上。其中，北京和广东的申请量具有绝对优势，占比均达到了 10% 以上。图 2-2-3 显示了处于第一梯队的五个省份近些年申请量的变化趋势，从中可以看出，除近两年尚有部分专利未公开外，北京和广东的增长态势更为明显，广东的专利布局较早，在 2010 年之前广东的申请量占据首位，而北京的申请量从 2011 年起跃居首位，江苏、上海和浙江从 2018 年起开始小幅增长，并且在 2019 年之后每年的申请量均为百件之上。

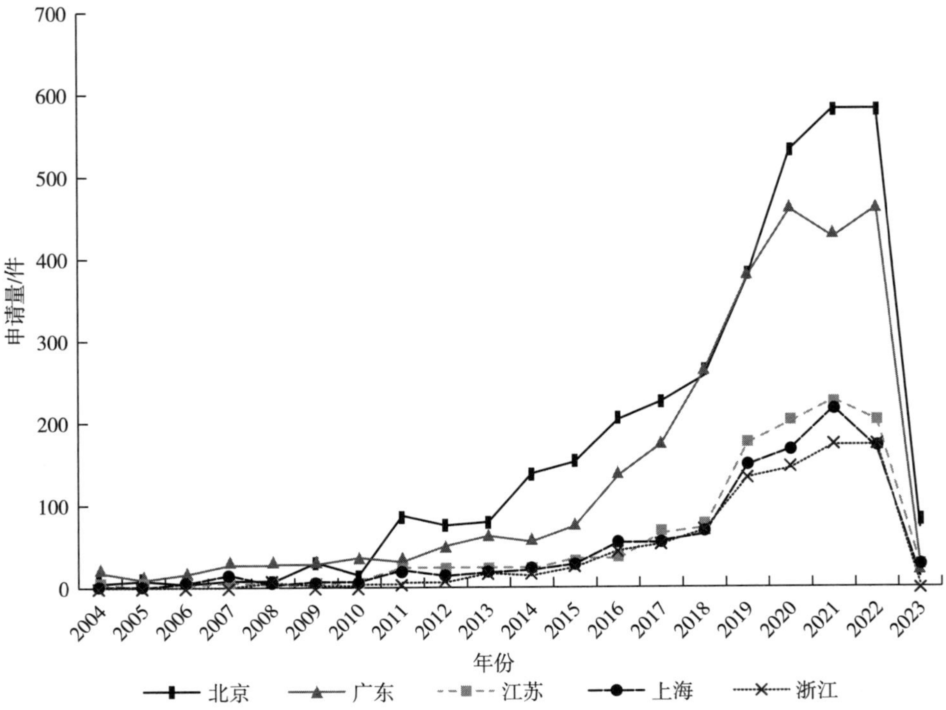

图 2-2-3　数据采集相关中国专利主要省份逐年变化情况

2.2.3.2　各国家/地区申请情况

在数据库采集技术的各国家/地区申请人专利申请量中，亚洲多个国家位居前列，如图 2-2-4 所示，中国和美国仍然属于第一梯队，中国的申请量占到 55%，具有绝对优势，美国的实力也不容小觑，排名第二位。接下来日本、韩国两个亚洲国家申请量较高，总量占到 15%，德国超越了印度位于第五位。

就主要公开地逐年申请量而言，美国最早开始数据库采集技术的专利积累，前期优势明显，一直到 2015 年均位于全球首位，但是到 2020 年遇到了发展瓶颈，申请量开始出现缓慢下滑趋势。而中国也逐步重视数据库采集技术，并迎来了发展的黄金时期，增长速度远超其他四个国家，2016 年申请量成功超越了美国，位于全球首位。日本前期的申请量占据全球第二位，但是技术未见明显突破，韩国和德国的起步时间与中国相近，日本、韩国和德国三个国家的增长趋势同样缓慢，日本和韩国的年申请量峰值刚刚超过百件，具体参见图2-2-5。

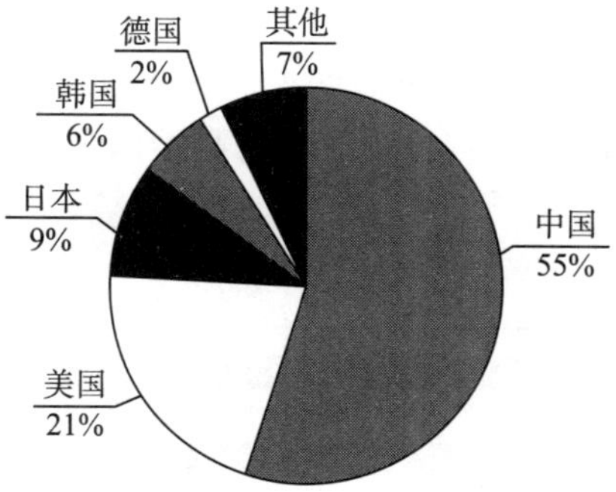

图2-2-4　数据库采集各国家/地区申请人专利申请量占比

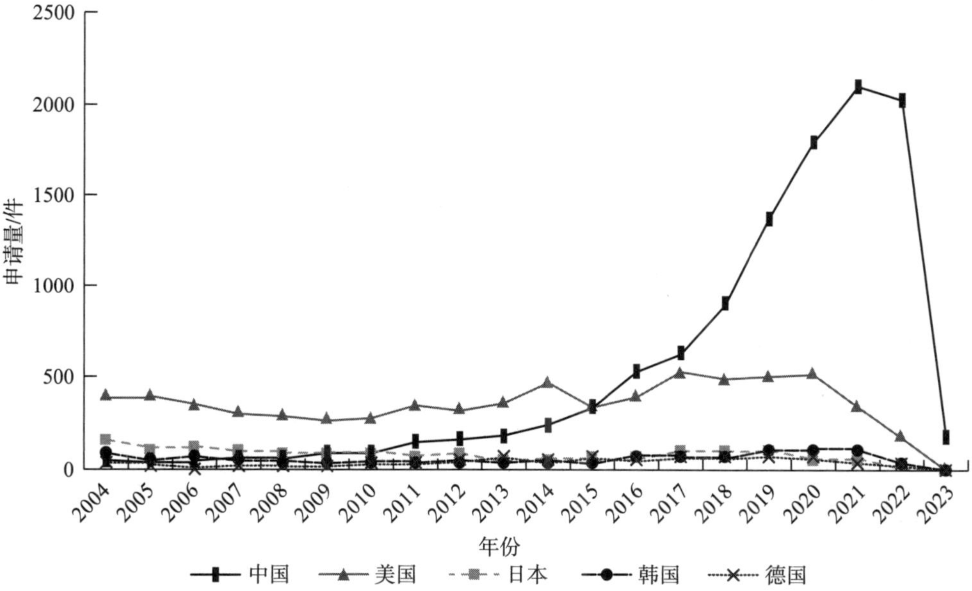

图2-2-5　数据库采集专利申请主要公开地申请量态势

2.2.3.3　主要创新主体

图2-2-6展示了数据库采集全球主要创新主体，从排名来看，位于前十位的均为知名的公司，其中中国的公司成为该领域的创新主力，占据了其中的六位。申请量位于首位的是美国的IBM。在中国的企业中，浪潮集团在数据库采集方面的申请量更具优势，中国平安紧随其后，该公司旗下的平安科技的申请量占据了其总申请量的近55%。阿里巴巴、国家电网和腾讯公司分别位于第四位、第六位和第九位。与大数据采集与预处理申请量前十位申请人相比，在数据库采

集技术中，日本企业中，日立公司、日本电气股份有限公司（以下简称“日本电气”）表现亮眼，分别位于第五位和第七位，此外，德国软件公司 SAP SE（Systems, Applications & Products in Data Processing）以及中国华为技术有限公司（以下简称“华为公司”）表现较为出色，跻身于前十位。

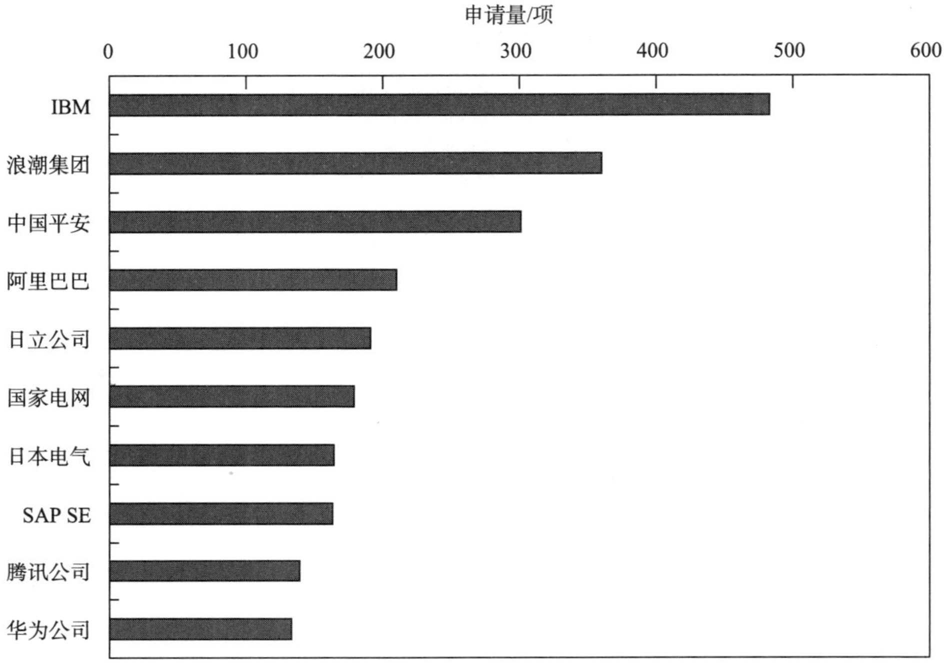

图 2-2-6 数据库采集全球主要创新主体

2.2.3.4 典型企业及典型专利

典型企业和典型专利的筛选主要依据专利申请量、专利族被引证的次数以及对中国企业的借鉴意义等。一般而言，申请量代表了申请人的创新能力，被引证的次数越多，则该专利越重要，多次被引证的专利，很可能为这一领域中的核心技术或者基础技术，存活期越久，专利越重要；另外，典型企业和典型专利也可能是在业内较强影响力或较强的技术研发优势等。后续章节采用相同的标准进行筛选。

1）典型企业

（1）浪潮集团

浪潮集团是中国的云计算和大数据服务商，拥有浪潮信息、浪潮软件、浪潮国际三家上市公司，主要业务涉及云计算、大数据、工业互联网、新一代通信及若干应用场景。

浪潮集团拥有云海 Insight 大数据平台，提供 Hadoop、Spark、MPP 等多种主流架构数据套件，搭建了海量异构数据集成、高效存储、多场景计算和分析挖掘的综合大数据平台，满足多种数据类型（结构化、半结构化、非结构化数据）和多种计算场景（离线、实时）的不同需求。

浪潮集团采用全量数据采集技术开发了云消息服务平台（CMSP），它是一种消息中间件，以云服务和集群方式对外提供高性能和高可靠的消息队列服务。CMSP 提供多种结构化数据同步工具、非结构化数据同步工具和物联网数据采集工具，满足多源异构数据的采集、传输、汇聚、交换和存储的要求。其支持 Oracle、SQL Server、MySQL、DB2 等关系数据库等大数据源数据高性能采集并存储到分布式数据库 Kudu 中，也可以实现 Oracle 到 Oracle 的数据同步、Oracle 到 MySQL 交叉同步等功能。

针对该云消息服务平台的技术和应用，浪潮集团申请了相关专利 58 件，涉及的技术包括：基于 CMSP 实现跨网闸 Oracle 数据库同步、跨网闸有序传输数据、跨网闸 MySQL 数据库同步、SQL Server 数据库增量同步、空间数据增量更新、异构数据库交换、DRDB 数据库数据同步、MongoDB 数据库数据同步等。

下面对该云消息服务平台 CMSP 的典型专利进行简要介绍。

专利 1——CN110377666B，发明名称为“基于 CMSP 消息中间件进行异源数据库间数据同步的方法”，该专利提供一种基于 CMSP 消息中间件进行异源数据库间数据同步的方法，通过拆分具体数据库平台的抽取服务，定义统一的消息传输协议，通过 CMSP 消息中间件进行传输，经入库服务端通过数据库类型映射模型，最终实现数据在异源数据库之间的同步、迁移工作。主要手段包括：将各异源数据库抽取服务端实现为单独的微服务程序；抽取服务端通过统一的编码消息格式将具体的数据库事件序列化；通过 CMSP 消息总线分发；入库服务端作为消息的接收者与消费者通过解析消息格式匹配数据映射模型；将数据库操作从源数据库迁移到目的数据库。该专利被引证次数为 12 次，但并未在国外进行布局。

专利 2——CN109739931B，发明名称为“一种基于 CMSP 的 MySQL Binlog 日志解析的增量同步方法”，该专利提供一种基于 CMSP 的 MySQL Binlog 日志解析的增量同步方法，通过解析 MySQL Binlog 日志获取增量数据。MySQL 这部分数据是二进制格式的数据，按照 MySQL 的通信协议，将二进制数据转换成 ASCII 值的数据。这部分数据涵盖了 MySQL 数据库增、删、改的信息。通过对这部分数据进行格式转换，转换为一种约定的协议格式，基于云消息传输平台，MySQL

Binlog 的增量同步技术可以实现 MySQL 数据增量同步到 MySQL、DB2、Oracle 等同源或异源数据库中，从而实现数据汇聚的目的。该专利被引证次数为 11 次，但并未在国外进行布局。

（2）阿里巴巴

阿里巴巴成立于 1999 年，一直致力于大数据领域的技术研发，消费、云计算、全球化是其明确坚持的三大战略。阿里巴巴早年因为存在杭州、美国双机房部署，存在跨机房同步的业务需求，为了更好地实现不同数据库之间的数据同步，从 2010 年开始逐步研发数据库采集相关技术，发布了多项开源工具，包括离线数据采集工具 DataX、实时数据采集工具 Canal。

DataX 是阿里巴巴开源的一个异构数据库之间的离线同步工具，它作为离线数据同步框架，实现了包括关系型数据库（MySQL、Oracle 等）、HBase、HDFS、Hive 等多种异构数据源之间稳定高效的数据交换，理论上可以支持任意数据源类型的数据同步。其具有 Reader 插件和 Writer 插件，能够将不同数据源的同步抽象为从源头数据源读取数据以及向目标端写入数据。

下面简要介绍阿里巴巴的 2 件涉及 DataX 的典型专利。

专利 1——CN106557364A，发明名称为“一种数据同步方法和系统”，该专利提供了一种数据同步方法和系统，以解决数据同步出现的同步失败问题。具体方法包括：为待处理数据集的每个数据分片分别分配一个任务；启动所述任务的任务线程，在源端和目的端之间执行对应数据分片的离线数据同步；当判断任一数据分片对应任务同步失败后，若确定失败任务支持失效转移操作，则对所述失败任务对应数据分片的处理资源进行清理；重新为所述失败任务对应数据分片分配一个任务，启动重新分配的任务的任务线程执行所述数据分片在源端和目的端的离线数据同步。该专利能够直接对失败任务的数据分片重新同步，无须对整个待处理数据集进行重处理，节省资源且缩短了同步时间。该专利说明书中明确指出可应用于 DataX 的离线同步中，被引证次数为 8 次，并且在美国、欧洲、日本都进行了申请，也包括 PCT 申请[1]。

专利 2——CN102999537B，发明名称为“一种数据迁移系统和方法”。目前成熟的数据导入导出工具比较多，但是一般都只能支持一个或者几个特定类型的数据库；一旦拥有很多异构数据源，如 MySQL、Oracle、Rac、Hive 等数据库、文件系统，并且需要经常在这些异构数据源之间导入导出数据，那么就需要开发、维护、学习使用一批这样的工具。随着数据源类型的增加，需要的导入导出

---

[1] PCT 申请：是指通过《专利合作条约》（PCT）途径提交的国际专利申请。

工具数目会呈线性增长趋势，而导入导出工具的开发会花费大量的开发成本。该专利提供了一种数据迁移系统和方法，被引证次数为90次。该系统的关键模块包括：配置读取模块，用于读取数据迁移任务的配置文件，所述配置文件中包括有数据读取信息和数据写入信息；读取模块，用于依据所述配置文件中的数据读取信息，进行数据的读取，并在将读取的数据转换为中间格式后，写入数据交换缓冲模块；数据交换缓冲模块，用于临时存储写入的中间格式的数据；及写入模块，用于从所述数据交换缓冲模块中读取所述中间格式的数据，并在依据所述配置文件中的数据写入信息将所述中间格式的数据转换为目标格式后，写入目标地址。该专利能够提高数据迁移的性能，降低数据迁移所花费的运维成本和开发成本。

（3）甲骨文

甲骨文股份有限公司（以下简称“甲骨文”），总部位于美国加利福尼亚州的红木滩。1989年正式进入中国市场，虽然其在数据库采集技术方面的申请量排名并未在前十位，但是其具有多个数据库产品，包括Oracle、MySQL等数据库，同时一直致力于数据库相关多项技术的研发，并做好各项技术的专利布局。

GoldenGate软件是甲骨文旗下的一款基于日志的结构化数据复制软件，支持跨版本、异构数据库之间的数据迁移，能够实现大量交易数据的实时捕捉、变换和投递，实现源数据库与目标数据库的实时数据集成，保持亚秒级的数据延迟，具体的实现方法是通过解析源数据库在线日志或归档日志获得数据的增删改变化，再将这些变化应用到目标数据库中。

下面简要介绍1件涉及GoldenGate的典型专利。

CN103221949A，发明名称为“MYSQL数据库的异构的基于日志的复制”，该专利提供一种用于在不同类型的系统之间传输数据的系统和方法，具体是使用基于日志的复制来在例如MySQL数据库或系统与另一类型的数据库或系统之间传输数据。所述系统可以用于执行MySQL数据从源数据库系统到目标数据库系统的一次或初始拷贝，和/或在连续的基础上将从MySQL数据库的二进制日志捕获的进行中的事务复制到一个或额外的非MySQL数据库中，使得这两个系统针对关注的事务被同步。根据一个实施例，可以从MySQL二进制日志提取全部或部分数据改变，并可选地对所述改变进行转换、跳过或补充、输出或写入到文件（该文件可以被实现成Oracle GoldenGate轨迹文件）中，并且随后将所述改变应用到一个或多个目标系统中的任何一个上，从而使得源系统和目标系统同步。

这项专利在美国、欧洲、日本都进行了申请，也包括PCT申请，且在美国和日本有多项系列申请，同时，这些申请的大部分仍处于有效状态。

2）典型专利

除上述介绍的典型企业相关产品和技术外，数据库采集技术相关的专利还包括了以下两类涵盖不同解决方案的专利：数据库采集技术本身的改进以及数据库采集过程改进提升。

（1）数据库采集技术本身的改进

其涉及对增量同步方式、全量同步方式的更新，以及不同方式的选取与利用。

专利1——CN102004743B，发明名称为“一种用于异构数据库之间数据复制的系统及方法”，申请人为中国银联股份有限公司，该专利提供一种用于异构数据库之间数据复制的系统及方法，以解决在现有技术的异构数据库之间数据复制中存在的效率低、通用性差和处理大批量数据的实时性不佳等问题。关键技术手段包括：在计算机中创建并初始化数据共享内存、消息队列和信号量；从至少一个源数据库中读取数据，然后将该数据转成至少一个目标数据库的目标数据，再将转换后数据装载入数据共享内存；根据消息队列中的消息将数据共享内存中的目标数据复制到至少一个目标数据库中；释放复制完毕的数据共享内存。通过上述手段，可以有效保证在源数据库、共享内存与目标数据库之间多进程并发执行数据的读取、转换、存储与复制等诸多操作，从而能够实现异构数据库的大量数据实时、并发、批量复制。

该专利被引证次数为18次，有PCT申请和美国、欧洲同族，且均处于有效状态。

专利2——CN107004010B，发明名称为“控制多数据库系统”，申请人为IBM，该专利提供一种用于控制包括源数据库和目标数据库的系统的计算机实现的方法，该系统被配置为将源数据库的至少一部分的数据改变异步复制到目标数据库，该复制包括由捕获引擎评估源数据库的日志识别该至少一部分的未复制的数据改变，将识别出的数据改变传送到应用引擎以及由应用引擎在目标数据库中应用所传送的数据改变。“异步复制过程”是将数据改变从源数据库增量复制到目标数据库的过程，由此源数据库中的增量数据改变的捕获被并行地并且与对源数据库的读语句或写语句的独立地执行。

该专利具有PCT申请和美国、英国同族，其中美国同族被引证次数为34次。

专利3——CN103617176B，发明名称为“一种实现多源异构数据资源自动同步的方法”，申请人为广东电子工业研究院有限公司，该专利公开了一种实现多源异构数据资源自动同步的方法，能够自动识别数据库类型并判断配置，实现自动数据库同步，选择合理的同步方案，同时，集成现有数据库同步工具，构造自动化的数据同步方案。

该专利被引证次数为 63 次，并且具有 PCT 申请和美国、欧洲同族。其核心技术手段包括：前置机节点接受同步更新请求，从中解析出相关参数；解析出的参数传递给配置分析器，配置分析器连接源数据库，读取源数据库的日志配置信息，根据数据库的类型及配置信息，判断是否可以采用增量同步方式；如果增量同步方式可行，日志解析器将首先根据数据库类型，初始化解析环境，然后启用一个线程，从数据库中读取日志文件中记录的 DDL 和 DML 语句，并保存在本地的缓存中；接着，同步更新器再启用另外一个线程，从缓存中依次取出 DML 或 DDL 语句，更新前置机节点上的数据库；如果源数据库需要采用全量同步更新方式，同步更新器根据数据库类型，使用现有的数据同步或备份工具，构造出一个自动化的数据同步脚本文件；然后，同步更新器将创建一个新的进程运行脚本，进行数据同步；同步完成后，同步更新器将更新元数据节点中的同步状态信息，报告同步过程已完成。

（2）数据库采集过程的改进提升

数据库采集技术中，除了对具体数据采集手段的改进，还涉及对提高数据库采集过程中采集效率等方面技术的改进。

专利 1——CN108268543B，发明名称为“数据库采集方法和装置”，申请人为中国移动通信集团江西有限公司、中国移动通信集团公司（以下简称“中国移动”）。在面向多个数据库的数据采集过程中，通常针对每个数据库通过单独的程序处理对应的业务域的业务指标的采集，即每个进程负责一个数据库的信息采集，这样的配置方式虽然比较简单，但是大大增加了业务运营管理中心对数据库采集进程管理的复杂度。同时，单进程的处理很容易会造成采集任务积压，当某个采集任务耗时较长时，其后面的待采任务将得不到及时处理，导致数据采集延迟。

该专利被其他 2 项授权专利引证，其具体公开了一种数据库采集方法和装置。其中，该方法包括：当采集线程的运行状态为空闲状态时，采集线程向采集调度模块登记空闲状态，采集线程为多个数据库采集线程中的任一个；接收采集调度模块分配的待采集任务，待采集任务为采集调度模块通过轮询采集任务队列，从采集任务队列中匹配的一条最远时间点采集任务；采集线程将运行状态更新为工作状态并执行待采集任务。这样的处理方式可以保障并发环境下的多数据库采集任务能够被及时处理，并且有效避免多任务处理时的单点阻塞效应。

专利2——US6208990B1，发明名称为“在数据仓库应用中自动优化ETL吞吐量的方法和体系结构”，申请人为Informatica Corporation。数据仓库的每月刷新通常是不可行的。随着捕获隐藏在数据仓库内的丰富数据模式的数据挖掘软件应用程序的增长，一些组织甚至可能需要每小时刷新一次。因此，非侵入性数据传输的方法现在侧重于增加数据传输过程的吞吐量，由此可以在允许的窄时间窗口内完成整个数据传输过程。换言之，对优化吞吐量（即速度）的追求已经开始。

该专利申请时间较早，应用广泛，被引证了286次，发生了1次诉讼，且同时提交了一件PCT申请，但并未在其他国家/地区布局。其具体提供了一种用于自动优化数据仓库应用中的数据提取/转换/加载（ETL）过程的吞吐量的计算机软件体系结构。该体系结构有组件化方面和基于流水线的方面。组件化方面是指在该体系结构中使用的每个转换都是由从可扩展的转换组件集合中选择的转换组件建立的。除简化了对数据仓库用户的源代码维护和调整之外，这些转换组件还为这些用户提供了以流水线方式有效地构造有针对性的和功能上复杂的转换的构件。在流水线内，每个转换组件自动分级或流化其数据以优化ETL吞吐量。另外，每个转换或者将数据推送到另一个转换组件，从另一个转换组件拉出数据，或者对数据执行推/拉操作。因此，流水线化、分级/流化和转换组件的推/拉特征有效地优化了ETL过程的吞吐量。

2.3 日志采集

2.3.1 日志采集的概念

日志中记录了系统硬件、软件、各类操作记录和报错信息，包括系统日志、应用程序日志、安全日志等，通过对日志中的数据进行分析，能够快速了解已经发生的所有事件，查找问题产生的原因。日志采集是指收集各类业务平台日常产生的大量日志数据，供离线和在线的大数据分析系统使用。

2.3.2 日志采集的发展现状

随着日志采集技术的发展，涌现了多款用于系统日志采集的工具，如Hadoop 的 Chukwa、Cloudera 公司的 Flume、无平台的 Scribe 等，很多互联网企业也自行开发了具有自身特色的海量数据采集工具，采用分布式架构，满足每秒数百兆字节以上的日志数据采集和传输需求，同时具有高可用性、高可靠性、可扩展性的特点。

Chukwa 的采集框架针对各种数据的采集，能够定期记录已发送的数据来提供容错机制，同时分析采集到的数据。Flume 不仅能够进行日志数据的采集，并且还可用于传输大量事件数据，包括但不限于网络流量数据、社交媒体生成的数据、电子邮件消息等其他数据源产生的数据。Scribe 的采集框架能从各种数据源上收集日志数据，然后放入分布式共享队列中，并集中存储到一个中央存储系统，然后进行集中的统计分析。

2.3.3 日志采集的专利状况

通过对全球专利库中有关日志采集相关的主题进行检索（检索截止日期为 2023 年 4 月 30 日），共得到 9906 项专利申请。

2.3.3.1 专利申请态势

如图 2-3-1 所示，日志采集技术在 2004 年就开始有了初步探索，在 2015 年以前，技术突破不显著，但是之后专利申请量逐渐攀升，并呈现迅猛增长的趋势，尤其是在 2021 年达到了峰值，2022 年和 2023 年的部分申请尚未公开，导致了申请量的下滑。

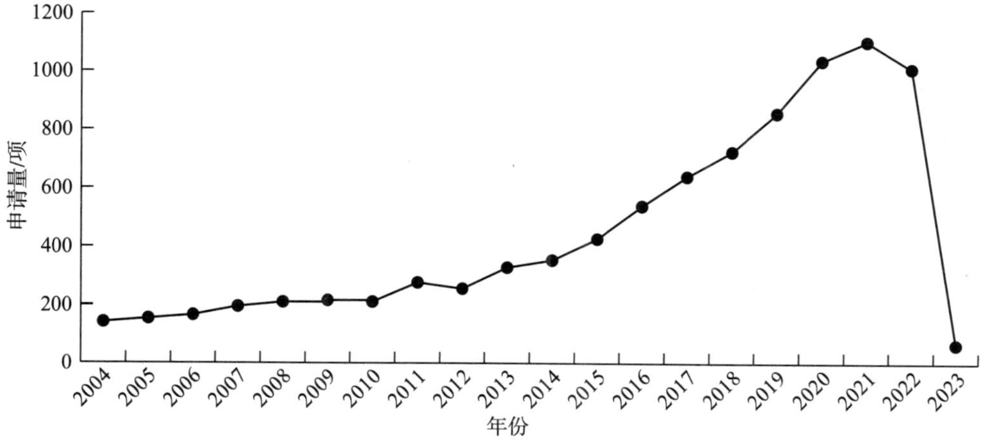

图 2-3-1 日志采集全球专利申请趋势

图 2－3－2 为日志采集的中国专利申请趋势，对比可以看出，中国的专利申请在 2012 年之前积累有限，之后，从 2013 年不到全球份额的 1/3 开始逐步增长，在 2020 年就占据了全球 85% 的申请量，爆发期与全球趋势基本一致，并具有更快的增长速度，牢牢巩固了优势地位。

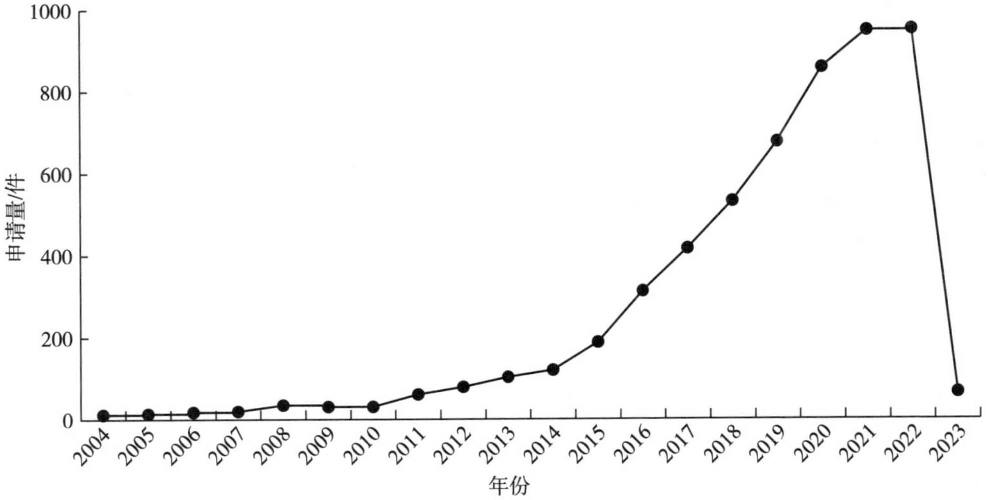

图 2－3－2　日志采集中国专利申请趋势

从中国申请的省份分布来看，创新的第一梯队是北京、广东、江苏、上海和浙江，这五个省份的日志采集申请量占有率均在 4% 以上，这些地区经济相对发达，处于第二梯队的有山东、四川、湖北、河南等。其中，北京和广东的申请量具有绝对优势，占比均达到 10% 以上。图 2－3－3 显示了处于第一梯队的五个省份申请量的变化趋势，从中可以看出，除近两年尚有部分专利未公开外，北京、广东和上海的专利布局较早，并且北京和广东的申请量一直呈现快速增长态势，从 2008 年开始占据主要位置，2011 年起由于增长速度快，逐步显示出明显的优势地位，其中北京在 2021 年的申请量突破了 300 件，江苏、上海和浙江从 2015 年起开始稳步增长，并且在 2021 年前后申请量达到百件左右。

2.3.3.2　各国家/地区申请情况

在日志采集技术的各国家/地区申请人专利申请量中，亚洲多个国家包括中国、日本、韩国位居前列，如图 2－3－4 所示。中国和日本仍然属于第一梯队，中国的申请量占到一半以上，具有绝对优势，而日本在日志采集技术方面的申请量比较可观，超越美国，位于中国之后。接下来美国、韩国、英国三个国家申请量较高，总量占比接近 1/4。

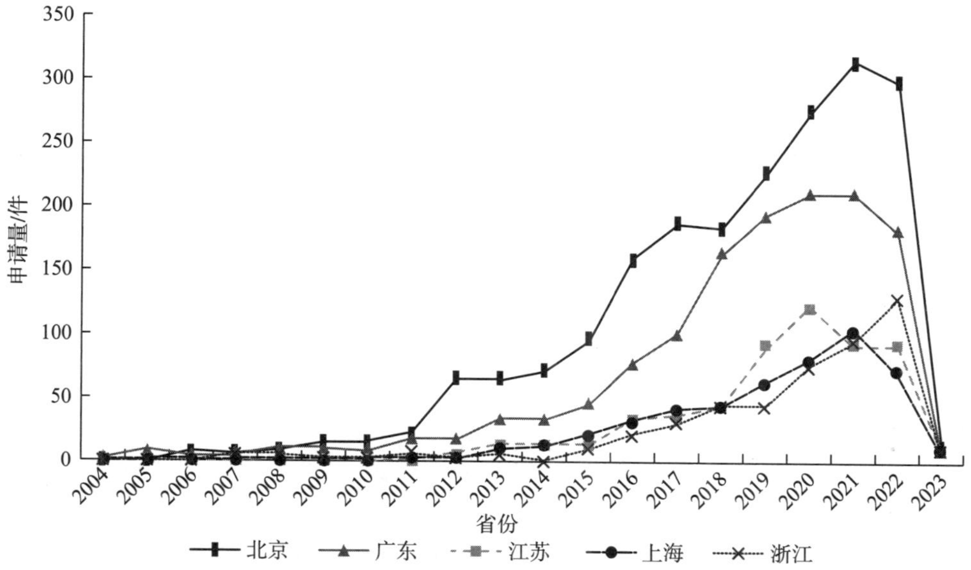

图 2－3－3　日志采集相关中国专利主要省份逐年变化情况

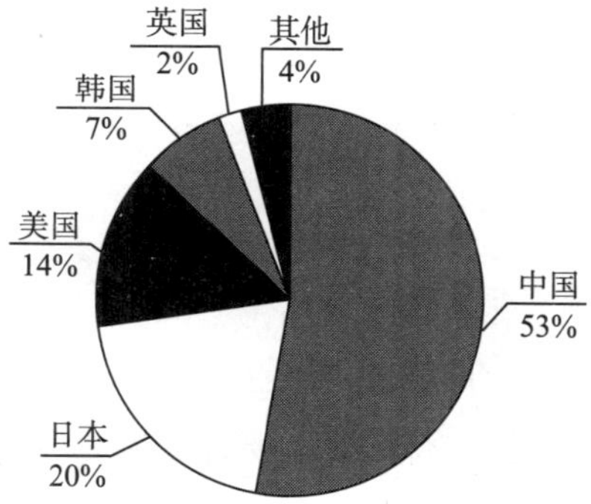

图 2－3－4　日志采集各国家/地区申请人专利申请量占比

就主要公开地逐年的申请量而言，日本的日志采集技术专利申请在早期占据优势，日本和美国在 2015 年之前的申请量占据前两位。而中国的增长态势明显，从 2015 年开始成功超越了日本和美国，位于全球首位。而日本和美国分别在 2015 年、2019 年遇到了发展瓶颈，申请量开始处于下滑趋势。英国和韩国的申请量增长缓慢，并且在 2017 年达到申请量峰值后处于下滑趋势，专利优势并不明显，具体参见图2－3－5。

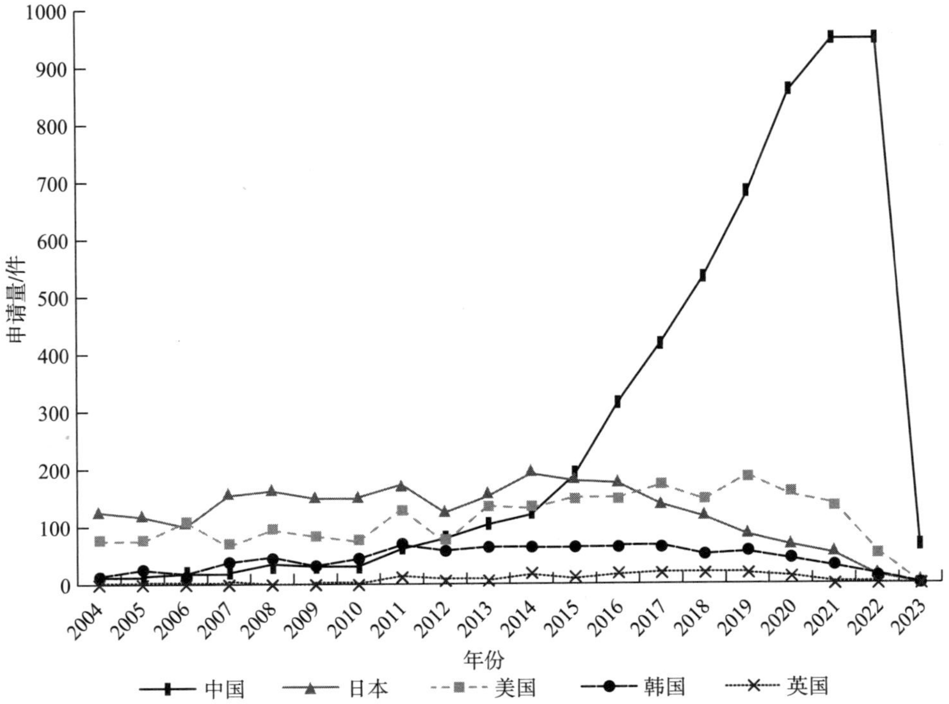

图 2-3-5 日志采集专利申请主要公开地申请量态势

2.3.3.3 主要创新主体

图 2-3-6 展示了日志采集全球主要创新主体，从排名来看，位于前十位的均为知名的公司，其中中国和日本的企业成为该领域的创新主力，占据了其中的九位。浪潮集团在日志采集方面的申请量更具优势，占据首位。与大数据采集与预处理申请量前十位申请人相比，在日志采集技术中，日本的日本电气、富士通以及中国的中国移动表现更为出色，跻身于前十位，尤其是日本的这两家公司和日立公司表现尤为亮眼，分别占据了第二位到第四位。中国的中国平安、美国的 IBM 和中国的国家电网、百度公司和阿里巴巴的申请量紧随其后。

2.3.3.4 典型企业及典型专利

1）典型企业

（1）平安科技

中国平安在大数据采集与预处理领域的申请量占据优势地位，尤其是旗下的平安科技的申请量表现亮眼，在日志采集技术方面，该公司的申请量在全集团中

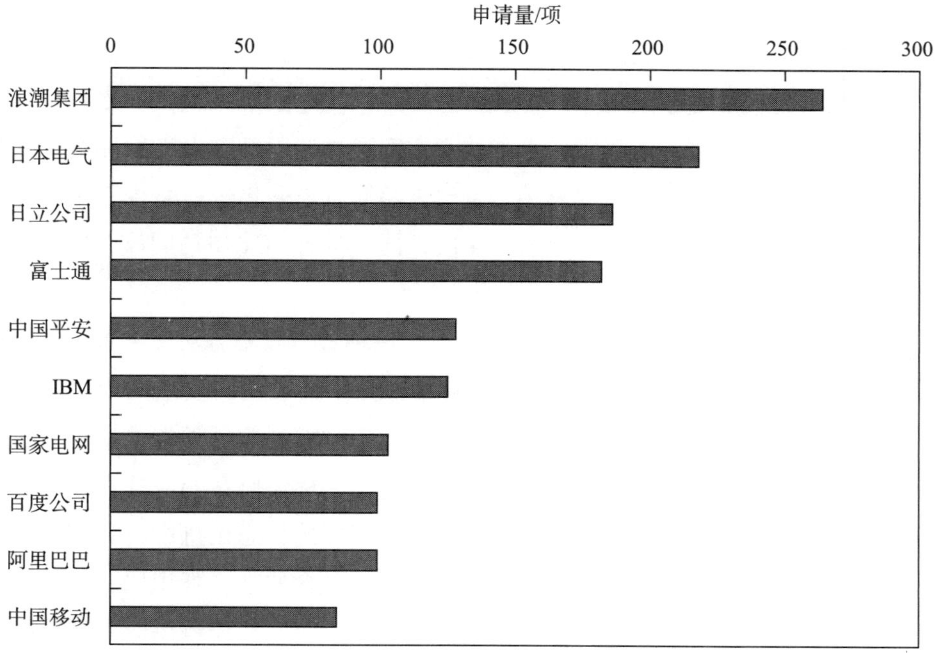

图2-3-6　日志采集全球主要创新主体

的占比达到55%。

平安科技成立于2008年9月，是中国平安旗下科技解决方案专家。其自主研发的产品“平安云”为中国平安80%的业务系统投产作支撑，并以金融为起点，致力于运用大数据、人工智能技术深度服务金融、医疗、智慧城市、房产、汽车等诸多领域。

平安云日志服务是一个统一日志平台，提供日志采集、实时查询、分析、监控报警及可视化呈现等功能，利用上述功能能够获得并处理海量日志，从而能够进行线上业务的实时监控、业务异常及时定位原因、业务数据趋势分析及安全审计。其能够在未手动安装日志采集客户端的情况下，实现从任意服务器实时采集万亿字节（TB）级别的日志数据。

平安科技对日志采集相关技术进行了专利申请，下面对该技术的典型专利进行简要介绍。

专利1——CN109218401B，发明名称为“日志采集方法、系统、计算机设备和存储介质”。该专利提供一种日志采集方法：通过统一日志管理平台为目标服务器设置标签，并批量发送日志采集软件，目标服务器接收日志采集软件后进行安装；日志采集软件向服务端发送HTTP请求，服务端从日志配置集中调取日志配置信息，日志采集软件根据日志配置信息生成日志采集文件，通过重新加载日志采集进程来应用日志采集配置文件，进行日志采集；日志采集软件通过调用日志状态上报功能向服务端发送 HTTP 报文，根据 HTTP 报文中含有的哈希（hash）值来判断日志采集进程是否正常。上述技术方案通过调用日志采集软件实现在分布式环境中大规模采集日志，并利用哈希值来检测日志采集进程是否正常，降低了人工操作成本。该专利被引证次数为 4 次，同时具有 PCT 申请同族，但并未在国外进行布局。

专利 2——CN108459939B，发明名称为“一种日志收集方法、装置、终端设备及存储介质”。该专利提供了一种日志收集方法：接收用户发送的应用请求消息，并生成与其对应的唯一标识码；将唯一标识码添加到应用请求消息中，形成请求指令；在对请求指令的响应处理过程中，将唯一标识码在响应处理过程经过的应用系统或数据库中传递，写入应用系统或数据库的日志信息中；将该日志信息输出到日志库；若请求指令执行失败，则根据其包含的唯一标识码，从日志库中提取包含该唯一标识码的目标日志信息，并按生成时间顺序输出。上述方案实现了对分布在不同应用系统或者数据库中日志信息的有效收集，便于运维人员能够通过关联起来的日志信息快速定位错误，提高问题定位效率。该专利被引证次数为 18 次，同时具有 PCT 申请同族，但并未在国外进行布局。

（2）Cloudera 公司

Cloudera 公司在 2008 年创建于美国硅谷，是大数据管理软件的开发商，是 Hadoop 生态的领导者，在 2018 年 10 月，其与 Hortonworks 公司以 52 亿美元的价格合并。经过多年的发展，其在大数据领域拥有多款产品，包括企业数据管理平台、大数据分析平台和数据湖等。

日志采集工具 Flume 作为一款知名的开源软件，原是 Cloudera 公司提供的一个分布式海量日志采集、聚合和传输系统。其核心是把数据从数据源，例如网页服务器，通过数据采集器（Source）收集过来，再将收集的数据通过缓冲通道（Channel），汇集到指定的接收器（Sink）中，进而数据可以直接进行集中式存储，也可以继续作为数据源传入其他远程服务器或者数据采集器中。其中，缓冲通道作为一个缓冲队列，能够对数据采集器中的数据进行缓存，待数据全部到达接收器后，该缓存通道中的数据将被删除。在整个数据从数据采集器到接收器的传输过程中，将流动的数据封装到一个事件中，一个完整的事件包含头部和主体部分，头部包含了一些标识信息，采集的数据信息记录在主体部分。

下面，简要介绍 2 件该公司涉及日志采集的典型专利。

专利1——US9317572B2，发明名称为“配置系统以收集和聚合数据集”。该专利提供一种用于配置具有多个机器的系统，以从所述多个机器收集数据集并对所述数据集执行分析的方法。该数据集为日志数据，所述方法包括：识别将从其中收集数据集的所述多个机器上的数据源；配置系统中产生要收集的数据集的多个机器，将数据集发送到数据源；识别要记录所收集的数据集的到达位置；通过网页访问主设备并为代理节点指定数据源来同时指定多个机器的配置；其中，每个代理节点与多个机器中的每一个相关联；将每个代理节点的接收器指定为到达位置；指定到达位置作为收集器节点的收集器源；指定分布式文件系统作为收集器节点的收集器宿；其中，代理节点或收集器节点对数据集执行分析。这项专利被引证次数为73次，还具有美国同族，并处于有效状态，但并未在其他国家进行布局。

专利2——US9081888B2，发明名称为“具有容错性的日志数据的收集和聚合”。该专利提供一种用于收集和聚集具有容错性的日志数据的系统和方法，所述系统包括：一个或多个生成日志数据的设备，所述一个或多个机器中的每一个与代理节点相关联以收集日志数据；其中，代理节点从日志数据生成包括多个消息的批处理，并向该批处理分配标签；代理节点还计算该批多个消息的校验和；收集器设备，所述收集器设备与具有收集器节点的收集器层相关联，所述代理将日志数据发送到所述收集器节点；其中，收集器确定从代理节点接收的该批多个消息的校验和。这项专利被引证次数为96次，还具有美国同族，并处于有效状态，但并未在其他国家进行布局。

2）典型专利

除上述介绍的典型企业相关产品和技术外，日志采集技术相关的专利还包括涉及提高日志采集过程的采集效率和可靠性、节省采集资源损耗等方面的技术。

专利1——CN102640151B，发明名称为“用于传输日志记录的方法和系统”，申请人为IBM。该专利涉及信息系统中转换后的数据的高吞吐量、可靠复制，具体提供如下的技术：响应于由本地事务改变的源对象，产生日志记录，其中所述日志记录中的每一个包括序列标识符、源系统实体修改时间戳、目标键、目标分区标识符及源属性的值，其中所述源属性使用目标键指示符来识别。要处理的所述日志记录基于每一日志记录的阶段值来选择，其中该阶段值为提交、正在处理及源系统实体状态改变完成中的一个。将一个或多个不相交分区指派给多个处理实例中的每一个。在该多个处理实例中的每一个的控制下，确定是否传输在指派给该处理实例的一个或多个不相交分区中的日志记录，且响应于确定该日志记录待传输，传输该日志记录。该专利具有 PCT 申请和美国、英国、德国、日本同族，且均处于有效状态。

专利 2——US10135672B2，发明名称为“日志数据采集系统、终端设备及日志数据采集方法”，申请人为日本电气。该专利涉及日志数据收集系统、终端设备、日志数据收集方法和程序，用于收集在终端设备中累积的日志数据。上述日志数据采集系统包括：终端设备，用于存储日志数据；以及收集装置，通过网络从所述终端设备收集所述日志数据，其中，所述终端设备包括发送确定单元，所述发送确定单元基于所述终端设备的状态、所述网络的状态和所述允许发送时段的剩余时间，确定在允许发送时段内向所述收集装置发送所述日志数据的定时，所述允许发送时段是允许发送所述日志数据的时间跨度。该专利具有 PCT 申请和日本同族，且均处于有效状态。

专利 3——CN103379136B，发明名称为“一种日志采集数据压缩方法、解压缩方法及装置”，申请人为中国移动。该专利提供一种日志采集数据压缩方法、解压缩方法及装置，被引证次数为 41 次，具体方法包括：获取日志采集数据；并分别对日志采集数据中各属性字段的各属性值进行编码，得到与每个属性值对应的压缩编码；以及使用得到的压缩编码，替换日志采集数据中对应的属性值，得到压缩后的日志采集数据。采用上述方案，减少了传输日志采集数据所需的网络带宽资源，以及减少了存储日志采集数据所需的存储资源。

专利 4——CN105824744B，发明名称为“一种基于 B2B 平台的实时日志采集分析方法”，申请人为焦点科技股份有限公司。现有的分布式日志采集分析方法，特别是针对具备实时性的采集以及在大数据并发计算中，在要求实时性以及大数据量的情况下，容易出现很多问题或者无法保证实时性。该专利提供一种基于 B2B 平台的实时日志采集分析方法，被引证次数为 39 次，上述方法具体包括：①将 B2B 平台中的访问日志、系统日志作为数据源，对数据源的数据进行实时采集，保存在寄存器中；②通过日志解析器进行处理，按不同的格式进行解析；③通过日志收集器收集日志数据；④定义一个类型的多个子类型，被分布在集群中的多个服务器的节点上；⑤通过分布式存储器缓存收集器的数据；⑥通过分布式计算器处理数据；⑦将分布式计算器处理结果输出至数据库。上述方法对大数据并发实时采集、并行计算具有显著的效果，并且在实时计算中具有明显优势。

专利 5——CN106534257B，发明名称为“一种多层次集群式架构的多源安全日志采集系统及方法”，申请人为国家电网。当前关于安全日志采集方法侧重于研究数据的采集方式和解析效率，以满足海量安全事件信息采集需求，该方法没有考虑多源主机、访问日志、防火墙日志、网络设备日志和网络行为日志等多源异构日志的采集需求，无法实现日志源的动态配置和负载的动态调配，难以满足多源安全日志数据采集的可靠性和实时性要求。该专利提供了一种多层次集群式架构的多源安全日志采集系统及方法，被引证次数为 19 次，该方法能够对交换机和防火墙等网络设备日志和网络行为日志等多源异构日志进行统一采集；在日志源控制方面，采用访问控制技术，能够在不影响其他日志源采集的条件下，动态新增、删除和修改日志源配置，并实现对单个日志源采集任务的启停操作，保障日志采集的不间断性；在采集方法上，采用集群式架构设计，当一个采集节点出现故障或性能出现瓶颈时，能够动态调配负载，保障海量日志数据采集的可靠性和实时性。在数据的存储上，将安全日志同时存储至 Hbase 数据库和 ES 索引中，既能够支持智能化的大数据分析，也能够支持日志在线查询分析。

专利 6——CN106789303B，发明名称为“一种容器日志采集方法及装置”，申请人为北京奇艺世纪科技有限公司。传统日志采集方法，只能针对指定弹性计算节点上指定路径的日志文件进行采集，还需要重新确定应用的所有容器的日志路径，对新的日志路径对应的日志文件中的日志进行采集。该专利提供了一种容器日志采集方法及装置，应用于弹性计算系统中的计算节点，预先将应用程序对应容器的日志文件对应的存储路径存储在预设容器日志目录中，被引证次数为 17 次。上述方法包括：每隔预设时间段或每到预设时间点，根据预设容器日志目录以及用户采集指令，查找与用户采集指令匹配的日志文件，其中，用户采集指令包括：待采集容器日志对应的应用程序的标识信息、待采集容器日志对应的容器的标识信息、待采集容器日志对应的日志文件的标识信息中的一种或几种组合；采集日志文件中记录的日志。应用该专利的技术方案能够提高日志采集效率。

2.4　互联网数据采集

2.4.1　互联网数据采集的概念

互联网数据采集是指通过网络爬虫或网站公开的应用编程接口等方式从网站上获取数据信息的过程，能够将非结构化数据、半结构化数据等从网页中提取出来。

2.4.2 互联网数据采集的发展现状

网页上的数据类型多样，数量庞大，以亿级为单位，为了高效、全面地获取网页上的信息，各个创新主体花费更多的精力致力于网络信息的爬虫技术改进。从爬虫技术上来说，爬虫分为通用网络爬虫、聚焦网络爬虫、增量式网络爬虫、深层网络爬虫等。

通用网络爬虫又称全网爬虫，是搜索引擎抓取系统的重要组成部分，主要为门户站点搜索引擎和一些大型互联网服务提供商采集数据，爬行的对象从一些种子 URL 逐步扩充到整个网络。为提高工作效率，通用网络爬虫通常会采取一定的爬行策略，例如深度优先策略、广度优先策略。

聚焦网络爬虫，又称主题网络爬虫，爬行对象是选择性地爬行与预先定义好的主题相关的页面，从而节省了大量的计算机硬件和网络资源，并且需要保存的页面数量少而更新快，能满足一些对内容和获取及时性关注度较高的场景。

增量式网络爬虫，是指对已下载网页采取增量式更新和只爬行新产生的或者已经发生变化网页的爬虫，由于互联网网页处于不断变化中，因此，其目的是获取更新的信息。由于不需要重新下载没有发生变化的页面，从而节省了爬行时间，而且数据量也显著减少。

深层网络爬虫，是爬取那些传统搜索引擎不能够直接索引到的“深层网页”，这些网页内容不能通过静态链接获取并且隐藏在搜索表单后面，只有用户提交一些关键词才能够获得。

目前，市场上具有多款“网络爬虫”工具，例如八爪鱼、火车头、集搜客、神箭手、Import. io、HTTrack、WebMagic、后羿采集器等，有免费工具也有付费专业版，适用于 Linux、Windows 和 Mac 等系统，方便用户根据实际需要进行选择。

2.4.3 互联网数据采集的专利状况

通过对全球专利库中有关互联网数据采集相关的主题进行检索（检索截止日期为 2023 年 4 月 30 日），共得到 7686 项专利申请。

2.4.3.1 专利申请态势

如图 2－4－1 所示，互联网数据采集的技术积累起步较早，并且从 2014 年开始有了新的技术上的突破，相关全球专利的申请量逐渐攀升，并呈现迅猛增长的趋势，在 2020 年达到申请量高峰。虽然近几年申请趋势放缓，但是申请量仍维持高位，其中 2022 年和 2023 年的部分申请尚未公开，导致了申请量的下滑。

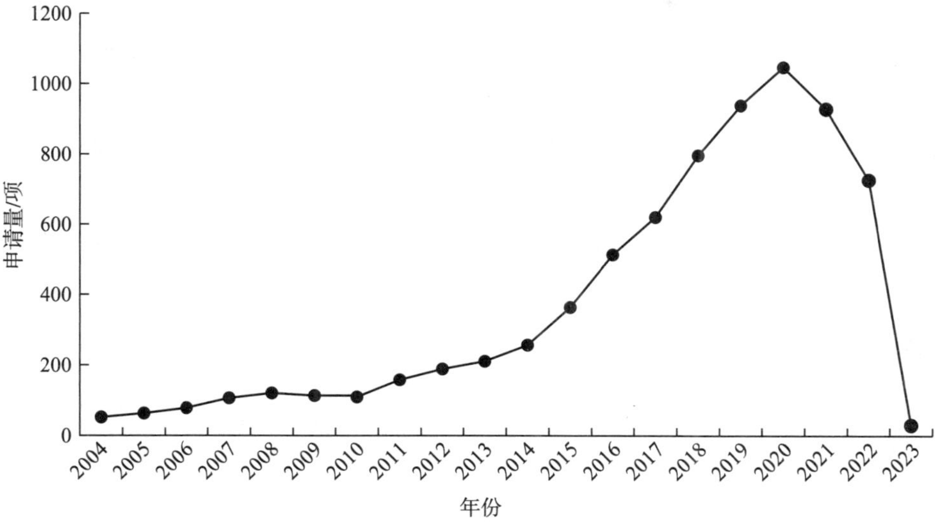

图 2－4－1　互联网数据采集全球专利申请趋势

图 2－4－2 为互联网数据采集的中国专利申请趋势，通过对比可以看出，中国的专利申请在 2010 年之前积累有限，之后，从 2010 年不到全球份额的一半开始逐步增长，在 2020 年占据了全球近 85% 的申请量，爆发期与全球趋势基本一致，并具有更快的增长速度，牢牢巩固了优势位置。

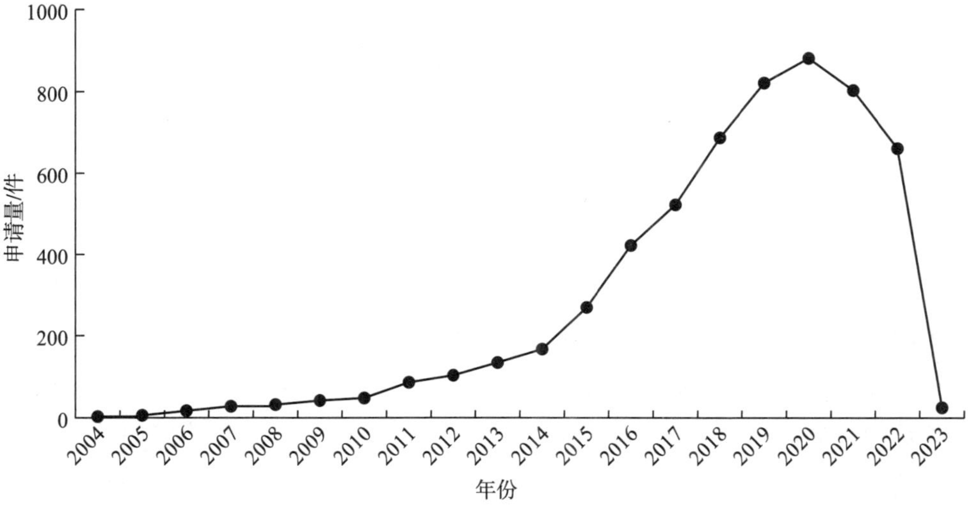

图 2－4－2　互联网数据采集中国专利申请趋势

从中国申请的省份分布来看，创新的第一梯队是北京、广东、江苏、上海、浙江和四川，这六个省份的互联网数据采集申请量占比均在4%以上，这些地区经济相对发达，处于第二梯队的有山东、湖北、安徽、福建等。其中，北京和广东的申请量具有绝对优势，占比均达到13%以上。图2-4-3显示了处于第一梯队的前五个省份申请量的变化趋势，从中可以看出，除近两年尚有部分专利未公开外，这五个省份的专利布局起始点相差不大，但北京的申请量更早地呈现快速增长态势，并占据优势地位，在2017年有小幅下滑，之后在2018—2020年缓慢上涨，而广东从2016年开始发力，申请量迅猛增长，一度在2018年、2019年跃居首位，江苏、上海和浙江的申请量从2010年起开始稳步增长，在过程中有小幅波动。

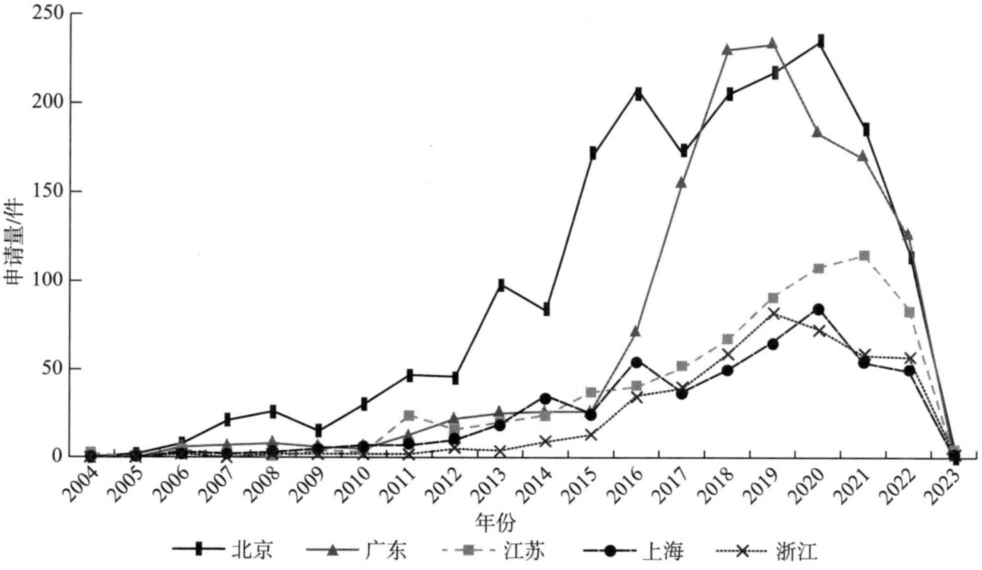

图2-4-3 互联网数据采集相关中国专利主要省份逐年变化情况

2.4.3.2 各国家/地区申请情况

互联网数据采集技术的各国家/地区申请人专利申请量中，亚洲多个国家包括中国、韩国、日本和印度位居前列，如图2-4-4所示，中国、美国和韩国属于第一梯队，中国在互联网数据采集技术方面占据的优势地位更加明显，申请量占比达到74%，美国的申请量仅在中国之后，中国、美国、韩国的申请量总和占比达到了93%，占据绝对地位，接下来，日本和印度的申请量相对较多。

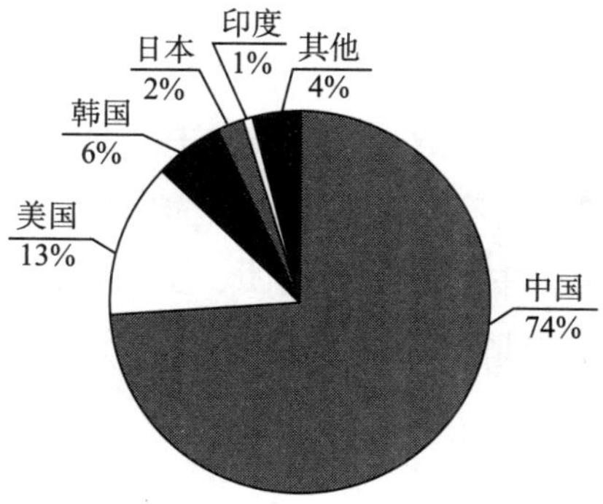

图 2－4－4　互联网数据采集各国家/地区申请人专利申请量占比

就主要公开地逐年的申请量而言，美国的互联网数据采集技术专利申请在 2013 年以前占有明显优势，而中国的增长态势非常明显，从 2014 年开始成功超越了美国，位于全球首位，而美国遇到了发展瓶颈，申请量开始处于下滑趋势。韩国的申请量缓慢增长，在 2020 年达到了峰值，而日本和印度的发展趋势比较平稳，申请量逐年变化不大，具体参见图 2－4－5。

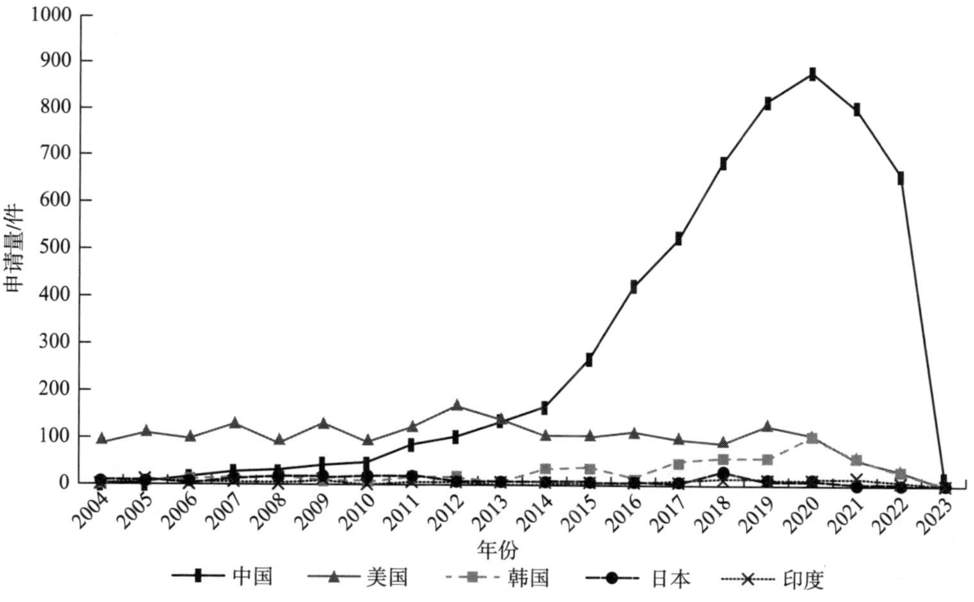

图 2－4－5　互联网数据采集专利申请主要公开地申请量态势

2.4.3.3　主要创新主体

图 2－4－6 展示了互联网数据采集全球主要创新主体，从排名来看，前十位

中有八家中国公司和两家美国公司，显示出两国的创新实力。中国平安在互联网数据采集方面的申请量更具优势，占据首位。与大数据采集与预处理申请量排名前十位的申请人相比，在互联网数据采集技术中，北京国双科技有限公司、中国移动、杭州安恒信息技术股份有限公司表现更为出色，跻身于前十位，分别占据第二位、第八位、第九位。中国的浪潮集团、国家电网、腾讯公司和百度公司，美国的 IBM 和微软公司的申请量均排名前十位。

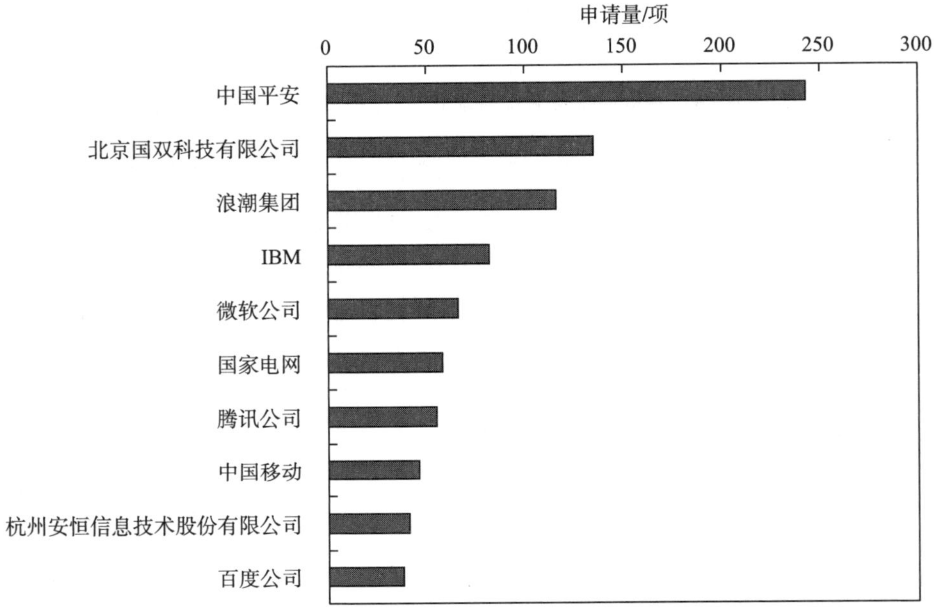

图 2-4-6　互联网数据采集全球主要创新主体

2.4.3.4　典型企业及典型专利

1）典型企业

（1）北京国双科技有限公司

北京国双科技有限公司成立于 2005 年，是中国企业级大数据和人工智能平台软件厂商，基于自主可控的分布式大数据平台和人工智能技术为企业提供数字化、智能化转型的一站式服务，在工业互联网、智慧城市、智慧能源、智慧司法、智能营销、财税等领域为客户提供数字化、智能化解决方案和数据仓库等大型基础软件产品。

该公司拥有的国双大数据平台是以 Hadoop 生态圈开源软件技术栈为基础，自研产品为核心，面向企业级用户提供海量数据分布式存储、计算和分析挖掘的高可靠、高性能的大数据平台，为用户提供大数据管理、数据开发以及数据运营的功能。此外，国双营销云涵盖了营销全链路，重点关注营销自动化领域的产品和解决方案，借助国双大数据平台的实时流引擎和知识图谱等人工智能（AI）方面的能力，帮助用户管理数据、优化算法，具体包括广告监测、用户行为监测分析、媒体投放优化、整合内容营销、营销自动化、营销数据中台等，为用户提供大数据分析，进而助力运营策略优化。

为了全面地进行大数据分析，为用户提供精准服务，互联网数据是重要的信息采集来源，为此，北京国双科技有限公司致力于网页数据的采集与利用技术的研发，尤其是在保证获取到的网页数据全面性以及提高获取效率方面，并针对相关技术进行了专利申请，下面对该技术的典型专利进行简要介绍。

专利 1——CN106547803B，发明名称为“爬取网站增量资源的方法和装置”。该专利提供一种爬取网站增量资源的方法和装置，被引证次数为 6 次。上述方法包括：以待爬取网站的目录层级的最顶层对应页面作为当前页面进行爬取，获得属于网站的所有链接；识别该所有链接中的各链接是内容页链接还是目录页链接；针对目录页链接，分别以各目录页链接所指向的目录页的页面作为当前页面，执行对当前页面进行爬取的操作；针对内容页链接，分别爬取未被爬取过的各内容页链接所指向的内容页，获得内容页数据并存储到网站的资源数据中，并在爬取的内容页中包括属于网站的链接时，针对包括的所有链接，执行识别所有链接是内容页链接还是目录页链接的操作。该专利可以获取网站上的全部增量资源，并且提高增量资源的爬取效率。

专利 2——CN107015986B，发明名称为“一种爬虫爬取网页的方法及装置”。该专利提供了一种爬虫爬取网页的方法及装置，被引证次数为 5 次。该方法包括：提取目标网页的第一链接个数，所述目标网页为待爬取的网页；若所述第一链接个数小于第一预设阈值，则通过浏览器加载所述目标网页后进行爬取；若所述第一链接个数不小于所述第一预设阈值，则通过浏览器加载所述目标网页后提取该目标网页的第二链接个数；若所述第二链接个数大于所述第一链接个数，则对浏览器加载的所述目标网页进行爬取。与现有技术相比，该专利能够快速又全面地爬取网页资源，通过爬虫方式快速地爬取目标网页，节省时间成本。

（2）深圳数阔信息技术有限公司

深圳数阔信息技术有限公司创建于 2012 年 12 月，曾用名为深圳视界信息技术有限公司，是一家以打造大数据平台为目标，致力于提供大数据软件与行业解决方案的国家高新技术企业。

该公司旗下拥有一款知名的数据采集器八爪鱼。八爪鱼可根据不同网站，提供多种网页采集策略与配套资源，可自定义配置，自动化进行处理，从而帮助整个采集过程实现数据的完整性与稳定性，并且能够针对不同用户的采集需求，提供自动生成爬虫的自定义模式，进而准确批量识别各种网页元素，支持不同网页结构的复杂网站采集，满足多种采集应用场景。

该公司在研发数据采集器的过程中，关注用户使用体验度，致力于让用户能够无需专业技术，无需复杂的操作与配置即能够实现对所需数据的采集。下面简要介绍该公司 2 件涉及在互联网数据采集过程中降低使用者门槛的典型专利。

专利 1——CN107729475B，发明名称为“网页元素采集方法、装置、终端与计算机可读存储介质”。该专利提供一种网页元素采集方法，被引证次数为 10 次，具体包括：获取用户输入的需要采集的网页的网址，并在内置浏览器中打开所述网页；获取用户点击的网页元素，显示与所述用户点击的网页元素对应的功能选项组；确定用户选择的功能选项；生成与所述网页元素对应的 Xpath 路径表达式，并生成与所述功能选项对应的执行步骤或执行与所述功能选项对应的操作。该专利提供的网页元素采集方法采用 Xpath 路径表达式进行定位及面向用户选择的操作方式，降低了非技术人员对于网页数据的迅速采集的实现门槛。

专利 2——CN114036426A，发明名称为“一种网页数据采集方法、装置、设备及介质”。该专利提供一种网页数据采集方法、装置、设备及介质，涉及互联网数据采集技术领域，所述方法包括：在网页的源代码中获取网页元素的代码；根据所述网页元素的代码确定所述网页元素的元素类型，从所述网页元素的代码中提取操作选项对应的代码作为待显示代码；将所述待显示代码进行文字化显示，得到操作选项，根据所述网页元素的元素类型显示操作提示，所述操作提示用于指导用户选择操作选项；逐一记录用户选择的操作选项，将多个所述操作选项按顺序连接得到数据预采集步骤；若接收到所述数据预采集步骤的执行指令，利用所述数据预采集步骤对所述网页的数据进行采集。该专利解决了数据采集中技术门槛的局限，降低了采集数据对专业技术人员的要求和成本。

2）典型专利

除上述介绍的典型企业相关产品和技术外，互联网采集技术相关的专利还涉及通用网络爬虫、增量式网络爬虫、聚焦网络爬虫、深层网络爬虫等技术内核方面的改进。

（1）通用网络爬虫技术

CN103246675B，发明名称为“一种用于抓取网站数据的方法与设备”，申请人为百度公司，该专利提供了一种用于抓取网站数据的方法与设备，被引证次数为7次。该方法包括：（a）首先，根据所述网站拓扑结构信息，由当前根页面中的全部链接选择一个未访问链接，并获取其指向的下一层页面；（b）根据第一预定规则，判断所述下一层页面是否为目标信息页面；（c1）当所述下一层页面不为目标信息页面时，则将所述下一层页面作为当前根页面，重复执行所述步骤（a）和（b），直至满足第一预定条件；（c2）当判断所述下一层页面为目标信息页面时，抓取所述目标信息页面；（d）当满足第二预定条件时，将前一根页面作为当前根页面，重复执行所述步骤（a）、（b）、（c1）和（c2）。与现有技术相比，该专利采用深度优先遍历的方式，实现了抓取整个网站的目标数据，保证了目标数据抓取的准确性，提高数据抓取的效率。

（2）增量式网络爬虫技术

专利1——CN105320740B，发明名称为“微信文章以及公众号的获取方法及获取系统”，申请人为清华大学。该专利提供了一种微信文章以及公众号的获取方法以及获取系统，被引证次数为18次。该专利在爬虫正常爬取的基础上，接入第三方平台来识别验证码，解决了搜狗搜索时出现的验证码问题，保证爬虫稳定地爬取；另外爬虫利用文章ID以及微信公众号做布隆过滤，保证了微信爬虫不会由于搜狗搜索平台URL的变化而无法正常运行；同时通过增量列表记录了增量文件，用于存储每一个关键字的第一个页面的第一个文章的ID号，爬虫每更新完一个关键字，则增量文件与增量列表进行同步，用于爬虫的增量更新，其中增量列表记录了上次爬虫更新的状态，增量列表为内存链表，初始时保存的是上次爬虫更新，从而保证了爬虫的增量式爬取，提高了爬虫的效率。该专利能够高效、稳定、全面地爬取微信公众号和文章。

专利2——CN107193960B，发明名称为“一种分布式爬虫系统及周期性增量抓取方法”，申请人为南京大学。该专利涉及一种分布式爬虫系统，被引证次数为15次。该系统被配置为基于ZooKeeper的分布式服务、系统组件和数据库三大部分，其中，系统组件包括系统监控组件Monitor、协调组件Coordinator、日志收集组件Logger、基础爬虫组件Spider，数据库包括Redis内存数据库，Redis是key－value的存储形式，Redis内存数据库中存放有分布式URL任务队列和分布式BloomFilter。其中，协调组件Coordinator周期性导入任务到分布式URL任务队列，并唤醒正在休眠的Spider组件；Spider组件根据当前分布式URL任务队列的执行情况进行休眠或周期性增量抓取。该专利解决了如何将单机爬虫有效地结合在一起，实现集群环境下高可用、高稳定和高吞吐率的分布式爬虫，并实现周期性增量抓取。

（3）聚焦网络爬虫技术

专利 1——US6418433B1，发明名称为“用于聚焦网络爬行的系统和方法”，申请人为 IBM。该专利提供一种聚焦网络爬行的系统和方法，被引证次数为 424 次，具体包括：聚焦网络爬虫学习从由用户提供的一组示例中识别与一个或多个用户的兴趣相关的网页；然后，它使用从示例收集的统计数据和对增长的爬行数据库的链接图的其他分析，从示例集开始探索 Web，以引导自身朝向相关的有价值的资源并远离 Web 上的不相关和/或低质量的素材。因此，Web 爬虫为特定用户建立了一个全面的主题特定库。

专利 2——CN106709052B，发明名称为“一种基于关键词的主题网络爬虫设计方法”，申请人为电子科技大学。该专利提供一种基于关键词的主题网络爬虫设计方法，被引证次数为 39 次。该方法包括：①配置主题关键词的搜索 URL，形成初始种子超链接 originalURL；②根据 originalURL，在搜索引擎中进行检索并下载网页，基于网页内容抽取新闻的初步字段；③根据主题相关性算法，得到每篇新闻与主题的相似性，将与主题相关的新闻字段保留下来放入公共队列 newsQueue 中，过滤掉与主题不相关的新闻；④根据 nextPageURL 下载下一页的网页内容，抽取出 nextPageURL 和步骤③所述的相关字段，将后者放入公共队列 newsQueue 中，不断重复步骤④，直到没有下一页超链接 nextPageURL 为止；⑤从 newsQueue 中取出 URL 交给爬虫处理线程，即消费者线程。该专利提高了主题网络爬虫的爬取效率，增强了爬取出的 URL 资源的有效性。

（4）深层网络爬虫技术

CN105843965B，发明名称为“一种基于 URL 主题分类的深层网络爬虫表单填充方法和装置”，申请人为广州精点数据科技股份有限公司。在深层网里面拥有高质量的数据，在各个领域，我们都需要更加精准更加丰富的数据，这就要求网络爬虫对深层网络的数据进行挖掘和标引，为了更好地实现这种深层网络的智能爬虫，需要对爬虫自动填写网页表单控件的策略进行改良，让整个流程匹配的准确率都有所提升。该专利提供了一种基于 URL 主题分类的深层网络爬虫表单填充方法和装置，该装置包括预处理单元、下载单元、网页分析单元、网页处理单元和存储单元，利用本体库以及基于语义的相似度匹配算法把深层网络爬虫进一步智能化，从而丰富了相关领域的数据，并构建映射存储，为提高搜索引擎的信息检索能力提供一种新的思路。该专利被引证次数为 14 次。

2.5 数据清洗

2.5.1 数据清洗的概念

数据清洗是大数据预处理技术的关键一环。在大数据采集、传输或接收过程中可能存在数据丢失的情况，也存在采集到的数据不符合规范、数据重复等情况，为此，需要运用数据清洗技术。数据清洗是指为保证获取数据的质量，而对不符合规范的大数据进行处理的过程，包括对获取的数据进行去噪、纠错或补全等。

2.5.2 数据清洗的发展现状

为了将原始数据转换成可供分析使用的数据，需要对重复数据、异常数据等噪声数据进行清除，对缺失值进行检测和处理等数据清洗方法。

对于不完整数据，即数值存在缺失的情况，可以进行手工删除或者手工填入，同时也可以用平均值、最大值、最小值或更为复杂的概率估计，使用线性回归、多项式回归、决策树等方法来预测得到新值，代替缺失的值，从而达到清洗的目的。

对于异常数据，可以用偏差分析、按照特定规则进行检查等方法进行识别，或者利用数据间约束条件来进行检测和识别，对检测出的错误数据进行统一或者删除等。

对于重复数据，可以通过判断属于相同属性的值是否相等来进行检测，进而对相等的数据进行合并或者删除，达到消重的目的。

2.5.3 数据清洗的专利状况

通过对全球专利库中有关数据清洗相关的主题进行检索（检索截止日期为 2023 年 4 月 30 日），共得到 8168 项申请。

2.5.3.1 专利申请态势

如图 2 –5 –1 所示，数据清洗技术在 2004 年已经开始有了初步探索，之后全球专利申请量逐渐攀升，并呈现迅猛增长的趋势，2021 年申请量达到了峰值。其中 2022 年和 2023 年的部分申请尚未公开，导致了申请量的下滑。

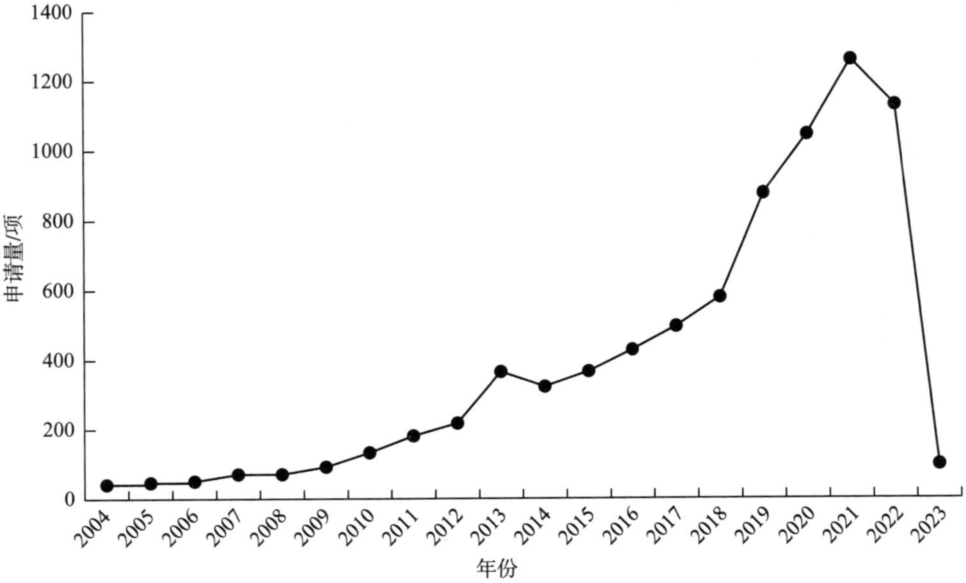

图 2-5-1　数据清洗全球专利申请趋势

图 2-5-2 为数据清洗的中国专利申请趋势，通过对比可以看出，中国的专利申请在 2012 年之前积累有限，从 2013 年占据全球份额的 1/3 开始逐步增长，2020 年就占据了超过全球 85% 的申请量，爆发期与全球趋势基本一致，并具有更快的增长速度，牢牢巩固了优势位置。

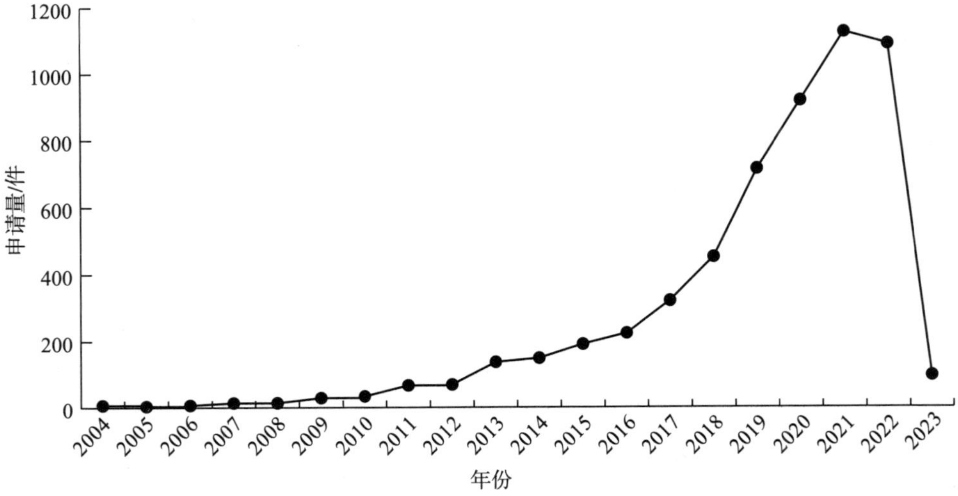

图 2-5-2　数据清洗中国专利申请趋势

从中国申请的省份分布来看，创新的第一梯队是北京、广东、江苏、上海和浙江，这五个省份的数据清洗申请量占比均在4%以上，这些地区经济相对发达，处于第二梯队的有山东、四川、湖北、福建、陕西等。其中，北京和广东的申请量具有绝对优势，占比均达到了12%以上。图2－5－3显示了处于第一梯队的五个省份近些年申请量的变化趋势，从中可以看出，除近两年尚有部分专利未公开外，北京、广东和上海的专利布局较早，并且五个省份的申请量均呈现快速增长态势，北京从2013年开始占据明显的优势地位，并在2021年、2022年的申请量突破了300件，广东的峰值申请量超过了200件，而江苏、上海和浙江从2015年起稳步增长，并且在2021年的申请量均突破了100件。

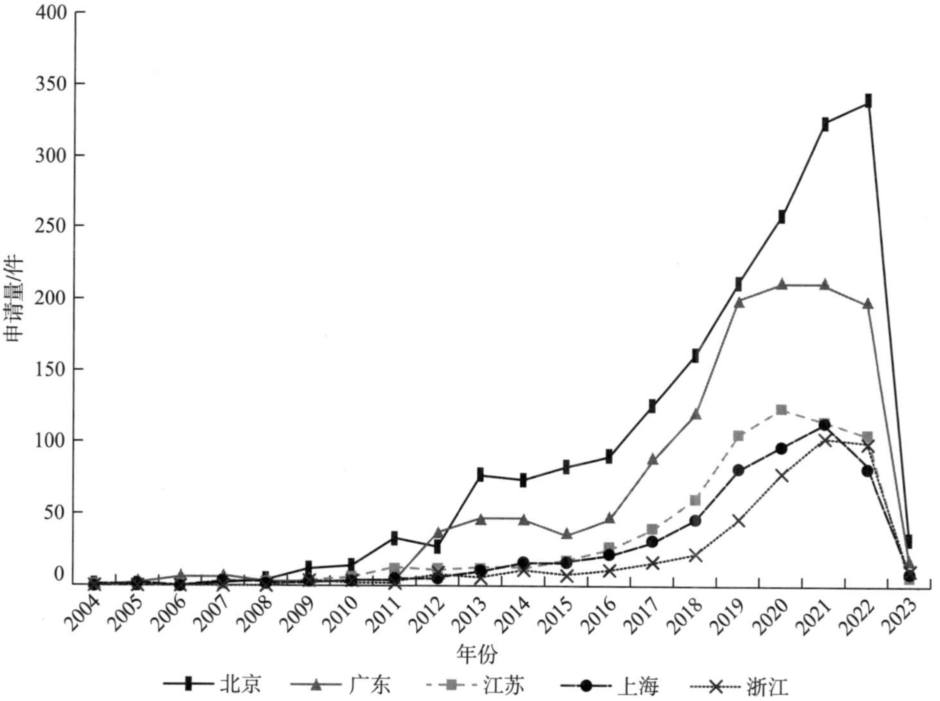

图2－5－3 数据清洗相关中国专利主要省份逐年变化情况

2.5.3.2 各国家/地区申请情况

数据清洗技术的各国家/地区申请人专利申请量中，亚洲多个国家包括中国、日本、韩国和印度位居前列，如图2－5－4所示，中国和美国仍然属于第一梯队，中国的数量占到68%，具有绝对优势，美国的申请量也比较可观，仅在中国之后。接下来日本、韩国、印度三个国家申请量相对较高，均超过总量的1%。

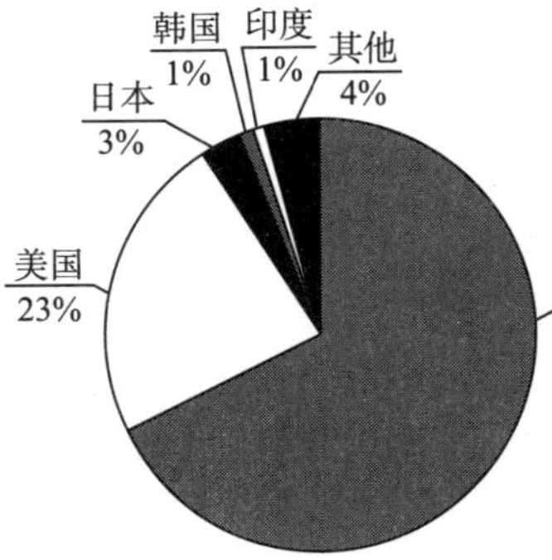

图2-5-4　数据清洗各国家/地区申请人专利申请量占比

就主要公开地逐年的申请量而言，2017 年以前，美国的数据清洗技术专利申请占据优势，而中国的增长态势非常明显，从 2017 年开始成功超越了美国，位于全球首位，而美国从 2013 年开始遭遇发展瓶颈，申请量持续下滑。日本、韩国和印度的申请量一直不多，各年相对变化不突出，处于小幅波动状态，专利优势并不明显，具体参见图2-5-5。

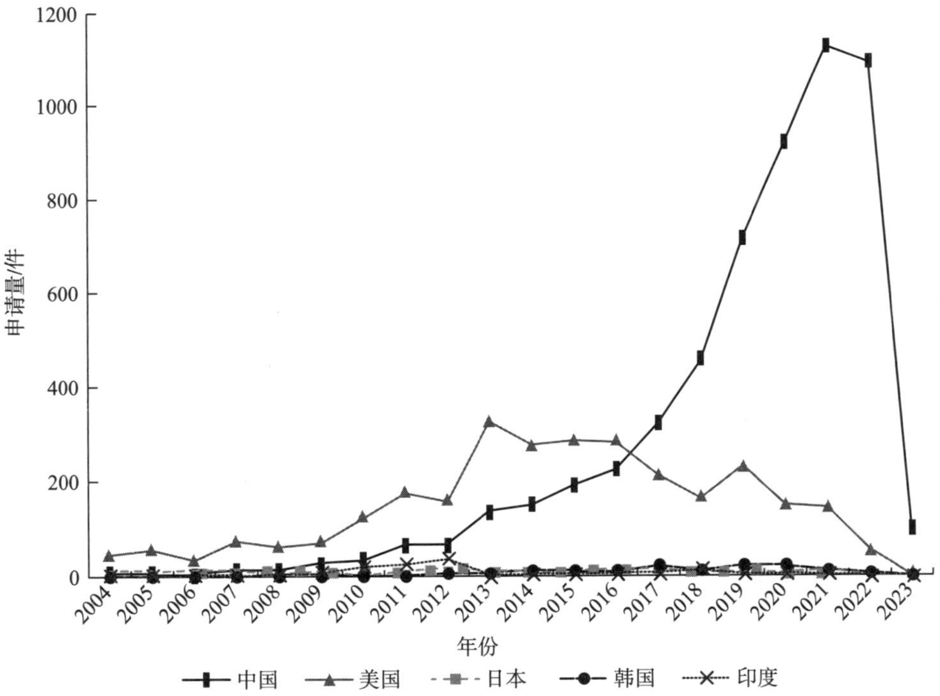

图2-5-5　数据清洗专利申请主要公开地申请量态势

2.5.3.3　主要创新主体

图2－5－6展示了数据清洗全球主要创新主体，从排名来看，位于前十位的均为中国和美国的知名公司。美国的IBM在数据清洗方面的申请量更具优势，占据首位。与大数据采集与预处理申请量排名前十位的申请人相比，在数据清洗技术中，华为公司、中国银行和美国NetApp表现更为出色，跻身于前十位。中国的国家电网、浪潮集团、阿里巴巴、中国平安分别占据了第二位到第五位，并与华为公司一起，在申请量上均突破了百项。腾讯公司和微软公司的申请量紧随其后，排名后四位，在申请量上相差不大。

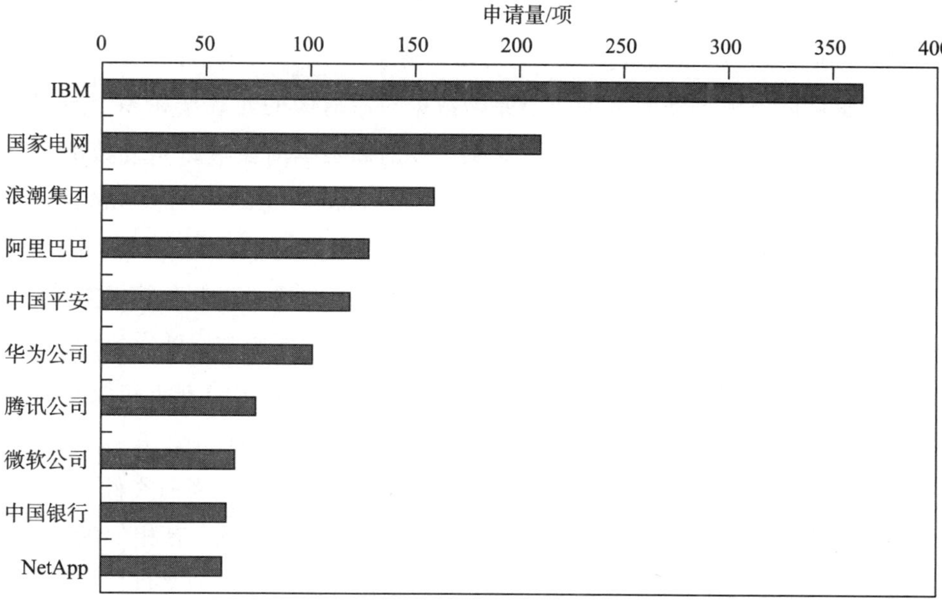

图2－5－6　数据清洗全球主要创新主体

2.5.3.4　典型企业及典型专利

1）典型企业

（1）IBM

美国的IBM成立于1911年，是大型的信息技术和业务解决方案公司。该公司认为可信的数据是良好业务决策的基础，因此，致力于提供数据质量解决方案，帮助优化数据质量的多种关键维度：准确性、完整性、一致性、及时性、有效性和唯一性，从而能够识别、理解和纠正数据缺陷，增强数据完整性，进而助力用户充分利用信息资产，更好地获得决策信息。

IBM InfoSphere QualityStage 是 IBM 公司旗下的企业信息集成平台工具，主要致力于调查、清洗和管理数据，能够根据一定的规则，将数据按照统一的格式进行标准化，然后对数据进行匹配，将不满足规则的或者重复的数据进行去除，提高数据的质量，为大数据、商业智能、数据仓储、应用迁移和主数据管理项目提供高质量数据。其对数据的处理分为四个阶段：数据调研、数据标准化、数据匹配和数据验证。

为提高数据的质量，IBM 致力于各类数据清洗技术的研发，尤其在去重处理方面，并针对相关技术进行了申请，下面针对该技术的典型专利进行简要介绍。

专利 1——CN103034659B，发明名称为“一种重复数据删除的方法和系统”。该专利提供一种重复数据删除的方法和系统，该方法包括：①获得已经使用重复数据删除方法得到的至少一个原始数据对象对应的元数据和多个数据块；②将获得的多个数据块组合成新数据对象；③对新数据对象进行重复数据删除，得到新数据对象对应的新元数据和新数据块；④存储所述至少一个原始数据对象对应的元数据、新数据对象对应的新元数据以及新数据块。该方法和系统能够进一步提高重复数据的删除率，从而进一步减少数据存储量，降低存储成本。

该专利具有美国同族，并且均已获得授权，其美国同族被引证次数为 36 次。

专利 2——CN105740266A，发明名称为“用于数据去重的方法和设备”。该专利提供了一种用于数据去重的方法，能够提高数据去重的效率，并且具有获得授权的美国同族。上述方法具体包括：在所述数据中获取一个当前文件；根据所述当前文件中至少一个预定位置处的采样数据块，确定是否存有相似的历史文件；响应于不存在相似的历史文件，以文件为单位存储所述当前文件以及相应的元数据；响应于存在相似的历史文件，对所述当前文件采用以块为单位的去重操作。

该专利具有已授权的美国同族，并且均已获得授权，被引证次数为 12 次。

（2）华为公司

华为公司成立于 1987 年，总部位于广东省深圳市，是信息与通信基础设施和智能终端提供商。华为云是华为公司推出的云计算服务品牌，致力于提供专业的公有云服务，提供弹性云服务器、云存储、云连接、云数据库、人工智能技术、大数据分析与处理、云防火墙等多项云计算服务和解决方案。

一站式人工智能平台华为云 ModelArts 支持海量数据预处理、大规模分布式训练、自动化模型生成，并具备端 - 边 - 云模型按需部署能力，可帮助用户快速创建和部署模型、管理全周期人工智能工作流。ModelArts 平台提供的数据处理功能的基本目的是从大量的、杂乱无章的、难以理解的数据中抽取或者生成对某些特定的人们来说有价值、有意义的数据。当数据采集和接入之后，数据一般是不能直接满足训练要求的。为了保障数据质量，以免对后续操作（如数据标注、模型训练等）带来负面影响，开发过程通常需要进行数据处理。数据处理的方式包括对采集的数据进行清洗，在数据校验的基础上，对数据进行一致性检查，处理一些无效值等。

下面简要介绍该公司 2 件涉及在大数据预处理过程中进行数据清洗的典型专利。

专利 1——CN103154950B，发明名称为“重复数据删除方法及装置”。该专利针对现有技术中由于修改文件与用户文件相对应，当大量用户文件被修改时，会生成大量的修改文件，修改文件多到一定程度时，会大大降低重删率，也会影响修改其他用户文件的性能。因此，该专利提供一种重复数据删除方法：查询数据块文件中是否存在与修改后的数据块相同的数据块，生成查询结果；根据查询结果识别到数据块文件中存在与修改后的数据块相同的数据块时，根据数据块文件对修改后的数据块的索引进行更新；根据查询结果识别到数据块文件中不存在与修改后的数据块相同的数据块时，将修改后的数据块添加到数据块文件中，并根据添加后的数据块文件对修改后的数据块的索引进行更新。该专利实现了对修改后的重复数据的删除，提高了其他数据块文件被修改的性能，提高了重复数据的删除效果。该专利具有欧洲、美国同族和 PCT 申请，其中针对其欧洲同族有诉讼发生。

专利 2——CN102135979B，发明名称为“数据清洗方法及装置”。现有技术在清洗多类别数据时，需要对每个粗分类类别的数据逐类别进行清洗，由于缺乏类别间的对比，因此，粗分类类别的数据中可能保留类别区分有误的样本，这样会使最终的迭代结果不准确，从而降低数据分类的准确性。该专利提供一种数据清洗方法及装置，以提高数据分类的准确性，具体技术方案如下：获取经过粗分类的样本数据，将获取的样本数据作为第一数据集；对所述样本数据进行分类，获得所述样本数据的粗分类类别的权重，根据所述权重确定所述样本数据的粗分类类别在所有类别中的排序位置；根据所述样本数据的粗分类类别在所有类别中的排序位置和第一数据集中样本数据的总数量，获得综合评估结果；当根据所述综合评估结果确定需要对所述第一数据集进行清洗时，根据所述样本数据的粗分类类别在所有类别中的排序位置删除规定数量的排在末位的样本数据。该专利具有 PCT 申请，被引证次数为 24 次。

2）典型专利

除上述介绍的典型企业相关产品和技术外，数据清洗技术相关的专利还涉及异常数据检测技术、缺失数据检测及填补技术、提高数据清洗效率等方面。

（1）异常数据检测技术

专利 1——US9659085B2，发明名称为“利用上下文侧信息检测行为网络中的异常”，申请人为微软公司。许多传统的异常检测技术试图检测全局异常。全局异常，也称作点异常，是偏离整个数据集的正常行为的数据对象。该专利涉及检测行为网络中的上下文异常，可以执行标签传播以构造上下文并将相应的上下文成员资格分数分配给用户。每个上下文可以是期望具有相似资源使用的用户的相应子集。通过结合行为信息和上下文侧信息，可以构造上下文并分配上下文成员资格分数。行为信息可以由行为网络内的用户指定各自的资源使用。可以基于分配给用户的相应上下文成员资格分数和上下文侧信息来计算用户的相应上下文异常分数，从上下文异常分数检测上下文异常。该专利具有 PCT 申请，被引证次数为 85 次。

专利 2——CN103020166B，发明名称为“一种电力实时数据异常检测方法”，申请人为宁波电业局等。该专利提供了一种电力实时数据异常检测方法，被引证次数为 16 次。现有的电力数据的采集存储过程中，不可避免地会出现异常数据或噪声，因此，如何准确、快速地检测出电力实时数据中的异常数据成为亟待解决的问题。该专利通过基于规则的异常检测、基于梯度的异常检测以及基于预测的异常检测等三次不同的方式对电力实时数据进行检测，其实现简单，能够准确、快速地完成对海量电力实时数据的异常检测，保证了电网智能优化的可靠性。

（2）缺失数据检测及填补技术

专利 1——CN107193876B，发明名称为“一种基于最近邻 KNN 算法的缺失数据填补方法”，申请人为美林数据技术股份有限公司。该专利提供了一种基于最近邻 KNN 算法的缺失数据填补方法，被引证次数为 38 次。具体包括：自动识别数据集中的存在缺失值的特征属性；遍历存在缺失值的特征属性利用近邻 KNN 算法逐步填充缺失值；在对每一个特征属性进行缺失值填充过程中，迭代 KNN 算法参数 k，获得不同参数配置的 KNN 模型簇；根据优化目标函数遴选最优模型，并利用该模型对缺失数据进行缺失值填充。由于算法参数 k 对 KNN 算法影响较大，将寻优的策略运用到缺失值填充模型的建模中，可以很大程度提高模型的精度，填充数据的质量相应地有了很大程度的提高。通过上述缺失数据智能填补方法能够很好地解决企业数据信息管理中缺失数据的问题，保障企业数据信息的完整性。

专利 2——CN109165664B，发明名称为“一种基于生成对抗网络的属性缺失数据集补全与预测方法”，申请人为华南理工大学。针对传统数据填充方法处理高维度数据时存在的计算复杂度高，未能充分挖掘标签信息以修正填充结果这两个问题，该专利提供一种基于生成对抗网络的属性缺失数据集补全与预测方法，包括步骤：①对数据 minmax 归一化，同时对离散类型的属性使用 one hot 编码，缺失值标记为 0；②使用数据集建立关于样本的缺失位置编码向量；③构建生成式对抗网络与辅助预测网络进行数据填充与标签的预测；④根据属性中最大最小值还原为 minmax 归一化前的结果；⑤通过测试选取合适的超参数。该专利充分利用数据集中的数据分布信息与标签信息，能够对高维度缺失数据集进行有效的数据填充，同时在训练完成之后，该方法中包含的另一辅助预测网络能够直接对输入的属性缺失数据给出标签的预测结果，流程简捷，具有更高的预测准确率。该专利被引证次数为 27 次。

（3）提高数据清洗效率

专利 1——CN103593352B，发明名称为“一种海量数据清洗方法及装置”，申请人为阿里巴巴。目前数据量越来越大，常用的数据库扩展到万亿字节，一个数据清洗过程需要花费的时间也越来越惊人，因此寻找一种既能规范地对数据进行清洗，又能保障数据清洗在合理的时间范围内完成的数据清洗方法成为数据库工程师研究的方向之一。该专利公开了一种海量数据的清洗方法及装置，该方法首先配置数据清洗规则文件，并能够根据数据清洗规则的表名，获取待清洗数据表对应的数据清洗规则，并自动生成清洗代码执行清洗，在清洗过程中为待清洗的每条数据打上标签，通过标签解析，分析出数据触发了哪条数据清洗规则，从而进行相应的清洗处理。上述海量数据清洗方法能够对海量数据进行有效的清洗，效率高，清洗出的脏数据被分类保留，可以精确定位每一条脏数据的来源去向。该专利被引证次数为 49 次。

专利 2——CN108052665B，发明名称为“一种基于分布式平台的数据清洗方法及装置”，申请人为深圳市中易科技有限责任公司。现有技术中数据清洗往往无法适应大规模数据运算，性能不佳，处理效率低，且无法达到实时展示。该专利提供了一种基于分布式平台的数据清洗方法及装置，应用于分布式高效实时处理的系统，用于大数据量级的数据清洗，通过使用分布式处理的方式来解决性能、量级等问题，达到快速处理和实时响应的诉求；通过不断迭代优化满足业务的诉求和清洗的目标，这个过程是交替进行数据探索和规则优化的过程，不断地提高数据质量，解决了以往的集中式处理、无法适应大规模数据运算的问题，充分利用大数据方面的特性完成数据清洗，并为海量数据分析提供了数据准备，达到满足业务需求的最优效果，可提高数据清洗性能和处理效率。该专利被引证次数为 17 次。

2.6 本章小结

本章首先整体阐述了大数据采集与预处理的概念，从政策、技术发展、专利保护三个角度详细描述了大数据采集与预处理的发展现状，其中详细分析了专利申请态势、各国申请态势、主要创新主体和典型企业及典型专利，并进一步分析了大数据采集与预处理主要涉及的技术场景包括数据库采集、日志采集、互联网数据采集和数据清洗。

从专利申请量的角度来看，大数据采集与预处理的发展从 2011 年开始就进入了快车道，这得益于主要创新国中国、美国等出台了一系列的大数据技术政策予以支持，其中 2022 年和 2023 年的专利申请量尚未完全公开，但之前一直到 2021 年，申请量一直处于快速发展期，能够看出整个行业仍旧在积极寻找突破点，创新热度不减。中国的申请趋势与全球相同，一直保持了突飞猛进的势头，由 2004 年仅占 12% 的比重快速上升到 2021 年占比 83%，并且在多个技术场景中占据绝对优势，与美国或日本属于专利申请的第一梯队，这得益于一系列国家宏观政策和行业规范的相继出台，推动了大数据技术的快速研发。

从各国创新主体和典型专利的构成来看，以互联网公司为主力军，这些互联网公司既包括传统的互联网龙头企业，也包括一些新兴的专注于大数据、人工智能应用的公司。这些公司致力于运用新兴科技，探索开发功能更为全面更为先进的产品，为用户带来优越的体验，在不断拓展大数据服务的广度和深度的同时，进一步提升自身的收益。并且这些公司也注重与自身产品相关联技术的专利保护，在推动产业落地进程的同时从多方面保护自身权益。

从各个技术分支的专利申请量上看，我国在互联网数据采集和数据清洗方面的优势更为明显，相对来说在数据库采集和日志采集方面，还有一定的发展空间，可以在加强数据库产品研发的同时，配套实现数据库采集技术的进一步突破。

当前我国大数据采集与预处理技术的创新已位居前列，随着大数据、人工智能、基因技术等新技术的发展，相信在未来，优质的海量数据能全面应用于与日常生活相关的各行各业中，进而为人们带来更为贴心、智能化和个性化的优质服务。

第 3 章　大数据存储

3.1　大数据存储概述

3.1.1　大数据存储的概念

大数据因其数据体量巨大、类型繁多、价值密度低且处理速度快而为人所知。[1] 大数据存储就是将这些数量巨大，难于收集、处理、分析的数据集持久化到计算机中。[2] 大数据在从获取到分析的全生命周期的各个阶段都可能会涉及数据的存储。而在大数据背景下，海量数据不断涌现，数据规模不断扩大。同时，区别于以往的结构化数据，大数据的结构类型变得愈加多元。在常规的文本和表格等结构化数据类型的基础上，包括多媒体、静态图像、视频音频等的非结构化数据以及半结构化数据正越来越多地为人们所用。此外，大数据也对数据存储和计算的实时性提出了更高的要求，例如交通领域的自动驾驶、交通调度等智能化网络场景，都需要依赖于快速且实时的数据采集、存储和计算、分析。

大数据存储又是一种存储基础设施，专门用于存储、管理和检索海量数据或大数据。大数据存储用存储器等设备把采集到的数据存储起来，通过建立相应的数据库来实现数据的管理和调用。大数据存储的重点在于解决复杂的结构化、半结构化和非结构化的大数据管理与处理技术，实现大数据的可存储、可表示、可处理、可信赖、可按需、可扩展及有效传输。[3]

---

[1] 张全红．大数据的特点及未来发展趋势［EB/OL］．（2019－10－20）［2023－06－21］．http：//www. lunwenchina. cn/html/55/n－21555. html.

[2] 大数据存储［EB/OL］．（2023－04－19）［2023－06－20］．https：//baike. baidu. com/item/%E5% A4% A7% E6%95% B0% E6% 8D% AE% E5% AD%98% E5%82% A8/18734853？fr＝aladdin.

[3] 悟空打印坊．大数据处理的 5 大关键技术及应用［EB/OL］．（2018－11－28）［2023－06－20］．https：//zhuanlan. zhihu. com/p/51077471.

3.1.2　大数据存储的发展现状与趋势

当前，各类终端设备智能互联、高性能存储和云计算等技术的发展加速了大数据技术的快速发展。作为实现大数据价值的关键环节，大数据存储技术也日新月异，引领了大数据产业的变革。大数据存储涉及存储结构、数据结构、数据管理等关键技术。受大数据特征和应用场景的影响，大数据存储日趋多样，并且呈现应用场景和需求针对性，大数据存储机制也由集中式向分布式、云存储等方向转变。❶

3.1.2.1　发展现状

随着数据量的快速增长，大数据存储技术亦实现了快速发展，存储市场增长迅猛。大数据存储具有巨大的发展潜力，存储规模不断扩大，同时也呈现多样化态势。

（1）分布式存储适应海量存储需求

分布式存储架构不断横向扩展，逐渐将分散的存储资源重组成集群式存储设备，并最终得以根据不同原则存储到不同路径。分布式存储架构受到 CAP 原则❷约束，数据保护相对简单，安全性也得以提升。目前，谷歌公司的 GFS、Apache 的 HDFS、英特尔的 Lustre 等分布式文件系统已成为大数据存储的典型方案。

（2）数据库模型提升存储效率

非关系型数据库管理系统可处理大量结构化和非结构化数据，可扩展性和可靠性已能够满足应用所需，不同的数据库模型和查询语言也能很好地适应用户对大数据管理的新需求。相对于关系型数据库，非关系型数据库管理系统对数据一致的实时性和完整性约束要求相对宽松。数据类型的多样性，提高了存储和管理技术发展的针对性。非关系型数据库根据数据访问接口，可分为块、文件和对象存储；根据数据结构，可分为文档数据库、列数据库、键值数据库、图数据库等。典型非关系型数据库管理系统有文档数据库 MongoDB、列数据库 HBase、键值数据库 Redis 和图数据库 Neo4J 等；根据数据时序，有历史数据库 Altibase、实

---

❶ 蓝海星智库．牛高鸣丨大数据存储与管理技术发展现状及趋势［EB/OL］．（2022－12－16）［2023－07－31］．https：//new. qq. com/rain/a/20221216A06MQ800.

❷ CAP 原则又称 CAP 定理，指的是在一个分布式系统中，一致性（Consistency）、可用性（Availability）、分区容错性（Partition tolerance），三者不可得兼。

时数据库 ClustrixDB、流式数据库 NuoDB 和时间戳数据库 Spanner 等。

（3）存储虚拟化打破访问壁垒

存储虚拟化以存储设备的虚拟化技术为基础，以存储云的服务提供特性为目标。存储云通过存储虚拟化、集群应用、网格管理、存储负载均衡等技术，将网络中大量不同类型的存储设备通过应用软件集合起来，实现协同管理后共同对外提供在线数据存储服务。目前，微软公司的 Azure、亚马逊的 AWS、谷歌云、IBM 云等是国外主流的云存储供应商，阿里云、百度云、腾讯云、华为云、七牛云、金山云等是国内主流的云存储供应商。

3.1.2.2 发展趋势

大数据的应用和价值挖掘需求促使存储和管理技术不断变革，这主要体现在数据访问效率、资源配置灵活性和数据处理智能化等方面。

（1）存储模式向分层存储转变

与数据计算密切关联，适应数据计算的需求，大数据存储模式向分层存储、内存存储转变，如此数据更贴近计算区域，从而使得计算响应更及时。通过将数据进行“冷、温、热”分层，把频繁访问的数据向上移动靠近内存、不经常访问的数据向下移动靠近硬盘以及未来访问速度更高的存储介质，达到中央处理器（CPU）、内存、磁盘之间的容量和性能平衡。

（2）数据库模型向多模型并存转变

数据库模型由单一模型向多数据库模型并存模式转变，实现了更强的数据一致性和更灵活的资源配置。新型分布式数据库 NewSQL 快速发展，融合了 NoSQL 和传统关系数据库的事务管理功能和存储模式。大数据管理系统更倾向于支持多数据库模型，可实现对多类型数据的组织、存储和管理，并对外提供统一的访问接口。

（3）数据存储联动计算，融合人工智能技术

数据存储与数据计算相伴相生，正在从分离向融合转变，智能化处理水平也在不断提高。数据的管理及应用层功能逐渐下移到存储层。例如，内存数据库推动“应用 + 缓存 + 持久存储”的架构模型向“应用 + 内存数据库”转变。通过将人工智能技术引入数据存储，智能化的数据安全保护、备份、压缩、修复，以及数据分析中的预处理、建模、关联、快速索引等功能以云边协同的形式与数据存储相融合。

3.1.3　大数据存储的关键技术

通常，大数据存储的关键技术包括如下三个方面。

（1）可靠的分布式文件系统

分布式文件系统能高效地采集、存储海量数据信息，将数据计算融入数据存储之中，能够满足高效、低成本的大数据存储需求，能够很好地支持弹性扩展存储，使存储具有可扩展性，这是存储系统的首要特征。分布式存储系统需要具有优异的数据管理能力。

（2）覆盖更多样、更大量数据的数据库模型

数据库模型不断转变，从关系型到非关系型，从结构化到半结构化、非结构化的大数据组织和管理方式得以不断发展。通过不同类型的大数据建模方法，实现了异构数据的数据融合、组织，依托不同的数据库模型技术，实现数据的组织和管理。数据库分为关系型数据库、非关系型数据库以及数据库缓存系统。

（3）数据存储方式及数据存储管理部署方式

大数据存储的分布部署，包括存储虚拟化和存储云等虚拟存储技术。构建存储系统时，往往需要基于成本和性能来考虑。因此，存储系统通常采用多层不同性价比的存储器件组成存储层次结构，再借助存储虚拟化实现统一、高效的存储管理。

3.2　分布式文件系统

3.2.1　分布式文件系统的概念

分布式文件系统是指文件系统管理的物理存储资源不必然直接连接在本地节点上，而是通过网络与不同的计算机或存储设备节点相连；或是若干不同的逻辑磁盘分区或卷标组合在一起而形成的对外统一的完整的有层次的文件系统。分布式文件系统为分布在网络上任意位置的资源提供一个逻辑上的树形文件系统结构，这有利于用户方便地访问分布在网络上的共享文件。[1]

---

[1] 王雪涛，刘伟杰．分布式文件系统［J］．科技信息（学术研究），2006（11）：406－407．

分布式文件系统面向海量数据的存储访问与共享需求，提供基于多存储节点的高性能、高可靠性和可扩展的数据存储和访问能力，实现了分布式存储节点上多用户的访问共享。

如表3-2-1所示，不同于集中式文件系统采用集中的服务器存放所有数据的方式，分布式文件系统将数据分散地存储在多台服务器上，如此能够利用多台服务器分担负荷，利用位置服务器定位存储信息，不但提高了系统的可靠性、可用性和存取效率，还易于扩展，避免单点故障。分布式文件系统更适应大规模存储应用的需要。

表3-2-1 分布式文件系统与集中式文件系统的差异对比

差异	分布式文件系统	集中式文件系统
存储方式	数据分散存储在多台服务器上	在一台服务器上集中存放所有数据
特点	采用可扩展的系统结构，利用多台服务器分担负荷，利用位置服务器定位存储信息，提高了系统的可靠性、可用性和存取效率，易于扩展，避免单点故障	采用集中的服务器存放所有数据，到一定程度服务器会成为系统性能的瓶颈，也是可靠性和安全性的焦点，不能满足大规模存储应用的需要

3.2.2 分布式文件系统的发展现状

3.2.2.1 技术发展

分布式文件系统将原本存储于某个地点的某个文件系统，扩展到任意多个地点或多个文件系统（也就是存储节点），众多的存储节点组成一个同一的文件系统网络。每个节点可以分布在不同的地点，通过网络进行节点间的通信和数据传输。

人们在使用分布式文件系统时，完全不用关心数据是存储在哪个节点上或者是从哪个节点中获取的，可以像使用本地文件系统那样管理和存储文件系统中的数据。通常，分布式文件系统建立在客户机和服务器技术的基础之上。借助服务器文件系统与客户机文件系统间的协同操作，客户机能够访问由服务器管理的任何文件。

（1）数据存储方式的变化

在分布式文件系统中，数据存储方式也是不断演化和发展的。数据存储主要包括：文件存储、块存储和对象存储三种不同的存储方式。[1]

文件存储：以传统的文件和文件夹的层次结构存储和呈现数据。文件存储主要面向“自然人”用户。文件存储一般体现为目录和文件，数据以文件的方式存储和访问，按照目录结构进行组织。此外，文件存储还可以对数据进行一定的高级管理，比如对文件进行访问权限控制等。常用的网络文件系统（NFS）、文件传送协议（FTP）等都是基于文件存储的。

块存储：将待存储数据拆分为特定大小，并且存储于与特定大小相同大小的存储（逻辑）卷中。块存储面向可以读写块设备的软件系统，例如传统的文件系统、数据库等。块存储一般的体现形式是存储卷或者硬盘，数据按字节来访问。对于块存储而言，存储块中所存储的数据内容和格式是不重要的，甚至可以是一无所知的，块存储只负责数据读取和写入，因此存储性能很高，适用于对响应时间要求高的系统。

对象存储：按照对象的方式管理数据并将其链接至关联的元数据。对象存储面向其他计算机软件。对象存储一般的体现形式是具有一个通用唯一识别码（UUID），存储的数据和元数据被打包在一起，作为一个整体对象存在一个超大存储池里。要对对象存储的数据对象进行访问，只需要报出数据对象的 UUID，就能立即找到它，非常方便快捷。但是，每个存储对象必须作为一个整体进行访问，而不能只读取对象的某一部分。从对象存储的设计初衷而言，一般的对象存储是基于哈希环之类的技术来实现，这使对象存储可以非常简单地扩展到超大规模，非常适合数据量大、增速又很快的视频、图像等数据类型。

（2）分布式文件系统的发展

分布式文件系统发展至今，大体上经历了四个阶段：第一阶段是网络文件系统，第二阶段是共享存储区域网络（SAN）文件系统，第三阶段是面向对象的并行文件系统，第四阶段是存储云文件系统。

第一阶段的网络文件系统，始于20世纪80年代。以太网技术蓬勃发展促进了网络环境下的文件共享，解决了客户端与文件服务器的交互问题。

第二阶段的共享SAN文件系统，始于20世纪90年代。存储系统开始独立于计算机系统快速发展，SAN兴起，解决了存储系统的扩展性问题。

第三阶段的面向对象的并行文件系统，始于21世纪初。面向对象的并行文件系统着力提升吞吐量和容量性能，解决了元数据管理和突破数据访问的并发性

[1] 贺大伟．分布式文件系统调研（详细版）[EB/OL]．(2022-04-06)[2023-07-31]．https：//zhuanlan. zhihu. com/p/493647334.

瓶颈。对象并行存储综合了网络附接存储（NAS）和 SAN 的优点，具有 SAN 的高速直接访问和 NAS 的分布式数据共享等优势，提供了高性能、高可靠性、跨平台以及安全的数据共享的存储体系结构。

第四阶段的存储云文件系统，始于 21 世纪 10 年代。存储云要求弹性扩展、高可用性、高性能、多租户和服务质量（QoS）保证，产生了数据高可用性方法（如复制、纠错码）、高效智能存储技术（如去冗余、压缩、分层），以及新型的计算存储融合系统和应用感知存储。

3.2.2.2 常见的分布式文件系统

（1）GFS

GFS 原本是谷歌公司为了满足本公司的海量搜索数据的存储需求而设计的专用文件系统，是基于 Linux 的可扩展的分布式文件系统，可用于分布式的、大数据的访问和应用，成本低。GFS 具体细节记载在谷歌公司于 2003 年 10 月发表的 GFS 论文中。[❶❷]

GFS 可以运行于大量普通的廉价硬件上，通过 GFS 提供容错功能，给大量用户提供可处理海量数据的高性能服务。和传统标准相比，GFS 文件规模巨大，其主要用来处理大文件。此外，GFS 大多通过直接追加新数据来改变文件，而非覆盖现有数据，一旦数据写入完成，文件就仅支持读操作。

GFS 包括一个主服务器（master）节点和大量的块服务器（chunk server）节点。master 和 chunk server 节点通常运行用户层服务进程的 Linux 机器。在配置允许的情况下，chunk server 和客户端（client）可以运行在同一机器上。在 GFS 中，文件被切分成固定大小的块（chunk），每个块用一个全局唯一的 chunk - handle 标识，chunk - handle 在块创建时由 master 分配。Chunk server 将块当作由 chunk - handle 和位区间指定的存储在本地磁盘的数据。[❸]

（2）HDFS

HDFS，源于谷歌公司的 GFS 论文，是 Apache 开源组织基于 GFS 开发的克隆版本。Hadoop 包括 HDFS、MapReduce 和 HBase 三个部分，分别对应谷歌公司核

---

❶ 佚名 . Google File System（中文翻译）［EB/OL］.（2005 - 11 - 10）［2023 - 07 - 31］. https：//blog. csdn. net/xuleicsu/article/details/526386.

❷ 大数据分析 BDA. 大数据存储综述［EB/OL］.（2018 - 04 - 01）［2023 - 07 - 31］. https：//blog. csdn. net/shandianke/article/details/79778182.

❸ 佚名 . 分布式文件系统（常用分布式文件系统比对）［EB/OL］.（2022 - 03 - 18）［2023 - 07 - 31］. https：//www. cnblogs. com/gaoyanbing/p/16021234. html.

心技术 GFS、MapReduce 和 Bigtable 的开源实现。HDFS 是 Hadoop 的存储基础，具有高容错、高吞吐率等优点，其将硬件错误视为常态而非异常情况，并以错误检测和快速恢复为核心架构目标。为简化副本的一致性管理，HDFS 应用程序对文件实现一次写、多次读的访问模型。由于 HDFS 认为迁移计算的代价比迁移数据要低，因此，其一般将计算迁移到数据附近。

HDFS 和 GFS 类似，均采用主从式（master/slave）体系架构，一个 HDFS 集群包括一个名称节点（name node）和若干个数据节点（data node），数据文件被分成一个或多个块存储在数据节点中。名称节点作为中心服务器，负责管理文件系统的命名空间以及对文件的访问。作为元数据服务器，名称节点的主要功能包括管理元数据和文件块、管理数据块到数据节点的映射、管理命名空间、监听和处理请求以及心跳检测等。数据节点是数据服务器，其主要负责数据块的读写、向名称节点报告状态，以及执行数据的流水线复制等操作。集群中的数据节点一般是一个节点运行一个数据节点进程。数据节点负责处理文件系统客户端的读/写请求，在名称节点的统一调度下进行数据块的创建、删除和复制等操作。每个数据节点的数据实际上保存在本地 Linux 文件系统中。客户端访问数据时，首先从名称节点获得数据块各副本的位置列表，然后直接从数据节点上读取相应的文件数据。

（3）Ceph 文件系统（Ceph）

Ceph 是加州大学圣克鲁兹分校的 Sage Weil 设计的一种云存储分布式文件系统。Ceph 包括客户端、元数据服务器集群和对象存储集群，在对象存储集群中，Ceph 利用 Crush 算法将文件通过二层或三层结构，划分到底层的对象存储块中。[1]

Ceph 是一个 POSIX 兼容的文件系统。Ceph 的文件元数据存储在一个单独的可信自动化分布式对象存储 RADOS 池，文件数据和服务通过一个可调整大小的集群元数据服务器或 Ceph 元数据服务器（MDS）提供服务。RADOS 可以扩展到支持更高的吞吐量元数据工作负载。Ceph 的客户可以直接访问 RADOS 来读写文件数据块。

监控器：Ceph 监控器（Ceph - mon）维护集群状态的地图，包括监控器地图、管理器地图、对象存储守护进程（OSD）地图、MDS 地图和 CRUSH 地图。这些地图是关键的集群状态，需要 Ceph 守护进程相互协调。监控器也负责管理

---

[1] 民工哥．干货丨非常详细的 Ceph 介绍、原理、架构［EB/OL］．（2020 - 10 - 28）［2023 - 06 - 20］．https：//zhuanlan. zhihu. com/p/269474049.

守护进程和客户端之间的认证。通常需要至少三个监视器来实现冗余和高可用性。

管理器：Ceph 管理器守护进程（Ceph - mgr）负责跟踪运行时指标和 Ceph 集群的当前状态，包括存储利用率、当前性能指标和系统负载。

Ceph 对象存储守护进程：Ceph 对象存储守护进程（Ceph - osd）存储数据，处理数据复制，恢复，再平衡，并通过检查其他 Ceph OSD 的心跳，为 Ceph 监控者和管理者提供一些监控信息。

元数据服务器：Ceph MDS（Ceph - mds）代表 Ceph 存储元数据（Ceph 块设备和 Ceph 对象存储不使用 MDS）。❶

（4）Mogile File System（MogileFS）

MogileFS 是一套高效的文件自动备份组件，由 Six Apart 开发，广泛应用在 LiveJournal 等 Web 2.0 站点上。

MogileFS 由三个部分组成：第一个部分是服务器（server）端，包括 mogilefsd 和 mogstored 两个程序。前者即 mogilefsd 的跟踪器（tracker），它将一些全局信息保存在数据库里，例如站点 domain、class、host 等。后者即存储节点（storage node），它其实是个 HTTP 进程，默认侦听 7500 端口，接受客户端的文件备份请求。在安装完后，要运行 mogadm 工具将所有的存储节点注册到 mogilefsd 的数据库里，mogilefsd 会对这些节点进行管理和监控。第二个部分是工具集 utils，主要是 MogileFS 的一些管理工具，例如 mogadm 等。第三个部分是客户端 API，目前只有 Perl API（MogileFS. pm）、PHP，用这个模块可以编写客户端程序，实现文件的备份管理功能。❷

（5）Lustre File System（Lustre）

Lustre 是源自 Linux 和 Cluster 的混成词，是第一个基于对象存储设备的并行文件系统，主要由客户端、两个元数据服务器、对象存储服务器和对象存储目标构成。❸ 作为基于对象的文件系统，Lustre 的大文件性能良好，其通过基于对象的数据存储格式，将同一数据文件分为若干个对象分别存储于不同的对象存储设备，文件的元数据和文件数据也被分离开来，存储在不同服务器上进行管理；文件元数据存储在元数据服务器中，而文件数据则存储在对象存储服务器中，文件

---

❶ INTRO TO CEPH [EB/OL]. [2023-06-20]. https://docs. ceph. com/en/pacific/start/intro/.

❷ mogilefs [EB/OL]. (2022-07-29) [2023-07-31]. https://baike. baidu. com/item/mogilefs/1331456? fr=aladdin.

❸ Lustre [EB/OL]. (2023-06-01) [2023-07-31]. https://baike. baidu. com/item/Lustre/7781044.

系统客户直接通过对象存储服务器来访问文件内容，而元数据服务器只有在文件被打开时才需要连接。Lustre 融合了传统分布式文件系统的特色和传统共享存储文件系统的设计理念，具有更加有效的数据管理机制、全局数据共享、基于对象存储、存储智能化，以及可快速部署等一系列优点。

Lustre 支持两种数据分布方式：文件单个整体存储以及文件分片存储。文件分片即常用的分块，类似于 HDFS 设定每块的大小、每块的存储份数和存储路径。

（6）FastDFS

FastDFS 是一个轻量级分布式文件系统，功能包括：文件存储、文件同步、文件访问（文件上传、文件下载）等。[1] FastDFS 为互联网量身定制，解决了大容量存储和负载均衡的问题，特别适合以文件为载体的在线服务。整个文件系统由客户端、跟踪器和存储节点三部分组成。

跟踪器相当于 FastDFS 的大脑，用来负责作业的调度和负载均衡，不论是上传还是下载都是通过跟踪器来分配资源。存储节点则用于存储文件，并负责管理文件。为支持大容量的数据存储，存储节点采用分卷或分组的数据组织方式；存储系统可由一个或多个卷组成，一个卷可以由一台或多台存储服务器构建。同一个卷下的多台存储服务器中的数据文件都是相同的，卷与卷之间的文件则相互独立，通过这种数据组织方式，可以很好地实现数据冗余备份以及系统负载均衡的目的。当存储空间不足或即将耗尽时，可以动态添加卷。只需要增加一台或多台服务器，并将它们配置为一个新的卷，这样就扩大了存储系统的容量。客户端作为业务请求的发起方，通过专有接口，使用 TCP/IP 协议与跟踪器服务器或存储节点进行数据交互。FastDFS 向使用者提供基本文件访问接口，比如 upload、download、append、delete 等，以客户端库的方式提供给用户使用。[2]

（7）Taobao File System（TFS）

TFS 是由淘宝开发的云存储文件系统，是一个高可扩展、高可用、高性能、面向互联网服务的分布式文件系统，其主要面向海量非结构化数据存储问题提供服务。TFS 部署在普通的 Linux 集群上，为淘宝网提供高可靠、高并发的大量小

---

[1] fastdfs［EB/OL］.（2023－02－13）［2023－07－31］. https：//baike. baidu. com/item/fastdfs?fromModule＝lemma_search－box.

[2] 纯洁的微笑. 分布式文件系统 FastDFS 详解［EB/OL］.（2018－01－07）［2023－07－31］. https：//baijiahao. baidu. com/s? id＝1588881983988039766&wfr＝spider&for＝pc.

文件数据存储服务。TFS 采用扁平化的数据组织结构将文件名映射到文件的物理地址，简化了文件访问流程，一定程度上优化了系统读写性能。

一个 TFS 集群由两个名称服务器（name server）节点（一主一备）和多个数据服务器（data server）节点组成。TFS 将众多的小文件（实际数据文件）合并成大文件，并称这个大文件为 Block，Block 存储在 Data Server 上，每个 Block 在 TFS 系统内均拥有唯一的 ID 号，每个 Block ID 由 Name Server 在创建 Block 的时候分配。Name Server 负责维护 Block 与 Data Server 之间的映射关系。Name Server 采用 HA 结构，即双机互为热备份，来实现容灾功能，两台 Name Server 同时运行，其中一台为主节点，另外一台作为备用节点。当主 Name Server 节点出现故障后，迅速将备份 Name Server 切换为主节点并对外提供服务。Data Server 的主要功能是：负责实际数据的存储和读写。[1]

3.2.3　分布式文件系统的专利状况

3.2.3.1　专利申请态势

截至 2023 年 4 月 30 日，全球分布式文件系统专利申请共 72314 件，合并专利族 39405 项。

从图 3－2－1 可以看出，2004 年，由于 GFS 发布带动申请量略有提升，到 2010 年，分布式文件系统的申请进入爆发期，增长速度维持较高的水平，到 2016 年达到 3000 项以上。在 2017 年、2018 年短暂走低后迅速回升，2019—2021 年均维持在 3000 项以上的申请量水平。由于 2022 年、2023 年的很多专利申请尚未公开，申请量的统计数据不够全面，因此，这两年的申请量无法体现实际的增长情况。

如图 3－2－2 所示，以中国为目标地的专利申请量占全球申请总量的 44%，排名第一位。其主要原因在于：类似浪潮集团、华为公司等实力企业深耕分布式文件系统多年；而且，像百度公司、腾讯公司等也有很深的技术积淀；再者，很多国外老牌企业如 IBM 等也积极布局中国市场。

---

[1] 崔康. 揭秘淘宝自主研发的文件系统：TFS［EB/OL］.（2014－01－16）［2023－07－31］. https：//www. 51cto. com/article/427563. html.

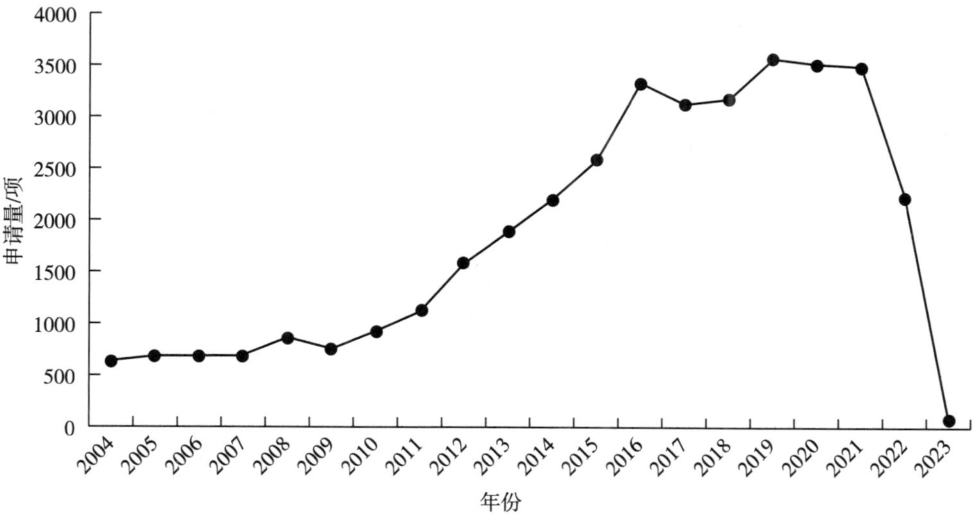

图3-2-1　分布式文件系统全球专利申请趋势

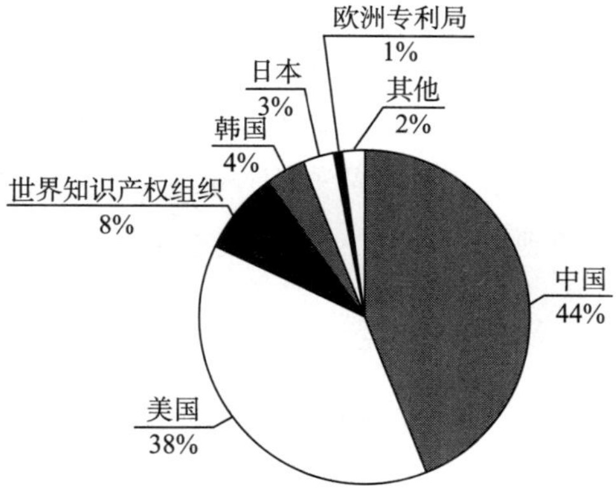

图3-2-2　分布式文件系统专利申请目标地申请量占比

在中国之后，美国占比38%，排名第二位，申请人包括谷歌公司、EMC等；世界知识产权组织紧随其后，占比8%，排名第三位；韩国、日本和欧洲专利局的申请量占比分别是4%、3%和1%；而其他所有国家/组织的总占比量较少，占据全球专利申请量的2%左右。

专利申请同族从一定程度上体现了专利申请的布局情况，那么如果被要求的优先权多，则可以从侧面反映出申请人在积极地开展专利申请布局。如此，我们可以从专利申请被要求优先权的情况，了解专利申请的原创地情况。根据图3-2-3，美国被要求优先权的申请数量占比61%，超过1/2，排名第一位；而日本和中国两国你追我赶，占比均在12%；韩国以6%排名第三位。以上排名与较多文件系统均源于美国有很大的关系。美国起步早，积累多，这提示中国创新主体需要积极追赶，合理布局。

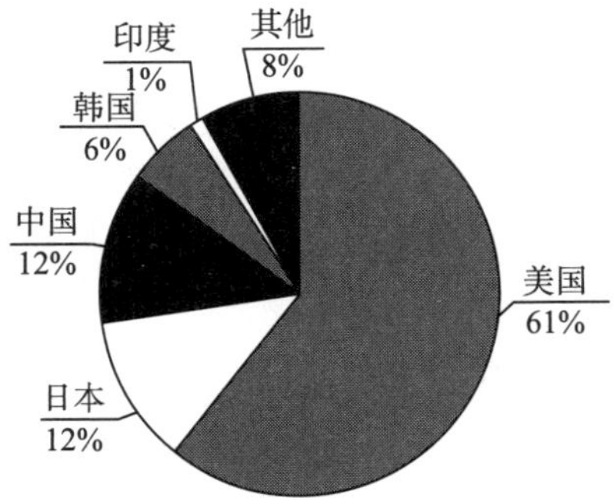

图 3－2－3　分布式文件系统专利申请原创地申请量占比

如图 3－2－4 所示，从申请公开国家/组织看，在中国公开的文件占比 25.6%，超过 1/4。这一方面是因为中国分布式文件系统产业的科技企业和科研院所研发和投入持续保持高位，另一方面是因为中国市场广阔，全球企业都纷纷积极在此布局。此外，申请人在美国、世界知识产权组织、欧洲专利局和日本的专利申请量也较多，分别占总申请量的 26.5%、14.0%、9.5% 和 8.9%；美国作为创新活跃国自然申请量高，而世界知识产权组织的申请量较高说明申请人更有意愿根据技术应用情况延后选择进入国家，这不失为一种很好的策略。

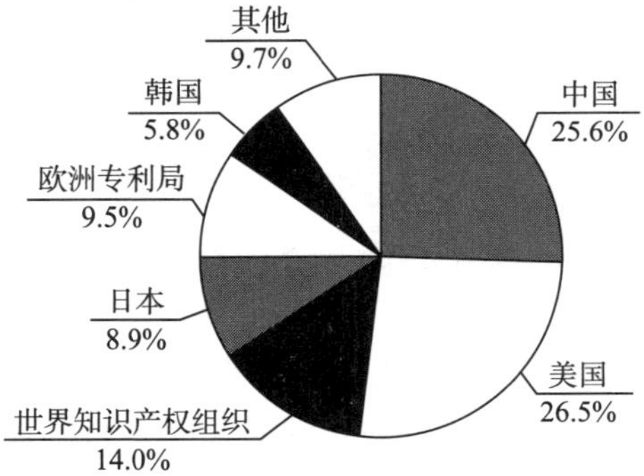

图 3－2－4　分布式文件系统专利申请公开地申请量占比

通过对专利申请的 IPC 分类号进行分析，如图 3－2－5 所示，可以看到分布式文件系统专利申请的 IPC 分类号排在前三位的 G06F、H04L 和 G06Q，分别涉及电数字数据处理、数字信息的传输和涉商领域等，G06K（图形数据读取）、H04N（图像通信）、G06N（基于特定计算模型的计算机系统）以及 G06T（图像数据处理）等也占有一定比例。

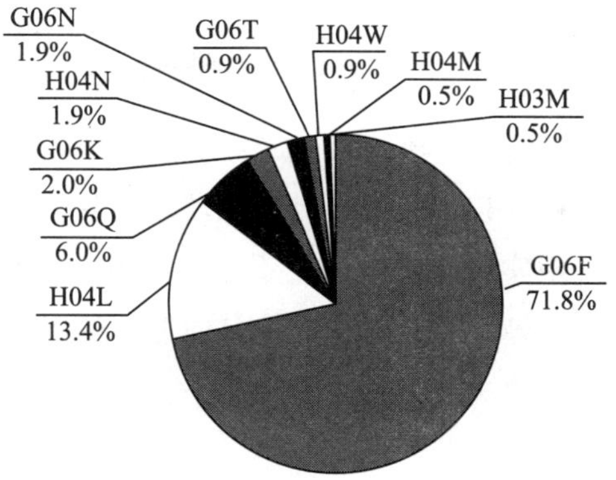

图3－2－5 分布式文件系统专利申请IPC技术构成

注：由于图中百分比进行了四舍五入，因此饼图之和可能不等于100%。

3.2.3.2 主要创新主体

如图3－2－6所示，从全球创新主体排名来看，谷歌公司、IBM、浪潮集团、EMC、华为公司、微软公司、阿里巴巴等企业在申请量上具有优势。其中，谷歌公司以1364项申请位列第一位。IBM和浪潮集团分别以1287项和1023项专利位列第二位、第三位。华为公司、阿里巴巴和国家电网等中国企业由于其业务需求的带动，申请量也突破了300项。

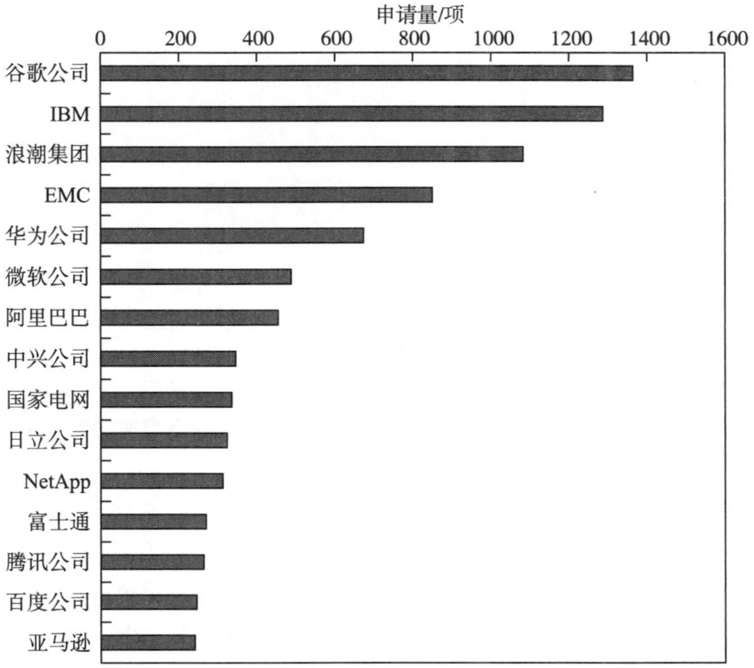

图3－2－6 分布式文件系统全球主要创新主体

如图3－2－7所示，就分布式文件系统技术而言，排名前十五位的申请人中，谷歌公司、IBM和微软公司同属于美国，在分布式件系统方面具有先发优势，也有成熟的产品及广阔的市场，因此，占据前三席位。华为公司和浪潮集团是业务驱动型企业，伴随业务拓展同步申请了较多的基础专利，被引证次数也较多，可谓在国内申请人中实力雄厚。日立公司、EMC主打存储产品，在分布式文件系统方面也有一定优势。总的来说，排名前七位的申请人被引证量呈现出明显的阶梯态势，而后八位的被引证量则大体持平，均属同一量级。

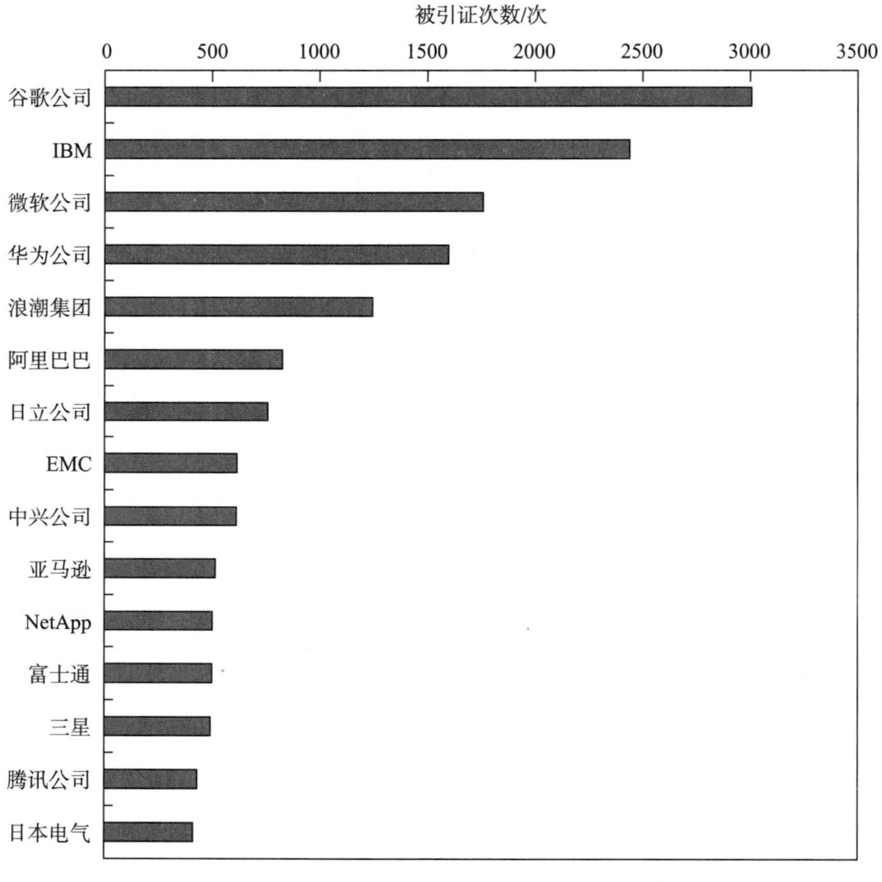

图3－2－7　分布式文件系统专利申请同族被引证次数靠前的申请人

如图3－2－8所示，国内重要申请人主要是科技企业和清华大学，而清华大学能够在申请量上排名靠前，充分说明其在分布式文件系统方面具有雄厚的研发实力。从国内申请人看，腾讯公司、百度公司、中国移动等企业都有很大比例的大数据相关业务，腾讯公司的社交数据、百度公司的搜索数据、中国移动的用户通信数据等，具有丰富的文件存储场景需求，申请量较高也就在意料之中。

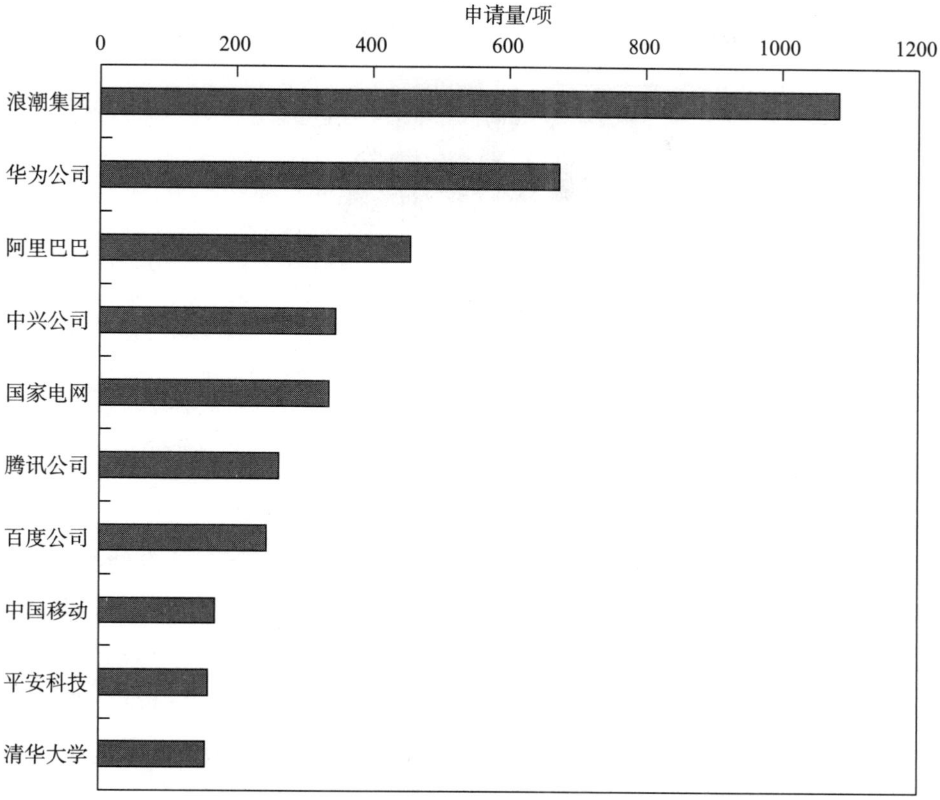

图3-2-8 分布式文件系统国内主要创新主体

3.2.3.3 典型企业及典型专利

(1) 谷歌公司❶

谷歌公司成立于1998年9月4日，由拉里·佩奇和谢尔盖·布林共同创建，是全球著名的搜索引擎公司。谷歌公司是一家位于美国的跨国科技企业，业务包括互联网搜索、云计算、广告技术等，同时开发并提供大量基于互联网的产品与服务，其主要利润来自关键词广告等服务。

如图3-2-9所示，通过分析谷歌公司的专利布局，可以看出，其分布式文件系统专利围绕确定性提高、自动化提高以及计算等方面进行了布局。

❶ Google [EB/OL]. (2023-07-31) [2023-07-31]. https://baike.baidu.com/item/Google/86964#2_4.

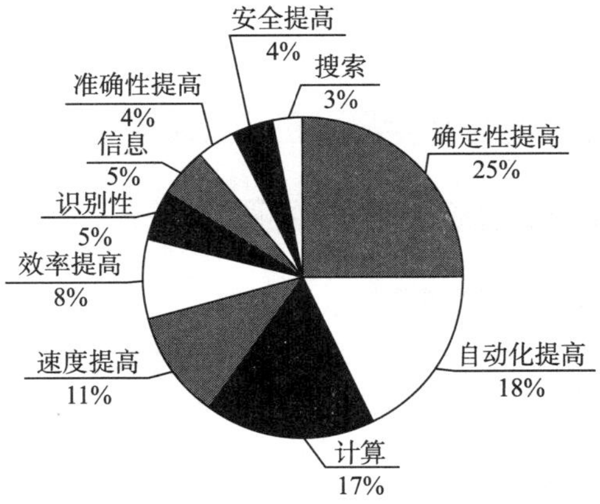

图 3-2-9 谷歌公司分布式文件系统专利申请技术功效分布

下面对谷歌公司分布式文件系统典型专利进行简要介绍。

专利 1——US9747322B2，发明名称为“在分布式存储系统中存储数据”。该专利提供一种在分布式存储系统中存储数据的方法。该方法中，分布于不同物理位置的每个本地实例被配置为在具有多个不同数据存储类型的多个数据存储中存储非空 blob 集的数据。每个本地实例将相应 blob 集的元数据存储在与数据存储不同的元数据存储中。此外，设置多个全局实例，每个全局实例被配置为将零个或多个 blob 的数据存储在零个或多个数据存储中，并存储存储在任何本地或全局实例中的所有 blob 的元数据。系统能够选择一个全局实例来运行复制模块，该模块根据 blob 策略在实例之间复制 blob。每个全局实例具有位置分配守护程序，用于确定当前存储数据块的副本的相应本地实例的位置；根据分配给所述数据块的相应放置策略确定所述块的目标复制位置的数量；以及在确定当前存储 blob 的副本的相应本地实例少于目标复制位置的数量时，根据相应的放置策略向第一本地实例发布复制命令以在第二实例处创建 blob 的新副本。

专利 2——US9330107B1，发明名称为“用于在分布式存储系统中存储文件的元数据的系统和方法”。该专利提供了一种存储文件元数据的方法。该方法识别分布式存储系统中的元数据群集的子集以形成元数据群集的仲裁。响应于将文件的元数据存储在分布式存储系统中的元数据集群上的请求，元数据根据优先级高低在存储在其余元数据集群上之前存储在元数据集群仲裁中的元数据集群中的至少一个元数据集群上。

专利 3——US8893096B1，发明名称为“分布式系统中的文件迁移”。该专利能够实现文件迁移。该方法将数据结构定义添加到编程语言源代码中并进行初始化。初始化值包括源代码文件外部的第一数据文件的内容。源代码文件与一个或多个其他源代码文件一起编译，以创建一个可执行程序，该程序将初始化值作为程序映像的一部分。在执行期间，可执行程序通过从初始化的数据结构读取初始化值并将这些值写入第二数据文件来在可执行程序外部创建不同的第二数据文件。第二数据文件可由链接到可执行程序的库访问。

（2）浪潮集团

浪潮集团是中国本土领先的云计算、大数据服务商之一，业务涵盖云计算、大数据、工业互联网等新一代信息技术产业领域。浪潮集团拥有国家重点实验室——浪潮高效能服务器和存储技术国家重点实验室，以及亚太地区最大最先进的柔性服务器生产线和研究中心，拥有首批认证的国家级企业技术中心、国家级企业博士后工作站，是首批国家规划布局内的重点软件企业。❶ 浪潮集团持续开展“海量存储系统关键技术”等技术研发，在高效能服务器与存储方面具有较深厚的技术研发基础。

如图3－2－10所示，与谷歌公司不同，浪潮集团的分布式文件系统相关专利布局首先面向效率提高和可靠性提高，然后是通过降低复杂度来保障用户易用性。

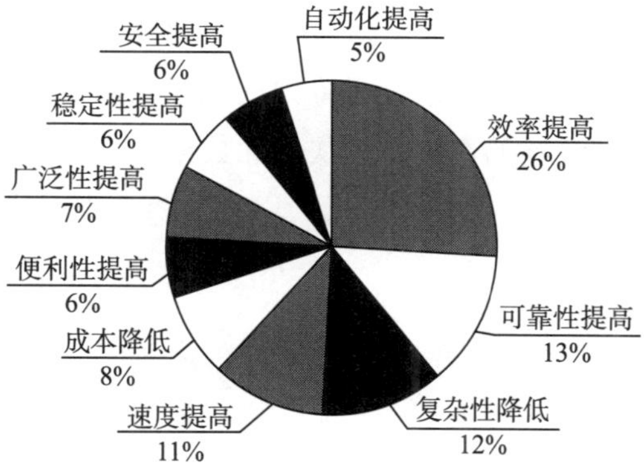

图3－2－10 浪潮集团分布式文件系统专利申请技术功效分布

下面对浪潮集团分布式文件系统典型专利进行简要介绍。

专利1——CN102110041B，发明名称为“实现分布式文件系统存储空间监控的系统及方法”。该专利能够实现对文件系统存储空间的监控。该方法的一个或多个客户端服务器持续对映射给本服务器的分布式文件系统命名空间进行状态监

❶ 浪潮集团有限公司［EB/OL］.（2023－06－28）［2023－07－31］. https://baike.baidu.com/item/%E6%B5%AA%E6%BD%AE%E9%9B%86%E5%9B%A2%E6%9C%89%E9%99%90%E5%85%AC%E5%8F%B8/7628880.

测，并记录监测到的状态信息；一个或多个数据服务器向客户端服务器提供分布式文件系统命名空间。客户端服务器能够将监测到的分布式文件系统命名空间的状态信息及时地上传，供控制端服务器据此监控所有分布式文件系统命名空间的调度和使用，从而保证部署在命名空间的应用业务可靠地执行。

专利2——CN102609454B，发明名称为“一种分布式文件系统中的副本管理方法”。该专利能够灵活地实现文件副本管理。该方法在块节点向主节点重新注册时，根据块节点上副本的状态重新设置主节点上相应副本的状态；若块节点上的副本受损，则将主节点上相应副本设置为错误状态；若块节点上的副本将要移除，则将主节点上相应副本设置为即将移除正确状态；若块节点上的副本正常，则将主节点上相应副本设置为正确状态。

专利3——CN102867029B，发明名称为“一种管理分布式文件系统目录的方法及分布式文件系统”。该专利能够保证目录数据的一致性。该方法包括：获取文件目录的指定信息；所述获取文件目录的指定信息包括：接收到目录数据库模块发送的验证目录请求后，访问所述分布式文件系统的元数据模块中的指定文件目录的元数据，获取所述指定文件目录是否可用的状态信息；将所述文件目录的指定信息推送给所述目录数据库模块进行目录更新处理；在进行目录更新处理的同时，对更新的文件目录的父目录进行可用性状态验证；在管理者对目录进行更新时，通过分布式文件系统的客户端模块与元数据模块进行通信。

3.3 数据库模型

3.3.1 数据库模型的概念

数据库模型的作用在于描述数据库的逻辑结构，它包括确定如何存储和访问数据的关系和约束，是数据库系统的基础。现实世界中的事物之间存在多种联系，数据库模型是将这些不同的联系通过筛选、归纳、总结、命名等抽象过程产生出的概念模型，用以表示对现实世界的描述，然后转换成容易被人们理解和便于计算机处理的数据表现形式。换句话说，数据库模型用于表达现实世界中的对象，将现实世界中杂乱的信息，用一种规范而具象的方式表达出来。

根据不同数据库模型的应用层次，可以将数据库模型分为概念数据库模型、逻辑数据库模型和物理数据库模型：①概念数据库模型中最常用的有实体关系

E－R模型和面向对象模型等，主要用来描述世界的概念化结构，它使数据库的设计人员在设计的初始阶段，集中精力分析数据以及数据之间的联系；②逻辑数据库模型反映的是系统分析设计人员对数据存储的观点，是对概念数据库模型进一步的分解和细化，其中最常用的是层次模型、网状模型、关系模型和大数据模型等；③物理数据库模型描述了数据在储存介质上的组织结构，是在逻辑数据库模型的基础上，考虑各种具体的技术实现因素，进行数据库体系结构设计，真正实现数据在数据库中的存放。

根据不同模型的语义关系，可以将数据库模型分为XML模型、资源描述框架（RDF）模型和超模型等：①XML模型是一种分层自描述模型；②RDF模型是一种基于XML（可扩展标记语言）编写的元数据（描述数据的数据），用于描述Web资源的标记语言；③超模型由一组超实体以及定义在它们上面的关系和约束组成，为复杂的实体模型建模提供了快捷的方法。

根据不同模型的应用场景，可以将数据库模型分为离线模型、在线模型和近线模型：①离线模型的主要代表为OLAP模型；②在线模型可以可靠地处理无限的数据流，像Hadoop批量处理大数据一样，实时处理数据，主要代表为Storm等；③近线模型定位于在线存储和离线存储之间，是指将那些并不是经常用到或者说数据的访问量并不大的数据加以存储，但要求对这些数据寻址要迅速、传输率要高。目前，近线模型很多是基于Hadoop分布式文件系统构建起来的。[1]

3.3.2 数据库模型的发展现状

3.3.2.1 技术发展

根据数据库模型的发展历程，按时间段将数据库模型分为结构化模型、半结构化模型和大数据模型，其发展过程如图3－3－1所示。

20世纪90年代末期，随着互联网应用和科学计算等复杂应用的快速发展，开始出现半结构化模型，包括XML模型、JSON模型、RDF模型、图模型和超模型等。自2010年以来，随着大数据工业应用的快速发展，以NoSQL和NewSQL数据库系统为代表的大数据模型成为新的研究热点，主要包括key－value模型、

[1] 信俊昌，王国仁，李国徽，等．数据模型及其发展历程［J］．软件学报，2019，30（1）：142－163.

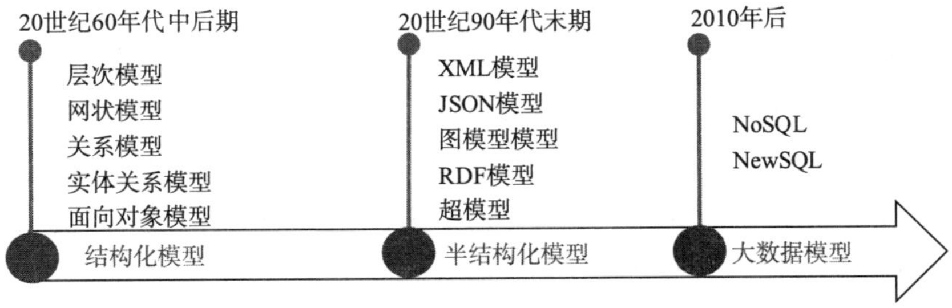

图3－3－1　数据库模式发展历程

key－column 模型和 key－document 模型等。❶

3.3.2.2　常见的数据库模型

1）结构化模型

结构化模型包括层次模型、网状模型、关系模型、实体关系模型和面向对象模型等。

层次模型。层次模型采用树形结构来表示各类实体以及实体间的联系，数据结构简单清晰。首先，现实世界中很多联系并非层次性的，而且层次数据库系统只能处理一对多的实体联系；其次，层次模型查询子女节点必须通过双亲节点，查询效率不高。采用层次模型的典型数据库系统，有 IBM 1968 年研制的 IMS（information management system）。

网状模型。网状模型旨在解决层次数据库系统只能处理一对多的实体联系、对现实世界的描述比较局限的问题。网状模型的主要特点是子女节点与双亲节点的联系可以不唯一。首先，网状模型具有更好的性能和较高的存取效率，但网状模型结构、数据定义语言和数据操作语言比较复杂，用户不容易掌握和使用；其次，由于网状模型记录之间的联系是通过存取路径实现的，应用程序在访问数据时必须选择适当的存取路径，因此用户必须了解系统结构的细节，加重了编写应用程序的负担。

关系模型。由于层次模型和网状模型缺乏充实的理论基础，人们开始寻求具有较充实理论基础的数据库模型。关系数据库模型使用二维表表示实体和实体之间的关系。首先，关系模型是一些表格的框架，实体的属性是表格中列的条目，实体之间的关系也是通过表格的公共属性来表示的，结构简单明了；其次，存取

---

❶ 中国信息通信研究院云计算与大数据研究所．数据库发展研究报告（2021 年）［R/OL］．［2023－07－31］．http：//www.caict.ac.cn/kxyj/qwfb/ztbg/202106/P020216252993126750 5.pdf.

路径对用户而言是完全隐蔽的，程序和数据具有高度的独立性；最后，关系数据库模型操作方便，在模型中操作的基本对象是集合而不是某一个元组数据。但是关系数据库模型查询时只需要指明数据存在的表和需要的数据所在的列，不用指明具体的查找路径，因而加大了系统的负担，查询效率较低。关系数据库是目前最流行的数据库，同时也是被普遍使用的数据库。目前业界普遍使用的采用关系模型典型数据库系统的有 MySQL、DB2、Oracle、SQLServer 等。

实体关系模型。传统数据库模型以记录为基础，不能很好地面向用户和应用。首先，因为人们对现实世界的认识往往通过实体来实现，而现实中实体不一定与模型中的记录相对应，一个记录可能包含多个实体，一个实体可能分在多个记录中描述，有些实体也可能仅仅作为某个记录中的属性出现；其次，用户很难从传统数据模式看出实体间的全面联系，现实世界中的实体联系被淹没在关系和属性之中；最后，传统数据库模型语义贫乏，支持的数据类型较少。20 世纪 70 年代后期，出现了第一种非传统的数据库模型：实体关系模型。实体关系模型不同于传统数据库模型面向数据库的实现，而是面向现实世界。

面向对象模型。基于面向对象模型的数据库属于非传统的数据库。与传统的数据库和实体关系模型数据库相比，面向对象数据库适合存储不同类型的数据，如图片、声音、视频、文本、数字等。因为，其结合了面向对象程序设计与数据库技术，提供了一个集成应用开发系统。

2）半结构化模型

结构化模型虽然可以很好地表达现实世界实体之间的关系，但对于诸如文本文件、超链接、HTML 文档等半结构化数据缺乏有力支撑。半结构化模型包括 XML 模型、RDF 模型、JSON 模型、图模型和超模型等。

XML 模型。XML 是一种标记语言，被作为互联网信息交换的标准。XML 模型是由若干带有标签的节点组成的有向树，具体定义如下：①元素节点：该类型的节点为 XML 树中的标签；②属性节点：该类型的节点为 XML 树中标签相关的属性，不同于元素节点，属性节点不是嵌套的，即，属性节点不能有任何子元素，相同的属性节点不能嵌套在同一个元素节点中，并且属性节点是无序的；③值节点（叶子节点）：该类型的节点为标签的值；④有向边描述了各类型节点之间的关系。

RDF 模型。RDF 本质上是一个数据库模型，它提供了一个统一的标准来描述网络 Web 上的资源。资源可以是指类（class）、属性（property）、实例（Instance）等。RDF 在形式上表示为一个三元组，即主语（subject）、谓语（predicate)、宾语(object),用以描述具体的事物及关系。RDF 也可以表示为一张带有标记的有向图,图中有节点和边,节点对应实体,边对应关系或者属性,关系指的是实体之间、实体与属性之间的关系。

JSON 模型。JSON 是一种易于读写的轻量级数据表示格式,可以被快速、高效地解析。JSON 使用文本来表示 JavaScript 对象的信息,支持字符串、数字、对象、数组等各种类型,并且提供快速读取数据的方法,被广泛用在数据采集、数据挖掘中。JSON 模型中有两种结构:①对象:一个对象包含一系列非排序的键-值对,一个对象以"{"开始,并以"}"结束,每个键-值对之间使用":"区分;②数组:一个数组是若干值的集合,一个数组以"["开始,并以"]"结束,数组成员之间使用","区分。

JSON 模型多用于大数据的存储,支持 JSON 模型的数据库主要有 MongoDB、CouchDB 等。

图模型。图模型是一种良好的数据表现形式,并提供多种查询方法,例如最短路径查询、子图同构等。图模型的应用十分广泛,如社交网络、知识图谱、时序数据管理等。基本的图模型可以分为无向图模型和有向图模型。随着研究的进展,图模型又细分为不确定图模型、超图模型、时序图模型。基于图模型的数据库有 AllegroGraph、DEX、HyperGraphDB、Neo4j 等。

超模型。与其他数据库模型一样,超模型由一组超实体以及定义在它们上面的关系和约束组成,差别是超模型必须由一个或多个模型来实现。其中,超实体被定义为实体或超实体类型的集合。超实体像实体一样,除试图捕获更高级的信息以外,它还可以有属性、协议以及各种关系等。超模型为复杂的实体模型建模提供了快捷的方法。

3)大数据数据库模型

随着互联网、物联网、社交网络等技术的飞速发展,传统的数据库模型已经无法应对数据量的爆炸式增长。为了解决因这些海量数据造成的存储瓶颈以及管理复杂性等问题,以 NoSQL 和 NewSQL 数据库系统为代表的大数据数据库模型逐渐成为新的研究热点。

(1)NoSQL 模型

NoSQL 模型是非关系型、不遵循 ACID 原则[1]的存储模型。NoSQL 模型遵循 CAP 理论和 BASE 原则。CAP 理论指出:任何分布式系统无法同时满足一致性

---

[1] ACID 是衡量事务的四个特性,分别是原子性(atomicity)、一致性(consistency)、隔离性(isolation)和持久性(durability)。

(consistency)、可用性 (availability) 和分区容错性 (partition tolerance), 最多只能满足其中的两个。而BASE原则指出, 分布式系统在设计时需要考虑基本可用性 (basically available)、软状态 (soft state) 和最终一致性 (eventually consistent)。NoSQL模型主要有三类, 即Key - Value模型、Key - Document模型、Key - Column模型。

Key - Value模型。Key - Value模型的主要思想主要来自哈希表。Key - Value模型由一个键 - 值映射的字典构成。Key - Value不仅支持字符串类型, 还支持字符串列表、无序 (或有序) 不重复的字符串集合、键 - 值哈希表。Key - Value模型通常将数据存储在内存中, 从而提高运算速度。基于Key - Value模型的数据库实例主要有Memcached、Redis、LevelDB等。

Key - Document模型。Key - Document模型的核心思想是 "数据用文档 (如JSON) 来表示", JSON文档的灵活性使得Key - Document模型适合存储海量数据。Key - Document模型是 "面向集合" 的, 即数据被分组存储在数据集中, 这个数据集称为集合 (collection)。每个集合都有一个唯一标识, 并且存储在集合中的文档没有数量限制。Key - Document模型中的集合类似于关系型数据库中的表结构。不同的是, Key - Document模型中无需定义模式 (schema)。基于Key - Document模型的数据库实例主要有MongoDB、CouchDB等。

Key - Column模型。Key - Column模型是一个稀疏的、分布式的、持久化的多维排序图, 并通过字典顺序来组织数据, 支持动态扩展, 以达到负载均衡。存储在Key - Column模型中的数据可以通过行键 (rowkey)、列键 (columnkey) 和时间戳 (timestamp) 进行检索。其中, 列族 (columnfamily) 是最基本的访问单位, 存放在相同列族下的数据拥有相同的列属性, 并使用时间戳来索引不同版本的数据, 以避免数据的版本冲突问题。同时, 用户可以通过指定时间戳来获得不同版本的数据。基于Key - Column模型的数据库实例主要有Bigtable、HBase、Cassandra等。

(2) NewSQL模型

NewSQL被称作 "下一代可扩展关系型数据库", 为传统数据库系统提供了接近NoSQL的处理性能, 使用SQL语言作为应用之间交互的主要机制, 并且遵循ACID原则。NewSQL并没有提出新的数据库模型, 而是将传统的关系型模型与NoSQL模型的优点相结合。NewSQL使用 "无锁" 的并发控制机制, 使得应用程序在实时读取数据时不会被阻塞。NewSQL使用了无共享的架构, 可以方便地部署在海量节点中, 并提供了良好的水平扩展性, 从而使系统不受性能瓶颈的影响。基于 NewSQL 模型的数据库主要有 H – Store、S – Store、Spanner、VoltDB 等。

3.3.3 数据库模型的专利状况

3.3.3.1 专利申请态势

截至 2023 年 4 月 30 日，全球数据库模型专利申请共 93595 件，合并专利族 52566 项。

从图 3 – 3 – 2 可以看出，在 2011 年以前，数据库模型的全球专利申请量每年为 800 项上下，而从 2012 年开始突破 1000 项并呈现逐年上升态势，其峰值出现在 2019 年，为 7000 余项。值得关注的是，对比分布式文件系统的申请趋势可以看出，数据库模型与分布式文件系统的申请趋势大致相同，这与大数据的增长对存储的需求是一致的。随着大数据体量在级别上的逐渐增加，相关技术将保持稳定，除非新的技术变革带来新一轮研发热潮。

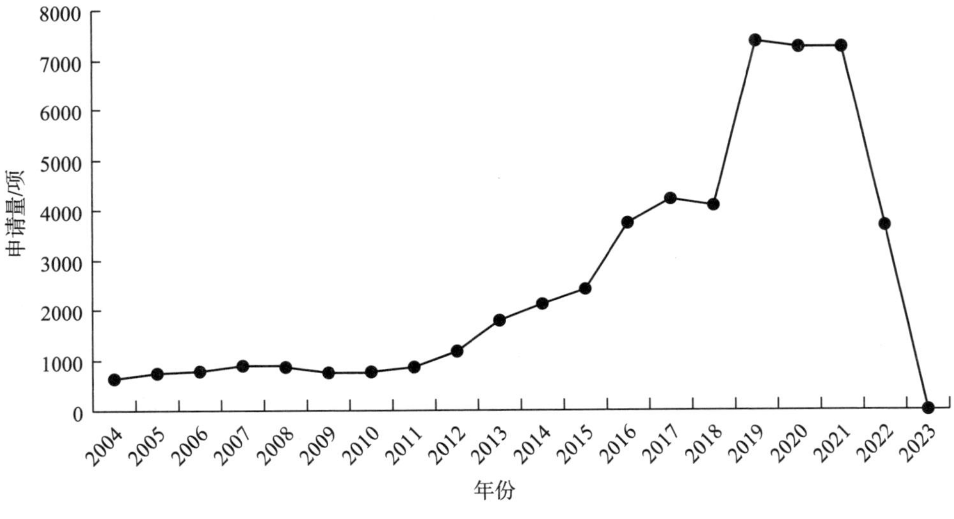

图 3 – 3 – 2 数据库模型全球申请趋势

如图 3 – 3 – 3 所示，主要申请主体在以中国为目标地的专利申请量占其全球申请总量的 58%，排名第一位。美国次之，占比为 30%；可以说，中国和美国两家占据了全球数据库模型相关申请的绝大部分，而诸如世界知识产权组织、韩国等，则合计占比 12%。

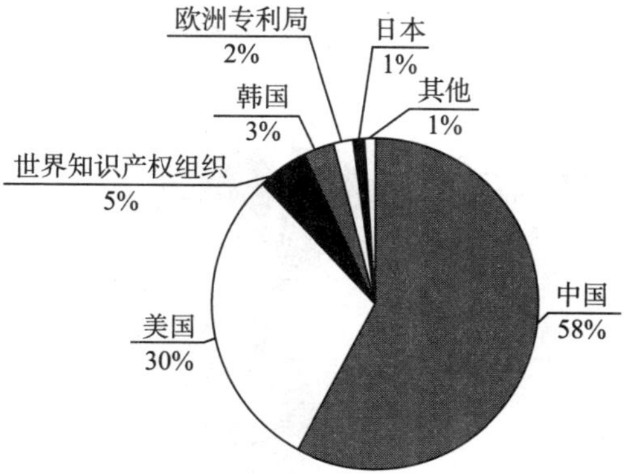

图3-3-3　数据库模型专利申请目标地申请量占比

根据图3-3-4，美国被要求优先权的申请数量占比64%，将近2/3，排在第一位。可以看出，美国在数据库模型方面具有绝对的领先优势，其核心技术储备充分，原始研发技术较多，而中国申请则主要得益于广泛的创新，但基础专利方面还存在较多不足。日本仅次于美国，被要求优先权的申请数量占比10%，而其申请量则在1%左右，可见其也具有较强的基础研发优势。中国被要求优先权的申请数量占比7%，还有很大的提升空间，这与美国、日本等国家起步较早，积累较多有关，也提示中国创新主体需要积极追赶，合理布局。

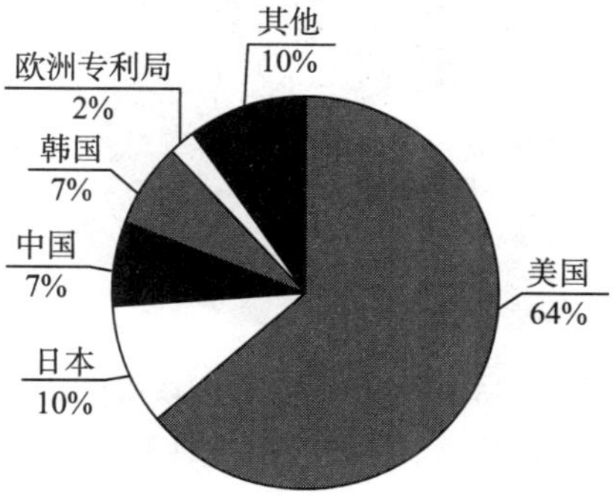

图3-3-4　数据库模型专利申请原创地申请量占比

如图3-3-5所示，从申请公开国家/组织看，中国的公开文件为占比近60%，超过一半，这一方面是因为中国高科技企业具有较多的应用动能去布局和研发相关技术，另一方面从一定程度上体现了中国市场广阔，是全球数据库巨头的必争之地。此外，申请人在美国、韩国、欧洲专利局和日本的专利申请量也较多。

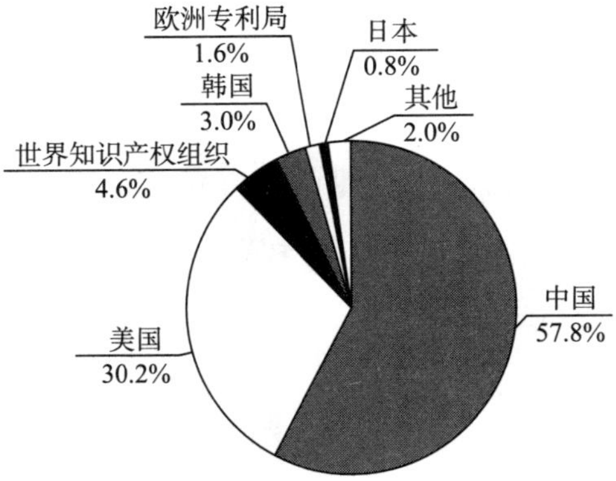

图 3-3-5 数据库模型专利申请公开地申请量占比

如图 3-3-6 所示，通过对专利申请的 IPC 分类号进行分析，可以看到数据库模型相关专利申请 IPC 分类号主要分布在 G06F、G06K、G06Q 和 G06N，分别涉及数据库结构和索引、识别模式的方法或装置以及应用场景相关的特定处理等。

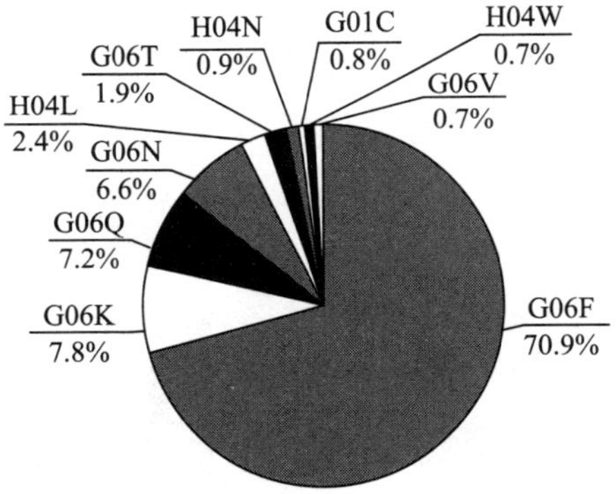

图 3-3-6 数据库模型专利申请技术构成

注：由于图中百分比进行了四舍五入，因此饼图之和可能不等于 100%。

3.3.3.2 主要创新主体

如图 3-3-7 所示，从全球申请人排名来看，IBM 在申请量方面依然独领风骚，排名第一位，其申请量储备较其他申请人领先优势明显，这充分说明 IBM 在较早研发的 DB2 的基础上，在数据库模型方面耕耘不止。

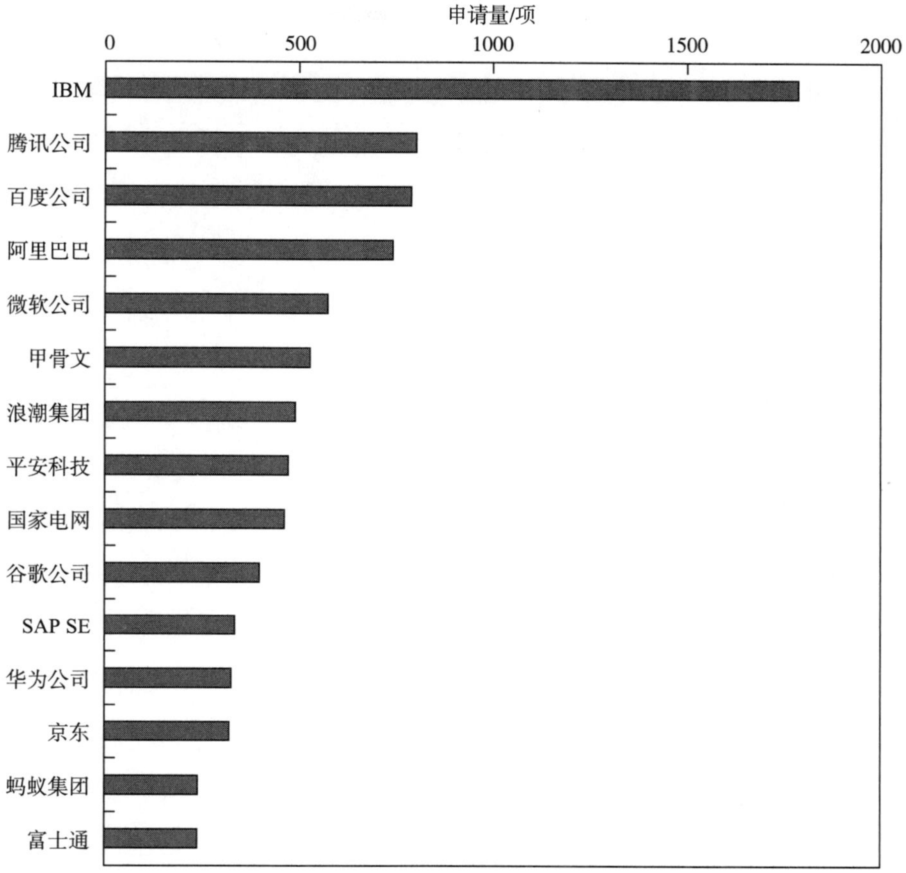

图 3－3－7　数据库模型全球主要创新主体

腾讯公司近年来一直在大数据领域加大研发投入，研发了云数据库 MySQL 等，百度公司和阿里巴巴紧随其后，也是中国典型的业务需求带动研发类型的企业，具有较强的技术实力。从数据库模型的排名靠前申请人来看，中国申请人在前十五席中占据九席，可见国内申请人在数据库领域具有较强的研发优势。

如图 3－3－8 所示，从专利申请同族被引证次数来看，就数据库模型而言，仍然是 IBM 排名首位，这与申请量的排名表现一致。而微软公司依靠其评价 MySQL 系列数据库排在第二位，表现也是可圈可点。阿里巴巴能够跻身前三位，说明其在数据库研发方面具有较强的基础研发优势。同样，我们也能看到腾讯公司、华为公司和百度公司的身影。

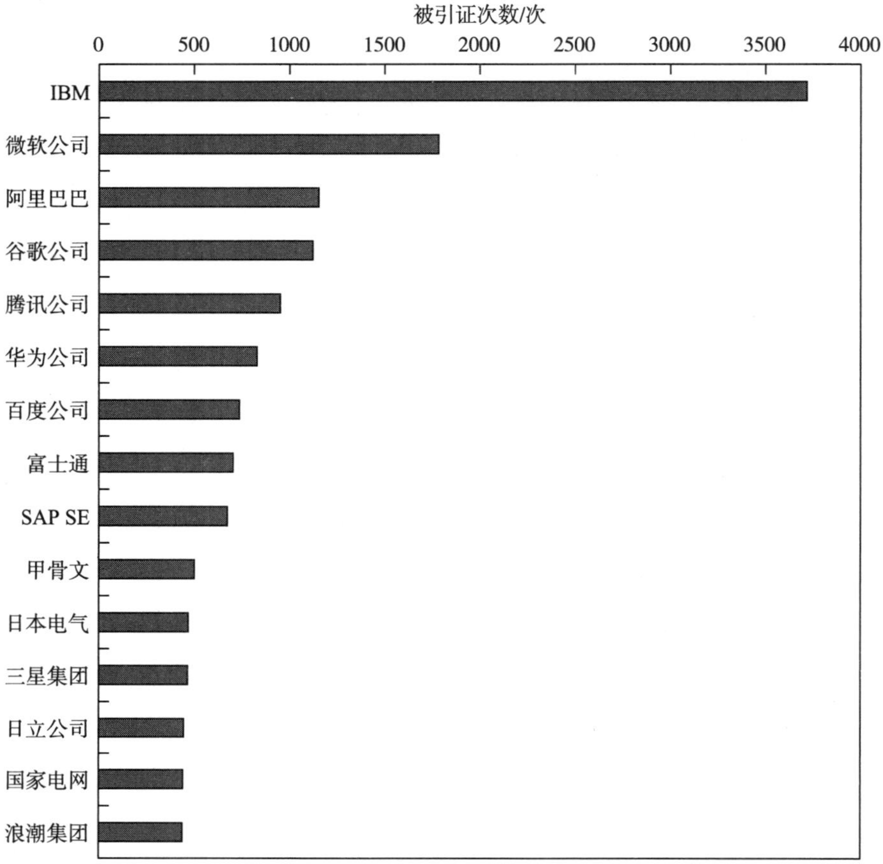

图 3-3-8 数据库模型专利申请同族被引证次数靠前的申请人

如图 3-3-9 所示，国内申请人中排名靠前的申请人主要是科技企业，而大学仅有清华大学一家上榜，这与分布式文件系统呈现出类似的情形。腾讯公司、百度公司和阿里巴巴作为中国老牌科技企业，排名靠前并不稀奇，而近年来国家电网、京东也具有很强的研发动能，实力不容小觑。

3.3.3.3 典型企业及典型专利

（1）IBM

IBM 提供多个类别的数据库软件和解决方案，能够实现跨本地和云环境的数据整合。[1] IBM DB2 数据库能够支持低延迟事务和大规模实时分析，包含用于实

---

[1] IBM [EB/OL].（2023-07-26）[2023-07-31]. https://baike.baidu.com/item/ibm/9190?fromModule=lemma_search-box.

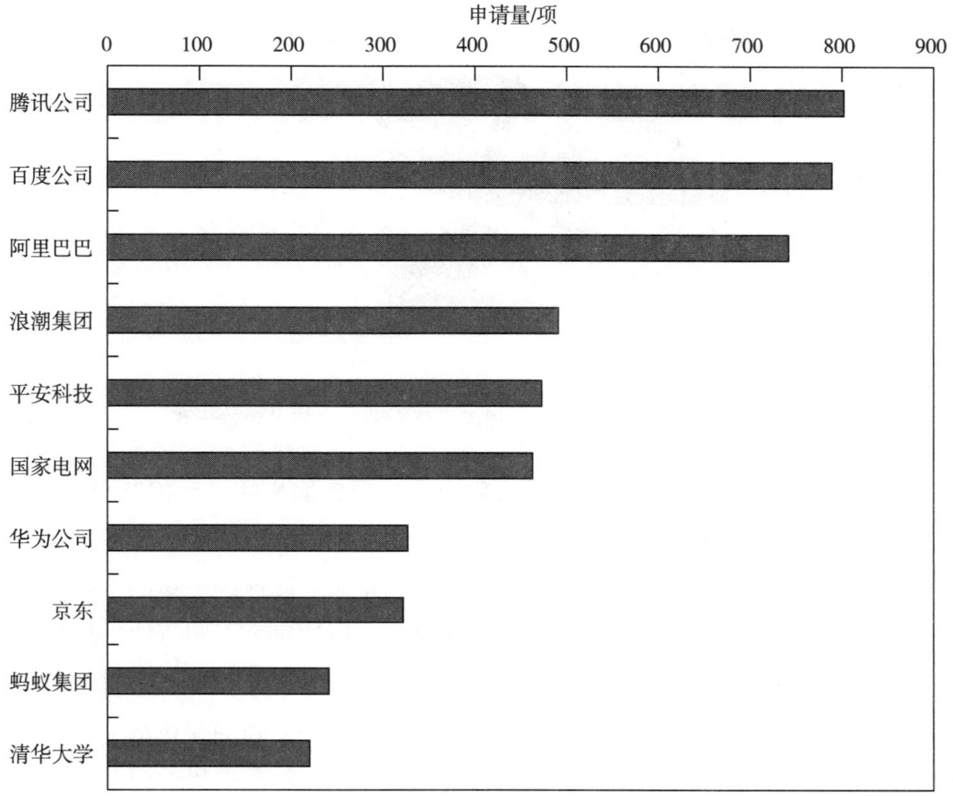

图 3-3-9　数据库模型中国主要创新主体

时分析的云原生数据仓库 Warehouse、用于查询跨云数据湖和 Hadoop 数据的查询搜索引擎 Big SQL，以及用于优化查询性能和管理数据库的管理工具 Tools 等。此外，其还专门为 MongoDB 等打造了专用产品 IBM Cloud Databases for MongoDB，该产品既利用了 JSON 文档及强大查询等 MongoDB 功能，还可以自动执行数据库管理任务等。如图 3-3-10 所示，通过分析 IMB 的专利申请，可以看出，其数据库模型相关专利以效率提高、复杂性降低等方向为主。

下面对 IBM 数据库模型典型专利进行简要介绍。

专利 1——US6832219B2，发明名称为“在关系数据库中存储和查询基于标记的文档的方法和系统”，该专利能够容易地从 XML 格式的数据库中检索数据和重建 XML 文档。该方法根据文档数据组件的基本标记类型来分解文档，并将分解后的文档存储在数据库中创建的一组标记表中，对于每个基本标记类型有一个标记表，从而保持文档的分层树结构、父-子顺序和组件。如此实现使用 SQL 查询来检索 XML 格式的 XML 文档组件。

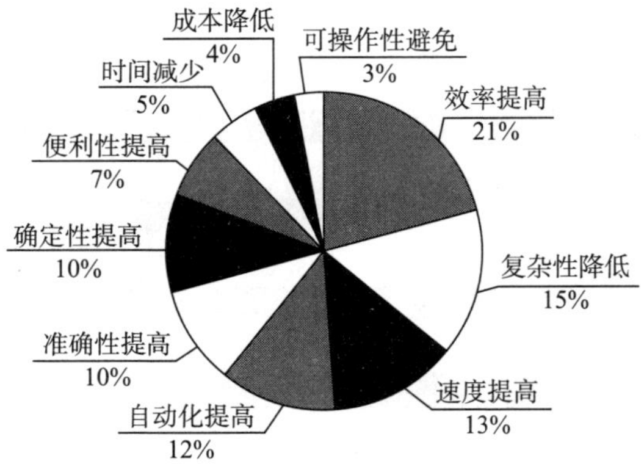

图 3-3-10 IBM 公司数据库模型专利申请技术功效分布

专利 2——US11550777B2，发明名称为“确定数据集的元数据”，该专利能够处理特定属性的数据集。该方法选择所述一组属性中的第一属性和所述一组属性中的一个或多个第二属性的子集；从数据集确定第二属性的子集的不同值；对于所确定的不同值中的每个不同值，可以识别具有所述每个不同值的数据集的记录，并且可以从所识别的记录的第一属性的值形成一组词；在形成的组中识别不同的词序列，确定每个形成的组中的词序列中的每个词序列的存在水平；存在水平的至少一部分可以作为元数据被提供；识别所述不完整数据集的记录，所述不完整数据集具有所述第一属性的特定值并且不具有所述第二属性的子集的被称为丢失属性的一个或多个属性的值；从所述特定值生成词序列；以及识别与所生成的词序列相对应的存在水平。

专利 3——US10896207B2，发明名称为“基于对象的存储的优化”，该专利用于由处理器管理基于对象的存储的各种实施例。该方法包括：执行基于关系的对象属性分析，所述基于对象的存储装置以平磁盘空间和非结构化格式存储包含在其中的全部数据；其中所述对象包括与唯一标识符相关联并具有对象元数据的数据对象；维护属性的储存库；当任何属性改变时，跟踪对对象的修改，其中执行基于关系的分析和跟踪对对象的修改包括针对父/子关系中的每个来分析对象、一致性组和平面关系，其中在存储库中维护由父/子关系、一致性组和平面关系产生的属性，并跟踪其随时间的变化；尽管基于对象的存储体系结构继续实现以平盘空间和非结构化格式存储包含在其中的全部数据，但是使用属性来组织用于对象的基于对象的存储的基于对象的存储体系结构；其中使用所述属性来组织所述基于对象的存储体系结构，以实现否则在所述组织之前无法实现的多个数据操作中的至少一个；并且其中所述多个数据操作中的一个包括数据去重操作，该数据去重操作使用所述储存库来跟踪与所述数据对象相关联的唯一标识符，使根据所述属性来组织所述基于对象的存储体系结构以执行所述数据对象的数据去重操作，用存储器中的附加数据对象代替使用基于块的去重技术；以及定义一组对象，以及使与所述对象的地理位置相关联的局部标志能够与所述群集相关联，其中所述对象包括受地理位置内的限制的受限制的数据类型，使得如果试图将与所述群集相关联的对象移出与所述地理位置相关联的预定区域，则向用户发送警告通知。

（2）腾讯公司

腾讯公司成立于1998年11月，是国内著名的通信及软件服务公司。腾讯公司研发了云原生数据库 xxySQL（TDSQL－C）。该数据库全面兼容主流引擎，100%兼容甲骨文的 MySQL，能够容易地完成数据库的查询、应用和工具平滑迁移，支持最高达400TB 的海量存储，能够实现自动扩缩容，应对数据量动态变化和增长。[1]

如图3－3－11所示，通过分析腾讯公司的专利申请，可以看出，其数据库模型相关专利以数据库准确性提高和效率提高等方向为主。

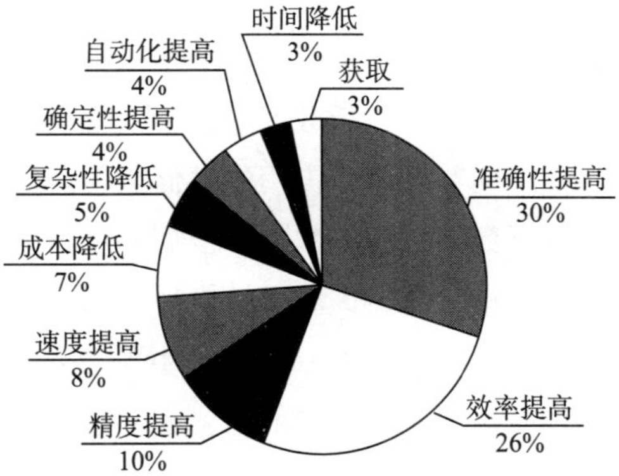

图3－3－11　腾讯公司数据库模型专利申请技术功效分布

下面对腾讯公司数据库模型典型专利进行简要介绍。

专利1——CN113254684B，发明名称为“一种内容时效的确定方法、相关装置、设备以及存储介质”，该专利能够基于人工智能技术实现确定内容时效。该方法包括：获取目标内容的多模态信息集合，其中，多模态信息集合包括第一文

---

[1] 腾讯［EB/OL］.（2023－07－26）［2023－07－31］. https：//baike. baidu. com/item/% E8% 85% BE% E8% AE% AF? fromtitle =% E8% 85% BE% E8% AE% AF% E5% 85% AC% E5% 8F% B8&fromid = 355135&fromModule = lemma_search－box.

本信息、图像信息、附属文本信息以及音频信息中的至少两种；对多模态信息集合进行特征提取，得到多模态特征集合；基于多模态特征集合，通过时效分类网络获取目标概率分布向量，其中，所述目标概率分布向量包括P个概率值，所述P个概率值中的每个概率值对应于一个时效标签；根据目标概率分布向量，确定目标内容所对应的目标时效标签。该申请还公开了装置、设备以及存储介质。该申请能够充分利用内容中多路信号源的特征进行时效性预测，从而提升时效分类的准确性。

专利2——CN103500227B，发明名称为“视频帧存储管理方法和相关装置及通信系统”，该专利能够方便地实现视频帧存储管理。该方法包括：视频服务器接收第一视频数据包；查找索引存储区之中是否存储有用于标识第一视频帧和存储地址之间映射关系的索引记录，其中，第一视频数据包归属于第一视频帧；若查找到索引存储区存储有用于标识第一视频帧和存储地址之间映射关系的第一索引记录，将第一视频数据包写入到第一索引记录包含的第一存储地址所指向的第一存储空间，其中，第一存储空间归属于视频数据存储区。该发明专利实施例提供的技术方案有利于提高索引视频帧的存储地址的效率。

专利3——CN104199927B，发明名称为“数据处理方法及数据处理装置”，该专利能够在对数据进行处理时基于数据类型的不同，进行相应的转换后采用预设字节编码方式进行编码，并对编码后数据进行序列化存储，其按照紧密结构来序列化，从而减少了保存相同数据时所占用的存储空间。该方法包括：获取待处理数据包；读取所述待处理数据包中的数据；根据所述数据的数据类型，采用预设数据转换方式对所述数据进行转换，获得转换后数据；采用预设字节编码方式对所述转换后数据进行编码，得到编码后数据，并将该编码后数据序列化存储，所述预设字节编码方式包括：每个字节的前七位表示数据，每个字节的第八位为数据是否结束的标识位。

（3）甲骨文

甲骨文，是全球著名企业级软件公司。甲骨文于1979年发布了可用于DEC公司的PDP-11计算机上的商用数据库Oracle，该产品具有完整的SQL实现，包括子查询、连接及其他特性。甲骨文的产品包括：数据库Oracle、数据库服务器及相应开发工具，其也在企业资源计划（ERP）软件和客户关系管理（CRM）软件方面有较强的实力。[1]

---

[1] 甲骨文公司［EB/OL］.（2023-07-28）［2023-07-31］. https://baike.baidu.com/item/%E7%94%B2%E9%AA%A8%E6%96%87%E5%85%AC%E5%8F%B8/430115.

如图3－3－12所示，与IBM和腾讯公司不同，甲骨文的数据库模型相关专利主要集中在复杂性降低和自动化提高等方面。

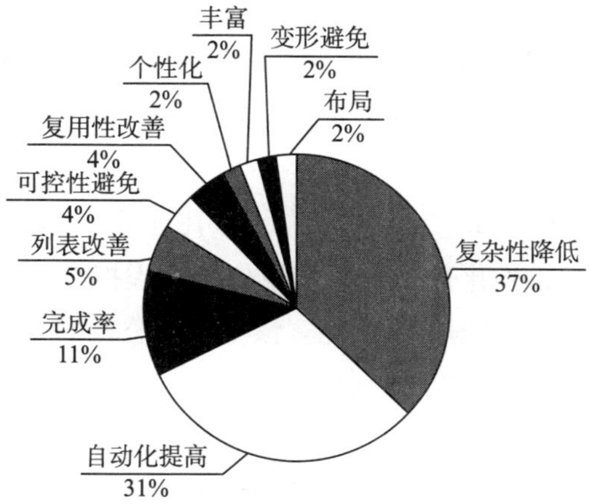

图3－3－12　甲骨文数据库模型专利申请技术功效分布

下面对甲骨文数据库模型典型专利进行简要介绍。

专利1——US9864816B2，发明名称为“动态更新分层数据对象的数据指南”，该专利描述了添加到分层数据对象集合中的分层数据对象的结构，并基于该结构管理添加到存储集合中的数据对象。该方法包括：接收分层数据对象；响应于接收分层数据对象，生成数据指南的数据指南表示；其中所述数据指南包括数据指南条目，所述数据指南条目的每个数据指南条目与相应的值路径和一个或多个值描述符属性相关联，每个值描述符属性指定关于在所述相应的值路径上找到的一个或多个值的数据特征；解析所述分层数据对象；基于所述解析，确定所述分层数据对象内的特定值路径；基于数据指南表示，确定所述数据指南是否定义了所述特定值路径；当所述数据指南未定义所述特定值路径时，在所述数据指南中生成与所述特定值路径相关联的新数据指南条目和一个或多个值描述符属性值，每个值描述符属性值指定关于在所述分层数据对象中的所述特定值路径上找到的值的数据特征；当所述数据指南确实定义了所述特定值路径时，基于在所述特定值路径上找到的特定值，确定是否改变与所述特定值路径相关联的所述一个或多个值描述符属性值；以及当确定改变与特定值路径相关联的一个或多个值描述符属性值时，改变所述数据指南中的数据指南条目以反映所述改变。

专利2——US7103611B2，发明名称为“在XML文档和关系数据之间的映射中保持分层信息的技术”，该专利能够在符合SQL的数据库管理系统（DBMS）中管理XML数据，对具有相关联级别的实例集合进行操作，以生成XML类型的单个实例。这种用于在 SQL 兼容 DBMS 中在 XML 构造和 SQL 构造之间转换数据的方法包括：接收 SQL 语句，该 SQL 语句包括对表示第一组零个或多个 XML 元素的第一数据项进行操作的特定运算符；以及在 SQL 语句的执行过程中，通过生成零个或多个数据项的有序集合来评估特定算子，其中有序集合中的每个不同数据项基于来自第一集合的不同 XML 元素；以及对于第一集合中的每个 XML 元素，在有序集合中存在数据项。

专利 3——US10191944B2，发明名称为“用于半结构化数据的柱状数据结构”，该专利能够将半结构化分层数据去规格化为虚拟表，通过对虚拟表执行关系查询从而提高生成结果数据集的性能。该专利所公开的方法包括：数据库服务器将半结构化的分层数据保持在持久存储器上；其中用于所述半结构化分层数据的模式包括具有分层关系的节点树，所述节点树中的每个节点与所述节点树中的至少一个其他节点具有基数关系，所述节点树中的每个节点与所述每个节点具有直接分层关系产生为包括由数据库服务器管理的行的表定义列集合的非标准化布置，其中所述列集合的每一列对应于所述节点树的相应一个或多个节点，所述产生包括：对于所述列集合中的每个列，基于所述列的相应一个或多个节点的每个节点的数据类型来确定所述每个列的数据类型，以及基于所述第一列的相应一个或多个节点和所述第一列的相应一个或多个节点之间的基数关系，确定所述列集合的第一列中的列值与所述列集合的第二列中的列值之间的基数关系。

专利 4——US8356053B2，发明名称为“管理存储在存储库中的资源之间的关系”，该专利用于管理存储在存储库中的资源之间的关系。该管理的方法包括：响应于服务器接收到将第一资源存储在储存库中的请求；所述服务器解析所述第一资源以从所述第一资源内检索关系数据，其中所述关系数据识别所述第一资源和所述储存库中的第二资源之间的关系；所述服务器确定表示该关系的链接的类型；所述服务器在数据库内存储一个或多个使用所述第一资源和所述第二资源之间的链路类型识别所述关系的关系记录，以及其中所述一个或多个关系记录与所述第一资源分开存储。

3.4 存储虚拟化与存储云

3.4.1 存储虚拟化与存储云的概念

随着互联网、移动互联网、物联网等的发展，中心化存储愈加无法适应大数

据量的增长，存储虚拟化比以往更走近舞台中央。❶

存储网络工业协会（SNIA）将存储虚拟化定义为：通过对存储（子）系统或存储服务的内部功能进行抽象、隐藏或隔离，使存储或数据的管理与应用、服务器、网络资源的管理分离，从而实现应用和网络的独立管理。❷

对存储服务和设备进行虚拟化，能够在对下一层存储资源进行扩展时进行资源合并、降低实现的复杂度。存储虚拟化可以在系统的多个层面实现，比如建立类似于分级存储管理（HSM）的系统。存储虚拟化可以使管理程序员将不同的存储作为单个集合的资源来进行识别、配置和管理。存储虚拟化是存储整合的一个重要组成部分，它能减少管理问题，而且能够提高存储利用率，这样可以降低新增存储的费用。❸

存储云的概念衍生自计算云。计算云指通过互联网或内部网提供给云用户的是一个可扩展的弹性的服务器（物理或虚拟），计算资源对用户是透明的。类似地，存储云指通过互联网或内部网提供给云用户的是一个可扩展的弹性的存储或数据服务，物理存储设备对用户是透明的。❹

3.4.2 存储虚拟化与存储云的发展现状

3.4.2.1 技术发展

存储虚拟化通过简化逻辑环境使用户摆脱底层物理环境的复杂性，通过充分利用异构平台中的存储空间实现存储资源的有效规划。存储虚拟化实现了存储设备及其空间的自动配置，方便用户管理和使用物理上分散存在的存储资源。无论这些存储资源所处的存储域的位置、大小、类型和制造商如何，都将被从单一逻辑视图中进行管理。

存储虚拟化可分为以下三种类型。

---

❶ 程一鸣，胡立辉，孙军涛．存储变革［M］．西安：西北工业大学出版社，2021-15-28.

❷ 方文三．报告1《数据存储虚拟化报告》：虚拟化技术之存储虚拟化［EB/OL］．(2020-06-05)［2023-06-20］．https：//mp. weixin. qq. com/s/KmuG4xjC20Orsq_WaUGMiQ.

❸ 浩仔．数据存储虚拟化技术介绍［EB/OL］．(2020-05-26)［2023-06-20］．https：//mp. weixin. qq. com/s? —biz = MzU1NzQ0NjQ3NA = = &mid = 2247484910&idx = 1&sn = a77121b4e86a596e08ed40d36f8ef8a3&scene = 21#wechat_redirect.

❹ 浩仔．存储虚拟化技术详解（下篇）［EB/OL］．(2020-09-06)［2023-06-20］．https：//mp. weixin. qq. com/s/_u2ov4NfSMVHzcapP0Y0qw.

（1）基于主机的存储虚拟化

基于主机的存储虚拟化，也称基于服务器的存储虚拟化或者基于系统卷管理器的存储虚拟化，一般通过逻辑卷管理来实现。

基于主机的存储虚拟化依赖安装在主机上的代理或管理软件来实现存储虚拟化的控制和管理。因此，主机需要分配处理时间给上述软件，这样对系统的稳定性和安全性也存在潜在影响，因为有可能导致越权访问到受保护的数据。但是，因为无需依附于任何附加硬件，基于主机的存储虚拟化比较容易实现，所需设备成本最低。存储管理领域的软件厂商更愿意使用这种方法，其通过一些定制软件提供管理用图形接口，从而实现存储资源的管理和虚拟化。基于主机的存储虚拟化是一种性价比不错的方法。

（2）基于存储设备的存储虚拟化

基于存储设备的存储虚拟化是指在存储设备的磁盘、适配器或者控制器上实现虚拟化功能，这种方法通过提供专用于存储资源管理的功能模块来提供完整的解决方案。由于不同厂商所提供的功能模块存在兼容性问题，因此一旦采用这种方法，就意味着最终不得不选择某一家单独的存储供应商。但是，基于存储设备的虚拟化方法也有一些优势：存储设备虚拟化比较容易实现，只需适配或协调某个特定存储供应商的设备即可实现有效管理。

（3）基于网络的存储虚拟化

基于网络的存储虚拟化是在网络设备上实现存储虚拟化的功能，包括基于互联设备、基于交换机和基于路由器这三种方式。

基于互联设备的虚拟化。基于互联设备的虚拟化方法使用 Windows、Linux 等标准操作系统运行在专用服务器上。这种虚拟化方法容易使用，通过附加功能模块即可容易地改善整体性能。同时，由于这种虚拟化方式仍需要在主机上运行代理软件或适配器，也可能由不当配置导致越权访问到受保护的数据。

基于交换机的虚拟化。按照基于交换机的虚拟化方法，存储虚拟化的功能模块通常被嵌入于交换机的固件中。这种虚拟化方法不再要求主机去运行代理软件，降低了安全风险，也为异构操作系统间的互操作提供了便利性。但是，受限于交换机的带宽等性能，交换机可能成为系统性能的瓶颈和故障的敏感点，虚拟化性能可能在一定程度上受到制约。

基于路由器的虚拟化。与基于交换机的虚拟化类似，基于路由器的虚拟化方法是在路由器固件上实现存储虚拟化功能。在此方法中，路由器为每一台主机提供服务，通过动态多路径冗余等功能为存储设备虚拟化提供更好的访问性能和更好的安全性。[1]

3.4.2.2　常见的存储云服务

当存储作为一种服务被提供，存储云应运而生。在存储云中，一般的存储云可以分为如下几类。

文件同步与共享：允许用户上传文件和照片并进行共享协作的服务，这是最受欢迎的云存储服务类型之一。

备份和灾难恢复（Backup and Disaster Recovery）：把数据备份到存储云，在需要的时候进行恢复数据归档和保留。

归档（Archive）：数据保存很长一段时间，如图书馆、大学的资料等。云存储供应商会为那些不经常访问的数据提供廉价的云储存服务，这十分利于企业进行数据归档的工作。在企业进行混合云战略时，它们既需要频繁访问那些“热”数据，又需要依靠云储存管理软件将“冷”数据进行归档。

通用性存储（General Storage）：是将 IaaS 应用于主存储的模式，属于并不受欢迎的方式。

3.4.3　存储虚拟化与存储云的专利状况

3.4.3.1　专利申请态势

截至 2023 年 4 月 30 日，全球数据库模型专利申请共 70752 件，合并专利族 42267 项。

从图 3－4－1 可以看出，在 2009 年以前，存储虚拟化与存储云的专利申请量每年在 600 项上下，而从 2010 年开始每年逐步上升，增长态势平稳。申请量增长的背后是互联网、移动互联网以及终端交互技术的快速发展所产生的海量数据对存储的需求，无论是从存储容量而言还是管理效能需求而言。申请量峰值出现在 2020 年，为 4064 项。相信随着新一轮人工智能、大数据技术的快速发展，存储虚拟化和存储云申请量仍将维持较高的增长速率。

---

[1] 无聊岁月．虚拟化存储技术的发展及未来趋势［EB/OL］.（2009－02－27）［2023－06－20］. http：//blog. itpub. net/13129063/viewspace－558052.

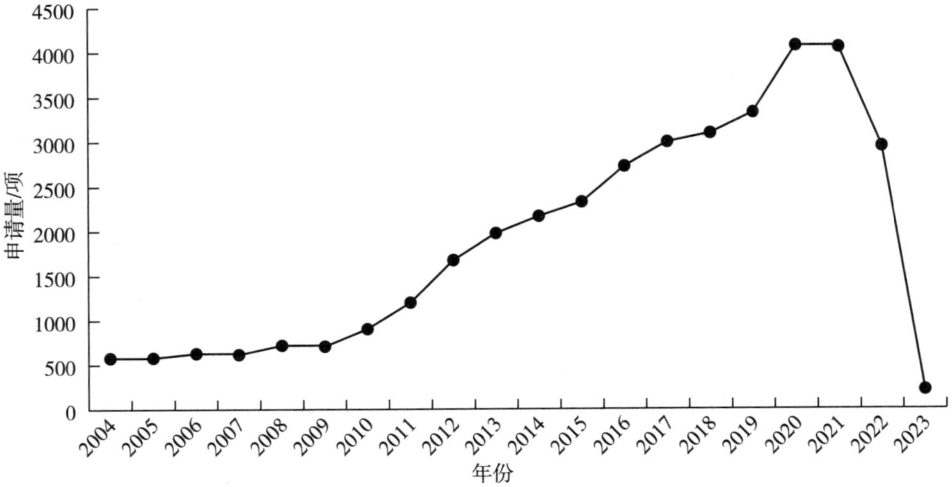

图 3-4-1　存储虚拟化与存储云全球申请趋势

如图 3-4-2 所示，以美国为目标地的专利申请量占全球申请总量的 39%，排名第一位，中国以 36% 的占比排名第二位。分析其成因，一方面，美国有 IBM、亚马逊、微软公司等老牌存储厂商在存储领域深耕多年，在虚拟化和存储云方面起步较早；另一方面，像百度公司、腾讯公司、阿里巴巴和华为公司等中国厂商本身受业务需求驱动，也研发出各自的存储云生态，具有较好的技术储备和专利布局。在中国之后，日本占比 8%，韩国占比 5%，排名第三位和第四位，申请人包括日立公司、三星等。

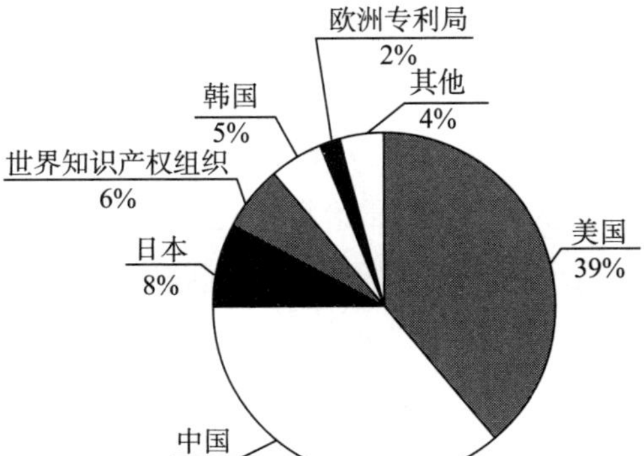

图 3-4-2　存储虚拟化与存储云专利申请目标地申请量占比

根据图 3-4-3，美国被要求优先权的申请数量占比 62%，近 2/3，排名第一位，而日本仅次于美国，被要求优先权的申请数量占比 10%，中国和韩国均占比 7%，排名在第三位、第四位。对比申请量来看，中国在存储虚拟化方面还是处于追赶态势，还需针对国外布局点上突破，面上开花，在技术研发和专利布局上功夫。

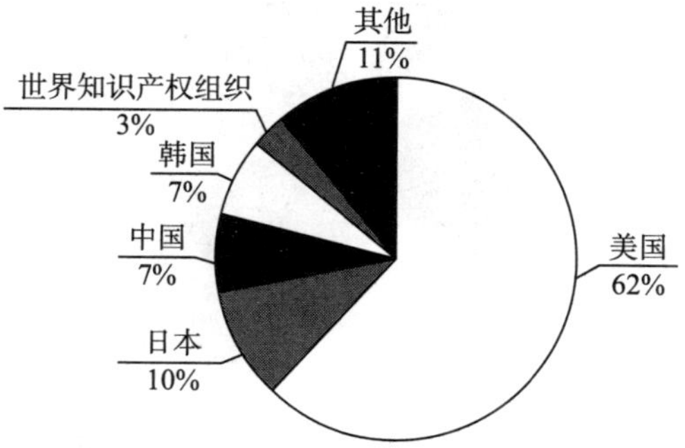

图3-4-3 存储虚拟化与存储云专利申请原创地申请量占比

如图3-4-4所示，从申请公开国家/组织看，在美国公开的申请数量占比略高于中国，但差距不大，二者可谓平分秋色。日本和韩国虽然占比略低，但也排名靠前，相较欧洲专利局等领先较多。

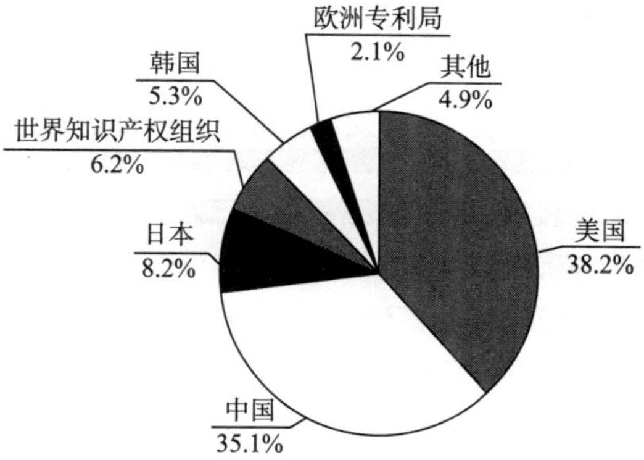

图3-4-4 存储虚拟化与存储云专利申请公开地申请量占比

通过对专利申请的IPC分类号进行分析，如图3-4-5所示，可以看到存储虚拟化和存储云应用场景广泛，与各类技术应用均有交叉，在G06F 9（程序控制）、G06F 3（用户界面交互）、F06F 12（存储数据读写）以及G06F 21（信息安全）等场景具有丰富的落地应用。此外，与错误检测以及计算机输入/输出（I/O）互联也有不小的交叉。

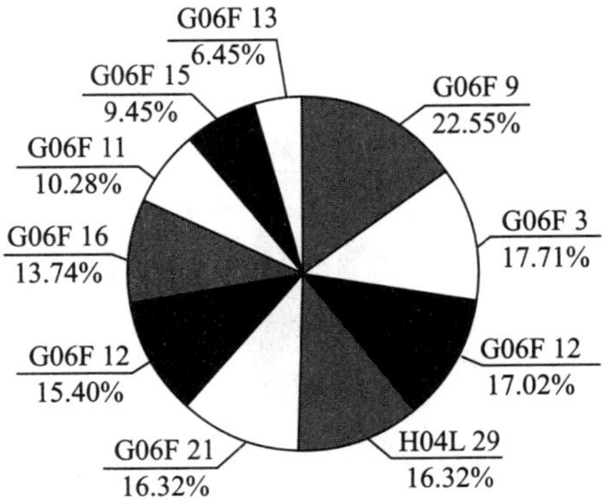

图 3-4-5 存储虚拟化与存储云专利申请技术分布

3.4.3.2 主要创新主体

如图 3-4-6 所示，从全球申请人排名来看，排名前十位大部分被美国、日本申请人占据，华为公司排名在第十一位，但和排名前三位以外的其他申请人差距并不大。而且华为公司、百度公司及浪潮集团等公司的申请量也超过或接近

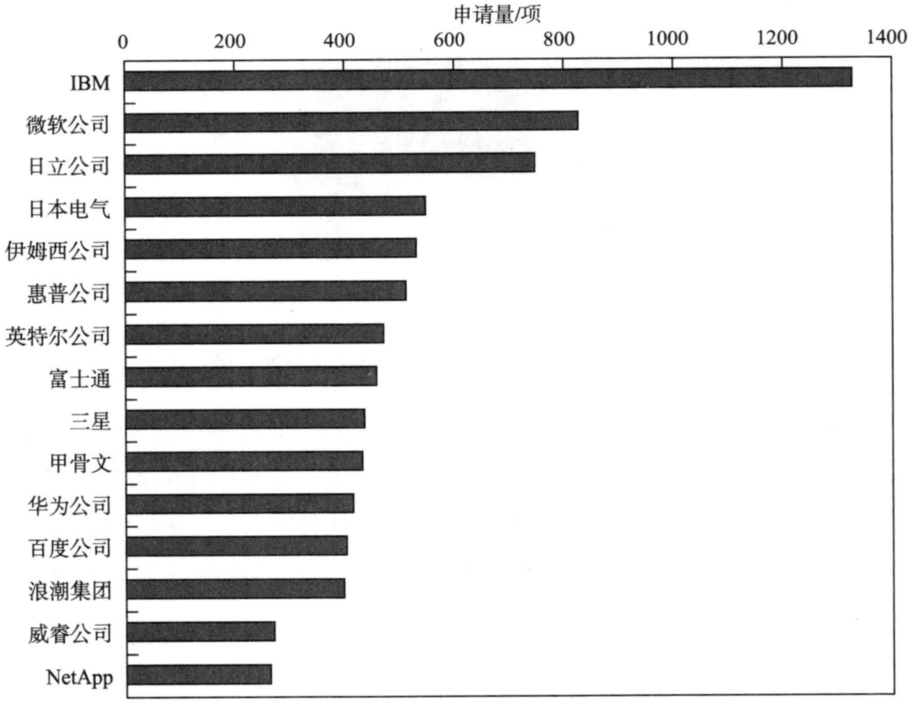

图 3-4-6 存储虚拟化与存储云全球主要创新主体

400项，随着它们持续在存储虚拟化领域发力，国内虚拟化市场也将更加成熟，专利创新的增长也是值得期待的。

如图3－4－7所示，根据专利申请同族被引证次数，就存储虚拟化和存储云而言，排名靠前的申请人均为企业。像亚马逊等亦有著名产品，但从专利布局而言并不突出。国内如七牛云、网易蜂巢等公司均为后起之秀，暂时在专利方面还未崭露头角。

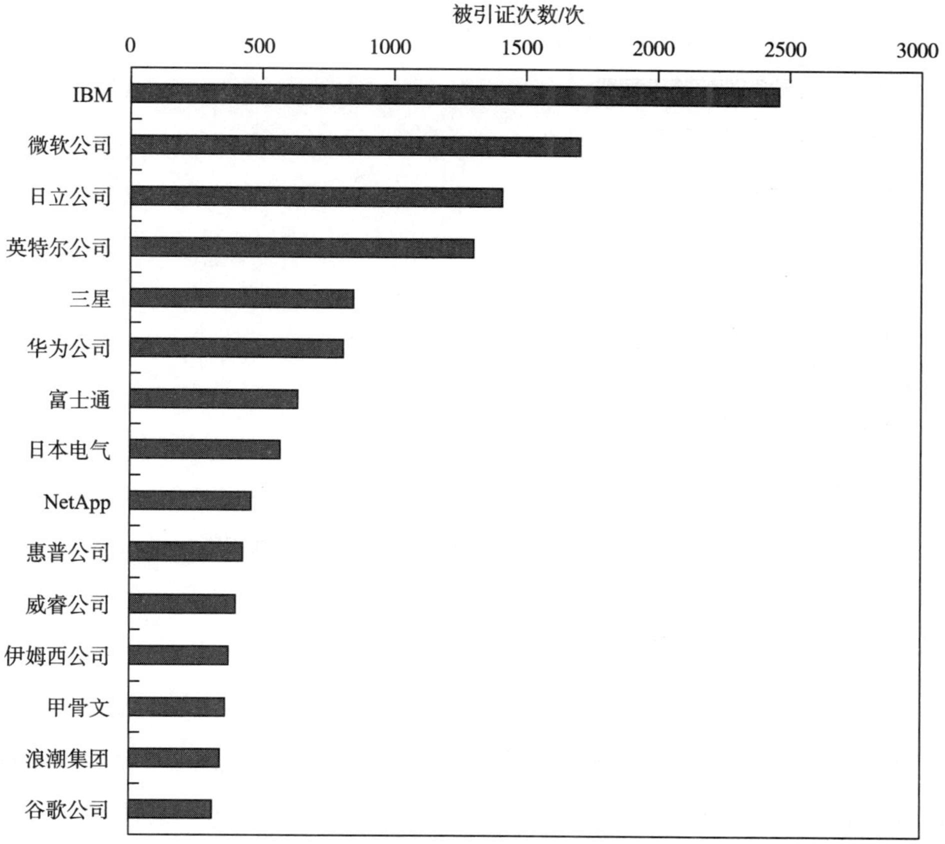

图3－4－7　存储虚拟化与存储云专利申请同族被引证次数靠前的申请人

国内申请人申请量排名靠前的主要是科技企业，以大学为代表的科研院所也是重要力量。通过图3－4－8可以看出，排名靠前的企业申请人均有成熟的产品或存储架构。国家电网下辖众多公司，其申请量也较多，而且属于偏应用型技术创新。

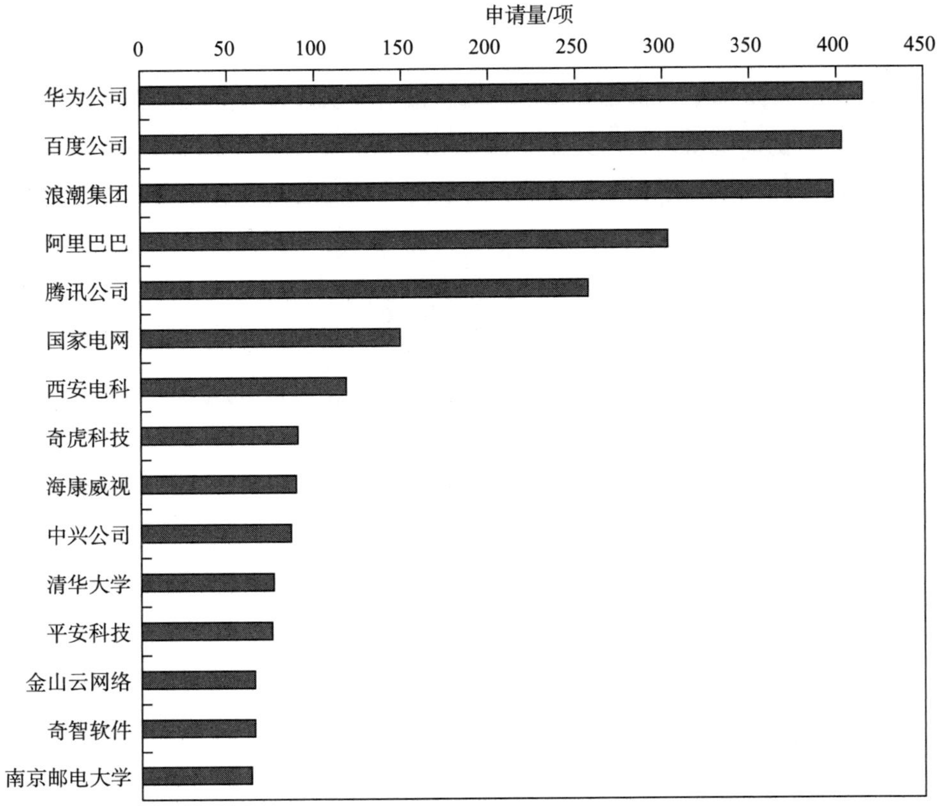

图 3-4-8 存储虚拟化与存储云国内主要创新主体

3.4.3.3 典型企业及典型专利

(1) 微软公司

微软公司成立于 1975 年 4 月，其最为著名的产品是 Windows 操作系统和 Office 系列软件，是全球个人计算机软件开发的先导。微软公司研发有 Azure 云计算服务。起初，微软公司只是想设计一款新型操作系统来充当云体系的基础，而随着其逐步发展，Azure 并不限于单纯的计算。Azure 包含四大支柱，其中之一便是 Azure Blob 存储服务。Azure Blob 存储服务能够灵活地构建、部署，实现大规模可缩放的安全的对象存储。Blob 适合于非结构化数据的存储，通过分层存储优化数据存储成本，同时，能够广泛地支持移动、Web 和云原生应用程序开发。Blob 对诸多热门开发框架也具有很好的支持属性，这些框架包括 Java、. NET、Python 和 Node. js。在此基础上，Blob 能够满足高性能计算的高吞吐量需求，支持存储以数十亿计的物联网设备。此外，微软公司还提供 Azure Data Lake Storage，能够将大规模执行的特性融入高性能文件系统中，使得 Blob 存储功能得到了进一步扩展，构建起功能强大的数据湖。❶

如图 3-4-9 所示，通过分析微软公司的专利申请可以看出，安全性提高、复杂性降低、确定性提高以及速度提高为其专利布局重点。

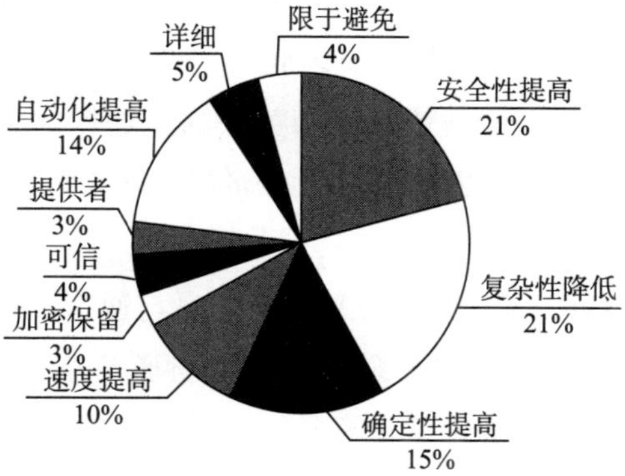

图 3-4-9　微软公司存储虚拟化专利技术功效分布

下面对微软公司存储虚拟化典型专利进行简要介绍。

专利 1——US10917260B1，发明名称为“跨云存储提供商的数据管理”，该专利提供了一种在多个云存储提供商间提供服务的方法。该方法涉及存储文件系统数据的元数据系统，该文件系统数据包括用于多个数据对象中的每一个的相应元数据条目，每个元数据条目包括存储数据对象的相应云存储位置，相应的云存储位置对应于多个可用云存储提供商中的相应一个，其中元数据系统维护包括多个监管链元数据条目的监管链数据，每个监管链元数据条目指示读取、存储、复制、转换或擦除数据对象的动作以及请求所指示的动作的动作者。

专利 2——US10043029B2，发明名称为“云存储加密”，该专利提供了一种在存储云中进行加密的方法。将明文文件作为安全加密文件存储在云中；加密方案采用每块认证加密和解密；唯一的文件密钥用于加密每个文件；文件密钥由经过身份验证的加密封装在可在文件之间共享的封装密钥中；集中式安全策略包含确定哪些文件将共享包装密钥的策略定义；封装密钥存储在符合 KMIP 的密钥管理器中，该密钥管理器可以由硬件安全模块（HSM）支持；文件元数据还受键控哈希消息身份验证代码（HMAC）的保护；策略引擎和管理工具一起实施安全策略，安全策略也在系统中保持加密状态。

---

❶ CSDN 云计算．一文看懂 Microsoft Azure 的十年变迁［EB/OL］．（2020-02-11）［2023-06-20］．https：//blog. csdn. net/FL63Zv9 Zou86950w/article/details/104284677.

专利3——US11507534B2，发明名称为“用于存储虚拟化系统中的占位符的元数据存储”，该专利实现在存储云和本地间文件创建和同步的无缝连接。通过设置辅助存储器保存计算机上执行的文件系统的存储文件占位符。占位符包括稀疏数据流，但不包含或包含文件的数据和能够从网络检索远程存储的文件数据的信息中的一些。当文件的一些或全部数据被远程存储时，计算设备可以依赖于存储虚拟化提供商来创建文件的元数据。因此，在计算设备上执行的文件系统可以从存储虚拟化提供商接收存储与该文件相关联的元数据的请求。响应于该请求，文件系统可以将元数据作为二进制大对象存储在文件的占位符的辅助数据流中。

（2）华为公司

华为公司创立于1987年，是全球领先的信息与通信（ICT）基础设施和智能终端提供商。植根于华为公司三十余年的信息与通信技术积累和数字化转型经验，华为云立足互联网，包括云存储等多种服务。华为云通过基于浏览器的云管理平台，以互联网线上自助服务的方式，为用户提供云计算IT基础设施服务。华为对象存储服务是一个基于对象的云存储服务，能够支撑海量、安全、高可靠、低成本的数据存储，通过REST接口或者基于Web浏览器的云管理平台界面对数据进行管理和使用，也支持Java、PHP、Python等多种语言软件开发工具包（SDK）。华为对象存储服务可以为多种应用构建大规模的数据存储服务，如：互联网海量内容（视频、图片、照片、图书、音像、杂志等）、网盘、数字媒体、备份、归档、大数据等服务。[1]

如图3-4-10所示，从华为公司的专利申请技术功效分布可以看出，其存储虚拟化专利集中在效率提高、体验提高、成本降低和安全提高的方面。

下面对华为公司存储虚拟化典型专利进行简要介绍。

专利1——CN102985909B，发明名称为“为良好分格的对象提供高扩展性网络存储的方法和设备”，该专利能够优化和提升云存储服务提供商的吞吐量和可扩展性。设置多个存储节点，这些存储节点包括多个相应存储磁盘，并用于在定位信息的基础上，对分布数据不做任何索引，实现类似独立磁盘冗余阵列-0（RAID0）性能的分布的方式，将数据存储在多个存储磁盘当中。网络部件包括用于为不同用户数据维护多个物理文件的存储磁盘，不同用户数据被映射到不同卷上，其中这些不同卷在类似RAID0的数据分布方案基础上，不做任何索引地被分布在存储磁盘以及辅助存储磁盘中。

---

[1] 百度百科. 华为云［EB/OL］.（2023-07-07）［2023-07-31］. https://baike.baidu.com/item/%E5%8D%8E%E4%B8%BA%E4%BA%91/4572949?fr=aladdin.

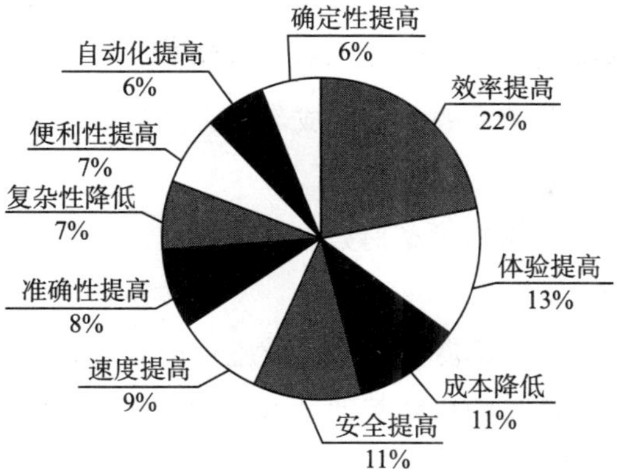

图3-4-10　华为公司存储虚拟化专利技术功效分布

专利2——CN106569874B，发明名称为“存储设备的操作方法”，该专利在物理服务器中安插有存储卡。当虚拟机接收到数据读写指令时，生成针对物理存储设备的I/O请求，并将所述I/O请求发送给存储卡中的客户端，存储卡能够直接与所述虚拟机进行通信；当客户端接收到所述I/O请求时，将所述I/O请求发送给服务端，由所述服务端根据所述I/O请求对所述物理存储设备执行I/O操作。该发明中由于存储卡能够直接与虚拟机进行通信，因此，虚拟机将I/O请求发送给存储卡中的客户端时，无须通过物理服务器中的Hypervisor，即可将I/O请求发送给客户端，从而节省了物理服务器的计算资源。

专利3——CN114253908A，发明名称为“键值存储系统的数据管理方法及其装置”，该专利申请解决了现有技术在云盘系统存储时，需先读取元数据再读写其对应数据导致的读写性能差的问题。具体地，键值存储系统的逻辑地址空间包括：多个子逻辑地址空间，所述多个子逻辑地址空间互不重叠，所述多个子逻辑地址空间中存储的数据分别使用多个数据结构一一对应管理，该方法包括：获取I/O操作请求，所述I/O操作请求中携带有待操作数据的索引信息；基于所述索引信息，确定所述待操作数据的键；基于所述键，在所述多个数据结构中确定用于存储所述待操作数据的键值对的目标数据结构；在所述目标数据结构中对所述键值对进行I/O操作。该申请提高了该键值存储系统根据该数据结构对I/O操作请求进行响应的效率和键值存储系统的性能。

3.5　本章小结

本章介绍了大数据存储的概念以及关键技术，又从分布式文件系统、数据库模型和存储虚拟化等视角对大数据存储进行了介绍。每一视角既包含技术概念和发展现状，又包含专利布局态势以及典型企业和典型专利。从上述内容，我们不难看出，作为第四次工业革命的重要组成部分，大数据已经并必然继续改变人们所生活的这个世界。

放眼将来，大数据存储的诸多趋势也愈加显现。

（1）混合云存储

很多企业不再使用内部部署数据存储设施存储海量数据，借助混合云解决方案，企业无须投资成本高昂的存储基础设施，也无须完全依赖公有云提供商。越来越多的企业选择将自己的日常办公数据、备份数据、归档数据、静态历史数据等活动性不强的海量数据移入云存储资源池甚至直接推向云端。

（2）多模数据库实现一库多用

存储数据类型将越来越灵活，多模态数据库模型将从以关系为中心逐步转为以对象为中心，更多关注非结构化数据。

（3）运用人工智能实现管理自治

人工智能与存储技术的融合能够实现存储数据的自治、容量预判、存储负载迁移等情形。

（4）数据存储平台发展为统一融合化平台

这个数据的整合汇总平台会是将硬件介质、存储架构、软件功能、应用处理融合为一体的体系化建设工程。[1]

---

[1] 盘古开源．趋势观点：未来十年数据存储技术将出现的六个变化［EB/OL］.（2021－12－23）［2023－07－31］. https：//blog. csdn. net/weixin_54998739/article/details/122099428.

第4章　大数据计算

4.1　大数据计算概述

4.1.1　大数据计算的概念

从大数据处理和运用的生命周期来看，大数据包括以下几个方面：大数据采集及预处理、大数据存储、大数据计算、大数据分析、大数据可视化。其中大数据采集、预处理、大数据存储、大数据可视化这几个阶段的功能比较容易理解并易于与其他处理流程分割，对于大数据计算和分析是如何划分的，它们执行的功能区别在哪里，不熟悉大数据处理流程的读者可能会有疑问。

实际上大数据计算和大数据分析确实关系紧密，也很难明确地将两者分开，而本书为了便于介绍两者的技术创新和专利保护情况，将按以下原则进行区分。从大数据处理框架可以看出，大数据计算与大数据存储的关系更为密切，而大数据分析与具体的应用关系更为密切，因此可以解释为，大数据计算相关的技术与大数据的应用场景是松耦合的，该步骤不关心此时是何种应用场景、数据具体是在何种领域中做什么用的或分析目标到底是什么，而只关心怎么对存储的各种类型的数据进行查询和基本计算，例如海量数据的排序、求和统计、查找最小值等，并高效、准确地完成。而大数据分析关注的是具体的应用场景、分析的目标，以及为了能够得到预期的分析目标采用何种相关的分析算法。具体如何获取分析的数据和计算结果，则是大数据计算需要考虑的，相应地，分析过程无须关心。因此，本章中介绍的大数据计算，在专利申请中针对现有技术要改进的方向往往是：如何对海量存储的数据进行快速、高效、准确、低成本的查询和计算，以及相应的任务调度和资源管理。

4.1.2 大数据计算的发展现状

大数据时代，尤其是互联网的普及，使网站和网页的数据量不断爆炸式增长，为计算机公司，特别是搜索引擎公司，带来了新的技术挑战，随后兴起的社交网络、视频网站、移动互联网的浪潮加剧了这一挑战。传统的单机存储的数据库查询和计算技术已经无法满足要求，逐渐产生了分布式存储技术，即将数据分布存储在不同的存储设备中。然而在初期，即使数据分布在不同地方，计算程序仍然在一台机器上运行，当需要数据时，向各个存储终端获取，然后再执行本地计算程序以完成数据的查询和计算过程。但是随着存储终端的增多，数据量的增大，对于数据计算速度和准确率的要求增高，这种数据流动但计算程序不动的方式不得不作出适应性的改进。通过对前一章大数据存储的技术发展的介绍可以看出，数据存储方式针对大数据各类各样的数据以及计算需求进行了改变，相应地，数据计算也在近二十年间产生了众多新技术。

2000 年以后，随着互联网在线业务的发展，业务系统访问的并发度呈指数级上升，海量数据计算和分析需求越来越普遍，传统单机系统在业务支撑、成本、开放性等方面均面临巨大挑战，从而分布式计算、云计算诞生，大大提高了大规模数据计算的能力和便利性，并降低了计算成本。同时，互联网技术的发展使越来越多的图像、声音文件、地图和视频需要存储、操作和检索，非关系型数据库则由于其本身的特点得到了非常迅速的发展。一种全新的数据库查询语言 NoSQL 产生，其不关注数据的结构，而可以对数据进行计算和分析。

2004 年前后，谷歌公司发表了三篇论文，也就是传说中的“三驾马车”，其中一篇提出了大数据分布式计算框架 MapReduce。2005 年初，Nutch 的开发人员在 Nutch 上实现了 MapReduce 系统。2006 年，开发人员将 Nutch 分布式文件系统和 MapReduce 移出 Nutch，形成一个子项目，命名为 Hadoop，并将其进行开源。2008 年左右，雅虎最早在实际环境中搭建了大规模的 Hadoop 集群，这是 Hadoop 在互联网公司使用最早的案例，后来 Hadoop 生态的技术就渗透到了互联网、电信、金融乃至更多的行业。在十几年的发展过程中，计算处理引擎方面慢慢覆盖了离线批量计算、实时计算、流计算等场景，诞生了多种计算框架，例如 MapReduce、Spark、Flink、Storm 等。而在数据查询和分析领域形成了丰富的解决方案，例如 Hive、HAWQ、Impala、Presto、Drill 等技术，与此同时，传统的大规模并行处理（massively parallel processing，MPP）数据库也仍然占有一席之地，新技术与传统技术竞争仍然激烈，对于哪种计算框架、查询和分析技术将会成为主流，也从未得出一致的答案。

4.1.3 大数据计算的专利状况

从单机数据库到并行计算、分布式计算、网格计算、云计算，以及综合各种高性能计算于一体的大数据计算，对于大规模数据的计算技术一直在向着更高效、更及时、更稳定、低功耗、更高兼容性、可扩展性强等方向发展，而这些目标也是专利申请技术方案解决的目标。下面从专利视角展现整个大数据计算机技术方面的技术创新现状。

4.1.3.1 专利申请态势

通过对大数据计算的相关专利进行检索（检索截止日期为2023年4月30日），全球相关专利申请总计105183件，自2004年开始的专利申请态势如图4－1－1所示。2004年前后，谷歌公司发表的三篇大数据相关的重要论文显然成为大数据计算申请量2005年开始增长的主要原因，2005年申请量增幅高达80%，申请量已接近1000项。2005—2009年属于大数据技术的技术平稳期。这期间申请量在1000项左右徘徊，没有增长或下降趋势。2010年又出现了一个小的增长，主要原因为在2009年前后，移动互联网兴起，数据指数增长，数据驱动的理念逐渐被提出来，此外，2008年，Hadoop成为顶级项目，被雅虎公司采用，为大数据计算底层框架提供了技术基础，也就是说业务需求和技术实现可行性共同推进了大数据计算技术相关申请量的增长。2010年，启动了大数据计算申请量的增长期，加之移动互联网与智能手机逐渐普及，数据分析的需求场景不断涌现。2012年，美国、日本等发达国家开始陆续发布大数据国家战略等重要政策，也激发了创新热情。2016年，AlphaGO战胜人类棋手，使人工智能得到普遍关注，而人工智能与大数据间的亲密关系不言而喻，因此大数据计算技术的创新也在此影响下再次被激发。到2017年，申请数量已增长到4300项。从2018年开始，大数据计算的申请量呈直线增长趋势，这得益于各个国家密集发布的重要政策文件，也得益于基于大数据的人工智能技术的不断落地，从而大数据计算技术迭代速度加速。到2020年，申请量增长趋势放缓，但是申请量仍然维持在高位，说明大数据计算又在经历一次新的技术发展期。由于专利公布晚于申请日18个月左右，因此，2022年和2023年的部分专利申请还未公开，导致数据出现明显的下降。

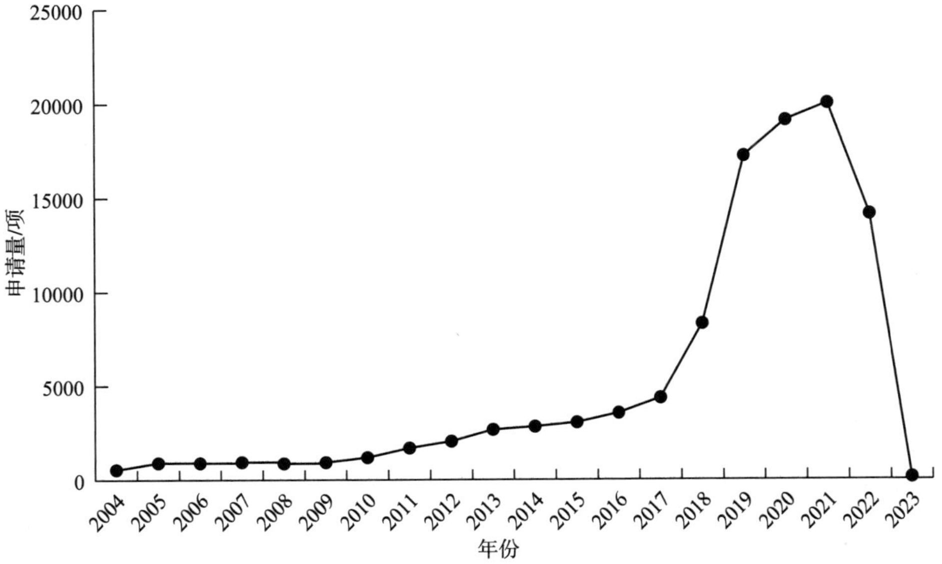

图 4-1-1 大数据计算全球专利申请趋势

大数据计算的中国相关专利申请为 66425 件，申请总量在全球的占比为 63% 左右，从图 4-1-2 的中国大数据计算专利申请趋势可以看出，中国大数据计算技术发展明显晚于全球，但是一直处于增长趋势，变化拐点与全球变化基本一致，从 2010 年开始明显增长，2017 年出现爆发式增长，且自此对于全球总量贡献了绝对数量。在 2021 年全球申请量增长速度放缓的情形下，中国申请量依然保持向上的增长势头，也说明大数据计算技术创新在中国仍然是热度不减。

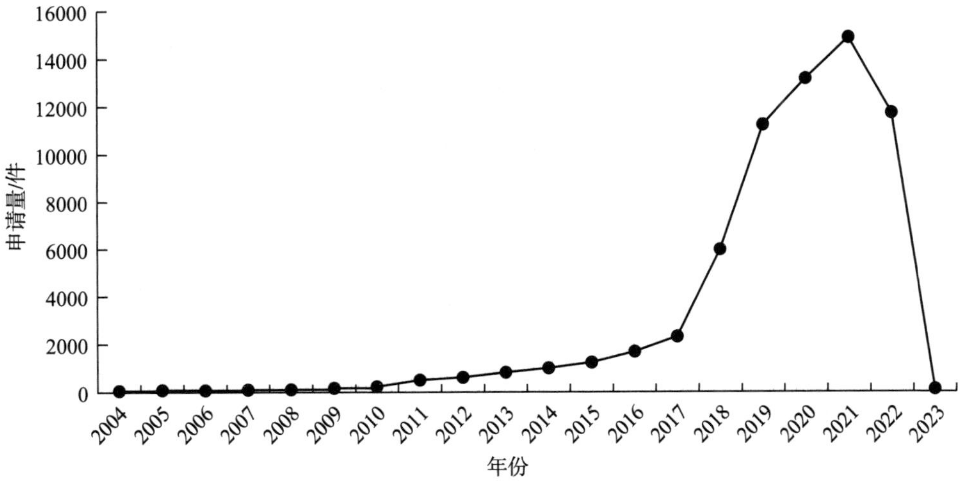

图 4-1-2 大数据计算中国专利申请趋势

4.1.3.2 各国家/地区申请情况

从图4－1－3展示的各国家/地区申请人专利申请量占比可以看出，来自中国的申请人的专利申请量占到63%，具有绝对优势，美国次之，占到26%，虽然日本位列第三位，但是仅占3%，其余国家/地区的申请量占比也都不足2%。虽然美国在大数据计算技术上发展较早，且具有技术优势，但是中国自2014年将大数据写入政府工作报告开始，密集发布了与大数据相关的重要政策，大数据正式上升至国家战略层面，吹响了加快发展数字经济、建设数字中国的号角。同时中国人工终端、互联网行业发展迅速，具有较强的数据优势，因此数据应用场景多、创新热情高、利益回报预期性强，这些因素都促进了大数据计算技术的快速发展和迭代革新。而美国是传统的数据处理核心技术强国，具有较多的积累，许多著名的数据服务企业都在美国。为了推进大数据的研究和发展，日本政府、企业，甚至学校迅速加大在大数据软硬件及系统等相关领域的研究投入。无论在大数据技术还是企业实际应用方面，日本都在亚洲占据明显优势。2013年6月，日本第二次安倍内阁正式公布了新IT战略——“创建最尖端IT国家宣言”。这篇宣言全面阐述了2013—2020年以发展开放公共数据和大数据为核心的日本新IT国家战略。

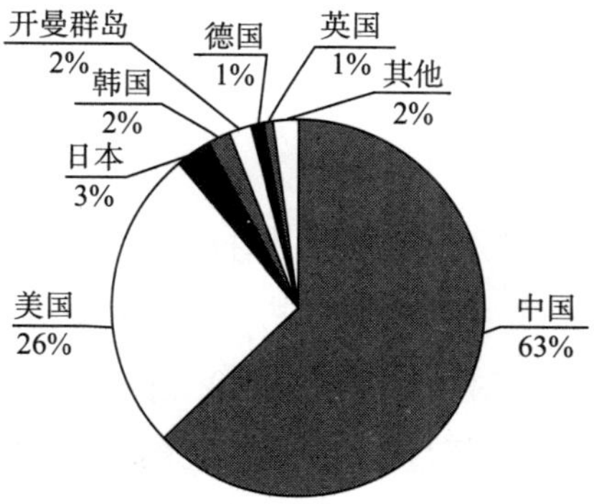

图4－1－3 大数据计算各国家/地区申请人专利申请

如图4－1－4所示，根据申请的公开地域进行分析，可以看出该领域排名前五位的国家/组织为：中国、美国、世界知识产权组织、欧洲专利局和日本。美国2004—2014年的申请量一直全球领先，具有很强的技术积累。而中国专利申请量从2007年开始快速增长，涨幅明显快于其他国家/组织，在2014年数量上超过美国，成为申请量最高的国家。美国从2013年开始申请量反而缓慢下降，到2019年又有一个明显的增长。其他国家/组织，例如世界知识产权组织、欧洲专利局、日本的申请量也都在2019年有一个小的增长，随后又开始下降，主要原因可能是新冠疫情导致的经济形势下滑。从世界知识产权组织（PCT申请量）占比高可以看出，该领域的创新主体非常重视专利申请在全球范围的布局，更加说明大数据技术属于具有较高保护价值的核心技术。

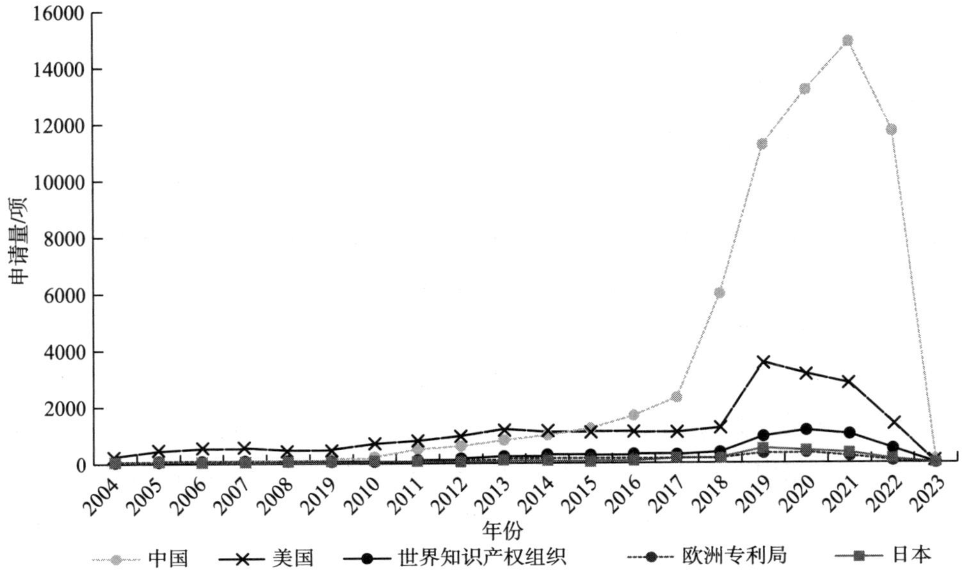

图4-1-4　大数据计算主要公开地域发明专利申请态势

4.1.3.3　主要创新主体

如图4-1-5所示，从全球的创新主体排名（前十位）来看，全球顶尖公司微软公司和IBM分别排名第一位和第二位，而紧跟其后的是中国的腾讯公司、百度公司和阿里巴巴，分列第三位、第四位、第五位。经过十年的积累，腾讯大数据平台的算力资源池目前已有超过20万台的规模，每天实时数据计算量超过30万亿条，腾讯公司已经成为中国实时数据计算量最大的公司。腾讯公司自研的大数据计算产品很多，例如下一代大数据自适应计算平台SuperSQL、腾讯分布式数据仓库（TDW）等。2023年3月16日，百度公司发布新一代大语言模型、生成式人工智能产品文心一言，而文心一言中的关键技术源于百度搜索以及互联网的数据计算技术的积累，而且大模型技术可以看作是对搜索引擎的一种人工智能升级，因此其底层仍然离不开大数据的高性能计算，并会给云计算市场带来颠覆性影响。阿里巴巴作为公有云计算的后起之秀，超过了一些已成立许久的云厂商，拥有世界排名前三位、亚太地区第一位的市场份额。虽然谷歌公司在搜索领域属于技术最为领先的企业，但是在大数据计算方向中，其申请量仅排全球第六位，毕竟与微软公司和IBM相比，该公司还属于较为年轻的公司，而与中国的阿里巴巴相比，其在专利申请方面并不是以量取胜。排在第七位的是中国平安，中国平安的数据具有强关联性，比起普通的海量流量数据，质量更高，分析效果更好，同时还开发出专门的大数据计算平台产品，E-MapReduce，其是构建于平安云之上的大数据处理分析服务，结合开源大数据生态系统，包括Spark、Hive、Storm、Hadoop等，为用户提供任何管理、集群管理、监控与告警等大数据处理分析服务。虽然华为公司以通信技术起家，但是自从进入大数据领域赛道后，迅速成为后起之秀，在2019年第六届中国国际大数据大会上，华为云智能数据湖荣获“2019年度大数据行业最佳服务平台奖”，“存算分离+鲲鹏”大数据云服务荣获“2019年度大数据行业创新产品奖”，一举揽获2019年度大数据领域两项大奖，再一次证明了华为云在大数据领域的不凡实力。排在第九位的是浪潮集团，浪潮集团是较早从事电子信息产业的企业，目前主要业务涉及云计算、大数据、工业互联网、新一代通信及若干应用场景，其以云海Insight产品族为基础，帮助客户轻松构建满足数据采集、存储、处理及应用开发大数据基础支撑平台，支撑海量数据规模，其中的数据计算可以提供可扩展的计算和调度架构。排在第十位的是京东，京东经过十余年的数据中台实践锤炼，形成一整套一站式大数据解决方案，涵盖数据接入、存储、处理、分析、可视化、机器学习等产品和服务。

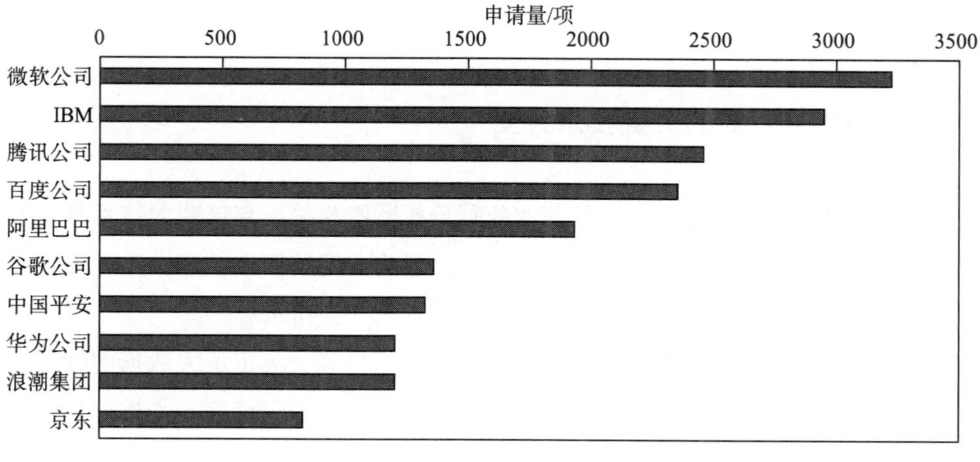

图4-1-5 大数据计算全球主要创新主体

如图4-1-6所示，全球申请量最高的前九位发明人中，包括了雪花公司（Snowflake Inc.）的Benoit Dageville和Thierry Cruanes，分别列第一位、第三位，Benoit Dageville和Thierry Cruanes是雪花公司的创始人，创立雪花公司之前，Benoit Dageville 和 Thierry Cruanes 在甲骨文做了十多年数据工程师，2012 年他们创立了雪花公司。杭州安恒信息技术股份有限公司的范渊列第二位，排名前三位发明人的申请量都超过了 100 项。福建天泉教育科技有限公司的刘德建列第五位，阿里巴巴的李飞飞列第六位，其后为北京锐安科技有限公司的万月亮，微软公司的 Istvan Cseri 排在第八位，第九位为 IBM 的李硕（Shuo Li）。从发明人申请数量上也可以看出，其所在的公司在大数据计算方面的创新实力。

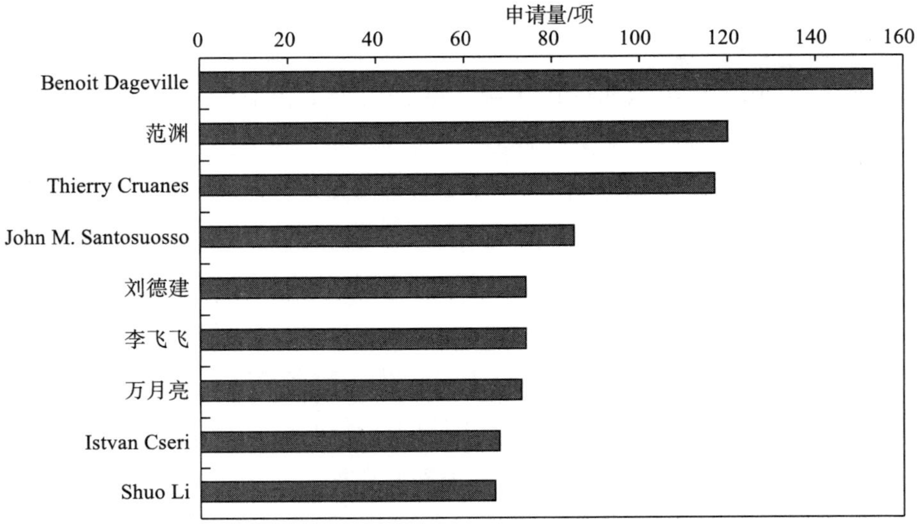

图 4-1-6　大数据计算全球主要发明人

4.1.4　大数据计算的关键技术分支

大数据计算技术与大数据存储与大数据分析紧密相关，与这两大技术都有所交互。从大数据计算最核心的技术看，其包括最为关键的四个技术分支，即计算模型、查询引擎、任务调度和资源调度，如图 4-1-7 所示。

计算模型在大数据计算的技术分支中处于核心位置，决定了大数据的计算方式，例如，是离线计算还是实时计算，是内存计算还是硬盘计算，是批处理还是流式计算，是结构化数据的计算还是非结构化数据的计算。之所以有这么多类型的计算模型，也是大数据本身的数据特性导致的，计算对象数量大、类型多样、来源多样，计算需求也就多样。在对专利数据进行分析时主要关注专利是否涉及计算模型本身的改进，以及基于数据特点和计算任务要求对选择合适的计算模型并进行相应的微调等。

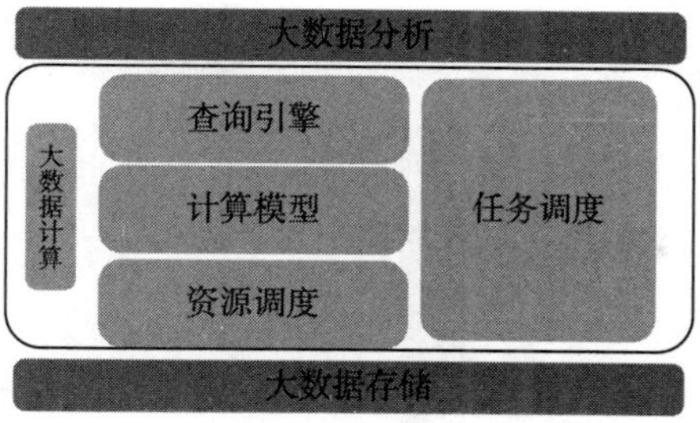

图4-1-7 大数据计算的关键技术分支

查询引擎，用于实现对大数据底层数据发起的基础查询，其既为用户提供查询接口，又需要结合计算模型和数据存储逻辑完成指定要求的查询任务。在对专利数据进行分析时主要关注专利申请的解决方案是否涉及对底层数据库、数据仓库等的查询操作（包括解析查询任务、优化查询任务、执行查询任务等），以及在查询过程中与数据存储、计算模式之间互相适应或改进的内容。

任务调度也是大数据计算中非常关键的技术，因为任务调度的效率决定了最终计算任务完成质量和效率，尤其是完成质量。任务调度与查询、计算和资源密不可分，基于大数据查询类型不同、计算任务不同、任务依赖关系复杂、资源需求动态变化等独有的特点，在对专利数据进行分析时主要关注专利申请的解决方案如何解决上述问题，实现高效率任务调度的方案。

资源调度虽然不是计算本身必须考虑的，但是由于大数据计算的体量非常大，因此资源成本与计算效率的平衡是需要重点考虑的因素。在对专利数据进行分析时主要关注专利申请的解决方案是否涉及如何支持动态加载配置、如何实现负载均衡、如何支持资源抢占、是否可以批量调度、如何最大限度扩大请求资源力度、队列间资源分配方式、队列内部资源分配方式等。

这四个技术分支的数量分布如图4-1-8所示，查询引擎的申请量最多，因为提高查询性能是大数据计算中最为关键的诉求，而且不同应用场景下，对查询引擎的要求也不同，改进方向也涉及多个方面，同时查询引擎创新的门槛低，不管是大数据平台提供商，或是计算工具使用者，还是大数据使用的用户都可以基于自身需求进行改进。而计算模型和任务调度以及资源调度均涉及大数据底层的架构，与其他技术密切相关，相对来说申请量不如查询引擎多，但是部分专利存在各个分支交叉的情况，因为有些改进方案需要从计算模型、查询方式等多方面进行配合达到更优效果。每个技术分支具体的申请态势以及创新热点将在后面章节中详细介绍。

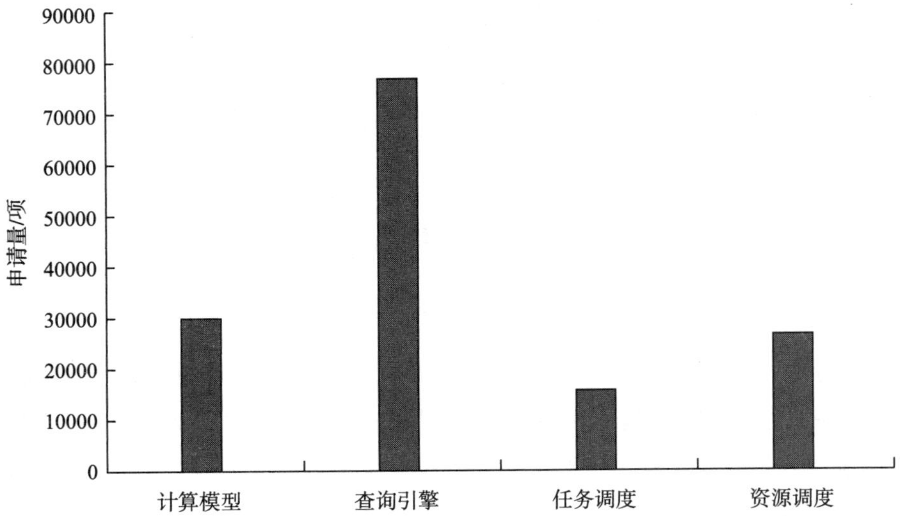

图 4-1-8 大数据计算关键技术分支专利申请量

4.2 大数据计算模型

4.2.1 大数据计算模型的概念

大数据计算模型负责对数据系统中的数据进行计算，在大数据平台中的角色为计算引擎和计算框架，计算引擎为实际处理数据操作的组件，而计算框架为承担类似作用的一系列组件。如 Apache Hadoop 可以看作一种以 MapReduce 作为默认计算引擎的计算框架，另一个框架 Apache Spark 可以纳入 Hadoop 并取代 MapReduce。组件之间的这种互操作性是大数据系统灵活性如此之高的原因之一。[1]

在单一数据库时，数据库不需要特别的计算模型，一般通过查询语句实现数据操作和计算。在大数据存储环境下，数据不再存储在单一存储器中，需要考虑怎样对布局在不同存储设备上的数据进行处理。在大数据平台中就需要一种方便的组件来实现大数据的处理操作，从而使编程人员不用关注于如何实现数据的计算过程，只需给出计算任务和计算对象即可。

---

[1] 归去来?．大数据计算框架及引擎介绍［EB/OL］．(2022-09-15)［2023-05-28］．https://blog.csdn.net/julyclj55555/article/details/126872632.

计算模型的确定意味着其计算模式的确定，为了不同的计算目的和计算对象，目前已产生多种计算模型，例如，批处理计算模型、流式计算模型、图计算模型以及多类融合的计算模型等。

4.2.2 大数据计算模型的发展现状

传统的计算模型是实现在单机上的，随着可计算数据量的指数级增长，仅靠单纯地增加 CPU 和内存已经无法满足计算要求，分布式计算解决了这一难题。大规模并行处理是将任务并行地分散到多个服务器和节点上，在每个节点上计算完成后，将各自部分的结果汇总在一起得到最终的结果。大规模并行计算节点之间不共享存储和计算资源，采用完全对称的并行执行策略，每个节点都参与计算，针对特定的请求，每个节点执行的任务逻辑完全一致。任务按照流水线方式规划执行。正是因为这种特性，大规模并行计算数据存储负载均衡难度大，系统的并发能力取决于集群中硬件配置最差的节点，资源利用率低。

2004 年，谷歌公司提出了 MapReduce 的计算模型，其是批处理计算模型的典型代表，同样适用于大规模集群数据的计算，采用了“分而治之”的理念。MapReduce 将输入数据划分为等长的小数据块或称为“分片”（input slide）。然后为每个分片建立一个 Map 任务，对 Map 的输出进行一定的排序与分割，然后再交给对应的 Reduce。Reduce 操作并行度降低，但它和 Map 操作配合保证了这一计算模型可以适用于许多复杂的、规模庞大的数据处理。

但是 MapReduce 中间结果需要落盘，即存储在硬盘中，由此降低了计算效率，因此基于内存的分布式计算模型被提出。Spark 作为这种计算模型的典型代表，它将中间结果存储到内存或速度更快的缓存，减少落盘次数。Spark 依然是一个批处理系统，与 MapReduce 一样，将任务并行在分布集群的节点中，仍然需要初步排序和分割任务计算结果，这样不利于任务间的流水线作业，随着内存资源紧张，并行效果降低，时延也会增大。总之，无论是 MapReduce，还是 Spark，都更加适用于对计算时效性要求不高的大规模数据集合。

数据的价值随着时间的流逝而降低，所以事件出现后必须尽快地对它们进行处理，最好在数据出现时便立刻对其进行处理，发生一个事件进行一次处理，而不是缓存成一批处理，因此，需要一个低延迟、可扩展、高可靠的处理引擎。一种新的流式计算模型被提出，它将一般应用转化为以流为基本处理对象的流应用的计算模型，其基本思想是把应用组织成流和计算核心两级。对整条流的操作包括流聚合、流分散和流计算，其中流计算是以计算核心的形式体现的。流式计算模型把应用分解为多个对流进行处理的计算核心，这些计算核心通过流链接起来共同完成整个应用的复杂功能。流式计算模型通过流聚合操作将应用中需要被处理的数据组织成流，流进入计算核心，流中的元素在计算核心内部被处理后形成新的输出流。

由于大数据计算中很多数据之间都有相关关系，例如社交网络的数据、电力网络的数据等，而通过图的数据结构可以很好地表达这些数据以及数据之间的关系，因此网络中逐渐存储了大量的图数据，虽然 MapReduce 能够处理非常大规模的数据，但是仍然不能解决大规模图数据的计算。在这种状况下，图计算模型诞生了。2010 年，谷歌公司发表了一篇关于大规模图处理的论文，将这种图计算模型系统称为 Pregel。Pregel 是一个可扩展、具有容错能力并且提供了可以灵活表示各种图算法的分布式系统。[1] 传统的图算法常常表现出比较差的内存访问局部性，针对单个顶点的处理工作过少，以及计算过程中伴随着的并行度的改变等问题。分布式的介入更是加剧了本地性的问题，并且增加了在计算过程中机器发生故障的概率。Pregel 正是要解决以上问题。Pregel 的计算模型包含图的输入，当图的初始化完成后，则是一系列由同步点划分的超级步，直至算法停止以及输出。[2]

以上介绍的各类计算模型可以从不同维度进行划分，例如：内存计算和磁盘计算、实时计算和延时结算、图计算和其他类型的数据计算。在大数据系统中，往往不仅仅采用其中一种计算模型，而是根据计算的需要选择多种模型相配合。

4.2.3 大数据计算模型的专利状况

大数据计算模型在 IPC 分类体系中没有明确的分类号，因此结合计算模型相关的关键词和知名开源工具或产品在大数据计算相关的专利范围内检索（检索截止日期为 2023 年 4 月 30 日），共得到 30755 项专利申请。

---

[1] 一天天就知道睡觉. Pregel – 大规模图数据处理系统［EB/OL］.（2018 – 11 – 29）［2023 – 05 – 28］. https://www.jianshu.com/p/00e07c2884bb.

[2] 围城.［SIGMOD 10］Pregel 基于 BSP 的大规模图处理系统 学习总结［EB/OL］.（2018 – 06 – 12）［2023 – 05 – 28］. https://zhuanlan.zhihu.com/p/37995713.

4.2.3.1　专利申请态势

由图 4－2－1 可以看出，大数据计算模型技术与大数据计算整体申请趋势基本一致，从 2005 年开始增长明显，然后一直到 2008 年，申请量变化不大。而从 2009 年开始再次增长，MapReduce 计算模型也正是在 2006 年前后被编程实现，并诞生了 Hadoop，2008 年雅虎开始使用 Hadoop，因此在 2009 年有了第二次增长。这次增长不仅因为大数据计算模型的应用，更由于移动互联网的发展，使数据指数增长，数据驱动带来的收益被越来越多的企业发现，数据分析场景也不断丰富，需求也在不断变化，从而促进了计算模型一次又一次的更新迭代，例如从批处理计算到实时计算。而在 2016 年人工智能技术成为关注焦点后，数据分析的价值再次被放大，进一步促进了计算模型的迭代创新。从 2018 年开始计算模型申请量直线增长，并一直持续到 2021 年。

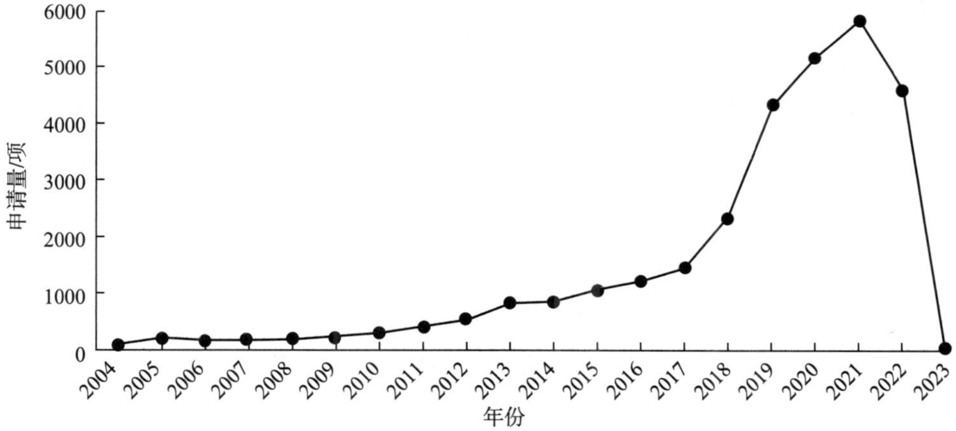

图 4－2－1　大数据计算模型全球专利申请趋势

图 4－2－2 为大数据计算模型的中国发明专利申请趋势，通过对比可以看出，中国的专利申请在 2008 年之前积累有限，但是在 2010 年与全球同步开始增长，第一阶段，即 2010—2017 年的增长趋势与全球趋势基本一致，然而第二阶段，即 2018—2021 年的增长速度是高于全球的，这说明从 2018 年开始，中国已经成为计算模型领域的热点创新国家。这种超越主要得益于中国移动互联网市场的繁荣发展，激发了许多大数据计算的场景，例如手机游戏领域、互联网媒体及广告领域、电子商务领域。

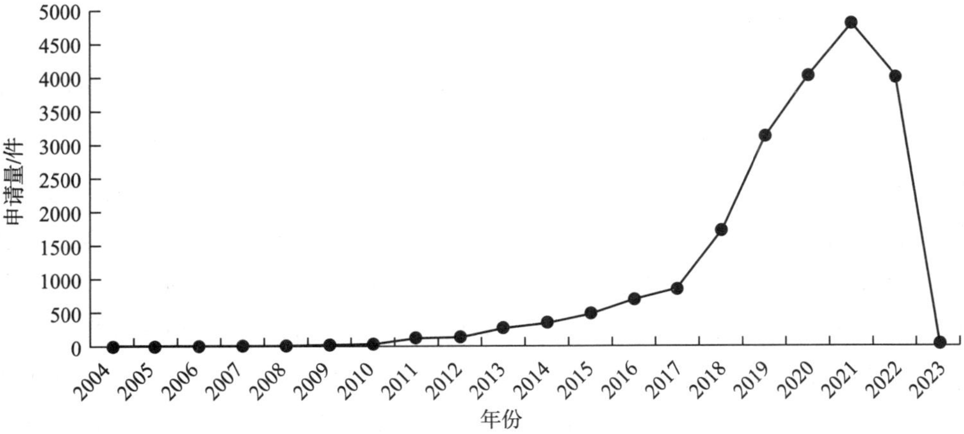

图 4-2-2　大数据计算模型中国专利申请趋势

4.2.3.2　各国家/地区申请情况

如图 4-2-3 所示，从申请人的国别/地区进行分析发现，来自中国的申请人的申请量占比高达 70%，美国虽然排名第二位，但是也不足中国的 1/3，开曼群岛主要涉及阿里巴巴的申请，且高于德国和日本的申请数量。由此可见，在计算模型方面，来自中国的创新主体热情较高。

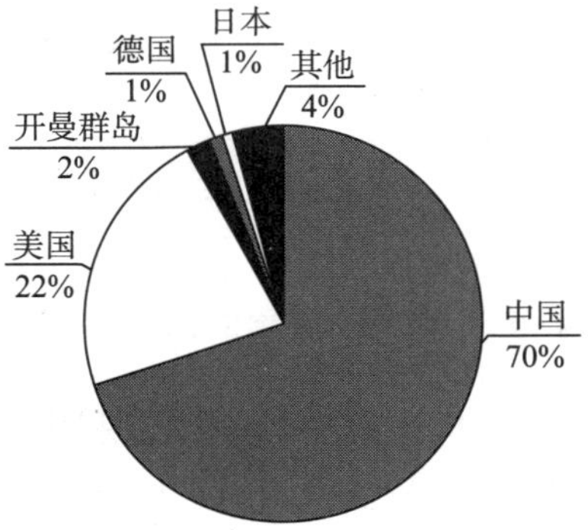

图 4-2-3　大数据计算模型各国家/地区申请人专利申请量占比

如图 4-2-4 所示，该领域排名前五位的目标地是中国、美国、世界知识产权组织、欧洲专利局、日本。就逐年的申请量而言，只有中国一直处于增长的趋势，而且在 2014 年数量超过美国，而美国在 2013 年之前有了一定技术积累，但是从 2014 年开始缓慢下降，在 2019 年又一次出现明显增长，但是没有继续保持该增长势头。

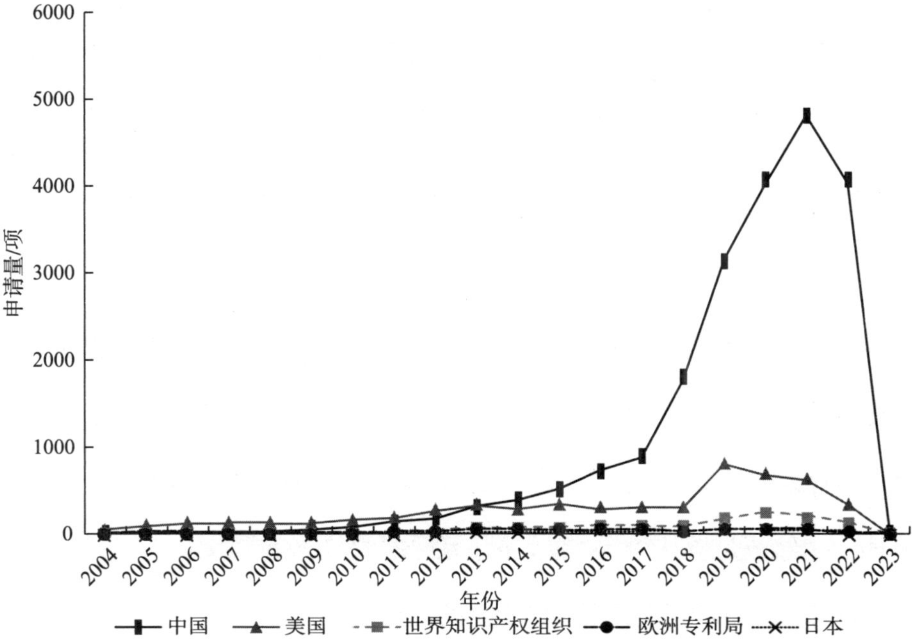

图4－2－4　大数据计算模型主要目标地申请量趋势

4.2.3.3　主要创新主体

如图4－2－5所示，排名前十位的企业与大数据计算领域的基本相似，差异在于甲骨文进入了前十位，而京东未进入前十位。但是数量差异并不特别明显，而排序也存在不同，例如谷歌公司排名上升到第二位，而华为公司降到第九位，中国平安升到第六位。

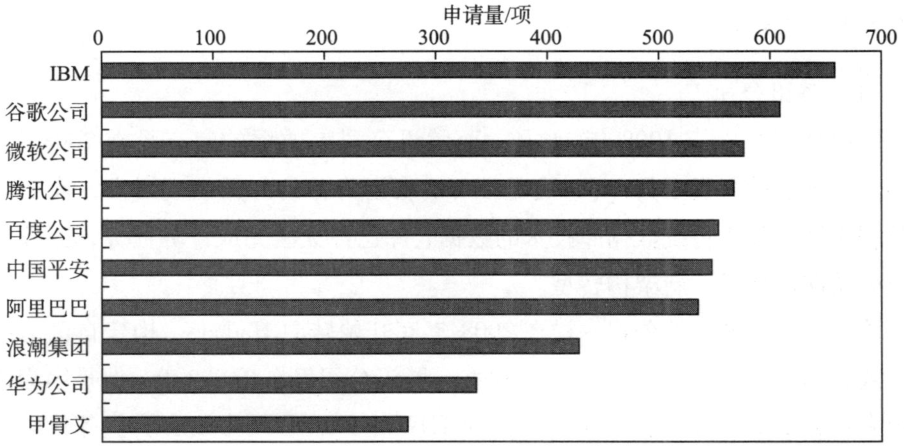

图4－2－5　大数据计算模型主要创新主体

如图4-2-6所示，在中国的申请人排名中，中国平安上升为第一位，主要原因是其在中国布局的比例高。而京东、中国建设银行、国家电网、中国移动进入前十位，京东具有自身的电子商务应用场景，因此对于数据计算的需求不言而喻。而由于国家安全和企业安全的需要，同样对数据分析和处理有巨大需求的银行和通信、电网等国有企业，也存在自主研发自己的大数据平台的客观需要。

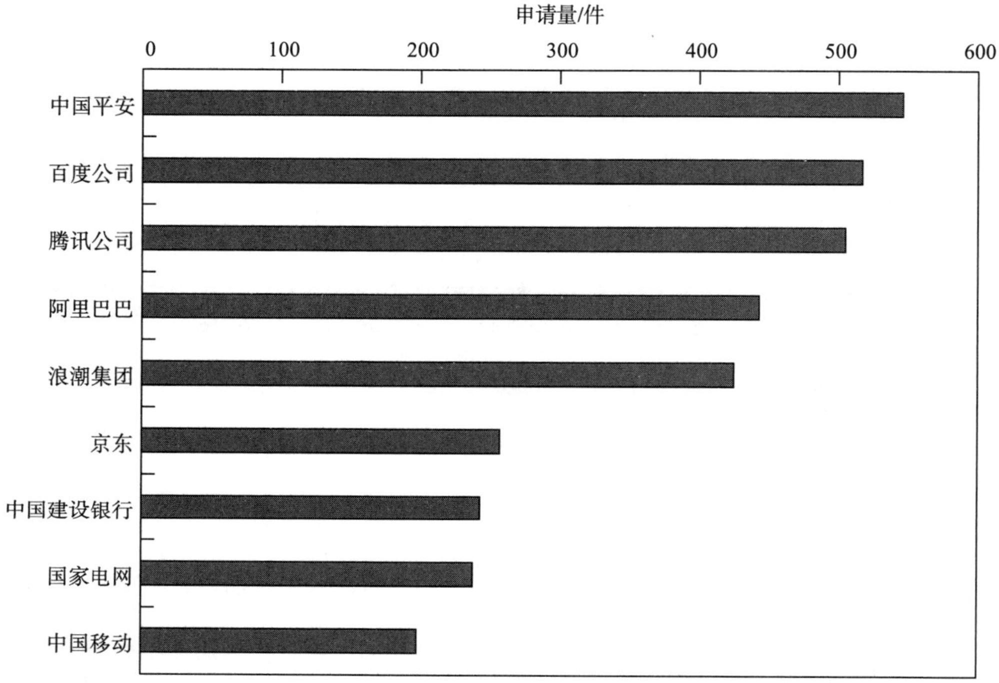

图4-2-6 大数据计算模型中国主要创新主体

4.2.3.4 典型企业及典型专利

（1）腾讯公司

腾讯公司成立于1998年11月，而腾讯公司大数据的起点是在2008年底，动因不是火爆的聊天工具QQ，而是以QQ农场为首的产品出现爆发，需要分析的数据激增，基于传统数据库技术的数据仓库已经无法完成计算任务，因此促使腾讯公司向新技术、新架构转型。

腾讯公司也像其他公司一样在2008年底开始转向Hadoop，构建自己的腾讯分布式数据仓库TDW，经过一年的研发，腾讯公司发布TDW1.0，但是因为语法与现有业务不能兼容，业务要想迁移到TDW上，就必须修改底层业务代码。于是腾讯公司根据自己业务的组织架构和权限管理对Hive进行了改进，重点是要实现语法兼容，终于在2010年完成第一个业务“QQ优秀 - 蓝钻”的迁移，直到2013年完成了对所有业务的TDW迁移，至此腾讯公司原来的数据仓库下线，历时整整3年。TDW1.0主要基于Hadoop和Hive，技术上主要满足离线计算需求，且对核心模块进行了定制化的优化；然而TDW1.0面临新的技术挑战，集群规模越来越大，实时计算需求无法满足等。因此，2012—2014年腾讯公司逐渐完成TDW2.0的研发，与第一阶段的“拿来主义”不同的是，这一阶段属于有限自主研发，TDW2.0在承载离线计算的基础上，扩展了平台能力，支持实时计算的需求，具体为融合了Storm和Spark，引入了实时采集系统，并且在支持资源和任务调度方面，支持离线与在线混合部署、任务容器化，在资源管理的维度支持CPU、内存以及网络与I/O。虽然2016年AlphaGO战胜人类棋手才使人工智能火爆出圈，但是，百度公司在2015年已经拥有了硅谷人工智能实验室（SVAIL），也就是说中国人工智能前沿企业，早在2015年已经开始考虑让大数据计算支持机器学习、深度学习等人工智能场景，即大数据与人工智能的深度融合，腾讯公司也不例外。与TDW1.0和TDW2.0不同的是，TDW3.0没有现成的作业可以抄了，因此，腾讯公司开始完全自主研发，TDW3.0的核心平台是高性能分布机器学习平台Angel，由腾讯人工智能和北京大学等高校联合研发，具有完全知识产权。该平台支持十亿至百亿维度模型，还扩展支持深度学习、图计算等功能，具有全栈的人工智能能力，在资源管理层面，除了CPU，还支持图形处理单元（GPU）、现场可编辑门阵列（FPGA）等异构设备，根据该技术腾讯公司在IEEE ISPA2018会议上发布了论文“GaiaGPU：Sharing GPUs in Contain or Clouds”。

在计算模型上，腾讯公司早期也是将MapReduce作为默认的计算引擎，在TDW2.0中，腾讯公司基于Apache Storm构建了早期的实时计算平台，随后使用Apache Flink取代了Storm，因为Flink在计算接口、计算性能和可靠性方面表现优异。实时流处理技术在腾讯公司内部被广泛应用于微信、QQ、微信支付、腾讯游戏、QQ音乐等产品或业务，腾讯公司每天需要处理的数据量超过30万亿条，处理峰值达到了每秒3亿条。此外，SuperSQL是腾讯公司自研的下一代大数据自适应计算平台，整个架构可以分为四层：核心引擎层、计算层、资源层、数据编排层，其中计算引擎包括Spark、Hive、Flink、Presto等。

下面简要介绍2件腾讯公司有关大数据计算模型的典型专利。

专利1——CN108519914B，发明名称为“大数据计算方法、系统和计算机设备”。现有的Lambda架构大数据计算方案，运行多种计算框架上，是整合实时和离线计算的一种方式，但是这种计算方案没有大数据统一计算模型，同一个处理逻辑用户需要对实时计算和离线计算分别编写和维护两套不同的代码，实现较复杂。该专利提了一种大数据计算方法，包括获取源数据节点；获取根据源数据的数据格式和数据内容选择的实时计算节点和离线计算节点；加载实时计算逻辑和离线计算逻辑；生成实时计算任务，根据实时计算任务中的源数据进行计算，获得实时计算结果；以及生成离线计算任务，在到达调度时间之后，根据离线计算任务中的源数据和离线存储中的实时计算结果进行计算，获得离线计算结果。该专利可以屏蔽底层不同计算模式（实时和离线）的差异，简化大数据分布式计算框架原有的复杂编程模型，使得用户可以依据实时和离线计算统一的SQL编程模型，自助化配置多级计算逻辑，大大降低了用户对大数据计算技术应用上的门槛。

专利2——CN111414381B，发明名称为“数据处理方法、装置、电子设备及存储介质”。现有技术，仅支持将Hive on Spark框架运行在开源的资源调度平台上，并没有通用地将Hive on Spark框架运行在自研资源调度平台上的方案，限制了Hive on Spark框架适配不同的使用环境，导致自研的资源调度系统的数据处理效率较差，影响了用户的使用体验。该专利提供了一种数据处理方法，包括：将待处理作业数据提交至集群资源管理器；根据待处理作业数据触发相应的组件，将待处理作业数据中的面向对象的查询语言指令转换为与相应的计算引擎相匹配的任务，并启动计算引擎的作业管理器；将待处理作业数据对应的资源申请请求向自研资源调度系统的作业管理器发送，对所接收的资源申请请求进行转换，基于经过转换的资源申请请求，触发相应的任务执行组件，并通过任务执行组件对待处理作业数据进行处理。该专利实现了不同框架结构的计算引擎匹配相应的自研资源调度系统，提升了自研的资源系统的数据处理效率，提升了用户的使用体验。

以上专利分别是腾讯公司对于实时计算框架和计算引擎自动适配的改进方案，虽然具体的计算引擎原型技术是开源的，但是腾讯公司在基础框架的基础上进行了改进，从而发挥这些计算引擎的最大作用，便于用户对不同计算任务的使用。而腾讯公司自研的计算框架SuperSQL在计算模型部分的核心正是计算下推，即对接受的查询任务进行计算框架的适配，由合适的计算框架来实现，而无须用户进行手动或是提前设置。此外，腾讯公司还有相关的其他专利申请正处于审查阶段，例如CN116048817A等。

（2）阿里巴巴

阿里巴巴成立于 1999 年。最早的阿里巴巴是一个 B2B 的企业。2003 年，淘宝的创立实现了阿里巴巴真正的崛起。2004 年，阿里巴巴开始孵化支付平台，就是我们现在使用的支付宝。2005 年，雅虎把中国的全部资产卖给了阿里巴巴。张勇于 2007 年 8 月加入阿里巴巴，担任淘宝网首席财务官，他是“双十一”购物狂欢节的创立者。B2C 业务淘宝商城高速发展，成为阿里巴巴最重要的业务之一，获得消费者和全球品牌商的高度认可。2011 年，天猫成为独立业务后，张勇出任总裁，并将“双十一”打造成全球最大的网购狂欢节。每年淘宝都要应对“双十一”、新春红包等活动的极高交易量，要处理千亿级的交易额，堪称当今世界 IT 系统独一无二的挑战，而其幕后英雄就包括阿里巴巴自主研发的大数据技术。阿里巴巴从 2009 年开始自主研发的大数据平台 ODPS（OpenData Platform and Service），提供规模化批量计算、实时交互式计算、流式计算等可扩展的智能计算引擎，能同时支持超过 10 万台服务器并行计算的大数据智能计算平台，应用范围大。2010 年阿里巴巴发展出互联网海量交易支付的架构与技术。从 2012 年开始，天猫“双十一”购物狂欢节开始使用实时大屏，显示当前的成交金额以及其他数据信息。2014 年，马云提出：“人类正从 IT 时代走向 DT 时代”。2015 年，阿里巴巴提出“数据中台”战略，迈上移动化、数据化新征程。2017 年，达摩院成立，开启了阿里巴巴“双十一”智能时代。同年，阿里巴巴将 ODPS 的大规模批量计算引擎 MaxCompute 以独立产品形式对外提供服务。2019 年，阿里巴巴核心系统 100% 上云，2019 年，天猫“双十一”交易峰值创下新纪录，达到每秒 54.4 万笔，是 2009 年第一次“双十一”的 1360 倍，让积累多年的“双十一”，通过阿里云实现技术红利大迸发。同年，交互式计算引擎 Hologres 正式上线，以应对数据实时交互分析的需求。2023 年 4 月，阿里巴巴董事会主席兼首席执行官（CEO）、阿里云智能集团 CEO 张勇在云峰会上表示，阿里巴巴所有产品未来将接入“通义千问”大模型，进行全面改造。他认为，面向人工智能时代，所有产品都值得用大模型重新升级。

在分析阿里巴巴的专利申请时发现，由于其公司内部结构的调整，部分专利转让给了蚂蚁公司下属的子公司。下面介绍 2 件阿里巴巴对计算模型进行改进的典型专利。

专利 1——CN107092522B，发明名称为“实时数据的计算方法及装置”。虽然现有的实时数据处理平台，也能通过做相关的算法开发对算法平台中的算法库进行扩展，但由于平台现有的算法库所支持的算法种类有限，因此仅适合面向一些稳定型的业务做算法支持，对于那些快速变化的业务场景（比如短时间内的大型促销业务）来说，难以很好地支持。另外，在现有的实时数据处理平台中，原始的业务数据从采集到回传到实时数据处理平台，需要较长的延迟；而且，原始的业务数据经过算法的计算处理后，再将计算结果回写到实时数据处理平台，由对接的下游业务系统调用，也会导致处理延时急剧增加，因此平台整体的业务稳定性以及时效性难以保障，仅能适应一些离线的计算任务。该专利提供了一种实时数据的计算方法，应用于在线业务系统；其中，所述在线业务系统搭载了基于python语言的算法运行环境以及算法库，包括：在线业务系统从对接的实时数据处理平台中获取实时业务数据；基于所述算法库中的目标算法为所述实时业务数据生成python计算任务；基于预设的调度策略为所述python计算任务分配计算节点设备，并将所述python计算任务下发至所述计算节点设备进行执行；通过可视化界面输出所述计算节点设备返回的所述python计算任务的计算结果；从而提升实时计算的时效性和系统的稳定性，降低计算延时，还可以灵活地支持快速变化的业务场景。因此该专利可以有效降低将原始的业务数据回传至实时数据处理平台进行计算而造成的系统延时；在线业务系统可以从对接的实时数据处理平台中获取实时业务数据，从而可以提升实时计算的时效性。

专利2——CN106991070B，发明名称为“实时计算方法及装置”。传统的基于Jstorm的实时计算系统，在整体链路上通常为单点模型，一旦计算系统所在的计算节点出现故障，就会导致数据计算中断，造成业务上的整体不可用。该专利提供一种新的基于Jstorm的实时计算系统的架构，包括仲裁子系统，以及基于Jstorm架构的若干计算子系统；所述若干计算子系统采用分布式部署；仲裁子系统可以基于各计算子系统定时发送的心跳消息探测所述若干计算子系统中状态正常的计算子系统，并针对探测到的状态正常的计算子系统动态地分配计算任务，各状态正常的计算子系统可以基于仲裁子系统分配的计算任务，从待计算数据集合中提取对应于该计算任务的数据子集进行数据计算，从而提升实时计算系统的稳定性。

因为阿里巴巴处理实时数据的需求大，因此其基于特定应用场景围绕实时计算模型的改进的申请较多，从专利申请的内容看，其改进点是多方面的，既包括模型内在架构的创新，也包括计算平台应用性能的改进。

（3）谷歌公司

谷歌公司在搜索引擎上所获得的巨大成功，很大程度上是由于其采用了先进的大数据管理和处理技术。2004年，谷歌公司提出了一整套基于分布式并行集群方式的基础架构技术，即GFS、针对谷歌公司应用程序的特点提出的MapReduce 编程模式，以及大规模分布式数据库 Bigtable。2006 年，谷歌公司的云计算平台基本完成，所有的业务，尤其是由用户产生数据的业务，比如邮件、博客、Orkut 等都搬到了云计算平台上。2008 年，谷歌公司正式推出谷歌云（Google Cloud Platform，GCP）。谷歌云采取的数据库为 Google Cloud SQL 和 Google Cloud Spanner。谷歌公司的 Google Cloud SQL 是一项基于 MySQL 数据库的服务，应用引擎用户可以将其数据库迁移到云中，或者使用其现有的需要在应用引擎中进行数据库访问的应用程序。而 Google Cloud Spanner，原是谷歌公司内部使用的一个数据服务，后来又成了谷歌云平台上搭建的数据库服务。谷歌公司大数据服务包括用于数据处理和分析的服务，例如 Google BigQuery，支持针对多 TB 数据集的类 SQL 查询。Google Cloud Dataflow 是谷歌公司 2014 年发布的一种用于分析的数据处理服务，用于构建、管理和优化复杂数据处理流水线，其从 Flume 和 MillWheel 进化而来，针对批量数据和流数据提供了统一的 API，不须手工配置和管理 MapReduce 集群，支持从批处理到流式处理模式的无缝切换。该平台还包括 Google Cloud Dataproc，它是一项具有高度可伸缩性的全代管式服务，用于运行 Apache Spark、Apache Flink、Presto 和 30 多个开源工具和框架，可以大规模实现数据湖现代化改造、ETL 和安全数据科学。

下面简要介绍谷歌公司有关计算模型的 2 件典型专利。

专利 1——US8959499B2，发明名称为“数据并行处理”。该专利用于改进目前 MapReduce 的并行效率。具体为：在第一安全处理环境中执行非置信应用，执行应用生成与数据并行流水线对应的延缓的并行数据对象和延缓的并行操作的数据流图形。在第一安全处理环境以外传达代表数据流图形的信息。在第一安全处理环境以外并且在本机处理环境中，将一个或者多个图形变换应用于代表数据流图形的信息以生成修正的数据流图形，修正的数据流图形包括与非置信函数中的一个或者多个非置信函数相关联的、延缓的并行数据对象和延缓的组合并行数据操作中的一个或者多个延缓的并行数据对象和延缓的组合并行数据操作。执行延缓的组合并行操作以产生与延缓的并行数据对象对应的具体化的并行数据对象。执行延缓的组合并行操作包括：在本机处理环境中并且在处理模块中的一个或者多个处理模块上实例化一个或者多个第二安全处理环境；并且在一个或者多个第二安全处理环境中执行与延缓的组合并行操作相关联的非置信函数。

该专利同族申请高达 42 件，涉及的国家/地区有美国、中国、欧洲、韩国、加拿大等，大部分都已被授权，而相关的美国系列申请有 12 件，也都被授权。该专利申请同族主要涉及的是在 MapReduce 编程下如何实现安全的并行计算。

专利 2——US10037187B2，发明名称为“数据流窗口和触发”。与大多数批处理系统中的、准确反映事件所发生的时间的基于事件时间的窗口不同，流处理第一个缺点是挂钟时间窗口只反映数据到达系统的时间。因此，编程器的流系统必须通过批处理系统进行备份以提供精确结果的低延时近似值。第二个缺点是被应用于数据的加窗函数对于所有数据相同。因此，编程器没有办法为该数据的子集生成自定义窗口，只支持编程器在批处理时能够使用的用例的子集。该专利提出一种用于数据流加窗和触发的方法，包括：在数据处理硬件处接收与流数据或者批量数据中的一个对应的数据；通过使用所述数据处理硬件来确定所接收到的数据的内容以用于计算；通过使用所述数据处理硬件来确定所述数据的事件时间以用于对所述数据进行切分；通过使用所述数据处理硬件来确定输出所接收到的数据的结果的处理时间；通过使用所述数据处理硬件，将所接收到的数据的第一数据子集分组成第一窗口，所述第一窗口定义所述第一数据子集的第一子事件时间；通过使用所述数据处理硬件来聚合所述第一窗口的所述第一数据子集的第一结果；以及通过所述数据处理硬件来确定第一触发时间以进行以下操作：发射所述第一数据子集的第一聚合结果；在持久状态下将所述第一聚合结果的副本存储在存储器硬件内；以及利用所述第一聚合结果来细化后续子集的下一个聚合结果，所述第一触发时间包括以下至少一个：当水印到达所述第一窗口的末端时；挂钟时间的每个阈值秒数；在接收到终止所述第一窗口的标点记录之后；每个阈值记录数；在任意的用户逻辑决定触发之后；或者在具体触发器的任意组合之后。

可见该专利是解决流处理计算框架出现后的问题的，是谷歌公司 Google Cloud Dataflow 相关的专利申请，该专利被百度公司、IBM 等的申请所引用。

4.3 大数据查询引擎

4.3.1 大数据查询引擎的概念

数据存储在数据库或是其他形式的数据系统中，查询是最常见的一种数据操作，用于数据计算、存储和更新以及其他控制，也是数据分析的基础。大数据查询引擎主要面向数据库管理与查询，其本质上是一个从大数据中提取转换有价值信息和知识的工具，特点是具有横向可扩展性与高容错性。目前常见的数据查询引擎包括基于内存处理的大数据查询引擎、基于磁盘处理的大数据查询引擎、实时查询引擎以及交互式查询引擎等。实际上，查询引擎与计算模型、数据存储模型密切相关，不同类型的存储方式和存储对象会导致采用不同的查询引擎，同时各类计算模型往往需要搭配相适配的查询引擎。

4.3.2　大数据查询引擎的发展现状

SQL，是一种特殊目的编程语言，还是一种数据库查询和程序设计语言，用于存取数据以及查询、更新和管理关系数据库系统。而最为常见的查询引擎为 SQL 查询引擎，它是数据库的重要组成部件，起到承上启下的作用，对上负责接收应用程序发送的 SQL 语句，返回查询结果，对下负责指挥引擎执行查询任务。

在数据体量增长和数据种类丰富的同时，互联网应用对于数据分析实时性的要求也变得越来越高，虽然一般的数据分析已经能够有效满足复杂关系数据分析的需求，然而这种对于实时性、灵活性要求极高的数据分析能力，需要一种更具灵活性和实时性的查询引擎。而即席查询也随之诞生。即席查询是用户根据自己的需求，灵活地选择查询条件，系统根据用户的选择生成相应的统计报表。普通查询应用查询是定制开发的（也可以称为“固化查询”），一旦开发完成就不会再改变，但是即席查询可以由用户自定义查询条件。即席查询与固化查询从 SQL 语句上来说并没有本质的差别。它们之间的差别在于，固化查询在系统实施时通过建立索引、分区等技术来优化这些查询，使这些查询的效率很高。而即席查询是用户在使用时临时生产的，无法人工预先优化这些查询，需要数据库内部实时自动优化，所以即席查询也是评估数据仓库的一个重要指标。在一个数据仓库系统中，即席查询使用得越多，对数据仓库的要求就越高，对数据模型的对称性的要求也越高。[1] Kylin、Druid、Presto、Impala 都为即时查询。

在不同的计算模型和存储模型的基础上，目前出现了多种查询工具，大致可以分为三类，分别为离线查询、实时查询、全文搜索引擎。离线查询引擎代表工具有 Hive、SparkSQL、Presto、Kylin、Impala、HAWQ 等；实时查询引擎代表工具有 Druid、Lucene、ClickHouse 等；全文搜索引擎代表工具有弹性搜索（Elastic Search，ES）、Solr。从查询引擎的性能指标上看，较为关注查询引擎的查询速度、单表和多表查询能力、吞吐量、实时性（低延迟性）、输出传输开销、内存占用比率、落盘频次、各种数据源格式的兼容性、可扩展性。可以说，每类查询

---

[1] 落花流水 i. OLTP，OLAP，即席查询（ad hoc query）区别与联系［EB/OL］.（2021-07-28）［2023-05-28］. https：//blog. csdn. net/weixin_44080445/article/details/119171865.

引擎都有自身的优势，而尽可能地将查询引擎的优势放大并补足短板，同时从效率和成本兼顾的角度选择合适的查询引擎或是改进现有的查询引擎以适应当前应用场景是目前查询引擎创新的方向。

4.3.3 大数据查询引擎的专利状况

通过对全球专利申请库中有关大数据查询引擎的主题进行检索（检索时间截止日期为2023年4月30日），共得到77403项发明专利申请。

4.3.3.1 专利申请态势

从图4－3－1可以看出，大数据查询引擎在2004—2009年申请量保持稳定，从2010年开始第一阶段的增长，究其原因应该是SQL查询语言以及整个查询引擎应对大数据查询需求的技术变革。2009年，NoSQL的概念再次被提出。由于关系型数据库的范式约束、事务特性、磁盘I/O等特点，若服务器使用关系型数据库，当有大量数据产生时，传统的关系型数据库已经无法满足快速查询与插入数据的需求。NoSQL的出现解决了这一危机。它通过降低数据的安全性，减少对事务的支持，减少对复杂查询的支持，获取性能上的提升，因而也为查询引擎技术带来了新的创新动力，2009年，Hive发布，Spark项目启动，2010年，Spark项目开源。2010—2017年，专利申请数量从1100项增长到3487项，翻了2倍多，在此期间出现了许多新的查询工具，例如2013年，Spark增加了Spark streaming应用。而从2018年开始申请量直线增长，2019年，一年时间翻了近1倍，这与整个大数据计算技术的增长一致，这说明在2018—2019年的两年是大数据计算技术以及查询技术的爆发期。2020年，增长幅度有所回落但申请数量仍在增长。

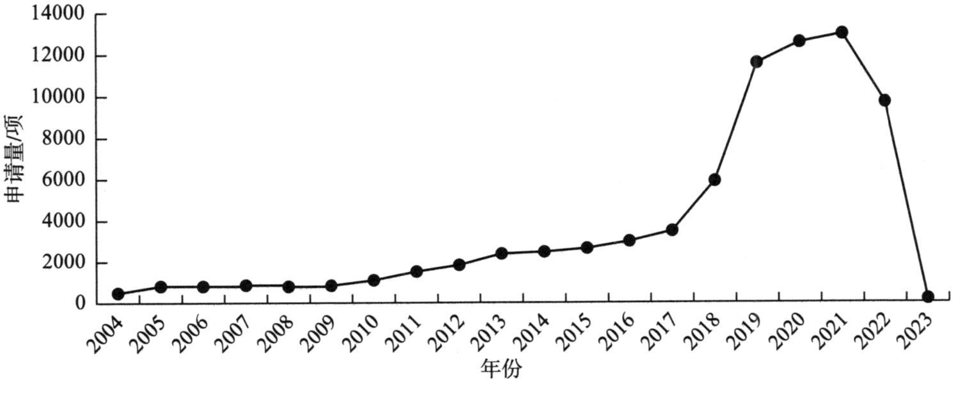

图4－3－1 大数据查询引擎全球专利申请趋势

图4－3－2为大数据查询引擎的中国发明专利申请趋势，通过整体对比可以看出，中国的起步时间较晚，但是增速明显。中国的专利申请量在2004年仅占全球申请量的1/9，也是从2010年开始缓慢增长，早全球1年，即2018年开始直线增长，2019年增长到7300余件，已接近全球申请量的2/3，这说明全球增长的主要贡献来源于中国申请。并且在2019—2021年，中国的增速也高于全球。这说明中国在大数据查询引擎技术发展的过程中已经从追赶者变为领跑者，一方面是因为中国活跃的数字消费市场和互联网经济发展迅速，促进了大数据查询引擎的技术革新，另一方面因为“十四五”时期的重点任务之一就是要坚定不移建设数字中国、加快数字化发展，数字经济产业的地位进一步提升，人工智能、5G通信、云计算、区块链等技术领域将获得充分的政策支持，抢占数字经济新赛道已成为构筑未来发展优势的关键方向。

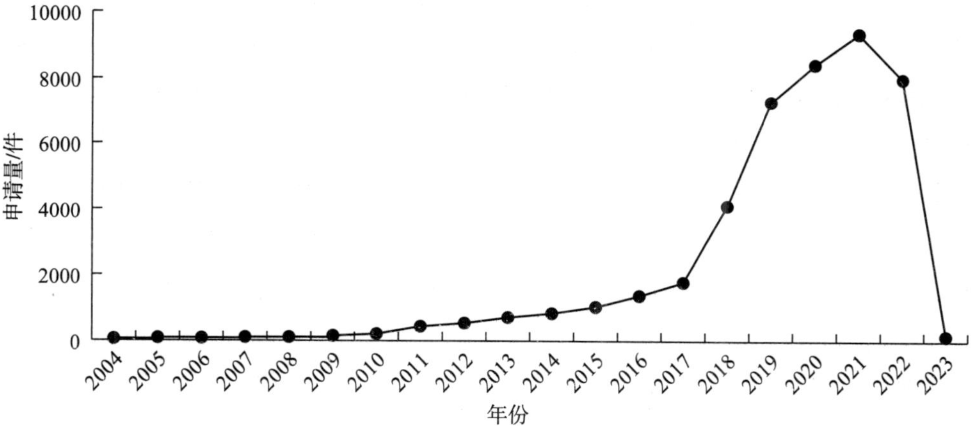

图4－3－2　大数据查询引擎中国专利申请趋势

4.3.3.2　各国家/地区申请情况

图4－3－3展示了申请人所在国家/地区的申请数量占比。在查询引擎领域，中国的申请量最高，占到58%，美国排第二位，占比仅为中国的一半，29%，后面几位数据相差不大，日本排名第三位，韩国和德国分别为第四位和第五位。其中日本主要的申请人是日立公司、富士通和NEC，而德国的主要申请人是知名的德国数据库软件公司SAPSE，韩国的申请人比较分散，申请量最多的为三星公司。

而以申请公开地域统计，数量最多的为：中国、美国、世界知识产权组织、欧洲专利局和日本。图4－3－4展示以上五个国家/组织的申请趋势。美国

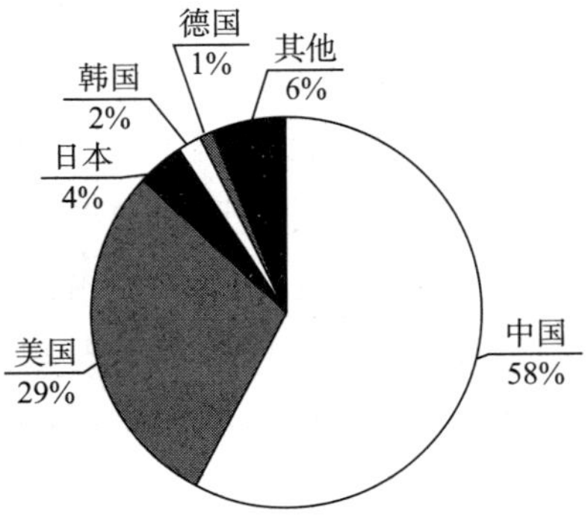

图 4-3-3　大数据查询引擎申请人各国家/地区申请人专利申请量占比

2004—2014 年的申请量一直全球领先，具有很强的技术积累。而中国专利申请量从 2008 年开始快速增长，增幅明显快于其他国家/组织，并在 2014 年数量上超过美国，成为申请量最高的国家。而美国从 2013 年开始申请量未有明显增幅也没有明显降幅，比较平稳，到 2019 年有一个明显的增长。其他国家/组织，例如世界知识产权组织（PCT 申请）、欧洲专利局、日本也都在 2019—2020 年有一个小的增长，随后又开始下降，主要原因可能是新冠疫情导致的经济形势下滑。从世界知识产权组织申请量占比高可以看出，该领域的创新主体非常重视专利申请在全球范围的布局，更加说明大数据技术属于具有较高保护价值的核心技术。

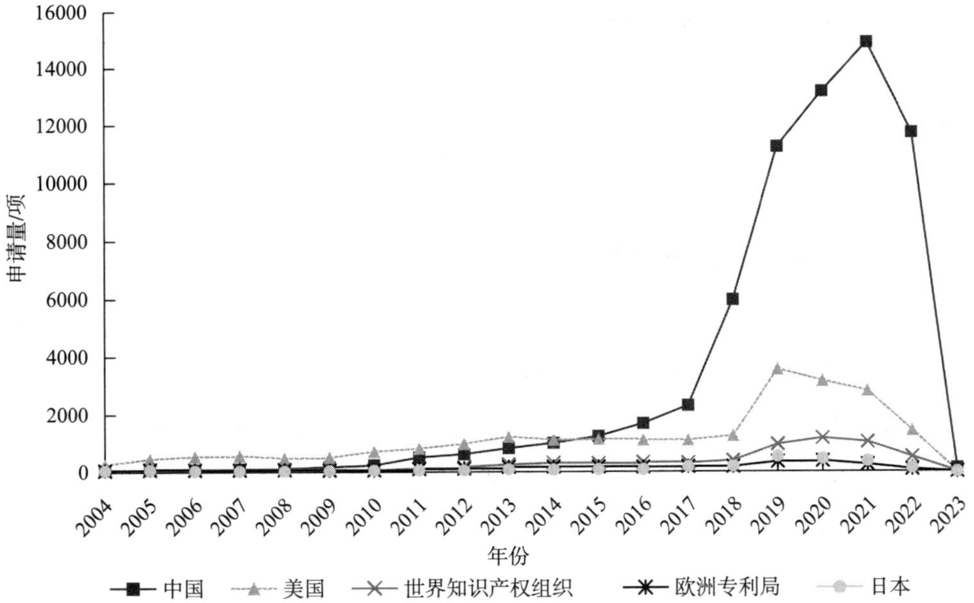

图 4-3-4　大数据查询引擎主要目标地申请量趋势

4.3.3.3　主要创新主体

对大数据查询引擎的专利申请进行标准申请人排名后，前十位的申请人如图 4－3－5 所示，美国的两个知名 IT 企业排名前两位，分别是微软公司和 IBM，这两家企业属于第一梯队，数量均在 2000 项以上。百度公司排在第三位，数量比 IBM 少 600 余项，但是也明显高于第四位的腾讯公司。阿里巴巴、中国平安、谷歌公司分列第五位到第七位，数量也在 1000 项以上。浪潮集团和华为公司分列第八位、第九位。甲骨文为第十位。从排名前十位的申请人不难看出，查询引擎领域被美国和中国占据，虽然美国数量比中国的数量少，但是，微软公司和 IBM 的申请数量明显高于其他公司。而美国其他知名的 IT 企业，例如元平台（Meta Platforms，Inc.）、亚马逊排名均未进入前十位。

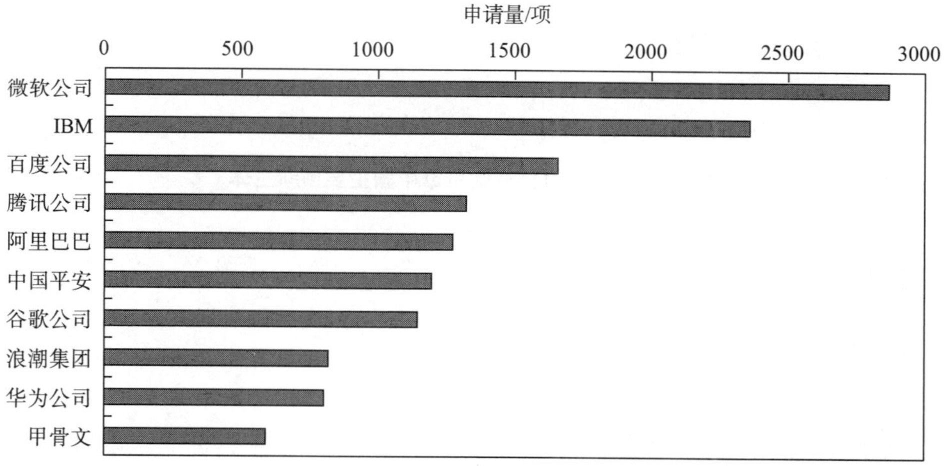

图 4－3－5　大数据查询引擎全球主要创新主体

如图 4－3－6 所示，在中国专利申请人的申请人排名中，除了之前全球排名前十位的六家公司外，还包括京东、中国建设银行、中国移动和国家电网，从排名前十位的中国企业可以看出，在大数据查询引擎领域，既有 IT 实力领先的技术公司，例如华为公司、百度公司和腾讯公司，也有具有数据优势的企业，例如中国平安、京东、中国建设银行、中国移动，以及重视专利布局的国家电网，数据处理需求促进这类企业加大查询引擎领域的专利创新和布局。但是同时出现在中国和全球前十位的中国公司，排名却有所差异，这说明各个公司在全球布局的策略不同，华为公司在全球的布局比率更高，中国平安则主要在中国布局。

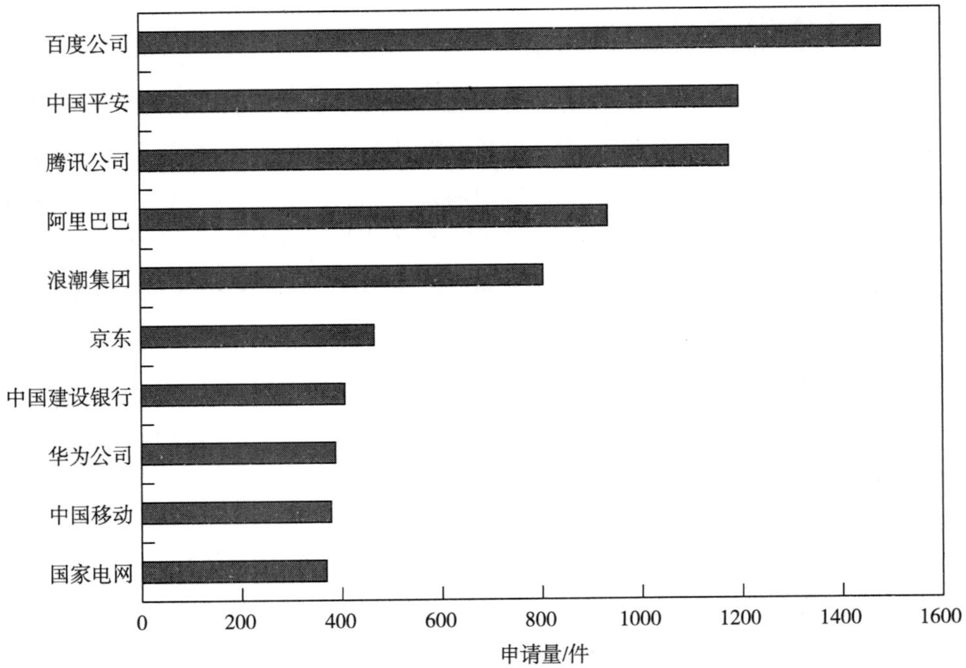

图 4－3－6　大数据查询引擎中国主要创新主体

4.3.3.4　典型企业及典型专利

1）典型企业

（1）微软公司

微软公司是一家美国跨国科技企业，于 1975 年 4 月 4 日创立，以研发、制造、授权和提供广泛的电脑软件服务业务为主。1992 年，该公司买进 Fox 公司，迈进了数据库软件市场。2009 年 7 月 29 日，美国雅虎公司和微软公司宣布，双方已就互联网搜索和网络广告业务方面进行合作达成协议。这项协议为期十年，雅虎网站将使用微软公司新推出的“必应”（Bing）搜索引擎。2008 年，微软公司推出了 Azure，这是微软公司首个公共云平台。自 2014 年微软公司 CEO 纳德拉上任以来，微软公司在从传统 Windows 操作系统软件转向云计算服务，2019 年 7 月 18 日，囊括云计算的业务部门的销售收入历史上第一次超过了 Windows 部门。2022 年 3 月微软宣布，计划在 2022 年上半年，面向中国市场推出 Azure Arc 混合云与多云管理解决方案，结合此前已经发布的 Azure Stack 系列混合云解决方案，可为中国企业构建无处不在的云，辅助企业数字化转型。微软公司拥有一整套软件和工具来完成大数据处理，包括 SQL Server、Microsoft Azure 等。

如图4-3-7所示，在大数据查询引擎领域，微软公司申请共计2871项，申请数量波动明显，在2005年升到176项后，开始一路走低到2010年的12项，到2011年突然明显反弹回174项申请，可能与搜索引擎Bing的开发以及云计算平台Azure的发布有关，这也是因为对大数据的处理、分析需求越来越大，查询作为大数据处理技术中的重点技术，成为微软公司的研究重点。自2011年申请量一直保持在100项以上，在2013年达到241项。虽然2018年有个短暂的回落，2019年又恢复到原来的高位申请量，说明该领域仍然是微软公司研发的重点方向。

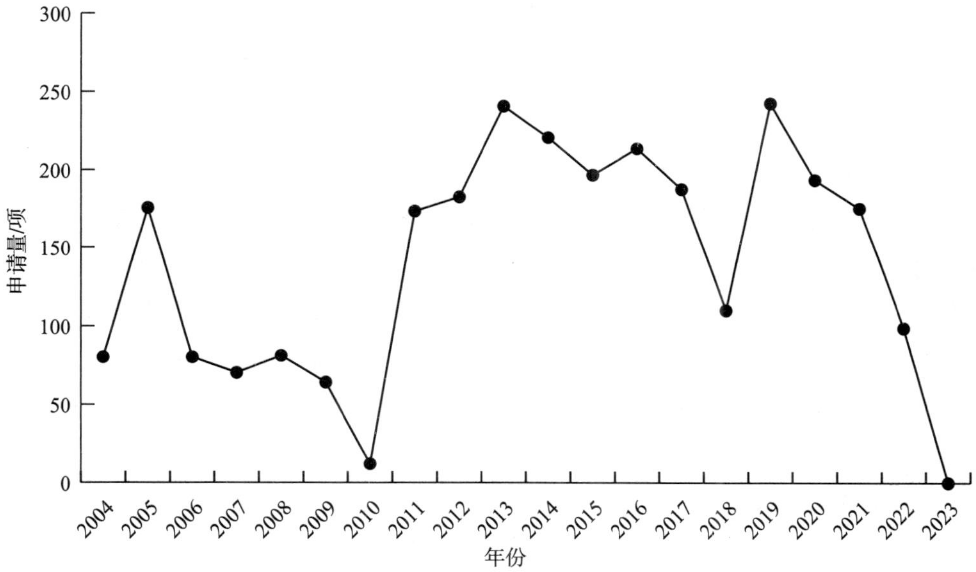

图4-3-7 微软公司大数据查询引擎专利申请趋势

如图4-3-8所示，微软公司在大数据查询引擎方面布局的申请量最高的国家/组织是美国，占比36%，其次是世界知识产权组织（PCT申请），占24%，然后是欧洲专利局占15%，中国排在第四位，占比为11%。从以上占比分布可以看出，各国家/组织分布悬差不大，尤其是PCT申请占比较高，进一步说明该技术在微软公司研究的核心地位。

下面从被引证次数和微软公司的图形查询关键技术的角度挑选1件典型专利进行介绍。

US9053210B2，发明名称为“图形查询处理使用多个引擎”。关系数据库引擎通常以SQL服务器的形式实现。关系数据库引擎包括传统的SPARQL引擎，微软SQL Server、IBM的DB2，以及Oracle数据库系统等。还存在各种图形引擎，

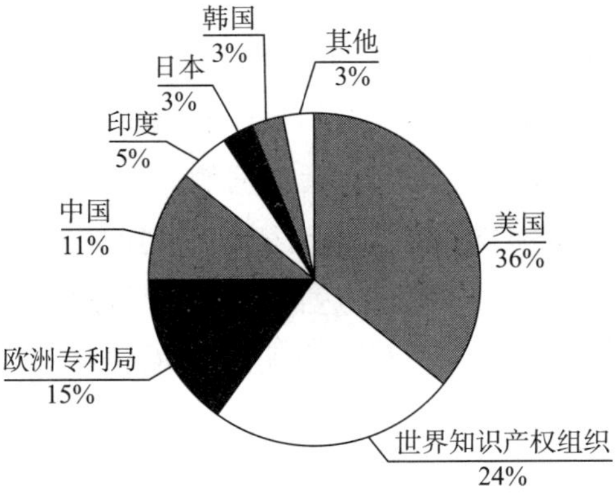

图4-3-8 微软公司大数据查询引擎专利申请目标地分布

它们可用于执行可达性和最短路径图形查询。图形引擎包括传统的 Neo4j 图形数据库、HyperGraphDB、Virtuoso、Dex 和 Allegraph 等。该专利提出图形处理查询使用多个独立查询执行引擎。图形查询提交给图形数据库建模，所属图形被接收。图形查询分解为多个组件查询，用于每个所述组件查询，一个查询执行引擎可用于处理识别查询组件，一个子查询产生表示所述查询组件，所述子查询发送到所识别的查询执行引擎进行处理，所述子查询的从所识别的查询执行引擎接收结果。所接收的结果随后被组合，以响应于图形查询。通过使用多种独立的不同类型的查询引擎可以满足各种不同的查询需求。

这项专利是微软公司有关图形查询相关的 58 件专利申请中被引证次数最高的 1 件，在美国、欧洲、中国都有同族申请，也包括 PCT 申请，而在美国、中国的同族申请已经被授权。引用该专利的申请涉及亚马逊、IBM、BitSight 公司、CognitiveScale 公司等多家著名的企业。

（2）甲骨文

甲骨文，是全球知名的企业级软件公司。1989 年正式进入中国市场。甲骨文公司旗下的数据库产品包括 Oracle 数据库、Berkeley DB、MySQL 和 Java DB。

Oracle 数据库是甲骨文的一款关系数据库管理系统，数据库采用的是并行服务器模式，将一个查询分解成多个子查询，再在不同的 CPU 上同时执行这些子查询。当下最新的长期支持版是 Oracle Database 19c，在本地环境和云端具有高性能、可扩展性、高可靠性和高安全性，相对于之前版本增加了自动化索引创建和实施、自动统计信息管理、Data Guard 备库 DML 自动重定向、Oracle Sharding 特性的多表家族支持等。此外，Oracle Database 21c（创新版）已生产可用，增加了包括面向数据库中 JavaScript 和区块链表的多模支持，以及多负载优化。

MySQL是一个关系型数据库管理系统，由瑞典MySQL公司开发，属于甲骨文旗下产品。MySQL将数据保存在不同的表中，而不是将所有数据放在一个大仓库内，这样就增加了速度并提高了灵活性。MySQL所使用的SQL语言是用于访问数据库的最常用标准化语言。MySQL软件采用了双授权政策，分为社区版和商业版，由于其体积小、速度快、总体拥有成本低，尤其是开源这一特点，一般中小型和大型网站的开发都选择MySQL作为网站数据库。MySQL优化的SQL查询算法，有效地提高了查询速度。

如图4－3－9所示，在大数据查询引擎领域，甲骨文在2013年有一个明显的申请高峰，多达52项，经过阅读可以发现其中一半涉及连续查询技术，而其连续查询技术的发明申请总计33项，其中有效专利申请21项。第二个申请高峰是2019—2020年，数量达到了90余项，而占比较高的查询技术是图形查询。从整个申请趋势可以看出甲骨文在大数据查询引擎方面自2013年开始重点布局，并且一直有产出。

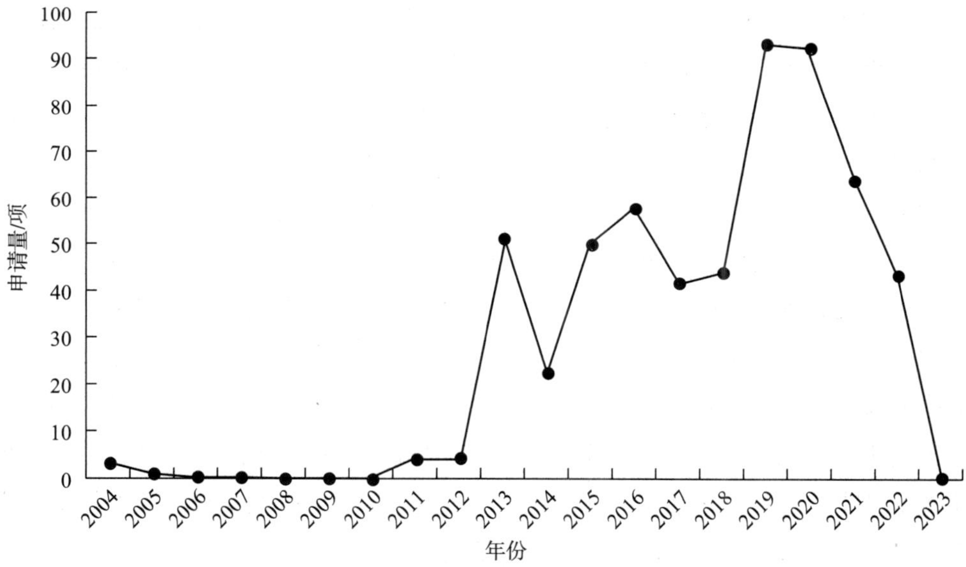

图4－3－9 甲骨文大数据查询引擎专利申请趋势

下面简要介绍2件甲骨文两件涉及连续查询技术的典型专利。

专利1——US10042890B2，发明名称为“参数化连续查询模板”。现有的SQL查询被执行时，在有限数据集上执行一次，并产生有限静态结果。因此，数据库被最佳地配置为在有限的存储数据集上运行查询。但是，许多现代应用和系统以连续数据或事件流的形式而不是有限的数据集来生成数据。管理和处理基于事件流的应用程序这类数据涉及建立对强时间焦点的数据管理和查询能力。因此需要一种不同类型的查询机制，其包括对连续无界数据集的长时间运行的查询。由此该专利提出了一种用于提供参数化连续查询模板的技术。计算系统可以接收对一个或多个业务逻辑模板的选择，所选择的业务逻辑模板可以指示用于为用户生成相应类型的连续查询的模板的至少一种类型，计算系统还可以经由所选择的模板接收与用户相关联的业务事件参数，所述计算系统还可以至少部分地基于所述一个或多个业务逻辑模板的选择和与所述用户相关联的业务事件参数来生成用于检索所述用户的业务事件数据的连续查询。模板的类型可以是告警模板类型、重复检测模板类型、事件计数监视模板类型、丢失事件检测模板类型、趋势检测模板类型、前 N 项检测模板类型和/或移动聚合模板类型。

这项专利是甲骨文连续查询技术相关的 33 项专利申请中最早的一件，具有相关系列申请 87 项，在美国、欧洲、中国、日本、印度都有同族申请，也包括多个 PCT 同族申请，而在美国、欧洲、中国、日本等国家/地区的部分同族申请均已授权。

专利 2——US9715529B2，发明名称为“连续查询和计划查询的混合执行”。该专利提供了用于管理连续查询和调度查询的混合执行的技术。计算系统可以用来自至少第一源的关系数据来初始化查询引擎。第一源可以包括关系数据库。该计算系统还可以使查询引擎能够至少部分地基于来自第一源的关系数据和来自第二源的流数据来提供查询结果。第二源可以是被配置为提供实时数据的事件处理器。来自第二源的流数据可以包括由事件处理器提供的实时数据。另外，在一些示例中，使查询引擎能够至少部分地基于关系数据和流数据来提供查询结果，可以包括至少连接关系数据和流数据。或者，使查询引擎能够至少部分地基于关系数据和流数据来提供查询结果，可以包括至少向连续查询语言引擎提供包括关系数据的第二查询。另外，使查询引擎能够至少部分地基于关系数据和流数据来提供查询结果，还可以包括至少部分地基于所提供的第二查询来从连续查询语言引擎接收查询结果，所提供的第二查询包括关系数据。

该专利在连续查询系列申请中的被引证次数最高，高达 109 次，且与上面介绍的专利享有共同的优先权。

（3）IBM

2007 年，IBM 和谷歌公司在美国各大高校推广、普及云计算理论，希望为未来研究积累人才；同年，IBM 还推出了 Blue Cloud 计划，相比亚马逊 2002 年诞生 AWS、微软公司与谷歌公司 2008 年前后进入市场，时间上并没有太大差距。只不过 IBM 早期发展私有云业务，而微软公司、谷歌公司和亚马逊立足公有云服务。2013 年初，IBM 在美国政府云计算合同竞争中败给亚马逊，原因是亚马逊的弹性云技术比 IBM 更好。2013 年，IBM 收购了 IaaS 公有云服务商 SoftLayer，由此正式进入云计算领域。仅在 2015 年，IBM 就发布了 20 多个面向行业的大数据分析解决方案。IBM 在 2015 年在美国创纪录产生的 7000 多件专利中，31% 与云、大数据分析及认知计算相关。2016 年初，IBM 收购了天气数据公司 The Weather Company 的 B2B、移动和云业务。2016 年 10 月，IBM 董事长强调，云、大数据分析和人工智能成为 IBM 的新灵魂。2018 年 10 月，IBM 宣布将以每股 190 美元的价格收购红帽（Red Hat），这一收购为 IBM 混合云发展奠定了坚实的基石。而仅在 2018 年，IBM 就获得了 2000 多项与云计算相关的专利。2019 年 6 月，IBM 宣布推出 Cloud Paks，基于红帽的 OpenShift、Red Hat Linux，从应用、数据、集成、自动化、多云管理和安全等方面提供预集成的软件和解决方案，以容器化的中间件帮助企业关键应用向任何云环境迁移。同年，IBM 在年度 Think Digital 大会上宣布，将向竞争对手亚马逊、微软公司等云厂商开放部分沃森人工智能系统。2020 年，在年度 Think Digital 大会上，IBM 发布了又一款混合云产品 IBM Cloud Satellite 技术预览，将 IBM Cloud 公有云服务延伸到任何客户需要的地方，无论是云端、本地数据中心、托管数据中心或边缘数据中心。同时，还发布了 IBM 边缘计算应用管理器（IBM Edge Computing Application Manager），为边缘计算提供自主管理解决方案。同年，IBM 将公司进行拆分，以专注于混合云平台与人工智能能力。数据库领域的重磅报告《云数据库管理系统魔力象限 2021》（*Magic Quadrant for Cloud Database Management Systems*）中指出：IBM 处于领导象限，但是位于中部位置，领导位置的公司为：AWS、微软公司、谷歌公司、甲骨文。而 IBM 在《云数据库管理系统魔力象限 2022》中仍然保持了领导者地位。

IBM 在专利申请上有很明显的优势，下面从查询引擎分支中选择 2 件被引证次数较高的专利进行介绍。

专利 1——US7181450B2，发明名称为“使用元数据在关系数据库中创建多维立方体的方法、系统和程序”。自引入关系数据库以来，使用 SQL 已经进行了多维分析，但是关系 OLAP 系统不能自然地返回多维结果集或在查询之前计算一些或全部结果。该专利提供了一种用于查询处理的方法，包括：存储事实元数据对象的元数据和与事实元数据对象相关联的一个或多个维度元数据对象，其中所述元数据是多维元数据，其中所述事实元数据对象包括关于度量、属性和相关连接的信息，并且其中所述一个或多个维度元数据对象中的每一个包括关于层级、属性、属性关系和相关连接的信息中的一个或多个；为事实元数据对象中的一个或多个度量以及一个或多个维度元数据对象中的一个或多个属性构造具有列的视图；以及生成描述事实元数据对象和一个或多个维度元数据对象中列的角色以及列的关系的附加元数据。

专利2——US7315852B2，发明名称为“用于索引和物化视图匹配的XPath包容”。目前需要利用一种关于XPath表达式包含的信息的改进方法来更有效地查询XML文档。该专利提出一种用于查询结构化文档的计算机实现的方法，通过检测查询表达式和辅助结构中表达式之间的包含映射，识别包括可用于加速用户查询处理的预计算信息的辅助结构，其中辅助结构包括多个索引、多个部分XML索引和多个物化视图；计算补偿以执行索引选择和物化视图匹配，以确定所述查询表达式的哪个部分由所述索引和所述物化视图评估；通过执行重写查询来找到用户查询结果，重写查询利用预先计算的信息到每个检测到的包含映射；以及向所述用户报告所述用户查询结果，其中执行重写查询还包括：构造下压表达式，用于利用辅助结构中的信息来执行评估；以及构造用于执行评估的补偿表达式作为剩余查询，其中所述剩余查询包括不与所述索引或所述物化视图相关联的所述查询的至少一部分。该专利解决了XPath语言大子集的索引匹配问题和物化视图匹配问题。

以上专利被引证次数高达200多次，包括微软公司、甲骨文、SAPSE等知名数据库相关企业，属于查询领域较为基础的专利。

2）典型专利

正如4.3.2中介绍的，查询引擎的性能指标较多，专利申请中要解决的问题也各不相同，然而比例最大的就是提高查询速度，下面通过选取多种不同解决方式的专利来介绍为了提高查询效率，发明申请都可以从哪些方面着手改进。

（1）提高查询效率

专利1——US20040220923A1，发明名称为“使用左深度树连接枚举算法进行基于成本的子查询优化的系统和方法”。该发明为一种使用左深度树连接枚举算法进行基于成本的子查询优化的方法。该方法接收包括至少一个子查询的数据库查询；为所述数据库查询的每个查询块建立查询优化图，所述查询优化图包括表示每个查询块的子查询的计划节点；为每个计划节点生成一组访问方法和连接方法，包括基于子查询类型和数据库查询的语义属性为子查询量化器生成至少一种访问方法；基于为具有良好执行成本的查询优化图的计划节点选择访问方法、连接方法和连接顺序，为每个查询块确定最佳访问计划；以及基于为每个查询块确定的最优访问计划来构造用于执行数据库查询的详细访问计划。

该专利是原始申请人是Sybase，由于该公司被SAPSE收购，因此目前的专利权人为SAPSE，该专利涉及具体的查询方法，引用该专利的公司包括Oracle、IBM、华为公司等。

专利2——US9483565B，发明名称为“基于用户对查询建议的选择将任务与用户相关联”，申请人为谷歌公司。该专利涉及基于用户选择响应于用户查询而提供给用户的任务建议来将任务与用户相关联的方法和装置。其中，可以基于用户查询的单词和/或短语与任务相关联的任务建议之间的相似性来识别任务。或其可以基于与用户相关联的用户数据来识别任务，或者任务可以与完成任务相关的附加信息相关联。

从目前的专利申请看，解决查询效率的问题可以采用的手段很多，例如如何建立索引，如何理解查询任务、解析分解查询任务，以及如何执行查询任务等等。

（2）实现多表查询

专利1——CN107273506B，发明名称为“一种数据库多表联合查询的方法”，申请人为西安电子科技大学。该专利提出一种数据库多表联合查询的方法，包括：根据查询需求，确定关系型数据库中与业务逻辑相关联的多个表；连接数据库，获取所述多个表的信息；根据外键信息将多个表关联成一张物化视图表；处理物化视图表中的字段，生成组合键，并将其设置为新建列式数据表的行键；建立关系型数据库到列式数据表的映射关系，将映射关系及物化视图表中的数据记录写入XML文件；将物化视图表中的数据映射成列式数据表中的行键和列标识符，数据记录写入到列式数据表中；在所述列式数据表中进行多表查询，获取查询结果。该方法能够在海量数据的情况下快速、高效地完成多表联合查询。

专利2——CN110688394A，发明名称为“面向新型供电城轨列车大数据运维的NL生成SQL方法”，申请人为浙江大学。该申请公开了一种面向新型供电城轨列车大数据运维的NL生成SQL方法。该方法从新型供电城轨列车上收集运行时产生的多种数据，整理成各自的结构化数据，存入关系型数据库的多个数据表中；使用预训练模型对自然语言和数据库的表名及列名进行编码，获得两种编码；构建符合语法结构的语法解析树模板，对语法解析树模板中需要填充的部分进行训练和预测；将待查询的自然语言输入深度学习模型获得数据库中需查询的表名信息，生成完整数据库查询语句，执行该数据库查询语句获取所需查询的数据。该申请根据自然语言问句自动产生数据库查询语句，提升了运维数据的工作效率，在不同场景下涉及数据库多表查询操作时能准确地返回所需查询的数据。

（3）提高吞吐量

专利1——US7512591B2，发明名称为“通过高速缓存优化提高数据库处理时间的系统和方法”，申请人为Hans Juergen Bildhaeuser、Holger Karn。该专利用于通过对被分段成多个高速缓存片段的高速缓存存储器进行连续的自动后台优化来减少数据库系统的处理时间。所述系统和方法包括通过测量每个高速缓存片段的高速缓存命中率中的至少一个来收集关于各个高速缓存片段的效率的指示符，测量数据库系统的CPU在各个高速缓存片段中准备数据所需的处理时间，并测量CPU根据SQL查询处理数据所需的执行时间。所述系统和方法包括计算和修正每个高速缓存片段的测量值的近似曲线，以找到具有最高系统吞吐量的高速缓存片段大小的组合，从而改变高速缓存片段的大小以接收最高的系统吞吐量。

专利2——US10095745B2，发明名称为“数据流连续查询的并行处理”，申请人为Universidad Politecnica De Madrid。该专利提供的连续查询并行引擎接收所述待部署查询，并将所述原始查询拆分为子查询，得到至少一个子查询；每个子查询至少在一个节点中执行。每个子查询的每个操作符生成的元组都用时间戳标记。在执行源子查询的每个实例的每个节点的输出处插入负载均衡器，并且在执行目的子查询的每个实例的每个节点中插入输入合并。在执行检查之后，可以添加进一步的负载均衡器或输入管理器。数据流上的连续查询并行引擎提供了可伸缩性，并通过添加新节点提高了吞吐量。并行处理可以应用于数据流处理和复杂事件处理。

（4）降低查询延迟

专利1——US9081826B2，发明名称为“用于分布式数据库查询引擎的系统和方法”，申请人为元平台。该专利提出一种数据库系统，包括网关服务器和多个工作节点。其中，网关服务器，用于将对包含存储在具有多个数据节点的分布式存储集群中的数据的数据库的数据库查询划分为多个部分查询，并基于多个中间结果构造查询结果。所述多个工作节点中的每个工作节点被配置为通过扫描与存储在所述分布式存储集群的至少一个数据节点上的相应部分查询相关的数据来处理所述多个部分查询中的相应部分查询，并且生成存储在所述工作节点的存储器中的所述多个中间结果的中间结果。授权的权利要求中进一步限定了：所述网关服务器还被配置为识别错开的工作节点，基于查询的输入文件块的数量和位置信息，进一步将分配给分散工作节点的部分查询划分为多个从属部分查询，以及将所述多个从属部分查询分配给所述多个工作节点中的一些工作节点，其中，所述错开的工作节点是不能向所述网关服务器报告进度或者在指定时间段之后向所述网关服务器报告低于指定值的进度的工作节点。该方案能够对存储在诸如Hadoop集群之类的大规模存储集群中的大数据集合执行低等待时间查询处理。这对于交互分析特别有利，因为操作员不需要等待当前查询完成以确定下一个查询。该分布式查询系统还可以通过扫描相关数据的一部分来生成近似结果。该系统的操作员可以在处理整套相关数据上的一系列查询之前，接收一系列查询的快速原型以测试该系列查询的有效性。

该专利的被引证次数高达338次，除了被元平台自身专利申请引用外，还包括Cloudera、EMC、雪花公司、SPLUNK公司、DEEPHAVEN DATA LABS公司、Walleye Software、斯诺弗雷克公司等知名的软件或数据库开发公司。其同族布局的国家/地区非常多，包括美国、欧洲、韩国、日本、以色列、中国、墨西哥、加拿大、澳大利亚等。

专利2——US9342557B2，发明名称为Apache Hadoop的低延迟查询引擎，原始申请人为Cloudera公司。该专利提出一种Apache Hadoop低延迟查询引擎，提供实时或接近实时的特殊查询功能，同时完成MapReduce的批处理。低延迟查询引擎包括安装在Hadoop集群中的数据节点上的守护进程，用于处理查询请求和与查询执行相关的所有内部请求。在另一个实施例中，低等待时间查询引擎包括用于提供名称服务和元数据分发的守护进程。低延迟查询引擎通过客户端接收查询请求，将请求转换为计划片段的集合，并协调计划片段在远程守护进程上的并行和优化执行，以便以比现有面向批处理的处理框架快得多的速度生成结果。

（5）非结构化文本查询

在介绍微软公司的典型专利时介绍了关于图查询的技术，该查询技术针对的就是非结构化文本，下面再分别介绍由元平台和谷歌公司申请的典型专利，也是用于非结构化文本的查询。

专利1——US9715529B2，发明名称为“基于社交图信息的结构化搜索查询”，申请人为元平台。为了访问社交网络信息组成的存储数据，该专利提供了一种方法，用于访问社交图，所述社交图包括多个节点和连接所述节点的多个边，所述两个节点之间的每个边表示它们之间的单个分离度，所述节点包括：对应于与在线社交网络相关联的第一用户的第一节点；以及多个第二节点，每个第二节点对应于与在线社交网络相关联的概念或第二用户；从所述第一用户接收包括一个或多个n－gram的非结构化文本查询；识别所述第二节点中的一个或多个，每个所识别的第二节点对应于所述n－gram图中的一个或多个；识别一个或多个所述边，每个所识别的边连接到至少一个所识别的第二节点，每个所识别的边对应于一个或多个所述 n-gram 图；以及生成一个或多个结构化查询，每个结构化查询包括对所识别的第二节点中的一个或多个和所识别的边中的一个或多个的引用。

元平台知名的社交网络平台 Facebook，截至 2023 年 1 月拥有月活跃用户 29.63 亿。该专利正是解决有关社交网络数据，即非结构化文本的查询问题的。该专利被引证 320 次，是其社交图查询方面较为基础的专利，因为有 129 件元平台的专利同时引用了该专利。其同族专利申请 28 件，涉及美国、欧洲、中国、澳大利亚、日本、韩国、墨西哥、加拿大、以色列等国家/地区。

专利 2——US9576007B1，发明名称为“索引和查询可用于大图的低延迟搜索”，申请人为谷歌公司。该专利被引证次数高达 127 次。传统上，大型搜索引擎会创建并存储一个索引，该索引使用户能够在文档内容中搜索一个或多个单词。这样的搜索引擎可以存储文档内容，例如文本，以及指示什么短语出现在每个文档的内容中的索引。这样的索引可以包括发布列表，其中发布列表通常跟踪每个短语或发布列表值的文档列表或第一维度。这样的索引对于文档语料库（例如 Internet）非常有效，但是可能无法有效地搜索数据图。数据图存储节点或实体以及节点之间的关系。搜索索引使用的一维发布列表模型通常无法有效地搜索数据图中的信息。该专利用于搜索基于图的数据存储的搜索索引，可以包括三元组条目，每个三元组条目具有发布列表值、与发布列表值相关联的至少一个交叉口标识符以及与交叉点标识符相关联的至少一个结果标识符。该索引还可以包括具有与文本搜索帮助相对应的发布列表值的搜索条目。搜索索引还可以包括预先计算的路径条目，例如链路径条目和收敛路径条目。该索引还可以包括代表特定谓词的对象值范围的存储桶发布列表，以及包括一个或多个实体以及具有该实体附近的位置的位置层次结构区域的邻近发布列表。

4.4 大数据计算任务调度

4.4.1 大数据计算任务调度的概念

计算机处理过程中调度是一个重要的概念，在指令集执行时，指令之间存在执行前后顺序，为了充分利用处理器，往往将指令的执行顺序进行微调，例如将可以并行的指令进行多核并行，将可以提前执行的指令提前运行，提前预测分支指令的概率，进行提前预执行，无论如何这些调度都需要在确保指令正确的情况下，提高处理效率，达到“马不停蹄”的效果。在大数据计算过程中，对计算任务进行调度也是非常重要的一项技术，只是相较于传统的任务调度，大数据计算具有任务种类多、并行依赖关系复杂、资源需求动态变化等特点，因此任务调度又增加了新的问题。最直接的是，计算任务指数级增长，各任务的执行时长可能因为环境、数据等变化发生波动，如果前序任务执行时长超过预期，后续任务已经启动但是前序任务没有完成，导致后面要处理的数据计算错误；反之，如果前序任务较快完成，但是后续任务还要等到启动时间到达时才能开始运行，浪费了等待时间，还比如，如果前面计算的数据结果出现错误，而且因为无法自动感知不能进行及时修正，也会导致后面计算任务所依赖的数据存在异常。大数据计算任务调度系统主要是对任务的执行进行调度和管理。调度系统定义任务的规则和属性，对任务的执行顺序和逻辑进行编排，确保任务的高效执行。❶

4.4.2　大数据计算任务调度的发展现状

任务调度关注的首要重点是在正确的时间点启动正确的作业，确保作业按照正确的依赖关系及时准确地执行，在任务执行出现故障时能够识别并报警。资源的利用率通常不是第一关注要点，业务流程的正确性才是最重要的。实际调度中，多个任务单元之间往往有着强依赖关系，前序计算任务执行并成功，后续计算任务才可以执行。而为了保证数据处理结果的准确性，就必须要求这些任务按照前后顺序、依赖关系有序、高效地执行，最终确保能按时正常生成计算结果。❷

调度算法有很多，不同应用场景都有很多经典的调度算法，例如，操作系统常见的先来先服务调度算法、短作业优先调度算法、优先权调度算法、高响应比优先调度算法、时间片轮转调度算法、多级反馈队列调度算法等，资源管理中常见的最大速率算法、轮询调度算法、比例公平算法等。

而数据中心大规模的任务调度问题是计算机分布式系统研究领域中的热点问题之一。正如上文所述，大数据计算具有计算任务种类多、并行依赖关系复杂、资源需求动态变化等特点，也逐渐产生了多种类型的调度算法，例如静态调度、

---

❶ 东坡．5 分钟了解调度系统［EB/OL］．（2019－08－04）［2023－05－28］．https：//zhuanlan. zhihu. com/p/76617275#：～：text＝%E8%B0%83%E5%BA%A6%E7%B3%BB%E7%BB%9F%E5%AE%9A%E4%B9%89%E4%BA%86%E5%A4%A7,%E6%9C%89%E5%BA%8F%E5%92%8C%E9%AB%98%E6%95%88%E6%89%A7%E8%A1%8C%E3%80%82.

❷ 秦朝峰．ETL 的灵魂：调度系统［EB/OL］．（2021－09－10）［2023－05－28］．https：//developer. aliyun. com/article/790475.

动态调度。而静态调度常见于四种，分别为列表调度、聚类调度、重复调度、元启发式调度。而动态调度是为了解决调度信息的不可用性和资源与其他工作流或非工作流系统负载的争用而开发的，目标是在可用资源队列之间平衡负载。在静态调度中，所有关于任务的信息在执行之前都是调度程序已知的，可以事先获取到更多信息，对任务调度的方案进行优化，使得任务实际执行时开销更小；而在动态调度中，关于任务的信息在执行之前不知道，运行时开销更大，但是能更好地处理负载平衡的问题。通过对任务调度的分析发现，不管是静态还是动态调度，由理论到实际解决问题都是依靠具体的任务调度算法执行的。简单地说，一种任务调度算法就是一种调度方式，任务调度的优劣主要就体现在任务调度算法的优劣上。

任务调度关注的是能够有效协调和分配资源，在完成需求的同时，降低任务的总执行时间，降低提供商的成本，又能快速、准确地完成任务，带给用户一个好的用户体验。能让提供商和用户都满意的任务调度算法是任务调度所迫切需要的。

大数据开源平台中常见的任务调度框架有：Linux 的 Crontab，其针对个人用户及小任务量；Apache 的 Oozie，其为 Hadoop 任务调度框架；Azkaban 也是开源的工作流管理器，属于轻量级调度框架；AirFlow 则是基于 Python 开发的通用批处理调度框架；Zenus 是阿里巴巴开源的基于 Hadoop 的工作流调度系统，DolphinScheduler 是中国易观公司开发的一个分布式可扩展、可视化 DAG 工作流任务调度系统，能够解决数据处理流程中错综复杂的依赖关系，使调度系统在数据处理流程中开箱即用。

在众多的任务调度框架中，常用以下指标对框架性能进行对比：所支持的任务类型是否广泛；是否提供可视化流程的定义；支持何种任务监控功能，例如任务状态、任务类型等；是否可以自定义任务类型；是否提供暂停/恢复/补数操作；是否具备高可用性支持；是否支持多租户；是否具备过滤处理能力，是否能够支持集群扩展；等等。[1]

4.4.3 大数据计算任务调度的专利状况

4.4.3.1 专利申请态势

从图 4－4－1 可以看出，大数据计算任务调度申请量在 2004 年仅为 100 多

[1] 梦维空．主流大数据调度工具对比 DolphinScheduler Azkaban Airflow Oozie Xxl－job［EB/OL］.（2022－11－19）［2023－05－28］. https://zhuanlan.zhihu.com/p/584853518.

项，在2004—2009年数量一直维持在100—150项，不温不火，2010年开始明显增长，增幅在40%左右，并在此增幅下一直增长到2017年，2018年开始提速增长，2019年翻了一倍多，是一次跳跃性增长，到了2021年申请量将近3000项。

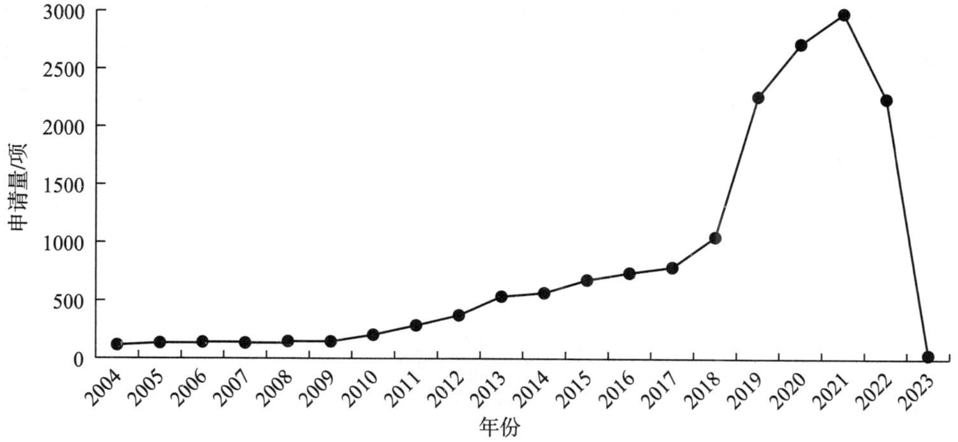

图4－4－1　大数据计算任务调度专利申请趋势

从图4－4－2可以看出，大数据计算任务调度在中国申请趋势与全球的不同在于起步较晚，2004—2010年申请量较少，但是在2011年数量翻倍到80余件，占全球申请总量的41%，与全球第一次增长的时间相同，一直到2017年，这期间的增长速度和全球占比都没有明显变化，可以说与全球属于相同步调。然而从2018年开始中国申请量占比明显增多，到2021年已占全球申请数量的65%，也就是说全球第一阶段的增长属于全球性的专利申请的增长，而全球第二阶段的增长主要来源于中国专利申请的增长。

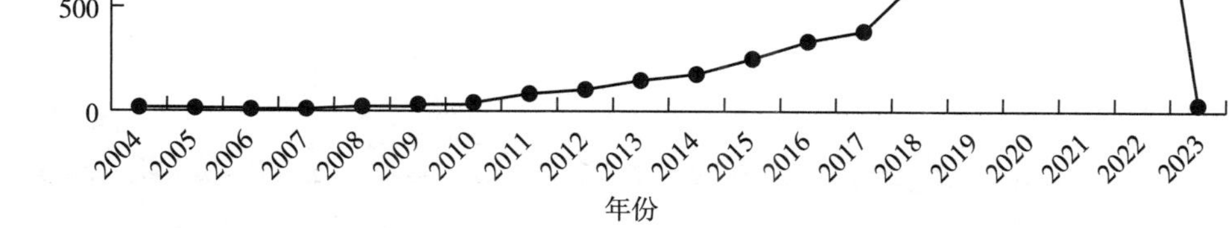

图4－4－2　大数据计算任务调度中国专利申请趋势

4.4.3.2 各国家/地区申请情况

如图 4－4－3 所示，在大数据计算任务调度领域，中国的申请量最高，占到 53%，其次是美国，申请量占比为 36%，德国、日本和韩国的申请量分列第三位到第五位，但是占比都不足 2%。虽然在该领域中国占比仍然最高，但是与大数据计算领域的占比相比，其是低于大数据计算领域的占比的，而美国正好相反，其在该领域的占比高于大数据计算领域的占比，德国也在任务调度领域提升到第三位。这说明细分到大数据计算不同领域，每个国家的技术研发重点稍有不同。

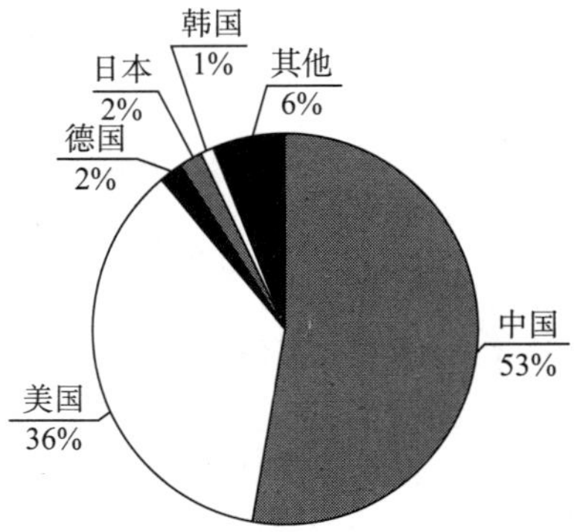

图 4－4－3　大数据计算任务调度各国家/地区申请人专利申请量占比

如图 4－4－4 所示，就主要国家/组织申请趋势而言，美国在 2016 年以前具有领先优势，中国前期积累较少，但是自 2010 年开始与美国同步增长，在 2016 年申请量与美国相当，并自此开始迅速增长，从 2017 年开始已经在数量上超过美国，且一直到 2021 年未有下降趋势，而美国在 2019 年有一次明显跳涨，但并未持续，从 2020 年开始缓慢下降。

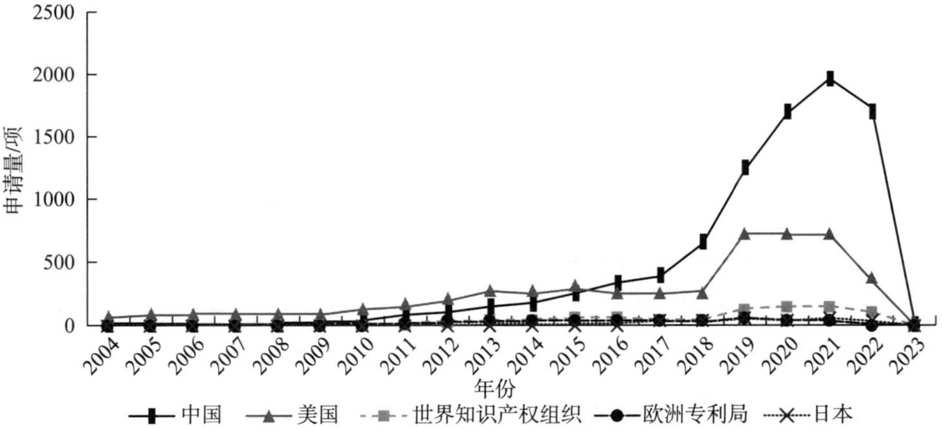

图 4－4－4　大数据任务调度主要目标地申请量趋势

4.4.3.3　主要创新主体

如图4－4－5所示，在数据计算任务调度领域，微软公司和IBM的申请数量明显处于第一梯队，而作为数据仓库公司的后起之秀，雪花公司进入前三位，但是申请量不足300项，与前十位中后面申请人数量相差不大。在第四位到第十位中，有阿里巴巴、华为公司、腾讯公司和浪潮集团四个国内申请人，浪潮集团在任务调度领域进入全球申请前十位，说明任务调度是该公司创新的一个重要领域。Splunk公司创立于2003年，是一家数据收集分析软件提供商，其知名产品为Splunk机器数据平台，具有收集、索引、搜索、报告、分析、警报、监控和数据管理功能。

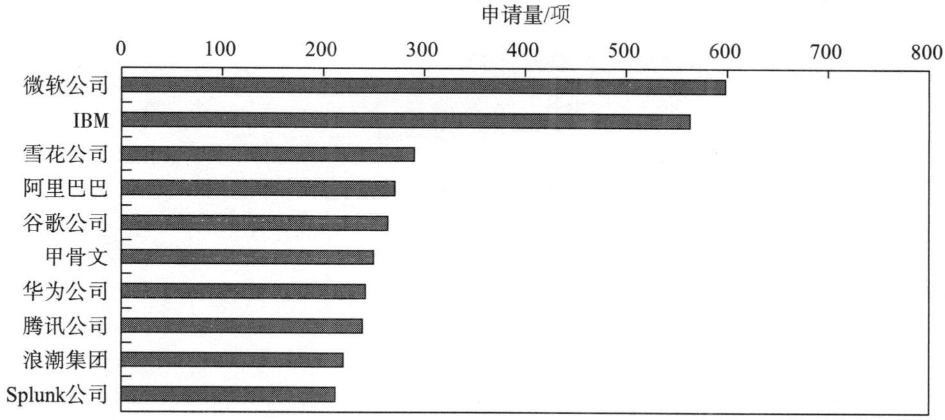

图4－4－5　大数据计算任务调度全球主要创新主体

从图4－4－6可以看出，大数据计算任务调度在中国申请数量排名前十位的创新主体，排名第一位的是浪潮集团，一是说明该公司主要在中国布局，二是说明阿里巴巴、腾讯公司、华为公司同时重视海外市场，尤其是华为公司，因此在国外进行了一定数量的专利布局。而三大国企银行中国工商银行、中国银行以及中国建设银行位居第五位至第七位，从安全角度上，国内银行也需要搭建自己的大数据平台，根据自身的业务需要对计算任务进行合理调度，因此也会产生较多的改进方案，这成为这三个银行进入前十位的主要原因。百度公司和京东分列第八位、第九位。

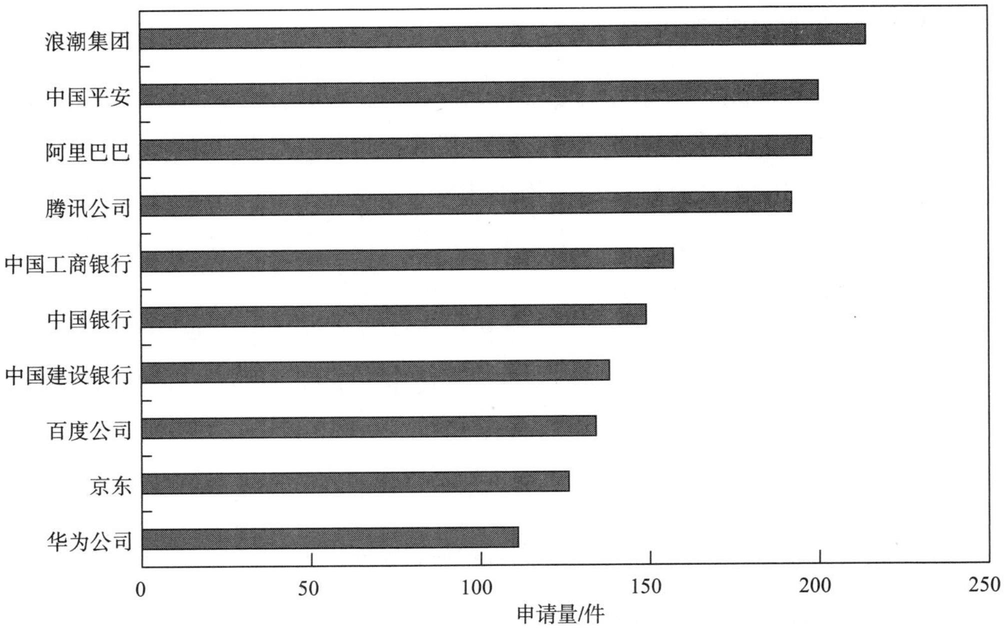

图 4-4-6 大数据计算任务调度中国主要创新主体

4.4.3.4 典型企业及典型专利

（1）浪潮集团

浪潮集团主要业务涉及云计算、大数据、工业互联网、新一代通信及若干应用场景。1983 年，第一台浪潮微机在济南诞生，这是中国 IT 发展的新起点。从 2010 年，浪潮集团提出云海战略开始，在十年的时间当中，伴随着 OpenStack 逐渐成为私有云市场主流的开放技术，云海在整个 OpenStack 市场的占有率以及年增速方面均保持着国内领先位置，浪潮集团也成了 OpenStack 发展的重要推动者。2017 年，浪潮集团发布云海 Insight 大数据平台，包含大数据处理平台 Hadoop、分布式并行数据库 MPP 和内存数据库 MemDB 三大类产品。2019 年，发布的云海 Insight HD V4，支持超大规模集群一键式部署，规模超过 10000 + 节点可满足顶级互联网公司对数据处理平台的需求。2020 年，推出升级的云海 Insight V6，浪潮集团在社区能力上对原来版本进行了自研及增强。而目前最新版本的云海 Insight HD 提供离线计算、流式计算、内存计算、图计算等丰富的计算框架，支持计算任务流程编排、计划安排，提供标准 SQL 的数据访问能力。

在资源调度上，云海的容器云平台 InCloud K8S 是一个应用开发支撑平台，以应用为中心，提供应用的全生命周期管理；通过容器技术提供应用的运行时环境，通过容器编排、调度技术，实现应用计算资源合理分配；提供平台集群节点、集群组件、业务应用的全方位监控，支持监控告警策略，支持自动伸缩策略，通过多维度监控信息进行集群节点的自动扩缩容和应用业务的自动扩缩容；通过集成优化开发、测试、持续集成等实践工具，支撑Devops功能。云海Insight基于大数据HDFS存储、Spark/Flink等计算以及Yarn资源调度来运行，将数据预处理、模型训练、模型推理等通过Analytics Zoo构建在大数据平台上，提供大数据分析和深度学习应用流水线，避免数据的反复迁移。用户可以便捷地将人工智能应用部署到现有的Yarn集群，在“零”代码更改的前提下将人工智能应用程序透明地扩展到大型集群，显著节约企业在开发、优化平台等方面的时间与精力。

苏州浪潮智能科技有限公司是浪潮信息产业有限公司的全资子公司。通过检索发现，浪潮集团有关任务调度的专利申请中近一半来自该公司，涉及定时调度、DAG任务调度、超时任务调度、批处理调度、长类型任务调度等。下面简要介绍2件浪潮集团已经授权的典型专利。

专利1——CN114756358B，发明名称为“一种DAG任务调度方法、装置、设备及存储介质”。启发式算法无法为DAG任务调度程序建立基本的设计原则，并且调度性能不理想。该发明按照有向图神经网络、顺序解码器的顺序构建网络模型，并以最小任务调度长度为目标定义所述网络模型的目标函数；获取DAG任务数据集，并对所述DAG任务数据集内每个所述DAG任务生成对应的信息矩阵；利用所述信息矩阵对所述网络模型进行训练，并根据所述目标函数利用强化学习更新所述网络模型的模型参数，以得到训练后的DAG任务调度模型；利用所述DAG任务调度模型确定待执行DAG任务内子任务的调度顺序，并根据所述调度顺序利用并行计算系统执行所述待执行DAG任务。即基于有向图神经网络和强化学习得到DAG任务调度模型，有向图神经网络能自动识别DAG任务内子任务相关的丰富特征，顺序解码器能够利用这些特征对子任务进行任务优先级排序，同时，利用强化学习优化模型实现最小化DAG任务调度长度的调度目标，能够缩短DAG任务调度长度，提高DAG任务并行执行效率，并且利用强化学习能够解决难以为DAG任务的最佳优先级分配收集足够多监督标签的问题。

专利2——CN114092073B，发明名称为“无向带权数据图至DAG任务图的转换方法、系统及装置”。现有的图大数据处理系统中广泛应用的任务调度算法有批处理调度、增量式调度和优先级调度等。但其均采用单一的任务粒度如顶点、连接边或子图实施任务调度，调度效果不理想。该发明将每个顶点转换为一个子任务，并依据相应的负载预测技术估算顶点、连接边的权重，并指定连接边的方向，待数据加载完毕时即可得到便于并行处理的 DAG 任务图，实现了由数据处理变更为任务调度的处理方式，能够直接应用并行计算中大量基于 DAG 任务图的任务调度算法，从而有助于提高图大数据处理过程中的任务调度效率。

（2）雪花公司

雪花公司为美国的一家云计算初创公司，三位数据仓库专家 Benoit Dageville、Thierry Cruanes 和 Marcin Zukowski 创建了雪花公司。该公司提供基于云端的数据仓库 SaaS 服务，公司软件允许用户分析跨多个云平台的数据。不同于传统的三类云服务，雪花公司提出了 DaaS 概念，并且提供基于云端的数据仓库的 SaaS 服务。面对传统数据仓库系统架构容易崩溃、数据迁移难度大、高频读写难等问题，雪花公司通过将存储和计算分离的技术，解决了这些问题。雪花公司的架构融合了 Shared - Disk 和 Shared - Nothing 架构以综合两者的优势。Shared - Nothing 架构里，集群的节点都有自己单独的计算资源和存储空间。其优势是数据可以分区存储在各个节点中。当需要处理用户请求时，路由会将请求分配到合适的节点上进行计算，当有计算发生错误时，处理的进程能被其他的节点接管，保证用户请求能被稳定、正确地处理。这种架构很适合于数据读取量很大的应用，比如数据仓库。雪花公司则采用了三个不同的层来构建应用：存储层、计算层和云服务层，其中计算层使用虚拟仓库（Virtual Warehouse，依托于虚拟机）运行查询语句，而计算层和存储层在设计上是分离的，在这之间，雪花公司实现了智能的缓存机制以保证资源利用的最优化和减少计算层和存储层不必要的交互。虚拟仓库有大小之分，可以创建多个虚拟仓库用于处理不同性能需求的请求，并且虚拟仓库是各自独立的，因此计算资源并不共享。这样设计的优点有：可以随时创建或者删除虚拟仓库，也可以很方便地在不影响查询语句计算的前提下扩展虚拟仓库的计算资源。虚拟仓库可被方便地停用或者启用，在长时间没有查询或者停用一段时间后需重新参与查询的情况下可以非常方便地自动更改虚拟仓库的集群大小。云服务层负责用户信息验证、集群管理、安全与加密、数据的元数据管理、查询语句优化等工作，这些工作都由计算节点完成。常见的处理内容示例包括：用户登录，查询语句提交后，首先会经过云服务层的优化器，然后再传入计算层进行处理，优化查询、过滤数据所需的元数据也存储在这一层。

表 4 - 4 - 1 列出的 5 项专利申请属于雪花公司的系列申请，这组系列申请解决的问题是跟踪已经发生在数据库表上的变化并且响应于已经在表上执行的事务触发要在数据库表上执行的任务，即能够自动执行特定任务。这组系列申请主要

实现通过检测变更跟踪流推进的触发事件，自动执行预定义任务。在中国、欧洲、美国、德国都进行了布局，且申请了 PCT 申请。

表 4-4-1 雪花公司任务调度相关系列申请

序号	公告号	标题（中文翻译）	申请日
1	US11507570B2	使用跟踪条目流安排数据处理任务	2022-02-14
2	US11308078B2	数据库系统中计划任务的触发器	2021-07-29
3	US11269866B2	数据库系统中的任务调度和查询	2021-08-30
4	US11157486B2	数据库系统中的任务调度	2019-12-06
5	US11106658B2	数据库系统中的任务调度	2018-11-28

4.5 大数据计算资源调度

4.5.1 大数据计算资源调度的概念

任务调度和资源调度有何区别呢？任务调度系统负责一个任务何时运行、何时结束以及正确处理任务之间的依赖关系，流程的正确性是核心。而资源调度更关注系统物理资源的分配，例如 CPU、内存等的使用，系统资源的最大化利用才是核心。因此，该部分介绍大数据计算中另一个重要的技术——计算资源优化配置。

4.5.2 大数据计算资源调度的发展现状

正如计算模型和任务调度技术，计算资源调度技术也不仅是在分布式计算或者大数据计算平台中才有的专属技术分支。在单机操作系统中就存在计算资源调度优化的概念。因为单机计算机也会同时执行多个任务，而只有一个 CPU，那么如何让多个任务高效使用一个 CPU 就是一个资源调度优化的问题。最早出现的调度方法就是时间片轮转调度算法，即一段时间内，CPU 在多个任务之间快速切换、交替执行，故对每个任务内部来说，好像自己在独占 CPU 一样，这就是所谓的并发。除此之外，高优先级、高响应比、多级反馈队列调度等任务调度算法，都力图在单核 CPU 基础上解决这个问题。但是这样仍然不能满足计算效率的需求，如何让这些任务在同一时刻运行呢？多核 CPU 解决了这个问题，实现了真正的并行计算。而分布式系统利用网络和计算机构成了一个更广义的“多核”计算机，此时就更需要专门的资源调度优化的技术，来将多个计算任务分配到多个集群节点的计算资源上去执行。

在大数据平台中，Yarn 是 Hadoop 中的资源调度框架，Yarn 提供了三种可用资源调度器：先进先出（FIFO）调度器、容量（Capacity）调度器、公平（Fair）调度器。大数据平台的资源调度常考虑的性能指标包括：是否支持动态加载配置，是否支持负载均衡，是否支持资源抢占，是否支持批量调度，资源请求力度（可以请求多大资源），本地性任务调度优化情况，队列间资源分配方式，队列内部资源分配方式等。而在调度过程中，需要考虑的因素包括业务类型与计算资源的适配、业务类型对传输效率的要求以及安全问题等。

4.5.3 大数据计算资源调度的专利状况

4.5.3.1 专利申请态势

从图 4－5－1 可以看出，大数据计算资源调度全球专利申请量在 2004 年为 172 项，在 2005 年有一定增长，达到 242 项，然后一直到 2009 年，申请量一致维持在 200 多项，没有明显变化。从 2010 年开始申请量明显增长，与任务调度增长时间一致，增幅也相近，在 41% 左右，并在此增幅下一直增长到 2017 年，从 2018 年开始提速增长，2019 年申请量几乎直线增长，2020 年和 2021 年的增幅虽不及 2019 年，但是也比 2010—2017 年第一阶段的增幅高，到了 2021 年已超过 5000 项。

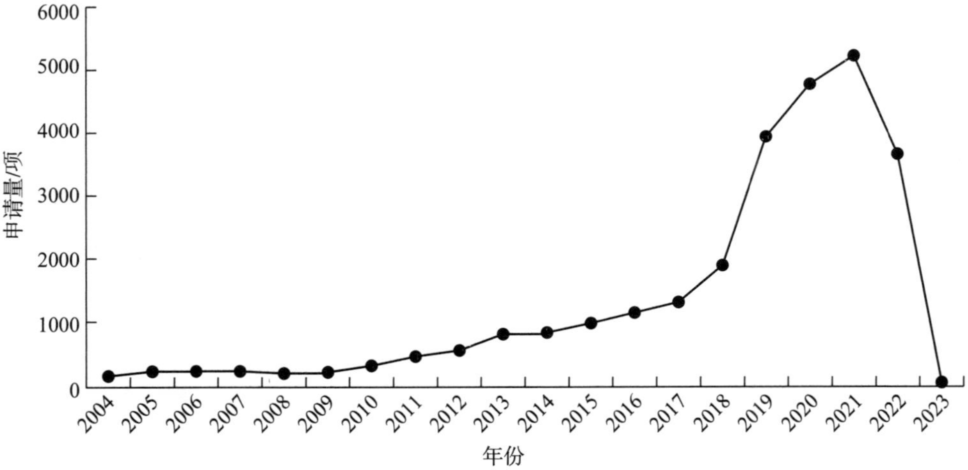

图 4－5－1 大数据计算资源调度全球专利申请趋势

从图4－5－2可以看出，中国专利申请趋势与全球基本一致，但是在2004年申请量不足20件，一直到2009年增幅都不明显，2010年也开始了第一阶段的增长，2010—2017年，增速略快于全球增速。从2018年开始直线增长，一直维持到2020年，对比全球申请趋势，可以看出中国第二增长阶段持续时间更长，增幅更大，中国也是全球第二阶段的主要增长贡献者。

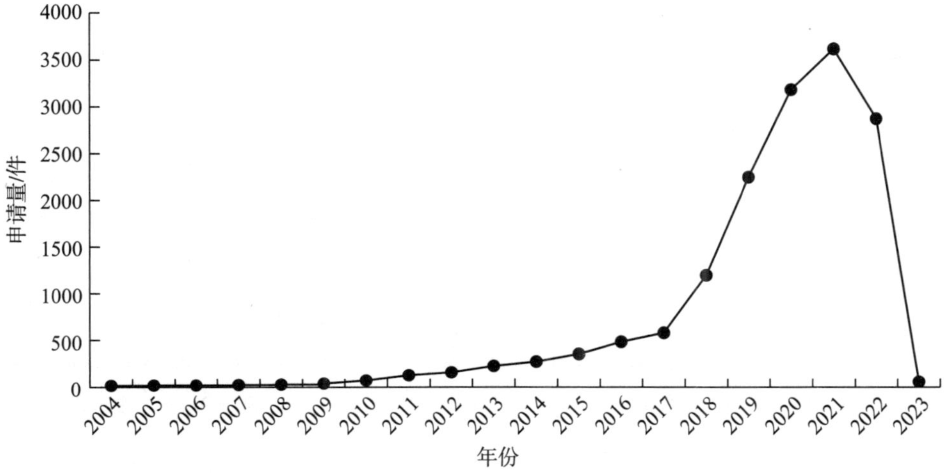

图4－5－2　大数据计算资源调度中国专利申请趋势

4.5.3.2　各国家/地区申请情况

从图4－5－3可以看出，在大数据计算资源调度领域，来自中国的申请量最高，占到58%，美国排名第二位，占比将近36%，然后是日本、德国和韩国，与任务调度领域相比，资源调度领域中国的占比更高，因为资源调度技术大都与云计算服务有关，从占比可以说明云计算的核心技术——资源调度是中国创新的热点。

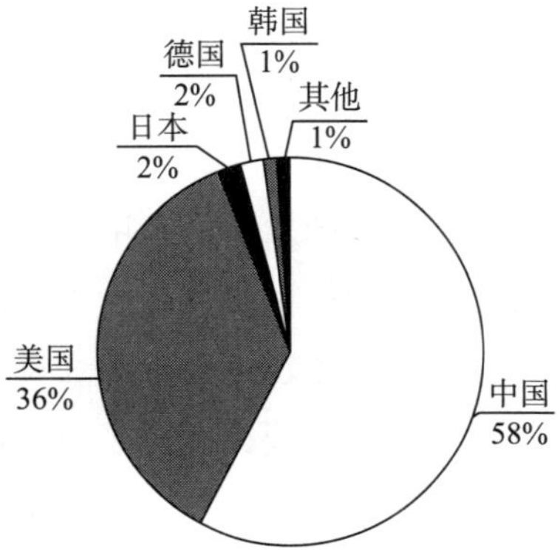

图4－5－3　大数据计算资源调度各国家/地区申请人专利申请量占比

从图 4 -5 -4 的主要国家/组织申请趋势可以看出，美国在 2017 年前申请量一直领跑全球，具有一定的技术积累，只是自 2013 年进入了增速下降阶段，但每年保持平稳的申请数量，在 2019 年有一次明显的增长。而中国在 2010 年前仅有少量申请，从 2010 年开始有所增长，在美国 2013 年增速放缓时，中国申请量开始增长，并在 2016 年超过美国，在数量上开始世界领跑，并保持很强的增长势头。

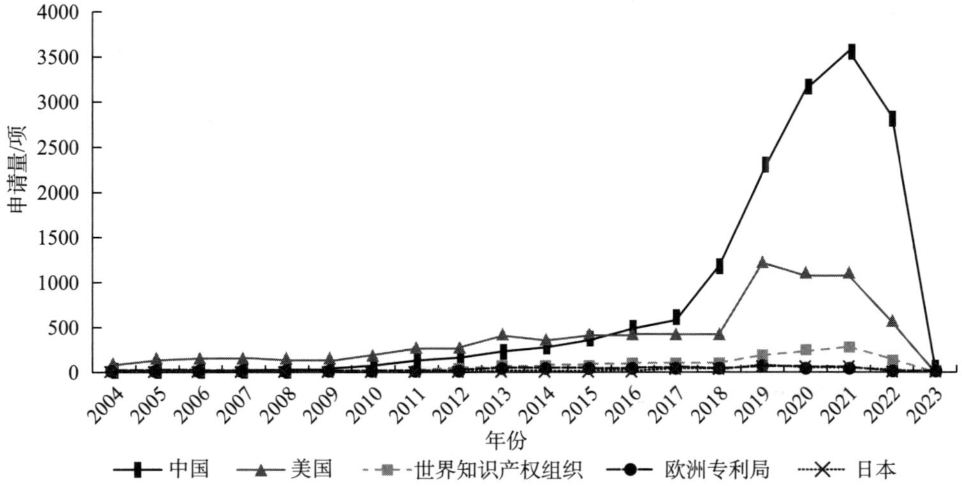

图 4 -5 -4 大数据计算资源调度主要目标地申请量趋势

4.5.3.3 主要创新主体

如图 4 -5 -5 所示，与其他计算领域类似，资源调度领域全球申请量排名前两位的仍然是 IBM 和微软公司，只是 IBM 数量上明显最多，达 1200 余项，排名第三位的腾讯公司与微软公司申请量相比仅少 100 余项，差距并不太大。第三位至第十位申请量相差也不大，华为公司为 400 余项，而谷歌公司也有 300 多项。由于资源调度技术对于大数据计算来讲是非常关键，资源调度的效率决定了计算效率和计算成本，因此在大数据计算领域布局的公司，也大都会关注资源调度技术的创新。

如图 4 -5 -6 所示，该领域在中国发明专利申请数量最多的是腾讯公司，其次是中国平安，但是数量仅比腾讯的一半多一点，可以说腾讯公司遥遥领先。排名第三位是浪潮集团，对比全球申请量也可以看出，排名前三位的公司布局重点主要在国内，在国外布局较少。而华为公司在排名前十位的公司里，外国布局比率是最高的，因此，在国内排名下降到第六位。在全球排名前十位的 IBM、微软公司、甲骨文和谷歌公司，在中国的布局数量排名都未进入前十位。

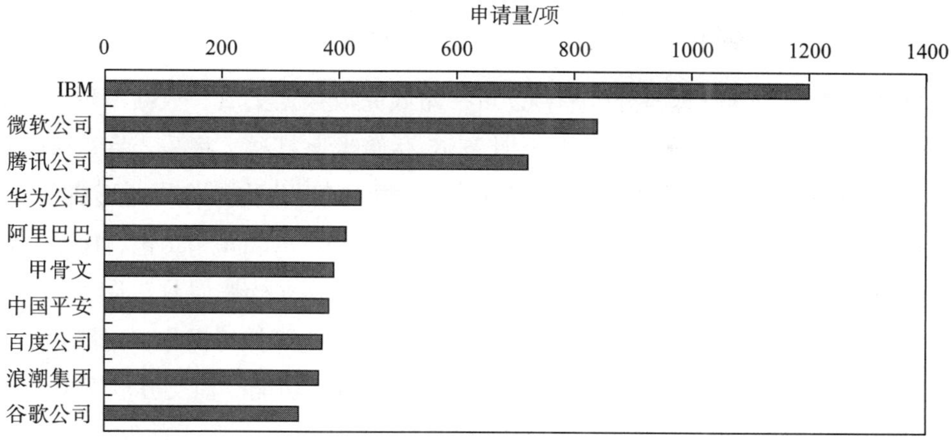

图4-5-5　大数据计算资源调度全球主要创新主体

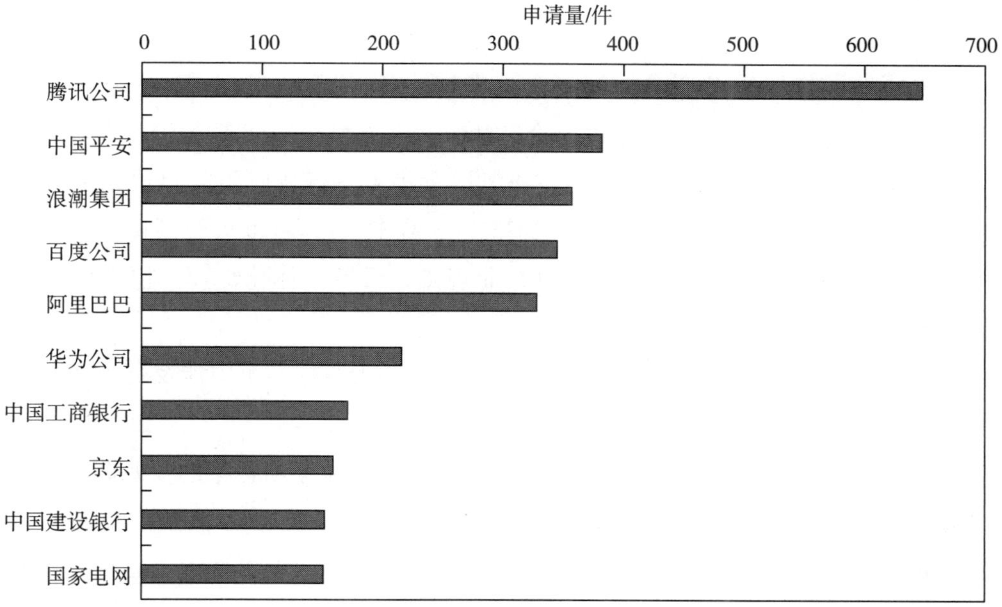

图4-5-6　大数据计算资源调度中国主要创新主体

4.5.3.4　典型企业及典型专利

（1）百度公司

百度公司是全球最大的中文搜索引擎，于2000年1月成立。百度公司2015年才正式做云计算，而百度智能云是基于百度公司领先的大数据技术，为企业构建采、存、管、用大数据基建体系，提供一站式数据资产构建和分析应用平台能力。其包括数据湖管理与分析平台（EDAP）、百度智能云 MapReduce、OLAP 引擎 - PALO 等。

EDAP 是大数据管理与分析平台，可一站式完成数据集成、数据治理、数据开发、数据分析、数据服务，并与云计算 & 存储生态打通，将采、存、管、用一体化。其中作业调度可以实现可视化作业编排，可视化拖拽将作业形成 DAG，按照图的顺序依次执行，支持多任务类型，比如 shell、python、jar 包、HSQL 等。并且支持自定义程序包以实现自定义任务类型，可以支持按照月、周、天、小时，分级别周期性调度以及单次执行，立即执行、停止等执行操作，对跳过、失败重试等设置执行策略，支持重跑、添加依赖等高级功能。而交互式分析支持 PB 级数据高并发实时查询分析，完全兼容 PostgreSQL 协议，与大数据生态（如：BMR、PALO、BOS）无缝打通，支持海量实时和离线数据的实时分析，支持多源联邦分析，可以直接分析 RDS、PALO、BMR - HBASE、BOS、BMR - HIVE、BMR - HDFS 等数据仓库、大数据存储的数据。

2022 年百度智能云发布全新战略“云智一体，深入产业”及“云智一体 3. 0”架构。在人工智能 IaaS 层的昆仑芯片以及人工智能 PaaS 层的深度学习框架飞桨和文心大模型，形成了“芯片—框架—大模型—行业应用”自成闭环的智能化路径，真正做到端到端的优化。2023 年 3 月 16 日，百度大模型文心一言公开邀测。大模型正在彻底改变云计算行业规则，云智一体化加速、模型即服务（MaaS）将成主流商业模式。

以下 2 个专利申请就是百度在结合深度学习的大数据系统中涉及资源调度的申请。

专利 1——CN108062246B，发明名称为“用于深度学习框架的资源调度方法和装置”。目前，可以采用 Kubernetes 平台实现对多深度学习框架的支持。在 Kubernetes 平台，开发者运行一个模型训练任务，需要开发者介入 Kubernetes 平台的资源管理工作，从平台申请到预期的计算资源容器，再申请不同的网络策略来配合训练任务的运行。该专利提出一种用于深度学习框架的资源调度方法，包括：间隔预定时间，从 Kubernetes 平台查询所有的深度学习作业对象的状态；响应于从各个深度学习作业对象中查询到状态符合提交资源请求状态的深度学习作业对象，向 Kubernetes 平台提交资源请求，以调度 Kubernetes 平台所处的物理机启动深度学习训练任务。

专利 2——CN114169427B，发明名称为“基于端到端自适应的分布式训练方法、装置、设备”。当前传统的分布式训练技术在易用性、鲁棒性、资源利用率几个维度上面临的问题还比较严峻。例如，常见问题包括自动化程度低、单点故障率高等。该专利提出一种基于端到端自适应的分布式训练方法：对待训练的模型进行切分，得到切分结果；对分配给待训练的模型进行训练的计算资源进行解析，得到计算资源的属性，分配给待训练的模型进行训练的计算资源是根据待训练模型的计算资源需求、其他正在训练的模型所占用的计算资源以及空闲的计算资源确定的，计算资源的属性用于表征计算资源的拓扑关系、任务处理能力中的至少一种；利用计算资源的属性，确定每个切分结果在计算资源中的分布策略；根据分布策略，利用计算资源对待训练的模型进行分布式训练；从而实现模型训练的端到端自适应调节。

由上述专利可以看出，百度公司逐渐在将传统的大数据计算系统与深度学习进行结合，实现端到端优化。

（2）华为公司

华为云成立于2005年，隶属于华为公司，专注于云计算中公有云领域的技术研究与生态拓展，为用户提供一站式云计算基础设施服务。2022年9月15日，在华为云全球创业者峰会期间，华为云宣布正式启动华为云加速器。同年11月华为云发布《预训练大模型白皮书》。

在华为大数据平台架构下，分布式计算框架包括了管理组件Yarn，功能组件MapReduce、Spark、Storm等，再到上层的应用组件，包括了开源轻度增强的、开源孵化增强的以及开源深度增强的，还有一些自研的数据分析工具，这些组件保证了华为大数据平台的功能，具有如下特点：百分百开源的核心支持混合负载，支持批量查询、交互查询、数据挖掘到流式查询等多种场景。在开源Hadoop平台的基础上，华为公司的FusionInsight HD围绕数据的采集、分析和消费，在典型场景下，比如数据中心运维、日志分析、历史数据查询、实时事件处理、客户特征画像等方面形成了一系列的解决方案，可见华为公司的FusionInsight大数据平台既源于开源，又不止于开源，在大数据平台的高可靠、高安全、高性能以及集群管理方面都有所提升。

下面简要介绍华为公司有关资源调度的2件典型专利。

专利1——CN105512083B，发明名称为“基于YARN的资源管理方法、装置及系统”，原始申请人为华为公司，现在的专利权人为超聚变数字技术有限公司。每向集群中增加一种处理逻辑不同的FPGA，就需要重新实现Yarn资源管理平台，才能对新的专用计算资源进行支持。另外，集群资源表示维度过高也会影响资源调度器的调度效率。因此，如何将FPGA这种新的计算资源加入Yarn中成为当前需要解决的技术问题。该专利提供一种基于 Yarn 的资源管理方法，通过在作业报文中携带基于扩展计算框架编写的应用程序和应用程序配置，应用程序配置包含应用程序标签和各子任务所需的资源容器描述，资源容器描述包含资源类型和资源量，需要加速的子任务的资源描述容器描述中，资源类型包括 FPGA 资源类型；基于集群中所有 NM 的空闲资源容器描述和资源标签为 AM 分配计算资源，使用资源标签标注应用程序中各子任务加速所需的 FPGA，经扩展后的集群资源表示模型仅与集群支持的计算框架的种类相关，从而在将 FPGA 加入 Yarn 中时，克服了由该计算资源的专用性导致的 Yarn 中资源表示维度动态扩展问题，增强了 Yarn 中资源管理的灵活性。

超聚变数字技术有限公司是从华为公司分离出的子公司，专门提供算力基础设施和服务。该专利涉及大数据任务调度，随着深度学习技术的发展，FPGA 成为常见的算力资源，因此如何对此类资源进行调度是该专利创新的出发点。

专利 2——CN104834561B，发明名称为“一种数据处理方法及装置”。现有技术中融合多种计算框架的资源管理系统在处理数据任务时，不是根据运行时间和资源消耗选择计算框架，数据处理效率较低，降低了系统的工作性能的问题。该专利提出一种方法：针对子任务集中每个子任务，确定候选计算框架，并预测每个候选计算框架执行该子任务时对应的运行时间和资源消耗，并根据预测的每个候选计算框架执行该子任务时对应的运行时间和资源消耗，在候选计算框架中，筛选出执行该子任务的目标计算框架，执行该子任务。这样，资源管理系统根据运行时间和资源消耗在多个计算框架中选择目标计算框架执行每个子任务，提高了数据处理效率以及系统的工作性能。

4.6 本章小结

从批处理到流计算、图计算、实时计算、内存计算，从 SQL 到 NoSQL，从 OLAP 到深度学习、大语言模型，从静态调度到动态调度，大数据计算技术根据数据计算场景和计算需求不断演进，每一类技术都有自身优势，而又在往“融合”和“小而美”的方向演进。在专利创新上，各个创新主体更是紧跟技术演进趋势和落地需要，不断地进行专利布局，较为抢眼的仍然为 IT 和移动互联网公司，它们不仅通过自己的开源大数据平台产品对自己的创新成果进行造势和推广，并基于各类用户的反馈完善产品性能，进而进行专利布局，形成开源和知识产权互补的创新闭环。虽然大数据平台使用者可以在一定程度上免费使用开源工具，但是当需要结合自身需求进行改进时，往往需要额外关注相关专利情报，这样既能有效避免专利纠纷，又能为自身技术创新带来启示。

根据本章对大数据计算技术及其各个关键技术分支的专利状况分析，不难发现，大数据计算技术领域的创新空间广阔，虽然各大知名企业的申请量占据明显优势，但是由于布局空间广阔，仍然对初创公司以及其他类型创新主体留有较大创新空间，只是在专利申请时需要额外进行专利情报检索，避免专利申请不具备专利法规定的新颖性或创造性。另外，随着 ChatGPT 等大语言模型的落地效果被使用者广泛接受，为深度学习和大语言模型服务的大数据计算技术相关的专利申请量开始增长，预示着大数据计算将迎来新的发展期。

第 5 章　大数据应用

5.1　大数据应用介绍

随着信息技术的快速发展，数据的产生速度越来越快，大数据成为产业界、学术界以及各个国家政府关注的焦点。2011 年 5 月，麦肯锡第一次将大数据的概念从技术圈引入企业圈，指出："只要有合适的政策与实现手段的支持，大数据必将成为竞争的关键基础，支撑着新一波的生产力增长、创新发展与消费者剩余。"在学术领域，美国麻省理工学院联合加州大学圣芭芭拉分校、波特兰州立大学等，成立大数据科学技术中心，研究大数据技术与应用。在政府方面，美国于 2012 年 3 月在白宫网站发布了《大数据研究和发展计划》，支持大数据技术研发与应用。大数据受到社会各界的广泛关注，研究大数据应用的一般规律，是十分有价值的。

当前，以大数据、物联网、云服务、移动互联网等为代表的新一轮信息技术正在改变着商业模式，并逐渐影响人类的生活方式甚至是思维方式。新技术提升了信息的采集能力、传输能力、存储能力、处理能力与应用价值。大数据技术是为从大容量、高频率、不同类型和结构的数据中获取价值而设计的新一代架构和技术的总称，大数据技术涉及数据价值的各个方面，实现对海量、非结构化数据的采集、传输、存储、处理与应用，是对数据价值整体的提升。其中，采集、传输、存储与处理都是技术与手段，而应用才是大数据的最终目的，也是大数据能力的核心所在。

5.1.1　大数据应用的层次

大数据应用包括三个层次：初级应用、中级应用、高级应用。初级应用是指采用传统的数据仓库等分析工具挖掘处理大量的数据，用统计学等方法得出结论。中级应用是指用新的大数据技术对海量大数据进行处理、分析与预测。高级应用是指用大数据思维看待社会发展，用大数据技术推进社会的发展，对个人、企业、政府作出改变，对整个社会变革产生深远的作用。目前，大数据应用的发展潜力巨大。如阿里巴巴、百度公司等部分互联网企业，其大数据应用已达到高级应用的水准。

5.1.2 大数据应用功能类型

大数据应用功能主要包括精准预测、决策辅助、精准营销、商业模式创新。

（1）精准预测

预测是大数据的核心应用。微软公司增加了世界杯预测的功能，基于微软大数据，综合考虑世界杯各支球队的过往比赛结果、比赛时间、天气情况、主场优势以及其他因素，使用大量的博彩市场公开数据、民意调查、社交媒体以及其他在线数据，利用大数据分析来判断每场比赛的结果。

（2）决策辅助

通过对海量的数据进行深度挖掘，实现可视化分析，为业务管理、领导决策和突发事件的应急处理提供科学依据。

（3）精准营销

大数据能够帮助企业分析大量数据，从而进一步挖掘市场机会和细分市场，然后对每个群体量体裁衣般地采取独特的行动。中国银行已在前端柜面平台系统的数据库部署了大量的 SQL Server 解决方案。结合微软公司的全球统一客户经理平台项目，中国银行得以实现了客户精准营销分析。

（4）商业模式创新

大数据让企业能够创造新产品和服务，改善现有产品和服务，创新业务模式。阿里金融基于海量的客户信用数据和行为数据，建立了网络数据模型和一套信用体系，打破了传统的金融模式，使贷款不再需要抵押品和担保，而仅依赖于数据，使企业能够迅速获得所需要的资金。

5.1.3 大数据应用的数据来源

大数据应用的数据来源主要包括互联网数据、政府数据、企业经营管理数据和自然环境数据。

（1）互联网数据

互联网上每时每刻都在产生海量的数据，其中以“BAT”（即百度、阿里巴巴、腾讯）为代表的互联网公司贡献了其中的大部分数据。阿里巴巴通过淘宝、天猫、支付宝等应用掌握大量的电商数据；百度公司通过百度贴吧、百度新闻等应用掌握了社区、新闻资讯、视频、地图、ID 等数据；腾讯公司通过 QQ 与微信等应用掌握了电商、支付、交友、社区等数据。

（2）政府数据

政府数据主要包括政务数据与监管数据。政务数据涵盖了商务、教育、公安、民政等诸多方面的数据，以相关政府部门统计为主，因此多为结构化数据。监管数据包括环保监测、气象与地理、交通旅游、公安网监、国安技侦、舆情监控、食品溯源等。

（3）企业经营管理数据

企业经营管理数据包括经营数据与管理数据。经营数据多为结构化数据，数据量相对较大。管理数据一般包括文件、报表、邮件、分析报告、预测报告等，属于半结构化数据，数据量相对较小。

（4）自然环境数据

自然环境数据主要指土地、土壤、空气质量监测、地震勘探、气象、卫星遥感、雷达等数据，数据量庞大，且以非结构化数据为主，分析难度很大。

综上所述，互联网是当前大数据应用最活跃的领域，互联网数据也是大家最关注的数据来源。

5.1.4 典型大数据应用

随着数字经济的发展，数字化进程持续推进，数据技术拥有了广泛的端到端应用场景，而借助数据技术可以实现“数据—信息—知识—决策”的转换，助力实体经济的创新发展。以腾讯云大数据的发展历程为例，其包括四个阶段：从第一代的离线计算，到第二代的实时计算，再到第三代的机器学习，最后发展到如今以隐私计算、数智融合和云原生为代表的第四代。经过多年的经验积累与技术沉淀，腾讯云大数据逐步建立了独特的差异化竞争优势，实现了产品的迭代创新及应用落地。丰富的腾讯云大数据产品，还需切实落地到场景中才能看到成效。截至目前，腾讯云大数据产品已经成功应用在政务、金融、能源、地产、制造业、互联网、媒体、医疗、教育、出行等多个领域，实现了数字化转型。

在金融行业，腾讯云与中信建投证券联合上线证券行业首个国产化大数据平台。该平台全面基于腾讯大数据套件 TBDS，从编译环境搭建、部署适配、功能验证等多维度出发，深度满足用户的国产化需求，加快金融行业实现全面自主可控的进程，高效提升业务服务质量，为金融行业高质量发展打开新思路。

在电力行业，腾讯云大数据为南方电网提供性能优化参数。深入南方电网的业务场景，协助设计新业务架构，通过构建统一数据湖，将各业务数据统一归集到数据湖底座，数据服务层作为数据中心对外提供服务能力的应用层，有效加速数据应用的融合。

在制造行业，腾讯云基于大数据，助力三一重工进行数字化转型。三一重工通过与腾讯云的云计算能力相结合，把设备接入平台并实时采集运行参数，利用云计算和大数据，远程管理庞大设备群的运行状况，不仅实现了故障快速维修，还大大减轻了备件的库存压力。

在零售行业，腾讯云大数据中台帮助永辉超市实现品种优化和销售预测，通过正确的人才洞察，大幅提高店铺经营效率，同时为永辉超市的沉淀会员提供更好的服务。

本章将结合大数据应用的典型领域，选择电子商务、电力领域、环境气象三个典型应用进行介绍。

5.2 电子商务大数据应用

5.2.1 电子商务大数据概述

5.2.1.1 概念

电子商务主要包含两类活动，一是在互联网平台上进行电子交易活动；二是在互联网平台上从事市场调查分析、资金往来和销售服务等各类商业活动。

电子商务有很多种分类方法，按照交易所涉及的对象分类如下。

企业与企业之间的电子商务，是指企业与企业之间在互联网平台上进行的各类商业活动，主要包括企业与企业之间的网上交易，也包括企业与企业之间开展的商业交流和合作。

企业与消费者之间的电子商务，是指企业在互联网上直接向顾客销售公司产品或提供相应服务，也包括顾客在互联网平台上参与企业的商务活动。B2C 模式是最早在互联网上创立的商业模式之一，企业在互联网上给客户提供一个透明、便捷、综合比价的新型购物平台，顾客可以在该平台上进行购物、网络支付，节约交易成本，提高企业的交易效率，提升顾客的体验。

消费者之间的电子商务，是指消费者与消费者之间商业活动的往来。这种电子商务类型类似于跳蚤市场，消费者与消费者之间进行交易，电子商务平台就是提供一个平台，并提供相应的监管。

消费者与企业之间的电子商务以及任意一个或多个之间的电子商务。

电子商务大数据指在电子商务发展过程中所产生的大量数据，这些数据涵盖了电子商务平台、消费者、产品、交易和营销等方面的信息。这些数据具有多维度、高频率、大容量、异构化和实时性等特点，需要通过大数据技术和分析方法来有效地进行挖掘和利用。

5.2.1.2 关键技术

电子商务大数据的关键技术包括数据挖掘。数据挖掘是应用有效的算法，检测给定数据中包含的所需模式。该技术能够有效挖掘与分析客户数据，能够将数据结果系统化并且归纳化，揭示出客户潜在的兴趣模式，帮助企业管理者动态调整市场策略，降低风险，增强市场竞争力，作出正确决策。数据挖掘涵盖多门学科，包括数据库、信息科学、关联规则、可视化、统计学、并行计算、分布式计算等。在电子商务中，数据挖掘可以帮助企业获取用户的消费习惯、偏好和行为习惯等，为企业提供有据可依的数据支持。

1）关联规则算法

大多数电子商务企业在经营过程中所产生的海量数据，被称为购物篮事务，由事务组成的数据库被称为事务数据库，每行数据为一个购物订单，每个订单都有一个唯一标识 TID，使用关联分析方法可以发现事务间的联系，比如关联规则或者频繁项集。

2）聚类分析

聚类是从数据中发现内部结构的一门技术。聚类把全体数据实例整理为相似的群体，即簇。在同一簇中，数据实例具有相似特性。聚类技术是一种无监督学习，相较于监督学习，它不存在用于描述聚类中数据类别的分类和分组信息。数据之间的相似性是通过定义距离或相似性系数来确定的。距离相近的样本点被分配到同一个簇中。在数据预处理过程中使用聚类分析，使得原本具有复杂结构的多维数据，通过聚类分析聚合数据，标准化复杂结构数据。

3）商品推荐算法

基于用户画像建模，利用推荐算法可以实现商品精准推荐，提高用户购买转化率和销售额。

（1）协同过滤推荐

协同过滤推荐是较早的个性化推荐系统，由于其对推荐资源的类型无限制、适应性强等优点，得到了广泛使用。协同过滤是一种常见的推荐算法，它通过分析用户的行为和偏好，发现用户之间的相似性，从而为用户推荐他们可能感兴趣的物品。协同过滤算法主要分为两类：基于用户的协同过滤和基于物品的协同过滤。基于用户的协同过滤是先计算用户之间的相似度，然后根据相似用户的行为和评分来预测当前用户对未评分物品的感兴趣程度；基于物品的协同过滤是先计算物品之间的相似度，并根据当前用户对相似物品的评分来预测其对未评分物品的感兴趣程度。

（2）基于内容的推荐

基于内容的推荐，依靠的是内容本身的相似性，比如把文本进行表征，变成多维的向量，来计算物品的相似度。其由于基于物品本身的文本或图像特征，没有冷启动问题，但是一般效果较差，因为很难在内容特征中提取用户偏好级别的内容相似性。

（3）关联规则推荐

关联规则的概念最早由 Agrawal 等人于 1993 年提出。作为数据挖掘领域的一项重要技术，关联规则的目的是从大量数据中挖掘出项目之间存在的相关关系。关联规则推荐能对商品交易数据进行分析，找出其中被同时购买的商品，并生成若干规则，然后结合用户当前的购买行为对用户进行推荐。

（4）混合推荐

为了避免各个算法自身存在的缺陷，提高准确性，产生了混合推荐技术。混合推荐即采用算法融合的方式进行推荐。其中，协同过滤和基于内容的推荐算法的混合是最为常见的一种混合方式，此类混合包括两种模式：①分别使用协同过滤、基于内容的推荐各自产生一个推荐结果，然后依据某种策略将两种结果进行组合；②以一种推荐算法为框架，融合另一种推荐算法。此外，协同过滤算法中的不同类型算法的融合也是常见的混合方式，如基于用户的协同过滤与基于物品的协同过滤的混合。混合推荐算法通常具有较高推荐准确性，但该类算法较复杂，技术实现难度较高，执行效率往往不如单一的推荐算法。

（5）Slope One 推荐算法

Slope One 推荐算法通过计算物品之间的评分差值建立线性预测模型以预测未评分物品的打分值，具有计算简便、易于实现且计算高效等优点，适用于即时推荐任务。该算法假设两个物品的评分之间存在线性关系，设定物品之间评分的线性关系为 $f(x)=x+b$，通过计算两个物品的评分差值，在已知待推荐用户对物品 A 的评分的条件下，通过物品 A 和 B 之间的线性关系预测待推荐用户对于物品 B 的评分。

5.2.1.3 专利布局状况

在技术发展的过程中，创新主体也通过专利的方式对自己的创新进行了保护，下面通过专利申请情况，对电子商务大数据的技术发展情况进行分析。

1）专利申请态势

通过对电子商务大数据的相关专利进行检索（检索截止日期为 2023 年 4 月 30 日），全球电子商务大数据的相关专利申请合并同族后为 70504 项，专利申请态势如图 5－2－1 所示。可以看出，在 2012 年以前，电子商务每年专利申请量并不多，从 2003 年的 1000 项左右开始平缓增长，到 2013 年达到近 2000 项。从 2014 年起，得益于人工智能、大数据等技术的快速发展，电子商务大数据的专利申请量也呈现出快速增长态势，到 2020 年，已达到 8000 余项。由于 2022 年的很多专利申请尚未公开，因此申请量的统计数据不够全面。

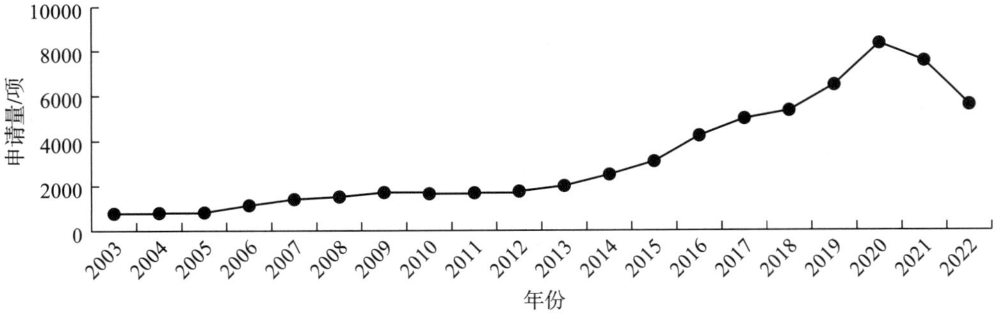

图 5－2－1　电子商务大数据全球专利申请趋势

2）技术目标地

通过统计专利申请公开的国家/组织，我们可以从中分析这些技术的目标国家/组织。根据图5－2－2可知，中国是电子商务大数据专利申请的重要目标国，占比达 40%，而美国占 26%，排名第二位。美国和日本两国合计达到 40%，韩国和欧洲专利局分别为 7% 和 2%。中国电子商务企业快速发展，因此申请量占比较大，美国传统的互联网电子商务企业也同样占有重要地位。

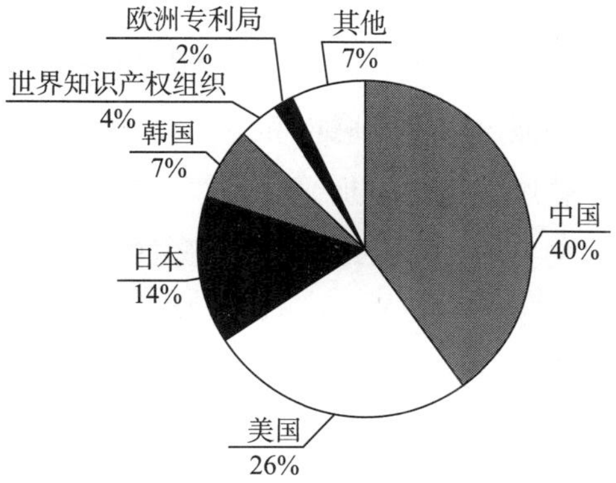

图5-2-2　电子商务大数据专利申请目标地申请量占比

3）主要创新主体

图5-2-3示出了电子商务大数据全球的创新主体排名，排名前十位的创新主体中，第一位、第二位为中国的阿里巴巴、京东，其为中国两大电子商务企业，第三位、第四位、第五位为美国的谷歌公司、IBM和微软公司，中国的腾讯公司排名第六位，排名第七位的是亚马逊，日本的富士通、雅虎日本、日本电气分别排在第八位、第九位、第十位。中国电子商务企业在近几年快速发展，专利申请量也急剧增长，在申请量上已经超过国外的一些著名的互联网、电子商务企业。

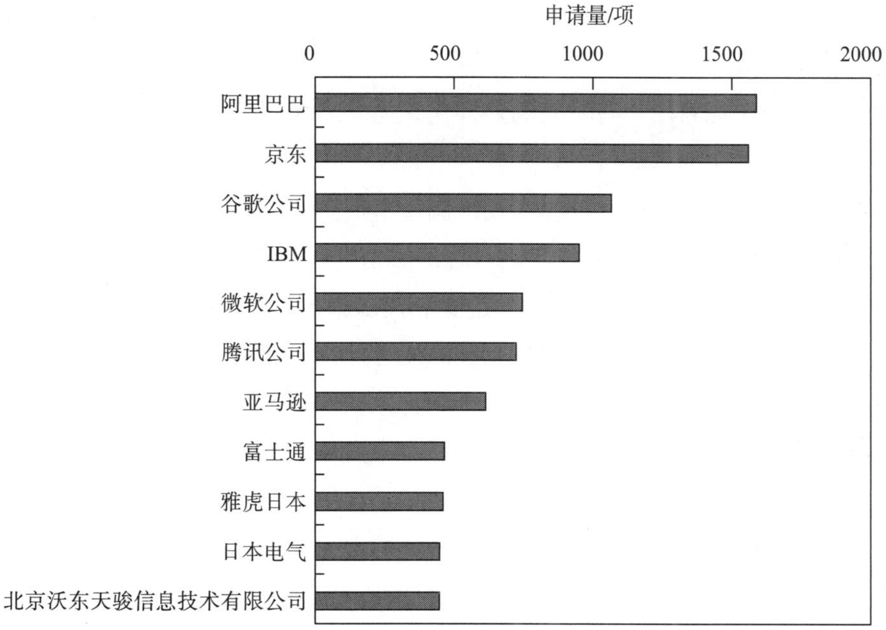

图5-2-3　电子商务大数据全球主要创新主体

5.2.1.4 主要应用场景

大数据具有信息资产的特性，高效可靠。大数据技术已经应用于生活的很多场景，其中，体现最为明显的就是互联网和电子商务企业。这些企业对大数据的引入和应用最为明显，获取数据也更加简便直接。例如，电子商务企业阿里巴巴和百度公司等利用互联网云服务等技术建立了海量的数据平台，对用户信息进行充分挖掘，构建消费者预测模型。又如，京东依据自身强大的大数据库，建立了商品自动调价模型，根据消费者的购买能力及心理价位提前进行商品定价。

1）用户画像

用户画像最初的目的在于帮助企业找寻目标用户，明确他们的喜好与厌恶，从而优化产品功能与服务，最终创造出更多的商业与社会价值。用户画像的概念最开始是被交互设计之父阿兰·库珀提出来的，他认为用户画像就是针对用户映射出来的虚拟表，进而创建用户模型。如果企业想要真正抓住核心的用户，就要知道该用户到底是什么样？具有什么特征？年龄到底多大？喜欢哪类东西？

在互联网的时代，用户画像已成为保障整个公司长期稳定发展的利器。用户之间都存在差异，每个用户都是个性化的，所以一些大众化的服务已经不能满足用户的很多需求。为了打破这种瓶颈，可以使用大数据相关技术手段来对用户的需求和特征进行有效的分析，从而构建用户模型。电子商务企业可以利用拥有大量用户数据的优势，在保证不泄露用户信息的情况下，发挥数据的潜在价值，实现用户和企业双赢。用户画像不仅是利用简单的基础信息构建的，还结合数据挖掘的知识，来实现为用户打标签的多样化，建立多维度模型，从而为接下来的推荐打好多方面坚实的基础。

除从概念的角度分析之外，从用户画像所需要实现技术的角度，可以把它理解成对海量的数据进行打标签操作。根据不同用户的行为、观点以及期待，把他们分为多种用户类型，然后在这些类型中找出共同的特性。对用户赋予一些性别、年龄和偏好等人口统计学的标签。除此之外，还有一些对场景的描述，例如用户的消费能力等信息，最终创建一个人物原型。通过数据来说话，以找到运营的策略，是一种非常有必要的事情，也是将来发展的趋势。

2）推荐系统

随着互联网时代的发展和大数据时代的到来，人们逐渐从信息匮乏的时代走入了信息过载的时代。为了让用户从海量信息中高效地获取自己所需的信息，推荐系统应运而生。

推荐系统的主要任务就是联系用户和信息，它一方面帮助用户发现对自己有价值的信息，另一方面让信息能够展现在对它感兴趣的用户面前，从而实现信息消费者和信息生产者的双赢。基于大数据的推荐系统，通过分析用户的历史记录了解用户的喜好，从而主动为用户推荐其感兴趣的信息，满足用户的个性化推荐需求。

推荐系统是自动联系用户和物品的一种工具，它通过研究用户的兴趣爱好，来进行个性化推荐。以谷歌公司和百度公司为代表的搜索引擎可以让用户通过输入关键词精确找到自己需要的相关信息。但是，搜索引擎需要用户提供能够准确描述自己的需求的关键词，否则搜索引擎也无能为力。与搜索引擎不同的是，推荐系统不需要用户提供明确的需求，而是通过分析用户的历史行为来对用户的兴趣进行建模，从而主动给用户推荐可满足他们兴趣和需求的信息。每个用户所得到的推荐信息均与自己的行为特征和兴趣有关，而不是笼统的大众化信息。

随着推荐引擎的出现，用户获取信息的方式从简单的目标明确的数据搜索转换到更高级更符合用户使用习惯的信息发现。随着推荐技术的不断发展，推荐引擎已经在电子商务（如亚马逊、当当网）和一些基于社会化的站点中取得很大的成功。在电子商务、社交网络、在线音乐和在线视频等各类网站和应用中，推荐系统都起着很重要的作用。

亚马逊作为推荐系统的鼻祖，已经将推荐的思想渗透在应用的各个角落。亚马逊推荐的核心是，通过数据挖掘算法和用户与其他用户的消费偏好的对比，来预测用户可能感兴趣的商品。亚马逊采用的是分区的混合机制，即将不同的推荐结果分不同的区显示给用户。

3）物流管理

随着我国电子商务的快速发展，物流业也保持着高速的增长步伐，随之产生的数据正在成倍增长。现如今已进入物流4.0时代，智慧物流、物联网、人工智能、大数据、云计算等是其典型的特征，在物流管理中应用大数据技术，对物流数据进行挖掘和分析，以提高物流管理中的服务水平，获取更大的效益，是现代物流管理发展的必然趋势。

大数据在物流管理中的应用主要包括运输、仓储、配送等，相关的决策有：计算库存、调配原材料、调度配送路线以及货物运输。大数据应用的目的在于优化仓储管理、补充库存数量、最优化配送中心选址以及最小化运输成本等。

大数据分析在货运领域的应用是最为常见的，主要体现在优化选址、库存规模与供货路线等活动中。通过大数据分析，可以对企业的客户进行分组，对于交通路线、交通模式以及不同产品的品类等相关要素进行划分和归类，便可以此作为相应的基础和依据。

交通和路线选择是物流管理中大数据分析应用最多的领域，很多企业通过使用加载GPS导航的远程大数据信息处理技术，来对货运交通的路线进行优化。此外，交通分析能够提高车辆燃料的使用效率，进行预防性检修和报警，从而优化司机行为和行车路线，提高运输的效率和效益，对于天气及其他的干扰性因素的实时记录和分析也有助于路线优化。

射频识别技术在库存管理中的应用效果显著，其具有所含信息量大、可重复及远程读取等优点，广泛应用在动态追踪库存、确定位置及货物量以及规避安全风险等方面。

下面以沃尔玛、顺丰和德邦为例，说明大数据在物流管理中的实际应用。

（1）沃尔玛对大数据的应用

沃尔玛拥有海量顾客的交易量，它们大量收集顾客的数据，将其储存在数据库中，所有数据都将进入综合技术平台进行处理。仓储经理利用该系统分析具体销售数据，优化产品分类，并通过质量检验将产品分配到当地社区。此外，沃尔玛分布在全球多个国家的大量的供应商可以共享其在系统中的数据和分析结果，通过将自家公司的零售链平台与沃尔玛系统对接，供应商们可以追踪自家公司的产品，这样供应商们就可以了解每家商场内不同类型产品的需求状况，及时获取各个商场需要再次进货的时间和数量信息。

（2）顺丰对大数据的应用

顺丰是我国最早成功地在物流管理中应用大数据技术的企业之一，顺丰早在几年前就建立了顺丰大数据平台，其包括大数据解决方案和物联网大数据应用等技术。在物流领域大数据解决方案层面，目前，顺丰经过多年来的自主研发，已基于“天网”+“地网”两大基础物流系统，组成了顺丰的“信息网”。顺丰大数据平台对接顺丰物流的每个环节，能够管理物流领域中的海量数据，实现了顺丰物流的全面数字化管理，让物流快递的每一个环节、每一个快件都可以即时追踪。在完成数据管理应用的基础上，顺丰大数据平台融合云计算、人工智能等新技术，在顺丰物流数据分析与决策上加以应用，通过快递件量预测、库存分仓管理、配送路线规划等智慧物流决策，实现降低物流成本、提升物流效率的目标。

（3）德邦对大数据的应用

近几年，德邦在数字化IT技术上加大了投入，并建立了数字化指挥中心。

该指挥中心目前可显示全国多家外场、多个网点的全景视频。随着数字孪生黑科技的引进和应用，德邦通过对快递各环节信息的采集，把快递转运场景映射到虚拟的数字化模型上，使用大数据技术，对外场的货量进行预测，并提前获得中转场货量饱和度等提供给枢纽中心管理者，可以科学合理地调度快递在中转场地的进、出港环节流动，实现企业效率和成本价值的最大化。

4）社交网络

随着互联网技术的高速发展，网民的数量呈指数上升，社交网络进入了用户重视参与度和体验感的时代。社交网络是一种在信息网络上由社会个体集合及个体之间的连接关系构成的社会性结构，使得人类使用互联网的方式从简单的信息搜索和网页浏览转向网上社会关系的构建与维护，以及基于社会关系的信息创造、交流与共享。

移动互联网时代，用户产生内容不断发展，社交网络已经深入人心，用户可以随时随地在网络上分享内容，由此产生了海量的用户数据。大数据时代的到来，使得社交网络具有更多实用价值。

先看一组数据❶：微信每分钟有 395833 人登录，19444 人在进行视频或语音聊天；新浪微博每分钟发出（或转发）64814 条微博；Facebook 用户每天共享的信息超 40 亿条；Twitter 每天处理的数据量超 3.4 亿条；Tumblr 博客作者每分钟发布 2.7 万个新帖；Instagram 用户每分钟共享 3600 张新照片……

由于社交网络平台的多样化，社交网络涉及的大数据也更加多元化。随着移动互联的发展，各种社交网络平台不断涌现，如 QQ、微信、新浪微博、Facebook、Twitter、Instagram 等。不同网络社交平台上交流的侧重点又不一样，因此产生了大量的社会学、传播学、行为学、心理学等领域的社交数据。来自各行业的企业都致力于对这些数据进行挖掘分析，从而更加精确地把握事态的动向，找准营销对象。

基于社交网络大数据的技术——探码大数据处理平台，采用先进的网络爬虫技术、分布式计算，对目标数据源进行网络信息的数据采集、数据提取、数据挖掘、数据处理，从而为各种信息服务系统提供数据输入。

在大数据的浪潮中，社交网络大数据的应用，将会为企业带来更多的收益，推动大数据分析在各行各业中的应用和推广，为企业和社会带来更大价值。

---

❶ 千锋大数据开发学院．社交网络大数据的应用有多大的价值［EB/OL］．（2019-03-05）［2023-07-31］．https：//www．sohu．com/a/299202836_100123073．

5.2.2 精准营销

5.2.2.1 概念

精准营销是基于对用户的精准划分、精准定位，找到用户的需求、痛点，在合适的时间采用合适的方式对合适的用户进行合适的产品营销推荐，达到有效降低营销费用的效果。精准营销包括精准数据、精准分析以及精准推送。

大数据精准营销的含义是针对多个数据源的数据汇总，借助大数据采集、分析等技术能力，分析和提炼各有效维度数据，识别用户画像进而预判用户行为动向，使企业可以向用户输出针对性营销，规划一对一用户沟通服务体系，优化用户转化率，这就是大数据精准营销。大数据精准营销的目的是在对用户有效分析识别的前提下，在恰当时间以恰当方式将恰当产品信息传递给恰当的人。在大数据时代，企业营销已经升级至精准营销，即企业所面对的用户不再是按群体划分的一类人，而是具体到形形色色的单个人。企业所面对的是有个性的、独特的人。在大数据时代，推送平台不再通过轰炸式的大规模推送信息来获取用户的关注，企业在大数据精准营销时，希望达到提高转化率、降低营销成本的效果。

5.2.2.2 技术发展情况

亚马逊作为全球领先的电子商务平台，通过持续的技术创新和用户体验的改进，取得了巨大的成功。亚马逊利用大数据分析和机器学习等技术，实现了个性化的推荐系统，根据用户的购买历史和喜好，为其提供精准的产品推荐。此外，亚马逊还采用了机器人和自动化技术来提高物流和仓储效率。例如，该公司引入机器人助力的自动化仓库系统，实现了更高效的订单处理和快速配送。

阿里巴巴作为中国最大的电子商务平台，以其在移动支付、大数据分析和物流领域的突出表现，引领了数字经济的发展。阿里巴巴通过支付宝等移动支付平台，实现了便捷的支付方式，推动了移动端交易的快速增长。支付宝提供了安全、便捷的移动支付服务，用户可以通过手机轻松完成支付，促进了电子商务的发展和用户消费的便利性。阿里巴巴通过大数据分析和人工智能技术，实现了个性化推荐和精准营销，帮助商家更好地了解消费者需求，提供定制化的产品和服务。

京东作为中国领先的电子商务平台，以技术驱动的零售创新在数字化转型中取得了显著成就。京东通过自建物流网络和仓储系统，实现了高效的配送服务和库存管理。京东还通过大数据分析和人工智能技术，实现了精准营销和个性化推荐。该公司利用用户行为数据和购买记录，为消费者提供个性化的产品推荐和优惠券。京东还推出了自有品牌和合作品牌，通过大数据分析，深入了解消费者需求，推出具有竞争力的产品。

基于用户画像技术，从目标客户识别、目标客户描绘、消费异动准确把握和精准化推送四个方面阐明了用户画像技术的作用，帮助企业更好地认识大数据相关工具尤其是用户画像技术对助力企业实现精准化营销的意义，使企业能够尽快掌握相关技术，实现精准化营销。

5.2.2.3　专利布局状况

通过对全球专利库中有关精准营销主题进行检索（检索截止日期为 2023 年 4 月 30 日），共得到 41110 项专利申请。

1）专利申请态势

从图 5－2－4 可以看出，精准营销的全球专利申请趋势与电子商务大数据的全球专利申请的趋势基本相同，2003—2013 年平缓增长，从 2014 年起，得益于人工智能、大数据等技术的快速发展，精准营销的专利申请量也呈现出快速增长态势，到 2020 年，达到年申请量 4000 余项，2022 年的很多申请尚未公开，因此申请量的统计数据不够全面。

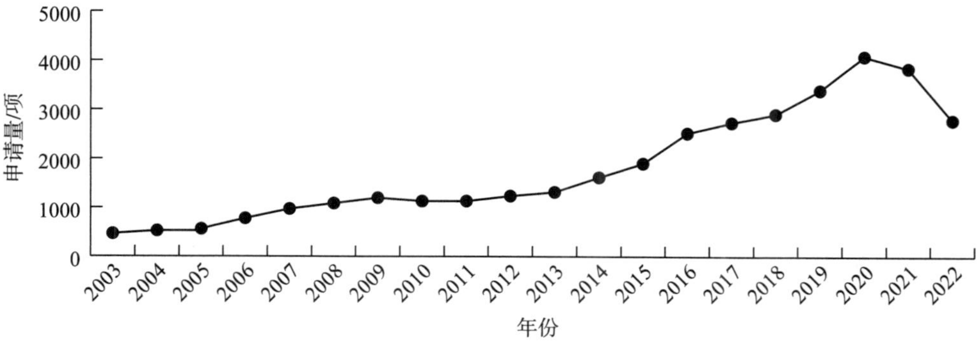

图 5－2－4　精准营销全球专利申请趋势

2）主要创新主体

图 5－2－5 示出了精准营销全球主要创新主体排名，排名前十位的创新主体中，排名第一位、第二位的为中国的阿里巴巴、京东，排名第三位、第四位、第五位的为美国的谷歌公司、微软公司和亚马逊，排名第六位的是 IBM，中国的腾

讯公司排名第七位，日本的雅虎日本、住友电气工业株式会社、索尼集团分别排在第八位、第九位、第十位。

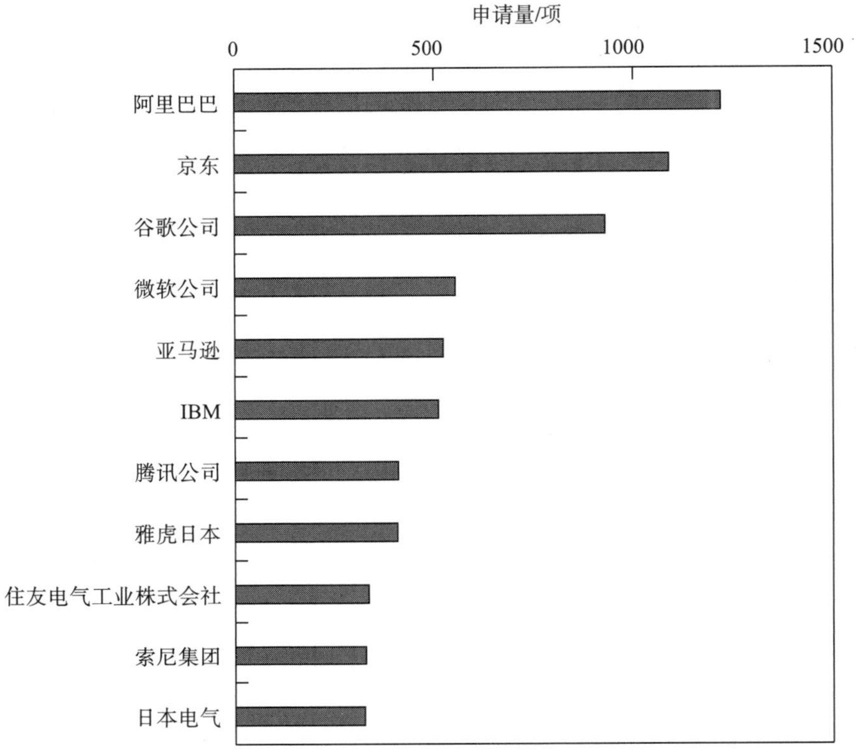

图 5-2-5　精准营销全球主要创新主体

3）典型企业及典型专利

（1）亚马逊

最为著名的电子商务推荐系统应当是亚马逊推荐系统。亚马逊推荐系统为亚马逊贡献了较高的销售额。

亚马逊推荐系统包含四个主要的构成部分：用户界面、用户模型系统、推荐引擎以及数据存储及检索系统。

用户界面，为推荐系统收集用户的数据，包括：①用户的隐性反馈数据，如商品浏览；②用户的显性反馈数据，如对某商品表示喜爱、评分和评论；③用户的社群特性，例如用户对某类商品的偏好。同时，用户界面为用户提供购物建议、个性化推荐产品、社群购物意见等。

用户模型系统，用于描述、存储和管理用户的兴趣需求。用户模型不是对用户兴趣的一般性描述，而是一种面向算法的、具有特定数据结构的描述。用户建模则是从相关用户兴趣和行为的信息中归纳出可计算的用户模型的过程。将用户兴趣信息转化为计算机能够理解的结构化形式，才能对用户兴趣进行分析和处理。

推荐引擎，利用推荐算法，根据用户界面返回的用户信息以及用户模型系统的相关数据，匹配推荐商品信息。其中，亚马逊最为著名的推荐算法是由G. Linden等创造的基于项目的协同过滤推荐算法，它有效地适应了电子商务系统庞大的用户数据集和商品数据集，能产生相对快速、高质量及个性化的推荐结果，迄今为止仍是各电子商务推荐系统的核心推荐算法。除了协同过滤算法，亚马逊还采用了许多独到的推荐技术。例如，进行推荐时，主动地提供推荐解释；对用户购物车进行分析，挖掘用户潜在需要的商品或周期性商品；为用户提供管理个人推荐系统规则的功能，使推荐系统更加人性化等。

数据存储及检索系统，为存储、检索和维护用户与商品数据提供可靠的支持性服务。亚马逊的推荐系统在算法层面上以传统的基于项目的协同过滤推荐算法为主，性能十分稳定和可靠；同时，亚马逊利用一定的方法技术，为用户开放了部分人性化的推荐系统设置，例如，选择不作为推荐依据的项目、设置隐私商品、查看推荐解释等。相对于淘宝和京东，亚马逊推荐系统的推荐信息服务在各方面都显得较为均衡。多年对于基于项目的协同过滤推荐算法的应用和对于推荐业务规则和场景的探索，为亚马逊的推荐系统积累了十分丰富的应用经验和庞大的用户数据，因此，无论是准确性方面还是时效性方面，亚马逊推荐信息服务都具有良好的表现。

下面对亚马逊相关精准营销典型专利进行简要介绍。

专利1——US7539632B1，发明名称为“提供活动兴趣信息的方法、介质和系统”。该专利是计算机实现的方法，包括：在一个或多个配置有可执行指令以执行以下步骤的计算机系统的控制下：为每次点击进入交互式目录的至少一个产品页面，确定推荐地址；对于每个产品页面，标识与在其内容中具有到该产品页面的超链接的评论页面相对应的每个推荐地址；确定在预定时间段内来自评论页面的每个产品页面的点击总数；从而显示在产品页面上标识的至少一个产品的列表以及每个评论页面的相应推荐地址，该列表根据点击次数的总数以降序排列直通。该系统和方法克服了传统方法的局限性和效率低下，还提供了有关可用产品的最新信息。

专利2——US10095771B1，发明名称为“根据关键字分析对项目进行聚类和推荐”。该专利涉及根据关键字分析对项目进行聚类和推荐的方法：使用代表项目的图来识别相关项目，该图包括节点和边缘，其中节点的第一节点表示项目的第一项目，并且其中所述边缘的边缘表示节点中的第二节点与节点中的第三节点之间的连接。所述连接指示与所述第二节点相关联的第二项目或与所述第三节点相关联的第三项目中的至少一个相关联的事件的同时出现；确定相关项目中各个项目的关键字；在相关项目的各个关键字中确定通用关键字；确定通用关键字的总数；使用通用关键字总数确定定义的主题数；和使用一部分公共关键字生成建议，其中该建议与定义的主题数相关联。该方法还配置所述至少一个处理器以对与项目相关联的产品描述信息执行潜在语义分析，以利用协作过滤技术来生成所述图。所述至少一个处理器使用所定义数量的主题来执行以下至少一项：分层聚类技术、基于质心的聚类技术、基于分布的聚类技术、基于密度的聚类技术或确定性退火聚类技术。该发明可以评估与该组中包括的项目相关联的描述数据，以便确定与该项目相关联的各个关键字和/或代表该项目组或该项目组的子集的公共关键字的列表，至少部分地基于共同关键字的列表，可以生成至少一个建议。

（2）阿里巴巴

阿里巴巴一直致力于技术创新，拥有先进的技术平台，包括云计算、人工智能、大数据等，这使得其在技术方面具有很强的竞争力，其他企业难以替代其技术。

跟阿里巴巴相关的推荐技术包括：超长兴趣实时检索推荐、多场景融合推荐、特征共现关系建模推荐、通用预训练推荐模型。

第一，超长兴趣实时检索推荐。一般推荐系统输入侧的用户行为序列特征长度在千以内，也就是最多只能输入用户的最近千次行为。但是在电子商务类场景中，用户有频繁的点击行为，每个用户有万级别丰富的行为数据。以往推荐系统的千级别用户行为序列并不能覆盖电子商务场景用户丰富的历史行为。因此，超长兴趣实时检索推荐技术创造性地提出了根据候选广告 Item 信息实时去用户全量行为库检索最相关用户行为进行推荐预估的方案。SIM 推荐模型创造了基于实时检索的工程与模型深度耦合的推荐系统新范式。

第二，多场景融合推荐。这个工作的业务背景是阿里巴巴有越来越多要推荐广告的业务场景，包括淘宝首页、猜你喜欢、中小场景、外部投放等多个场景。以往是每个场景单独建模，这样就使得有多个模型同时在线服务不同的推荐场景。众多模型逐渐造成了不可承受的计算资源和人力维护资源的开销。另外，服务的业务场景有很多是小场景，用户行为数据量较少，每个小场景独立建模会造成训练数据量不足、模型难于收敛到较优解的问题。

第三，特征共现关系建模推荐。这个工作的灵感源自阿里巴巴员工的一个实验发现，他们发现对序列特征和目标特征进行笛卡尔积组合之后能使推荐模型的离线指标有显著提升。但是这种特征输入端的组合会极大扩充ID编码的词典量，影响系统的扩展性，难以工业化上线。如何才能充分利用这种特征组合信息又保持系统的扩展性和工业化上线部署能力呢?

阿里巴巴提出了特征共现关系网络（Co－Action Network，CAN）。CAN可以在输入阶段就捕获原始特征的共现关系，同时能够有效利用不同“共现特征对”之间通用共享的信息。相比于笛卡尔积，CAN能够大幅降低模型的参数量。

第四，通用预训练推荐模型。现有业界应用的推荐算法所依赖的绝大部分特征都是不含语义的ID类特征。对于有更多语义信息的文字描述和商品照片，最终也是处理成一些本身没有含义的数字ID进入推荐系统。商品原始文字和图片的语义信息在现有推荐系统中并没有得到足够的重视。因为ID类特征本身是不含语义的，现有推荐系统就不得不在海量用户行为数据中去学习这些ID本身的含义和ID之间的相关性信息。这就造成现有推荐系统严重依赖海量的用户行为数据，在数据量不充足的场景下，推荐系统就存在冷启动问题、信息茧房问题等非常难以解决的技术难题。

中国人民大学和阿里巴巴合作预研了通用预训练推荐模型UniSRec。为了解决ID类特征不能够跨场景迁移的问题，UniSRec基于Item原始文本语义特征进行学习。具体来说，UniSRec基于预训练语言模型，使用商品文本学习通用商品表征，使用用户交互行为对应的商品表征序列来学习通用用户兴趣序列表征。由于使用原始文本特征作为输入，训练好的UniSRec推荐模型就可以通过在新场景上面作Finetune二次训练来进行迁移。[1]

下面对阿里巴巴相关精准营销典型专利进行简要介绍。

专利1——CN103218719A，发明名称为“一种电子商务网站导航方法及系统”。该申请为一种电子商务网站导航方法，其特征在于，包括：对网站日志数据进行用户行为的统计分析，得到与查询词对应的导航推荐模型所需的参考数据，所述参考数据包含与查询词对应的类目点击分布数据和/或类目购买分布数据和/或类目相关性分布数据；根据查询词对应的参考数据选择该查询词待使用的导航推荐模型；将查询词对应的参考数据输入所选的导航推荐模型中，计算查询词对应的推荐结果数据，其中，按照自底向上的推荐方式将符合条件的类目

[1] 省时查报告.2022业界广告推荐技术最新进展与趋势：阿里、腾讯、字节、微软［EB/OL］.（2022－09－25）［2023－07－31］. https：//www. shangyexinzhi. com/article/5219583. html.

和/或属性数据作为查询词对应的推荐结果数据；生成包含查询词与推荐结果数据映射关系的推荐词表；当接收到在线输入的用户查询词时，查询所述推荐词表，并将对应该用户查询词的推荐结果数据输出。所述按照自底向上的推荐方式将符合条件的类目和/或属性数据作为查询词对应的推荐结果数据，包括：按照自底向上的推荐方式，将符合条件的下一层级类目替换上一层级类目后得到的类目和/或属性数据，作为查询词对应的推荐结果数据；其中，所述符合条件的下一层级类目是指点击占比超过预设阈值的下一层级类目，所述点击占比是下一层级类目的点击量占当前类目总点击量的比值。上述专利申请提供的智能导航汲取了类目点击导航和类目商品数量导航的精华，综合考虑关键词对应的点击、购买等历史因素，以及查询词相关的商品数量信息等，提供与搜索意图最相关的类目或属性。而且，其引入了属性推荐和属性预选功能，如果用户的查询词隐含了商品的描述信息，导航提供属性预选功能，精确锁定目标商品。

专利2——CN107368488A，发明名称为“一种确定用户行为偏好的方法、推荐信息的展示方法和装置”。该申请为一种确定用户行为偏好的方法，其特征在于，所述方法包括：将推荐信息和信息分类标签进行关联，所述信息分类标签用于反映所述推荐信息的分类类别；将与信息分类标签关联后的所述推荐信息向用户进行推送；当获知用户触发推荐信息时，获取所述推荐信息所关联的信息分类标签；根据所获取的信息分类标签确定所述用户的行为偏好。用户已登录网络交互平台，所述网络交互平台用于向用户推送推荐信息；则，在获取所述推荐信息所关联的信息分类标签时，所述方法还包括：获取所述用户的登录账号，并将所述登录账号和所述信息分类标签建立对应关系；则，所述根据所获取的信息分类标签确定所述用户的行为偏好具体包括：通过与所述登录账号建立对应关系的信息分类标签，确定所述用户的行为偏好。

专利3——CN104809637B，发明名称为“计算机实现的商品推荐方法及系统”。该专利为一种计算机实现的商品推荐方法，包括：采集一消费者在一次购买过程的各个阶段的访问数据，其中所述各个阶段包括购买前、购买中和购买后三个阶段；以及基于所述访问数据，在所述各个阶段分别采用不同的拓扑模式来向所述消费者推荐商品，其中，所述向所述消费者推荐商品包括推荐所述各个阶段的期望商品的同类商品和/或关联商品，包括：在购买前采用树形结构推荐购买前阶段的期望商品的同类商品，包括以所述购买前阶段的期望商品为根节点生成高度为 h 的 m 叉树，其中，m 叉树中子节点为同类商品，其中，h、m 均为整数，且 $h \geqslant 1$，$1 \leqslant m \leqslant k_1$，$k_1$ 为子节点数目的上限值；其中，所述购买前阶段的期望商品包括所述消费者在所述购买前阶段查看的商品；在购买中采用环形结构推荐购买中阶段的期望商品的关联商品，包括以所述购买中阶段的期望商品为节点生成含 s 个节点的环，环上的节点为关联商品，s 为整数，且 $1 \leqslant s \leqslant k_2$，$k_2$ 是节点数目的上限值；其中，所述购买中阶段的期望商品包括所述消费者在所述购买中阶段选中的商品；以及在购买后采用网状结构推荐购买后阶段的期望商品的同类商品和关联商品，包括根据所述购买后阶段的期望商品生成含有同类商品和关联商品的网，同类商品的数量为 n_1，关联商品的数量为 n_2，n_1 和 n_2 均为整数且同时满足以下三个条件：$0 \leqslant n_1 \leqslant k_3$；$0 \leqslant n_2 \leqslant k_3$；$0 \leqslant n_1 + n_2 \leqslant k_3$，其中，$k_3$ 为网状图中节点数目的上限值；所述购买后阶段的期望商品包括所述消费者在所述购买后阶段已购买或查看过的商品。

（3）京东

京东推荐系统主要是基于召回模型和排序模型这两大类模型构建的。召回模型用于从所有的商品数据库中筛选出合适的推荐候选商品；排序模型用于决定召回后的候选商品以怎样的顺序推荐给用户。

京东的召回模型分为三大类。第一类称为基于地域的召回模型，主要是基于人口统计学的推荐，不同地域的用户的购买能力、消费习惯、高频商品等有明显的差异，基于地域的召回模型能挖掘这些差异并为用户推荐更符合其地域特征的商品。第二类称为基于行为的召回模型，本质上主要是基于项目的协同过滤推荐，它既可由用户的近期行为产生，用于满足用户近期的购物需求，又可由用户的中长期行为产生，用于满足用户周期性的需求或推荐长尾商品。第三类称为基于用户偏好的召回模型，本质上主要是基于模型的协同过滤推荐，通过对用户画像，分析用户兴趣爱好、购买力、敏感度等，建立用户模型，依据该模型挖掘出用户可能会感兴趣的一些商品，推荐给用户。

京东的排序模型同样为京东推荐系统转化率的提升作出重要的贡献。京东通过排序学习，将推荐排序的问题转化成分类的问题去解决，从用户日志中通过模型训练特征权重，最后利用 L2R 排序学习算法来改进排序模型。

京东推荐系统的技术架构是以基于模型的推荐技术为主的技术架构。基于模型的推荐技术的优点是具有较高的个性化程度，能够挖掘用户的潜在兴趣，且能更高效地适用于数据稀疏场景；但同时，它也有计算成本高的缺点。京东推荐系统技术架构对京东推荐信息服务质量的影响如下：从准确性角度来看，基于模型的推荐技术使京东推荐系统对用户偏好的发现是深入而精细的，它使用了更多的用户特征，综合运用多种推荐算法来计算推荐模型，同时，即使在相关数据稀疏时，也能较好地提供推荐服务。另外，京东推荐系统的排序模型通过排序学习和权重训练，也能够很好地提高京东推荐信息服务的质量。因此，京东推荐信息服务拥有很高的准确性。

下面对京东相关精准营销典型专利进行简要介绍。

CN111695024A，发明名称为“对象评估值的预测方法及系统、推荐方法及系统”。该申请为一种对象评估值的预测方法，其特征在于，所述预测方法包括：建立数据库；所述数据库用于存储用户数据和对象数据；从所述用户数据中查询目标用户参数，从所述对象数据中查询目标对象参数和对象评估值，并根据所述目标用户参数、所述对象评估值和所述目标对象参数构建用户特征向量、对象特征向量和对象评分矩阵；对所述用户特征向量、所述对象特征向量和所述对象评分矩阵进行加噪声处理；将经过加噪声处理的所述用户特征向量、所述对象特征向量和所述对象评分矩阵作为训练样本训练 aSDAE 模型，得到协同过滤模型；所述协同过滤模型的输出参数包括用户隐含因子向量和对象隐含因子向量；所述用户隐含因子向量和所述对象隐含因子向量的乘积用于预测用户对对象的评估值。训练所述 aSDAE 模型的过程中，模型参数满足高斯分布；和/或，所述 aSDAE 模型的每层的输出结果满足高斯分布或 Dirac delta 分布。基于贝叶斯最大似然理论构建训练所述 aSDAE 模型的目标函数。

5.2.3 智慧物流

5.2.3.1 概念

目前，我国物流行业已经步入了新的发展阶段，企业之间的竞争持续加剧。在这种情况下，智慧物流体系建设成为物流企业提升效率、效益，打破竞争困境的重要手段。智慧物流就是在物联网、大数据、云计算等智慧化手段的助推下，使得物流运输各环节管理更加精细化、动态化、可视化，让物流体系能够自动进行决策分析，实现物流服务质量以及管理效率的提升。智慧物流的基本特点，可以归纳为以下几点。一是智能化。智慧物流最大的特点就是让物流服务有更加突出的智慧特征，能够在复杂的物流作业过程中，实现智能运筹以及决策，提升决策的科学性。二是柔性化。智慧物流更有弹性，能够根据客户需求的变化、物流作业活动内外环境进行灵活调整，这样更有助于满足客户动态变化的需求，也能够实现物流作业与内外环境的高度匹配。三是社会化。智慧物流能够实现社会资源配置的统筹优化，实现不同地区经济的协调发展，有利于资源配置效率的提升，确保各类资源出现在最有利于发挥其价值的地方。四是一体化。所谓的一体化是指智慧物流实现了对不同物流环节的整合，即运输、存储、包装、装卸等环节的一体化。

5.2.3.2 技术发展情况

中国物流的总体规模已占据全球第一位，“互联网+”带来物流生态链的革新，从制造商、供应商、分销商、交付环节、零售商、消费者等各个环节、上下游及与最终客户的交互等方向进行信息化改革，促使物流打通信息化各链条，推动生态链的优化。其中传统的干线物流、零担货运主要发力于车方面的信息化提升，仓储与园区则集中力量于货物信息化，线下的上门收件、快递配送等“最后一公里”方面的信息化。

实现数据驱动的供应链协同平台的典型案例如下。菜鸟网络物流数据平台通过整合物流公司、商家、消费者以及第三方社会机构的数据，致力于实现物流过程的数字化、可视化，使物流公司和商家的信息对称化程度得到极大提升，实现数据驱动的云供应链协同平台。海尔表示，希望海尔就是一个大物流服务平台，包括产品平台、货源平台以及解决方案平台等，将供应链管理、定制需求、通用需求结合起来，形成一个智慧物流生态。通过大数据驱动的智能拣货和智能算法，京东在分析各地电子商务客户的购买习惯之后，结合电子商务平台中相应的促销信息，对入库的热销货物进行预先调配与堆放；这样，当消费者在电子商务平台的订单生成时，系统将自动给出物流仓储中最优的商品分拣路线，京东依托自行积累的用户电子商务行为大数据建立了一个内部仓储配货出错评估体系，对智能分拣、包裹运行及分拣中心处理的号单和核心节点之间的差错实施实时的监控和比对评估，找出可能的配货错误。阿里巴巴研究院通过收集、整理、分析淘宝用户电子商务行为大数据，可得到每一个客户的购物记录，并预测出该客户下次可能的购物目标，通过在工厂预先生产备货，直接从生产厂家将货品发送到物流仓库，在几分钟内实现“买家下单—卖家发送配货指令—物流企业发货”的“闪电”物流配送。

信息化、智能化、集约化、小批量定制是未来物流的发展趋势，智慧物流根据消费者个性定制可更灵活地满足消费者需求。智慧物流促进了资源配置的优化与高效，根据物流订单来生产产品可减少企业库存、避免浪费。

5.2.3.3 专利布局状况

通过对全球专利库中有关智慧物流主题进行检索（检索截止日期为 2023 年 4 月 30 日），共得到 6232 项专利申请。

1）专利申请态势

从图 5－2－6 可以看出，智慧物流的全球专利申请趋势与电子商务大数据的全球专利申请趋势基本相同，2003—2013 年平缓增长，从 2014 年起，得益于人工智能、大数据等技术的快速发展，智慧物流的专利申请量也呈现出快速增长态势，到 2020 年，申请量达到 1000 余项，2022 年申请量为 500 多项，是由于很多申请尚未公开，因此申请量的统计数据不够全面。

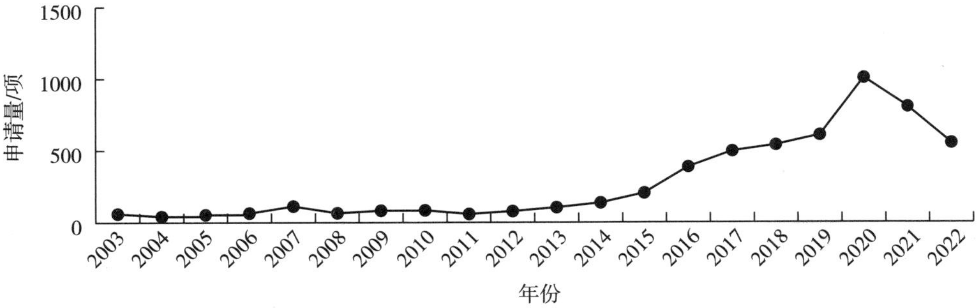

图 5－2－6　智慧物流全球专利申请趋势

2）主要创新主体

图 5－2－7 示出了智慧物流全球的创新主体排名，排名前十位的创新主体中，排名第一位的为中国的京东，排名第二位、第三位的为沃尔玛、韩领有限公司，排名第四位的为上海东普信息科技有限公司，排名第五位的为 IBM，阿里巴巴排名第六位，亚马逊排名第七位，美团、上海中通吉网络技术有限公司排在第八位、第九位，日立公司排在第十位。中国在前十位申请人中占有一半的席位，可以看出中国在智慧物流行业的快速发展和壮大，美国在前十位的申请人中占据三席，在智慧物流行业也占有重要地位。

3）典型企业及典型专利

（1）京东

京东物流在智慧物流体系建设方面起步较早，在国内一直处于相对领先的地位，京东是国内最早投资建设智慧物流体系的企业之一，2014 年，京东第一代仓储机器人投入“亚洲一号”系列仓库，之后长年在这一领域深耕，形成一套以“全自动仓储＋大数据”为基础的智慧物流体系，京东物流的智慧物流体系

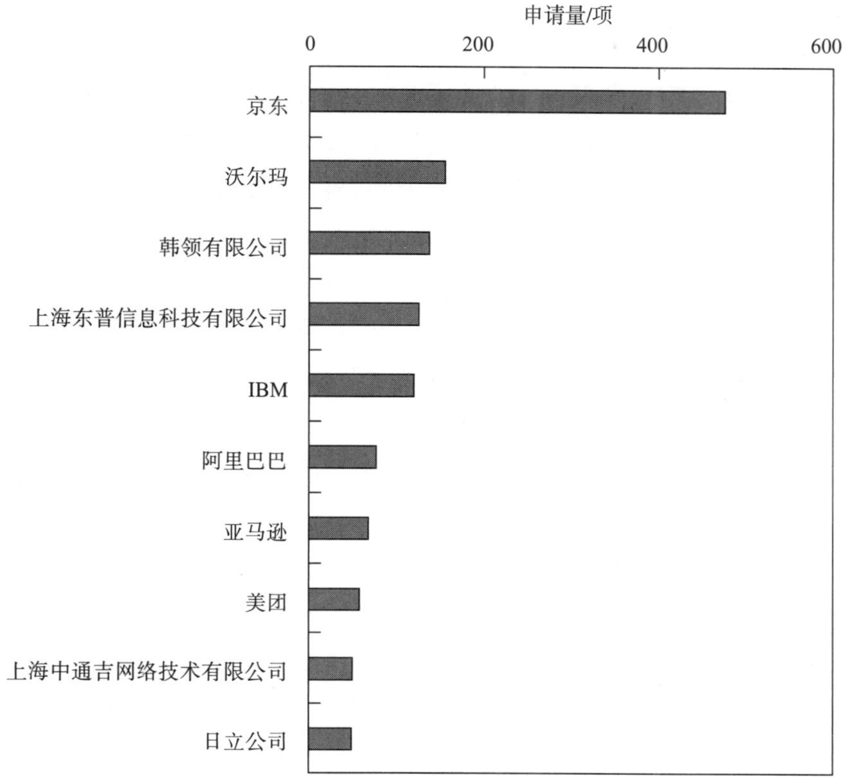

图5-2-7　智慧物流全球主要创新主体

建设策略如下。第一，注重数据信息搜集。从数据信息的搜集渠道来看，需要始终坚持渠道多元化的原则，分别从不同的渠道进行信息收集。为进一步提升数据的搜集效率，京东物流注重利用各种信息手段和技术，提升数据的收集效率，降低数据的收集成本，构建信息集中处理平台，将各种数据自动搜集到平台上，确保信息数据的全面、可靠、充分。第二，重视数据挖掘分析。京东物流充分意识到数据本身的重要价值，在数据挖掘分析方面投入了大量资金，通过挖掘分析将数据本身所蕴含的各种价值发掘出来，继而根据所提供的信息进行智慧物流体系的建设。在数据挖掘分析方面，京东物流做到让专业的人做专业的事，构建数据挖掘分析模型，实现对于各类数据的自动筛选、分析，基于分析结果进行智慧物流体系建设的改进。目前，京东物流的数据挖掘分析团队建立了上千种数据分析模型，借助物流企业业务开展中所形成的各种数据流反映其经营效率、客户服务态度、成本管控水平等，通过数据分析，了解这些方面存在何种问题，从而更有针对性地进行解决。第三，强调数据充分衔接。数据充分衔接是智慧物流体系建设的关键一环，考虑到目前物流企业运输不同环节、不同主体之间的数据衔接不畅，因此关键是要制定切实有效的衔接策略，实现不同数据的充分衔接。京东物流基于5G、人工智能、大数据、云计算及物联网等底层技术，持续提升自身在自动化、数字化及智能决策方面的能力，不仅通过自动搬运机器人、分拣机器人、智能快递车等，在仓储、运输、分拣及配送等环节大大提升效率，还自主研发了仓储、运输及订单管理系统等，支持供应链的全面数字化，通过专有算法，在销售预测、商品配送规划及供应链网络优化等领域实现决策。

下面对京东相关智慧物流典型专利进行简要介绍。

专利1——CN113793162A，发明名称为“物流数据处理方法及装置、存储介质、设备”。该申请为一种物流数据处理方法及装置，涉及大数据处理技术领域，该方法包括：从集群中获取历史物流数据，并提取历史物流数据中所包括的待预测区域在各个时间段的已处理货量；利用多个数据平滑模型对已处理货量进行平滑处理，得到多个当前平滑处理结果，并根据已处理货量以及当前平滑处理结果，从各数据平滑模型中选取与历史物流数据对应的目标平滑模型；利用目标平滑模型对已处理货量进行平滑处理，得到目标处理结果；根据目标处理结果对待预测区域在未来时间段的待处理货量进行预测，并将预测结果发送至待预测区域的设备终端，以使得设备终端显示预测结果。

专利2——CN104200369B，发明名称为“一种确定商品配送范围的方法和装置”。该专利为一种确定商品配送范围的方法，包括：步骤①：对于预选的包含配送员信息的多个历史配送地址，使用查找重复串的方式确定初始词库；步骤②：对所述初始词库进行二级过滤得到过滤词库；其中，第一级过滤滤除对所述历史配送地址没有意义的词，第二级过滤滤除不能代表具体的地理位置的词，使该过滤词库中的各个代表词分别对应一个或几个配送地址，并且每个代表词所在的配送地址由一个配送员配送；步骤③：对于所述过滤词库中的各个代表词，按其对应的配送地址的地理位置接近的原则对这些代表词进行聚类；步骤④：对于聚类得到的各类的代表词，将每一类代表词对应的多个配送地址作为一个商品配送范围；所述步骤③包括：计算所述过滤词库中的所有代表词两两之间的权重；对所述过滤词库中的所有词按所述权重构成邻接矩阵，然后得出该邻接矩阵对应的拉普拉斯矩阵；将所述拉普拉斯矩阵的前 K 个最小的特征值对应的特征向量排列组成 $N \times K$ 的矩阵，其中 N 表示所述过滤词库中的代表词的数量；采用 K - means 算法对所述 $N \times K$ 的矩阵按行进行聚类，将聚类之后的同一类的行对应的代表词作为同一类的代表词。

（2）沃尔玛

曾创造了“啤酒与尿布”的经典商业案例的沃尔玛是最早开始投资和部署大数据应用的传统企业巨头之一，通俗地讲，大数据天然不是沃尔玛，但沃尔玛天然是大数据。在大数据概念引爆产业界之前，沃尔玛已经开始了网站数据库整合迁移和 Hadoop 集群扩展工作，收购 Kosmix，在此基础上建立 Walmart Labs，收购专注于数据挖掘或移动社交的初创公司如 OneOps、Inkiru、Tasty Labs、One-Riot。

沃尔玛最早使用计算机跟踪存货（1969 年），全面实现 S. K. U. 单品级库存控制，最早使用条形码和电子扫描器技术，最早使用 CM 品类管理软件，最早采用 EDI，最早使用无线扫描枪。20 世纪 90 年代，沃尔玛提出了新的零售业配送理论，开创了零售业的工业化运作新阶段。

沃尔玛利用信息技术有效整合物流及其资金流资源，基于合作计划、预测与补给（CPFR）供应链计划管理模式的理论和实践。在供应链运作的整个过程中，CPFR 应用一系列技术模型，对供应链不同客户、不同节点的执行效率进行信息交互管理和监控，对商品资源、物流资源进行集中的管理和控制。

沃尔玛收购了一个新创办的小公司 Inkiru 来提高其大数据性能，Inkiru 的总部位于加州的帕洛奥图。Inkiru 有针对性地在市场营销、销售和反欺诈等方面为沃尔玛提供帮助。Inkiru 的预测技术平台从不同来源获取数据，并通过数据分析帮助沃尔玛提高个性化。Inkiru 的预测分析平台整合机器学习技术从而自动提高算法的准确性并且可以与各种外部和内部集成的数据源整合。

沃尔玛的数据商品化平台 Luminate 于 2021 年底推出最新的产品是“顾客感知”，它被宣传为一种对沃尔玛体验进行定性和定量研究的方法。这项服务还允许用户锁定“超目标”，即那些有特定购物或行为特征的客户。

下面对沃尔玛相关智慧物流典型专利进行简要介绍。

专利 1——US11373118B2，发明名称为“用于对象匹配和替换的系统和方法”。该专利为一种对象匹配替换的动态学习系统，包括至少一个处理器的中央计算系统；在多个手持电子设备的每一个上执行的应用程序，每个手持电子设备包括处理器并且与中央计算系统通信地耦合，其中当在多个手持电子设备中的至少一个上执行该应用程序时，被编程的手持电子设备使至少一个手持电子设备能够：①接收对物理对象列表的请求，以及②发送物理对象列表中的第一物理对象的标识符响应于确定第一物理对象不可用，通过分布式网络到中央计算系统；中央计算系统被编程为：①接收第一物理对象的标识符；②查询数据库以获取与第一物理对象相关联的数据；③基于动态学习的匹配行为，尝试将与第一物理对象相关联的数据中的至少一些与可用物理对象相关联的数据进行匹配；④响应于将与可用物理对象之一相关联的数据与与第一物理对象相关联的数据匹配，基于动态学习的匹配，学习用可用物理对象之一替换列表上的第一物理对象行为，其中，中央计算系统基于多个用户对过去对象替换的集体响应、与第一物理对象相关联的数据以及与可用物理对象相关联的数据之间的相似性来生成动态学习的匹配行为；其中中央计算系统被配置为基于学习将列表中的第一个物理对象替换为可用物理对象之一使在至少一个手持电子设备上执行的应用程序在物理对象的列表中用可用物理对象之一的标识符替换第一物理对象的标识符；其中，当在至少一个手持电子设备上执行时，应用程序被配置为在处理对物理对象列表的请求时查询物理对象数据源，并确定物理对象列表中的第一物理对象何时是不可用的，并响应于确定第一物理对象不可用，发起将物理对象列表中的第一物理对象的标识符传输到中央计算系统；和其中，响应于无法将第一物理对象与第一设施中的可用物理对象中的一个匹配，中央计算系统进一步被编程为识别第一物理对象何时存在于第二设施中并自动控制该来自第二个设施的第一个物理对象的递送。

专利2——US20210241227A1，发明名称为“使用聚类自动规划交付路线方法”。该申请为一个系统包括：一个或多个处理器；和存储计算指令的一个或多个非暂时性计算机可读介质，被配置为在一个或多个处理器上运行并执行：从订单数据中提取节点的位置信息、节点的时间窗口信息，以及配送车辆的负载能力信息；至少部分地基于节点的位置信息和负载能力信息，为节点实时生成一个或多个集群，其中：一个或多个集群中的每一个与配送车辆的一个或多个调度车辆中的相应车辆相关联；基于一个或多个集群中的每一个节点的集群节点的位置信息，实时确定一个或多个集群中的每一个的各自的质心；实时计算节点－集群距离矩阵，其中该节点－集群距离矩阵包括至少部分地基于一个或多个集群中的每一个节点和每个节点之间的相应节点－集群距离对于一个或多个集群中的每一个，每个节点与相应质心之间的相应距离。另外，该方法可以包括：至少部分地基于节点－集群距离矩阵，实时地将节点重新分配给一个或多个集群，至少部分基于节点－簇距离矩阵；一辆或多辆调度车辆的负载能力信息；和一辆或多辆调度车辆的预定平均负载阈值；和至少部分地基于节点的时间窗口信息，在至少两遍中实时地进一步将节点重新分配给一个或多个集群。

专利3——CN109155021A，发明名称为“用于管理由顾客从零售商购买的产品的库存的系统和方法”。该申请为一种管理由顾客从零售商购买的产品的库存的系统，所述系统包括：所述零售商的订单处理服务器，配置成处理由顾客针对多个产品的购买订单，其中所述顾客不在所述购买订单时拿取所述多个产品或引起所述多个产品的递送；其中所述订单处理服务器配置成：生成图形界面，配置成允许所述顾客选择：用于存储由所述顾客购买的所述多个产品的所述零售商的至少一个存储位置、由所述顾客购买的所述多个产品在所选择的所述零售商的至少一个存储位置处的存储持续时间，以及用于在所选择的所述零售商的至少一个存储位置处存储由所述顾客购买的所述多个产品的存储条件；以及基于由所述顾客选择的所述至少一个存储位置、存储持续时间和存储条件来生成针对所述多个产品的价格；库存管理数据库，配置成存储与由所述顾客购买的所述多个产品相关联的电子数据，由所述顾客以由所述订单处理服务器生成的所述价格购买的所述多个产品在所述零售商的所述库存管理数据库中被标记为由所述顾客购买，被标记为由所述顾客购买的所述多个产品被存储在由所述顾客选择的所述零售商的所述至少一个存储位置处、由所述顾客选择的所述存储持续时间并且在由所述顾客选择的所述存储条件下，直到后续递送给所述顾客或由所述顾客提取；以及顾客访问界面，包括多个输入域，所述多个输入域配置成允许所述顾客定义以下各项中的一个或两个：用于递送所述多个产品的至少一部分的递送时间段和递送目的地；以及提取位置；以及用于所述多个产品的至少一部分的提取时间段。

5.3　电力大数据应用

5.3.1　电力大数据概述

5.3.1.1　概念

电力大数据是大数据理念、技术和方法在电力行业的实践。电力大数据涉及发电、输电、变电、配电、用电、调度各环节，是跨单位、跨业务的数据分析、挖掘和可视化。[1]

电力大数据由结构化数据和非结构化数据构成，随着电力建设和物联网的应用，非结构化数据快速增长，其数量大大超过结构化数据。

---

[1] 王继业．智能电网大数据［M］．北京：中国电力出版社，2021：10－33．

5.3.1.2 发展现状

大数据科学作为新兴交叉学科已经是电力科学等各个领域研究面临的共同议题。在国外，IBM 已抢占大数据发展先机，在 2012—2013 年连续发布智能电网大数据白皮书，美国电力研究院（EPRI）在 2014 年大数据发展背景下也启动了智能电网大数据研究项目。2012 年 5 月，我国发布大数据发展相关报告，针对我国当时国情简要分析大数据时代下我国创新科技发展所面临的重重困难，并对大数据技术在社会服务中的应用和相应对策进行了初步讨论。为了适应智能电网新能源利用、电动汽车并网、物联网和云计算的大环境，利用大数据技术提供的信息服务已被列入“十三五”创新科学技术发展规划。全球电力行业在大数据发展热潮下也及时意识到大数据研究的意义，迅速开展了在大数据技术研究和大数据应用等方面的积极探索。2013 年 3 月，由中国电机工程学会发布与电力系统未来发展相关的《中国电力大数据发展白皮书》，全面介绍及分析了电力大数据的特征、价值分析和应用前景。

大数据应用的初级阶段，主要是利用数学方法求解特定问题，以基于大数据的数据挖掘分析类应用为代表，其可对电力业务进行定性分析或者为业务决策提供数据支撑，如电力负荷迁徙特征挖掘、电压异动成因分析、电力系统故障特征统计等。在本阶段，大数据的应用价值主要表现为将数学手段与电力业务相结合，从数据角度发现问题，但难以用于解决问题，对电力业务的驱动作用不明显。

以电压异动成因分析为例，分析电压、温度、负荷（功率）、三相不平衡及用电时段的相关性，针对多变量分析情况，剔除其他变量的影响，利用偏相关分析获得两个因素之间的相关性。负荷及三相不平衡与电压呈现相对较强的关联性，因此电压波动及电压异动成因可从负荷及三相不平衡等维度进行深入探索，为低电压治理提供辅助支撑。

随着大数据应用的不断拓展，大数据概念逐步贯穿发电、输电、变电、配电等电力生产及管理的各个环节，大数据应用成为电网系统信息智能化的必然途径。电力数据的海量扩增对数据的处理与分析能力提出了更高的要求，为了应对大数据时代的到来，电网大数据平台为电力大数据应用提供了实施基础，利用 Hadoop 文件系统的分布式文件处理系统作为大数据的存储框架，利用 MapReduce 的分布式计算技术作为大数据的处理框架；以分布式文件处理技术为基础，使得 PB、ZB 级数据的处理分析成为可能。大数据平台的搭建及应用为电网大数据体系架构做好了准备。

目前电力企业大数据的应用正在向成熟方向发展，逐渐形成自备完整体系。成熟阶段的电力大数据应用主要用于实现与现有业务环节的实时互动，变革现有业务场景，产生可量化的价值。以智能电网为代表的新型电网模式就是大数据概念在电力行业的阶段性应用成果，其总体目的是利用大数据应用进行价值创造，通过大数据技术的成熟应用，驱动业务发展，促使电网精益化运行，达到提高能源效率、提高供电安全性、提高供电可靠性、减少环境污染、降低电网能耗损失的目的。

5.3.1.3 关键技术

电力大数据当前应用较好的主要集中在电力系统状态监测与评估、电力故障分析、负荷预测以及用户用电情况分析等方面。下面选取负荷预测和电力故障分析这两个重要技术分支进行分析。

（1）负荷预测

负荷预测是一项非常关键的技术，低精度的预测模型将致使预测结果同实际情况产生严重偏差，影响电力系统规划，因此对电力系统负荷预测的实时精确度有更高的要求。精确的预测是保障各个经济主体利益的支撑，电网各个生产环节的经营计划都离不开精确的预测结果。下面列举几个短期负荷预测技术。

一是基于改进 AlexNet - GRU 组合的短期负荷预测模型。该模型将负荷数据、气象数据、不同聚类标识符共同作为输入，先结合 AlexNet 网络结构搭建 AlexNet1d，提取多维样本数据所隐藏的复杂特征，然后将提取到的特征输入 GRU 层，通过研究时序数据内部的动态变化规律，学习数据之间的时间依从关系来减少历史信息丢失，并结合实际电网系统的数据给出算例分析，最终完成负荷预测。

二是 Multi - task Attention - LSTM（MT - ALSTM）预测模型。该模型可以同时预测无功负荷与有功负荷，MT - ALSTM 网络结构的设计思想主要是依据硬参数约束的多任务学习方法，不同任务共享一些浅层网络然后学习共有的低层次特征，同时每个任务在顶部具有各自的网络层学习高层次特征，最后分别输出无功负荷和有功负荷预测值。两个任务共用一个 LSTM 层，从而共享 LSTM 层的参数及各自所提取的特征信息。同时为了保证任务的独立性，LSTM 层的输出结果进入 Attention 层，进行注意力系数计算，然后经过 Flatten 层将其展开，再输入到不同的 Dense 层中，最后分别输出无功负荷和有功负荷的预测值。其中 Attention 层包含两个改进后的 Attention 模块，都可以同时计算时间步的特征向量和特征元素的注意力权重。

（2）电力故障分析

电力故障是指设备不能按照预期的指标进行工作的一种状态。电力故障分析是指电力系统在各种保护、测量、监测装置运行过程中，对于所采集的电流、电压、频率等信号信息进行分析，基于相关理论分析和判断，快速并准确地定位并采取有效措施解决故障元件或发生故障的区域的分析方法。电网运行期间，一些指标不在正常工作范围之内，存在恶化趋势，将这种趋势及时地向运行中心或者调度员进行反馈，可以有效地做到及时掌握故障问题的出现，采取针对性策略将故障在还未发展之前处理掉。下面介绍电力系统故障预测关键技术——基于 Adam 和 SGD 组合改进的神经网络架空线路故障预测方法。

该方法首先通过信息增益技术从原始特征中选出最有效特征用于神经网络的训练输入；接着分别使用 Adam 和 SGD 算法模型对神经网络的初始参数值进行优化，根据得出的损失函数变化结果，给出模型优化时的组合算法策略：先使用 Adam 对参数的梯度快速下降，到达切换点后，再用 SGD 对参数进行精确调优。

5.3.1.4 专利布局状况

在技术发展的过程中，创新主体也通过专利的方式对自己的创新进行了保护，下面通过专利申请情况，对电力大数据的技术发展情况进行分析。

1）专利申请态势

通过对电力大数据的相关专利进行检索（检索截止日期为 2023 年 4 月 30 日），电力大数据的相关全球专利申请为 99398 项，专利申请态势如图 5－3－1 所示。2003—2012 年平缓增长，自 2013 年起专利申请的增长速度提升，呈现迅猛增长的态势。到 2021 年，申请量达到 12000 余项，2022 年申请量为 11000 多项，但由于很多专利尚未公开，因此 2022 年申请量的统计数据不够全面。

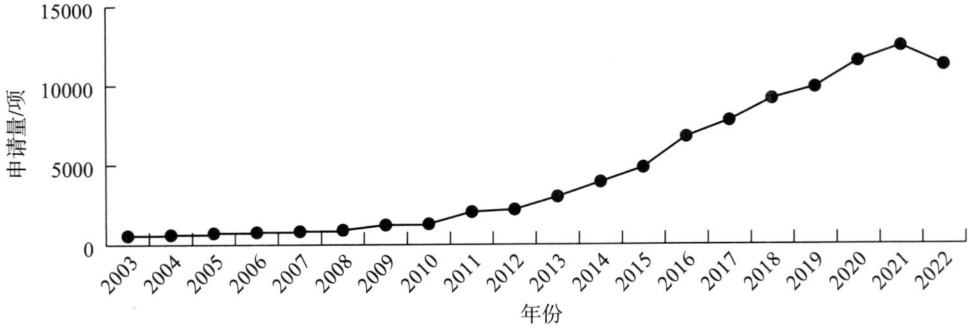

图 5－3－1 电力大数据全球专利申请趋势

2）技术目标地

根据图5-3-2可知，中国是电力大数据专利申请的重要目标国，占比达73%，而美国、日本分别占8%、7%，分列第二位、第三位。韩国和欧洲专利局分别为4%和1%。中国电力相关企业发展迅速，因此申请量占比较大。

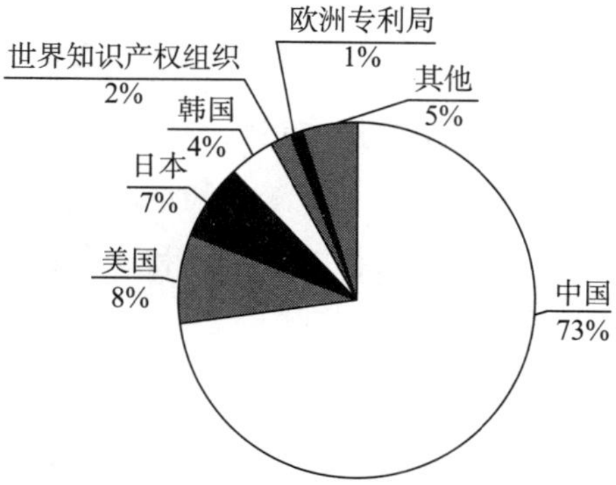

图5-3-2 电力大数据全球专利申请目标地申请量占比

3）主要创新主体

图5-3-3示出了全球的创新主体排名，可以看出，排名前列的创新主体

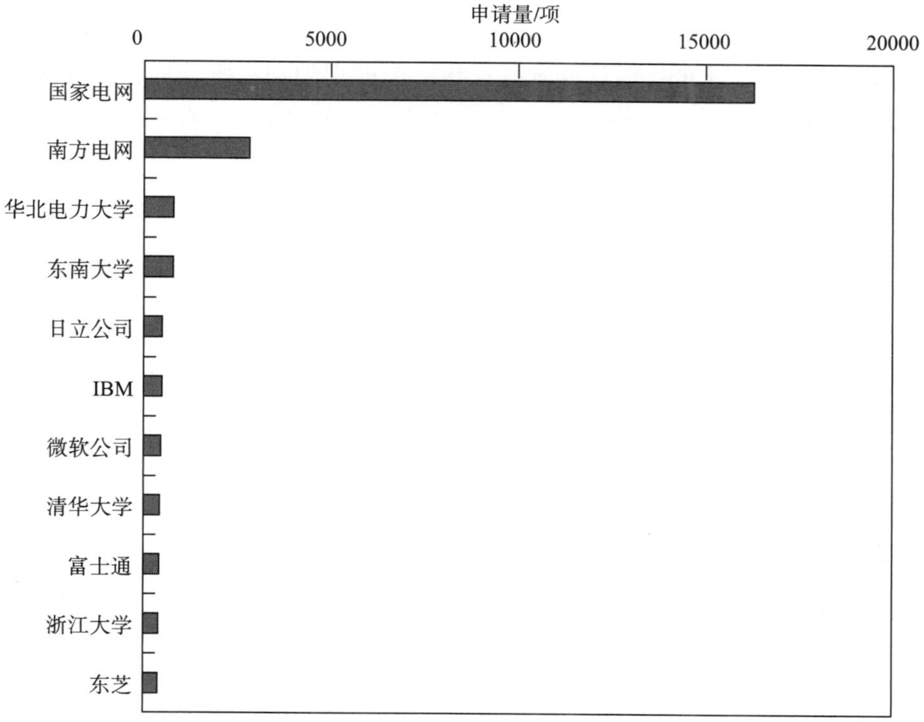

图5-3-3 电力大数据全球主要创新主体

中，国家电网、南方电网具有绝对优势，分列第一位、第二位。在排名前十位中有国内的四所高校，分别为华北电力大学、东南大学、清华大学、浙江大学，日立公司、IBM 和微软公司分别排在第五位、第六位和第七位，富士通排在第九位，东芝排在十一位。

5.3.1.5 主要应用场景

目前，我国电力大数据应用主要集中在六大环节。

发电环节：大数据的应用可以进一步深化和推广风力和太阳能等新能源发电功率预测和运行智能控制技术，提升新能源接入和分布式储能的能力，促进大规模风电和光伏等可再生能源的科学合理利用。

输电环节：通过大数据技术可以开展分析评估诊断与决策技术研究，实现输电侧态势评估的实时化和智能化，结合外部数据，开展输电侧设施智能防灾研究，可以实现线路问题元器件的快速恢复，提高输电侧的自愈能力。

变电环节：提升变电站的智能化管理水平，通过全网、全区域实时信息共享和分析，实现变电侧的实时控制和智能调节，实现变电设备信息和运行维护策略与电力调度的智慧互动。

配电环节：大数据分析能够实现对用户负荷和用电情况的深入了解，提高对客户用电需求和负荷模式的认知水平，优化配网规划和供电计划，提高配网监测、保护和控制水平，提高事故的响应程度，优化配网运行管理水平，提升供电可靠率。

用电环节：通过大数据技术可以建立面向经营与管理的科学营销决策支持平台，实现市场运营、营销及客户服务、设备全寿命周期管理等各类主题的分析及预测，提高营销服务的综合分析预测能力，实现客户用电管理优化、用能实时分析和预测等高级应用，提供用电增值服务。

调度环节：建设以数据驱动的智能调度体系，实现运行信息全景化、数据传输网络化、安全评估动态化、调度决策精细化、运行控制自动化、机网协调最优化，提升调度驾驭电网能力、资源优化配置能力、科学决策管理能力和灵活高效调控能力。

负荷分析和故障分析大数据应用等是目前的热点和专利创新较多的分支，因此，本节将分别对这两个分支的创新情况进行详细介绍。

5.3.2　负荷预测

5.3.2.1　概念

负荷预测，是指利用来自用电信息采集系统、配电自动化系统、调度控制系统的全量负荷数据，对负荷进行逐层分解，同时从负荷类型、季节、区域、时段等多个时空维度，分析负荷的变化和分布规律，建立负荷特性模式库。在此基础上，加入国家、地方、产业等经济运行数据和发展规划数据，详细分析电力负荷与其他领域之间的关联关系，形成多因素的负荷预测方法，提高负荷预测准确度。

电力负荷预测是进行电网规划和制订发电计划时必须做的一项重要基础工作。随着智能电网建设的深入进行以及“双碳”目标的提出，新能源占总发电容量的比例越来越大，为了使电力系统运行得更加稳定可靠，需要更加准确的电力负荷预测。电力负荷预测是根据一个历史数据集合预测未来一段时间的负荷。随着高级量测体系的建立，电力负荷数据出现了爆炸式增长，因此，基于大数据技术进行电力负荷预测研究具有十分重要的理论和实际意义。

5.3.2.2　技术发展情况

负荷预测是基于负荷用电特性、影响用户负荷用电特性的因素、业扩报装容量等各种因子以及负荷历史数据，根据历史时期数据和现在的数据推测未来某个时间的负荷值。负荷预测具有不可确定性、时间周期性、条件性、多方案性。

2020年9月，在第七十五届联合国大会上，中国首次提出，我国将要大力推行“双碳”政策，“双碳”政策对我国的产业结构变化将造成巨大影响。大力发展新能源汽车充电桩、特高压等，对电力发展和规划提出了更加严格的要求。电力能源具有一定的特殊性，不像其他产品可以大量存放，发电和传输一般是同时发生的，需要随发随用。因此引入了电力负荷预测这个概念，通过电力负荷历史数据，结合政府政策、生产计划、经济发展状况、天气状况等影响因素，分析制定发电及配电计划。

负荷预测最开始只是为了探寻供电公司与用户的供求关系，后来发生了多次电力系统瘫痪之后，人们开始通过负荷预测制定检修计划以及发电计划，保障电力系统的安全稳定。随着经济的发展，电力市场供不应求的现象越来越多，负荷预测成为电力调度工作中一项不可或缺的工作任务。就目前的研究现状，电力负荷预测的研究方法可以按照发展时间由远及近分为传统负荷预测方法和现代负荷预测方法。传统负荷预测方法通过建立精确的数学模型，基于数值分析和数理统计理论，精确逼近最优解来进行预测。传统的负荷预测方法主要有回归分析法、时间序列法等。而现代的负荷预测方法主要是应用专家系统理论、模糊理论和神经网络理论来进行短期负荷预测。

随着科学技术不断的发展，人工智能技术也随之发展得较为成熟，人工智能技术也被运用在负荷预测领域，比较常用的有支持向量机（Support Vector Machine，SVM）、人工神经网络（Artificial Neural Network，ANN）预测法及与之相关的组合预测方法。

5.3.2.3 专利布局状况

1）专利申请态势

通过对电力大数据的负荷预测相关专利进行检索（检索截止日期为 2023 年 4 月 30 日），电力大数据负荷预测的相关全球专利申请为 9145 项，专利申请态势如图 5－3－4 所示。2003—2010 年平缓增长，自 2011 年起专利申请的增长率提升，呈现迅猛增长的态势。到 2022 年，达到年申请量 1500 余项，由于很多专利尚未公开，因此申请量的统计数据不够全面。

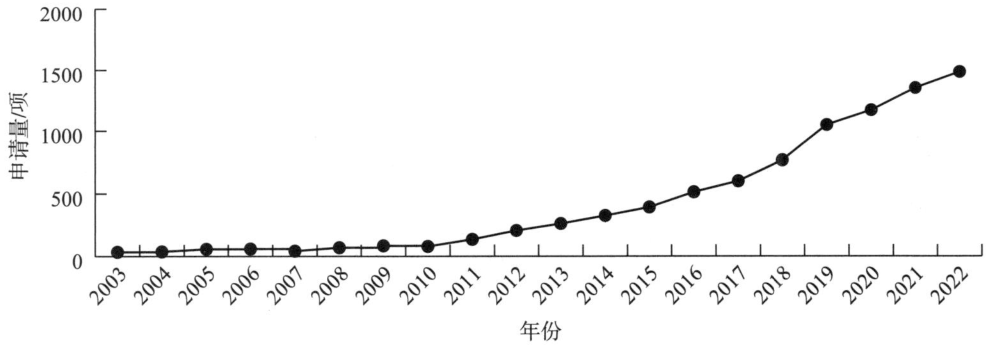

图 5－3－4　电力大数据负荷预测全球专利申请趋势

2）主要创新主体

图 5－3－5 示出了全球的创新主体排名，可以看出，排名前列的创新主体中，国家电网、南方电网具有绝对优势，分列第一位、第二位。排名前十位中有国内的八所高校，分别为华北电力大学、东南大学、天津大学、浙江大学、清华大学、河海大学、上海电力大学、东北电力大学。

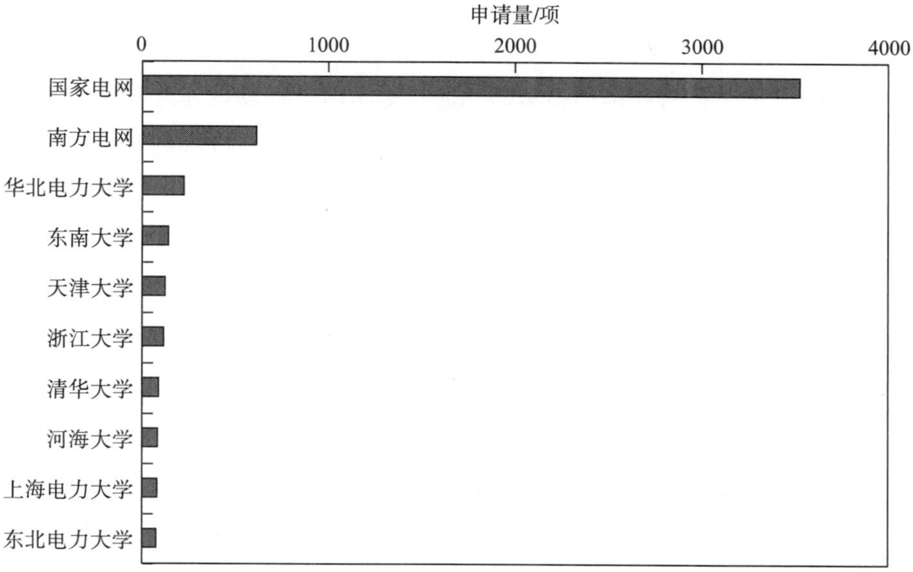

图5-3-5　电力大数据负荷预测全球主要创新主体

3）典型企业及典型专利

国家电网着力建设电力人工智能开放平台，建成人工智能样本库、模型库和训练平台，探索13类典型应用，包括面向电网安全生产、经营管理和客户服务等场景，研发电力专用模型和算法，打造设备运维、电网调度、智能客服等领域精品应用，提高电网安全生产效率、客户优质服务和企业精益管理水平等。

（1）国家电网输电线路缺陷智能分析云服务上线应用

国家电网设备部会同科技部、互联网部，组织中国电力科学研究院等单位攻关人工智能图像识别关键技术，形成了覆盖输电线路本体和通道巡视的8大类29小类缺陷的智能分析模型，发布了输电线路巡视图像人工智能识别模型服务，并通过国家电网云平台实现全公司范围内的模型服务开放共享。

（2）变电站设备辅助智能监控系统在多地应用

其安徽公司研发了变电站站内变压器声纹在线监测系统，基于终端部署的声纹采集装置，利用边缘计算、深度学习等语音分析算法，提取功率密度、频谱分布等缺陷特征参量，采用创新的声纹识别算法库进行语料训练、迭代、优化，提出缺陷告警阈值和类型识别模型，实现了变压器运行状态的声纹在线监测及主动预警。

（3）智慧变电站在线巡视系统在多地应用

其山东公司110千伏商西智慧变电站部署站端高清摄像头，应用图像智能识别及实物ID技术，配置智能巡检策略，通过对站内设备及设施外观、设备渗漏、二次装置及辅助设施、消防安防系统、变电站运行环境、就地设备舱及开关柜内设备等4549个点位巡视图像的智能识别分析，实现基于实物ID的在线智能巡视。

（4）上海电网开发智慧城市能源云平台

其上海公司开发了智慧城市能源云平台，对社会能源使用的各环节进行分层分类监测，对社会用能行为进行多维度精准化反映，可服务社会多方主体，提供能源分析服务，协助政府开展城市精细化管理。

（5）国网智能电网研究院联合百度网讯研发电力自然语言处理大模型

国网智能电网研究院人工智能应用技术团队联合百度网讯人工智能算法团队，成功研发了电力自然语言处理（NLP）大模型。电力NLP大模型，是基于国家电网人工智能“两库一平台”和百度通用大模型Ernie3.0，融合国网智能电网研究院自主构建的电力专业语料库与知识，通过多种类型的预训练任务迭代生成的。2022年4月23日至5月10日，国网智能电网研究院与百度网讯采用电力自然语言处理基础能力验证和电力业务应用场景验证相结合的方式，以基础预训练模型Bert作为测试基线，结果表明，电力NLP大模型表现出优越的迁移性能，在电网复杂设备管理业务场景中，表现出较强的语义理解能力和模型泛化能力。[1]

下面对国家电网相关负荷预测典型分析进行介绍。

专利1——CN108491969B，发明名称为“基于大数据的空间负荷预测模型构建方法”。该专利为基于大数据的空间负荷预测模型构建方法，包括如下步骤：①建立空间预测数据库，所述空间预测数据库包括录入单元和外部接口单元，收集空间预测数据，包括收集配电网规划区内的经济数据、规划数据和电力负荷数据；②将空间预测数据库中的经济数据和电力负荷数据进行分类整理，并选取一种或多种负荷总量预测方法，构建负荷总量预测模型，输出负荷总量预测结果；③建立空间负荷分布模型，通过分析步骤①中的规划数据，整理得出土地利用数据、规划区总体及各部分发展数据，并结合步骤②中整理的电力负荷数据，确认

---

❶ 南方电网技术情报中心.「专题研究」硬核干货！电网人工智能国内外应用案例及发展趋势分析2020［EB/OL］.（2022-10-10）［2023-07-31］. https://mp.weixin.qq.com/s?_biz=MzU4MzQ5MjE0NQ==&mid=2247627969&idx=2&sn=74819d24e909285aacc3a666689b7255&chksm=fda4839fcad30a899749ab83f29eedf7bfa a443d68bf229dd5be92616027632535f0217c0d89&scene=27.

负荷现状数据，最终开展用地性质分析工作，明确空间负荷预测所需的分类结果和面积参数；④基于步骤③的用地性质分析及负荷分类结果，进行详细的用地划分，并针对用地划分及负荷分类结果，设置空间负荷预测所需要的参数种类，包括负荷密度指标及负荷同时率；⑤按照步骤④中设置的参数种类，以步骤③所接收并整理的资料为基础，确定负荷预测所需的负荷密度指标及负荷同时率；⑥通过空间负荷预测方法及上述步骤所输出的面积参数、负荷密度指标参数与负荷同时率参数，计算各功能分区的负荷预测值，并结合用地规划图表征负荷的空间分布；⑦利用现有的电力负荷数据，选取已有时间节点，对上述负荷总量预测及空间负荷分布预测阶段流程的输出结果进行校验；对负荷预测结果通过校验的，确认预测结果的有效性并输出；对负荷预测结果未通过校验的，核验步骤③至步骤⑥的整体计算过程及参数设置中存在的问题，并形成反馈。

专利2——CN105205563B，发明名称为“一种基于大数据的短期负荷预测平台”。该专利为一种基于大数据的短期负荷预测平台，采用Hadoop集群为架构，其特征在于：包括数据整合模块、负荷预测模块、结果可视化模块，所述数据整合模块，用于采集、存储并处理与负荷相关的多源异构数据，并对这些多源异构数据进行融合以及历史数据的校正、填补和归一化处理；所述数据整合模块包括数据加载模块、数据存储模块、多级综合索引模块、数据处理模块；所述数据加载模块，将采集到的多源异构数据加载到数据存储模块中；所述数据存储模块，对于半结构化数据、非结构化数据以及结构化数据，使用HBase的key-value存储，对于单个三种数据类型的文件，直接存储在HDFS文件系统中；所述多级综合索引模块，用于按用户的查找条件找到所需的数据；所述数据处理模块，用于实现数据预处理，对于所有多源异构数据，选用多核函数学习方法进行融合；对于历史负荷数据中的缺失数据，采用插补法补全数据；对于历史负荷数据中的异常数据，采用纵横法来校正异常数据；最后对所有处理之后的数据进行归一化；数据加载模块将采集的原始数据加载到数据存储模块，数据存储模块存储采集到的多源异构数据，多级综合索引模块按用户指令搜索数据存储模块中的多源异构数据得到用户需求数据，数据处理模块处理用户需求数据；所述负荷预测模块，根据负荷周期性分析理论、相似性分析理论以及影响负荷的因素相关性分析，将局部加权线性回归算法MapReduce化进行负荷预测，计算相对误差、日负荷准确率来调整算法参数以实现参数调节控制，得到最终最优参数的局部加权线性回归算法，进行负荷预测得到预测结果；所述结果可视化模块，用于显示负荷预测结果。

专利3——CN106780157B，发明名称为“基于Ceph的电网多时态模型存储与管理系统及方法”。该专利为一种基于 Ceph 的电网多时态模型存储与管理方法，包括以下步骤：构建基于 Ceph 的电网多时态模型存储与管理系统，以智能电网调度控制系统平台软件为基础构建并独立于智能电网调度控制系统的在线调控运行系统，以及通过网络代理与在线调控运行系统进行数据交互，包括分布式块存储池模块、模型数据存储介质模块、多时态模型版本存储模块和多时态模型版本管理功能模块；所述分布式块存储池模块，为若干台安装有 Ceph 软件与操作系统的独立服务器组建成的 Ceph 存储集群，其对外模拟成一个大容量可弹性扩展的 Ceph 块设备，所述 Ceph 块设备挂载到部署有 Ceph 客户端的电网多时态模型版本业务服务器上，用于为电网的多时态模型版本的存储提供数据持久化支撑；所述模型数据存储介质模块，采用电网通用模型描述规范的 CIM/E 文件与轻量级文件数据库，用于为多时态模型版本提供存储及访问支撑；所述多时态模型版本存储模块，用于为每个模型版本分配名称唯一且相互隔离的文件系统目录，文件系统目录全部存储在 Ceph 块设备挂载点上，并从在线调控运行系统的模型数据库中高速抽取当前时刻断面模型，从而根据当前时刻断面模型在文件系统目录中生成所对应的 CIM/E 文件与轻量级文件数据库文件，为多时态模型版本提供互不影响的数据存取环境；所述多时态模型版本管理功能模块，以全量与差异模型共同保存的方式对多时态模型版本进行存储与管理，用于快速获取指定时刻版本模型与版本之间的模型差异，提供未来版本模型的比较、合并功能，以及历史版本模型的回溯、共享功能。

5.3.3 电力故障分析

5.3.3.1 概念

随着电网系统向大容量、超高压的方向飞速发展，电网设备的安全性、可靠性就显得愈发重要。因此，对相关电网设备的故障诊断与预测技术的研究与应用有非常重要的现实意义。而预测故障可以根据历史故障数据，利用大数据技术进行综合分析，在故障发生之前能预测到最可能发生故障的地点或者设备，并能有针对性地进行预防性维护，则能大大降低故障发生的概率，从而降低故障数量，提高电网供电可靠性。

5.3.3.2 技术发展情况

关联规则在设备故障诊断中有着重要作用。关联规则挖掘是数据挖掘过程中的一项重要内容，对关联规则进行合理应用，可以实现对设备的缺陷、故障以及设备各个状态的全景参数内容的深入分析与探讨，实现设备中多个状态的合理组合，关键状态信息的合并、提取等关键操作。同时，电力设备状态监测数据结构将会变得更多样化，在对电力设备进行检测时，将会出现更多的音频、图像、视频等。正是因为数据量不断增多，传统方法已经无法在规定的时间内挖掘出有效的数据。因此，适用于大数据分析的深度关联规则应运而生。传统数据设备状态评估系统，通常都是通过单一的方式完成对状态量的选取，这也就致使设备运行过程中的故障/缺陷情况也是单一的，两者间的相互对应关系规律将会变得更弱，这对分析电力设备来说十分不利。在具体分析过程中，需对设备状态评估大数据分析方法进行合理应用，对设备状态量的关联性进行重点考察。“状态量关联度”的核心是部件/设备等具体对象之间存在多维度状态间的相互关系。在具体问题分析过程中，多维度状态量的实质是对各种状态进行详细测定的一项基础内容，完成对部件/设备的运行过程中的故障情况进行准确评估。而针对一些规模较大的电网来说，设备状态和状态量将是复杂的非线性函数关系。

数据平台架构在进行设备故障诊断和预测方面，对采集的设备故障记录数据、设备故障时间点的状态数据和设备故障时间点的气象数据进行了整合，并利用大数据平台提供的数据分析工作流进行了数据分析和模型计算。

5.3.3.3　专利布局状况

通过对全球专利库中有关电力故障分析主题进行检索（检索截止日期为2023年4月30日），共得到6689项专利申请。

1）专利申请态势

专利申请态势如图5－3－6所示。可以看出，相关全球专利申请量2003—2010年平缓增长，自2011年起专利申请的增长速度提升，呈现迅猛增长的态势。到2021年，申请量达到近1000项，由于很多专利申请尚未公开，因此2022年申请量的统计数据不够全面。

2）主要创新主体

图5－3－7示出了全球的创新主体排名，可以看出，排名前十位的创新主体全部为国内申请人，国家电网、南方电网具有绝对优势，分列第一位、第二位。在排名前十位的申请人中，有七所国内的高校，分别为华北电力大学、东南大学、西安交通大学、华南理工大学、上海交通大学、清华大学、武汉大学，许继集团有限公司排在第七位。

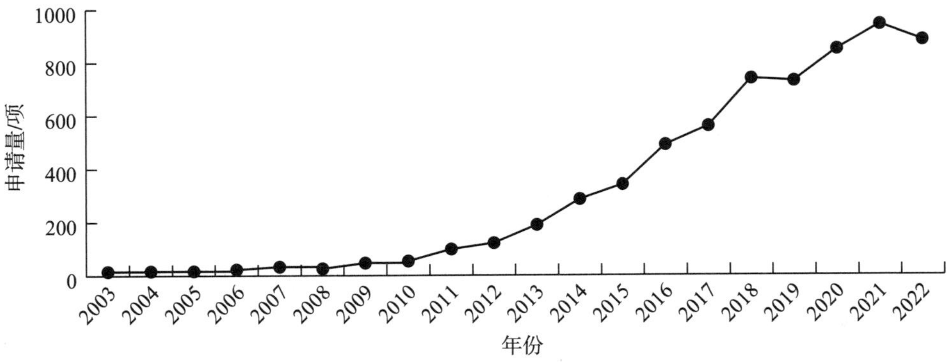

图 5-3-6 电力大数据电力故障分析全球专利申请趋势

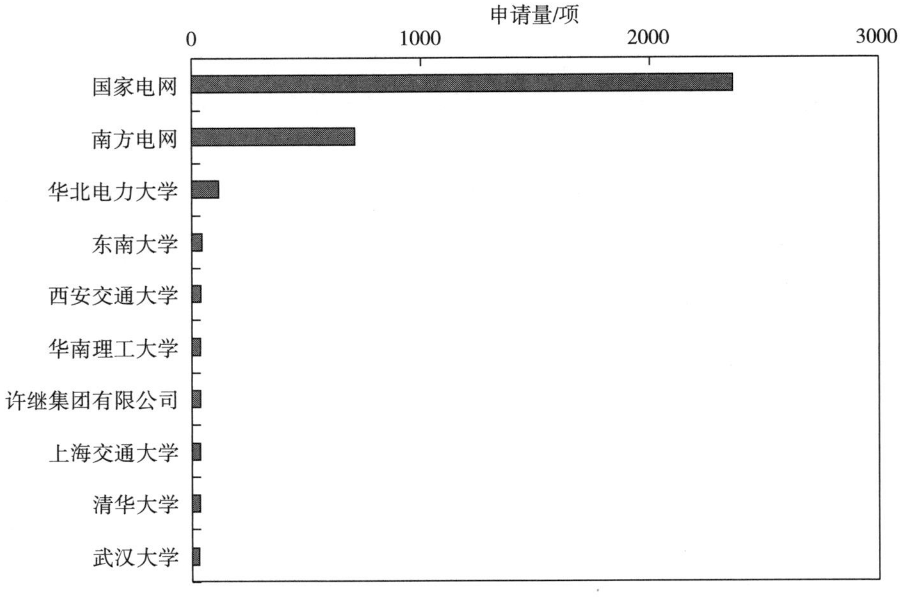

图 5-3-7 电力大数据涉及电力故障分析全球主要创新主体

3）典型专利

专利 1——CN112462736B，发明名称为“一种基于数据分析的风电机组故障诊断方法”，申请人为华能集团。该专利为一种基于数据分析的风电机组故障诊断方法，所述风电机组故障诊断方法是利用风电机组历史数据分析来诊断风电机组故障的；将风电机组历史数据分为：风电机组非故障状态运行数据、风电机组故障状态运行数据；并从历史数据库中剔除异常值；并从风电机组故障数据变化特性角度将故障数据分为机械与状态量、电气量以及开关状态量三类；其特征在于，该故障诊断包括步骤如下：收集风电机组的历史数据：具体风电机组类型和参数；以及获取的现场数据信息；用于风电机组故障的明确辨识的基础信息资料；收集现场数据，对数据进行辨识，按照数据类型对数据进行分类与处理；所述收集的现场数据包括：叶轮系统相关故障数据、变桨系统相关故障数据、偏航系统相关故障数据、变频系统相关故障数据、发电机系统相关故障数据；利用获取的基础信息资料对具体的风电机组进行初始故障建模；按照数据类型对数据进行分类与处理；基于风电机组历史数据对SCADA系统监测量按照数据性质与变化特性进行分类，并按照分类提取风电机组故障数据形成故障信息记录表格；其中SCADA系统，即数据采集与监视控制系统和以计算机为基础的DCS与电力自动化监控系统；利用数据的变化特性与其与故障的关联关系将故障信息记录表格转化为故障样本事务集以供算法处理使用；利用故障样本事务集，运用FPGrowth算法对风电机组进行风电机组故障频繁项集、故障关联规则挖掘；根据专家经验以及理论知识，对以上得出的频繁项集与关联规则进行筛选，剔除显然无关联的项集与规则，并对其他的关联规则进行分析，挖掘故障发展的可能模式，并以此为依据完善故障模型；依据逐渐完善的故障模型，通过判断数据中故障特征信号的变化以及特定故障信号的关联规则，对风电机组进行故障诊断。

专利2——CN113030633B，发明名称为“基于GA-BP神经网络的配电网故障大数据分析方法和系统”，申请人为国家电网。该专利为一种基于GA-BP神经网络的配电网故障大数据分析方法，所述方法包括如下步骤：采集配电网线路的故障数据，对故障数据进行分析，获取导致线路故障的原因因子；以所述原因因子为自变量，以发生线路故障的次数为因变量，采用标准化逐步回归方法，从所述原因因子中筛选出导致线路故障的关键因子；对所述关键因子的数据进行归一化处理，得到归一化特征数据；对所述归一化特征数据进行主成分分析，获取每条故障线路的主成分风险值；对所述每条故障线路的主成分风险值进行回归分析，获得故障线路的主成分风险值计算模型；利用斯皮尔曼系数计算公式，计算得出每条线路的主成分风险值与发生线路故障的次数之间的斯皮尔曼系数ρ，用于量化每条线路的主成分风险值与发生线路故障的次数之间的关系；根据所述斯皮尔曼系数ρ，构造系数修正公式对所述主成分风险值计算模型进行修正，得到主成分风险值计算优化模型，并利用所述主成分风险值计算优化模型重新计算得出每条故障线路的最佳主成分风险值；将所述每条故障线路的最佳主成分风险值组合成为最佳主成分风险值集，将所述最佳主成分风险值集分为训练数据和测试数据，利用GA－BP神经网络对所述训练数据进行训练，得到故障线路的风险值神经网络计算模型；并将所述测试数据导入所述风险值神经网络计算模型，计算获得每条故障线路的实际风险值和预测风险值；引入决定系数计算公式，将所述故障线路的实际风险值和预测风险值代入所述决定系数计算公式进行计算，得到实际风险值和预测风险值之间的决定系数，用于对利用 GA - BP 神经网络来获得每条故障线路的实际风险值和预测风险值的可靠性进行量化。

专利3——CN115061013A，发明名称为“基于停电事件大数据分析的低压常见故障研判方法及系统”，申请人为国家电网。该申请为一种基于停电事件大数据分析的低压常见故障研判方法，包括：获取任一地区的某一天的用户电压电流数据、用户停电数据和台账数据，其中所述用户停电数据中包含停电用户编号，所述台账数据中包含台区的变压器编号，所述用户电压电流数据为用户电压电流的日冻结数据；根据所述变压器编号将所述用户停电数据和所述台账数据、所述用户电压电流数据和所述台账数据进行关联，分别得到台区用户停电数据以及台区用户电压电流数据；根据所述停电用户编号将所述台区用户停电数据进行分组并统计各组台区用户停电数据的用户停电次数，并将用户停电次数大于第一预设阈值的各组台区用户停电数据进行聚合，得到台区用户频繁停电数据；判断所述台区用户电压电流数据中是否存在某一时刻的电压值小于预设电压阈值的某一用户电压电流数据；若所述台区用户电压电流数据中存在某一时刻的电压值小于预设电压阈值的某一用户电压电流数据，则判断所述某一用户电压电流数据的某一时刻的电流值是否小于在该时刻之前的另一时刻的电流值；若所述某一用户电压电流数据的某一时刻的电流值小于在该时刻之前的另一时刻的电流值，则判断另一时刻的电压值是否大于某一时刻的电压值；若另一时刻的电压值大于某一时刻的电压值，则所述某一用户电压电流数据为低压用户电压电流数据；根据所述台区用户频繁停电数据以及所述低压用户电压电流数据对低压配电网的故障原因进行研判。

5.4 环境气象大数据应用

5.4.1 环境气象大数据概述

5.4.1.1 概念

当下大数据技术被广泛地应用到各行各业，服务行业更是凸显了大数据技术的优势。气象服务作为一项传统的服务行业，在大数据技术的影响下，近些年发生了巨大改变，如，气象数据的采集更加多样化，运作体量范围更加广泛等。传统的气象信息采集与处理无法动态分析气象数据，就导致其无法进行跨行业、跨领域的数据结合，而环境气象大数据通过系统的分析处理，实现了跨行业、跨领域的数据结合，同时实现了预测未来，使得气象服务更加专业。

5.4.1.2　发展现状

随着科技的日益进步，气象领域也在发生着翻天覆地的变化，各种新的探测设备不断被引进，对天气属性的探测也越来越多。以气象观测资料为例，最初人们仅能通过地面观测站采集气象数据，但是在现代社会，地面观测站、天气雷达以及气象卫星早已成为人类采集气象数据的工具。事实上，近年来突增的不仅仅是气象资料的采集渠道，更是各类气象资料的数量。暴增的气象观测资料在构建短期降水预测模型方面既有利又有弊。一方面，显著增长的气象数据有助于建立更好的天气预测模型；另一方面，暴增的观测资料也为数据处理、数据计算以及模型训练等方面带来了挑战。在这样的时代背景下，面对海量的气象观测资料，传统的天气预报方法显得心有余而力不足。因此，如何高效利用和挖掘气象数据已经成为天气预测领域的重中之重。随着科学计算能力的大幅提升，机器学习和深度学习迎来了蓬勃发展期。通过模拟人类学习的方式，机器学习和深度学习可以从历史资料数据中挖掘出环境气象大数据的抽象特征以及数据之间的隐藏规律。

5.4.1.3　关键技术

（1）数据处理

数据预处理主要针对气象原始业务日志数据，资源性能指标类监视数据比较规整，不需要进行预处理。气象原始业务日志数据包括 14 大类的气象观测资料及产品从台站到省级、国家级的收集、分发、处理、存储、归档、服务的全业务流程运行信息。气象原始业务日志数据存在信息不完整、数据重复等问题，需要在监视指标计算前对数据进行标准化构建和数据清洗。

（2）数据分析挖掘

大数据的核心是“预测”。大数据之所以能预测未来，靠的是对相关关系的把握，通过相关关系分析过去，获得对未来的预测。例如：“清明时节雨纷纷”这个结论不是逻辑推导出来的，而是人们通过多年观察，发现每年清明前后总是下雨比较多，于是总结出这一规律，运用此规律即可作出预测。这是一种传统的统计学分析，实际中的大数据分析比这要复杂得多。大数据分析（即数据挖掘）是对传统统计学方法的扩展和延伸，侧重于应用高维建模、多模式建模、复杂网络建模、非参数模型等新技术，从种类繁多、数量庞大的数据中快速获取有价值的信息。

气象数据的处理方法有很多种，如客观分析技术、最优插值技术、Kalman、逐步订正法等，其中广泛被人们认可的效率最高的方法是数据挖掘。气象数据预测是数据挖掘的一种表现形式，其是数据库知识发现中的一个步骤，通常情况下是指从海量的数据中发现那些隐含在其中的特殊的规律和知识的过程。

5.4.1.4 专利布局状况

在技术发展的过程中，创新主体也通过专利的方式对自己的创新进行了保护，下面通过专利申请情况，对环境气象大数据的技术发展情况进行分析。

1）专利申请态势

通过对环境气象大数据的相关专利进行检索（检索截止日期为 2023 年 4 月 30 日），环境气象大数据的相关全球专利申请为 25082 项。从图 5－4－1 可以看出，在 2011 年以前，环境气象大数据专利每年申请量不大，从 2012 年的 466 项左右开始快速增长，到 2014 年达到近 1000 项。从 2014 年起，得益于人工智能、大数据等技术的快速发展，环境气象大数据的专利申请量也呈现出快速增长态势，到 2021 年，申请量达到 4000 余项。由于 2022 年申请的很多专利尚未公开，因此申请量的统计数据不够全面。

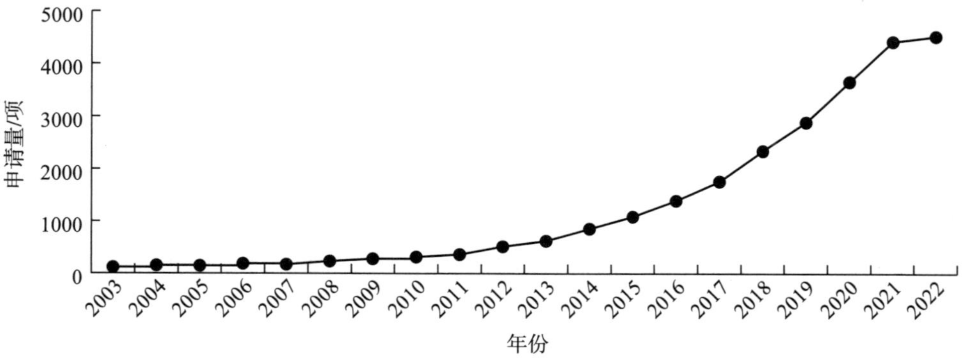

图 5－4－1 环境气象大数据专利申请全球申请趋势

2）主要创新主体

图 5－4－2 示出了全球的创新主体排名，可以看出，在排名前十位的创新主体中，大部分为国内的企业、大学及研究院，国外申请人仅 IBM 排在第十位。国

家电网具有绝对优势，总计1319项，排在第一位，排在第二位、第三位的为中国石油化工集团有限公司（以下简称“中石化”）和中国石油天然气集团有限公司（以下简称“中石油”），南方电网排在第四位，第五位至第九位为四所大学以及中国水利水电科学研究院。由此可以看出，对于环境气象大数据的相关申请，主要申请人为国内申请人，重点为大型国有企业，大学申请量排名也十分靠前。

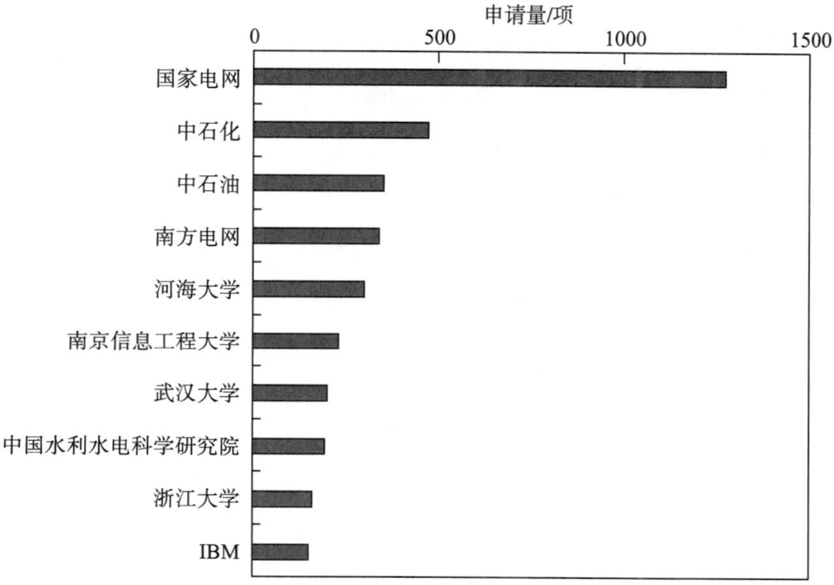

图5-4-2　环境气象大数据全球主要创新主体

5.4.1.5　主要应用场景

（1）大数据在减灾防灾方面的应用

云计算、大数据二者有着密不可分的关系，先应用大数据技术汇集大量的气象信息，再通过云计算完成数据的处理和分析，可以实现对气候变化、灾害发生条件等方面的综合性预判和判断，最终得到有价值的参考数据和提前预知气象灾害信息。

（2）大数据在气象预报预测方面的应用

随着大数据时代的发展，在气象预测工作中应用大数据相关技术，为气象预报预测提供了有效的技术支持和大量的数据。通过大数据的应用，可以对历史及实时数据进行综合性的处理，并对未来进行预测、判断，继而提升我国气象预报的准确度。通过预测天气可以降低天气变化对农业生产、交通出行的影响，这也是我国气象部门的主要工作目标。通过对历史及气象数据信息的分析，可以将大气流、洋流、气候变化、时间等重要信息进行处理，同时可以对气象变化的发展趋势进行有效分析，预判气象变化的时间、地点等。

5.4.2 气象灾害预警

5.4.2.1 概念

灾害预警是指向政府部门和可能处于风险中的公众及时提供准确的危机预警信号，公共危机管理部门和公众得以提前通过规避措施避免风险，或者实施科学的预控方法，将无法提前规避的风险损失降到最低。

大数据技术的整合资源能力与传统灾害预警模式相比具有优越性。传统灾害预警机制的管理模式缺乏整体性，往往对灾种进行种类、系统的划分，通过不同的应急管理系统分项管理，容易因地域的区别导致预警部门资源分配不均、条块部门分割等现象，不利于整体协同治理；另外，正是因为预警部门分割，传统预警应急处置反应滞后，预警协调能力不足，无法有效实现迅速联动、协调和跨界治理。而基于大数据分析的灾害预警模式，在预警范围、预警密度、预警精度、项目和种类等各方面都能迅速反应、全面联动、精准预报，因此更适应现代灾害治理发展的需求，基于大数据分析的气象灾害预警模式的研究更具有重要的理论意义。预警准则包括：定量指标预警、定性因素预警、定性与定量相结合的预警。

5.4.2.2 技术发展情况

建立大数据气象灾害预警体系，即是对预警三个子体系中信息管理体系和技术管理体系的优化。基于 TST 理论的大数据气象灾害预警体系，希望通过科学技术视角，去分析气象灾害预警这一社会问题，这是 TST 理论在气象灾害预警中的适用性体现。在当前科学技术已经融入个人生活的方方面面，通过科学技术视角去解决预警问题，更能与大家的生活方式相衔接，创造了一个从政府大数据技术分析到公民个人接收大数据信息的过程，不管对于政府工作效率还是对于公民对预警的感知与了解都有提升。

大数据主要包括结构化数据和异构化数据，而大数据技术包括数据收集、数据存取、数据处理、统计分析、数据挖掘、模型预测等。在自然灾害预警中，结构化数据多为气象、水文、温度等可用数字表达的数据；异构化数据主要包括了预警地图、视频、地质地形等文本、图像、音频形式的数据。建立大数据自然灾害预警体系，就要通过大数据技术对这些数据进行收集、存取和处理分析，以提高预警效率。

5.4.2.3　专利布局状况

通过对全球专利库中有关气象灾害预警主题进行检索（检索截止日期为 2023 年 4 月 30 日），相关专利申请共计 8755 项。

1）专利申请态势

从图 5－4－3 可以看出，2011 年以前，气象灾害预警专利每年申请量都不多，从 2012 年的 200 项左右开始快速增长，到 2015 年达到近 400 项。从 2014 年起，得益于人工智能、大数据等技术的快速发展，气象灾害预警的专利申请量也呈现出快速增长态势，到 2021 年，申请量达到 1400 余项。由于 2022 年提交的很多专利申请尚未公开，因此申请量的统计数据不够全面。

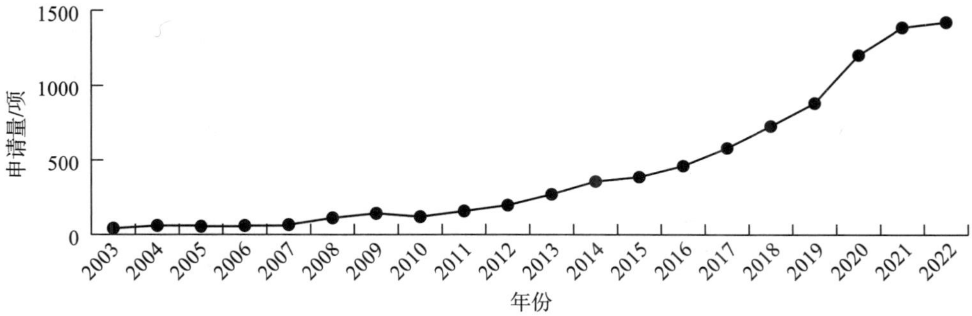

图 5－4－3　气象灾害预警专利申请全球申请趋势

2）主要创新主体

图 5－4－4 示出了全球的创新主体排名，可以看出，排名前十位的创新主体全部为国内的企业、大学及研究院；中石化和中石油分别排在第一位、第三位，国家电网和南方电网分别排在第二位、第四位，第五位至第十位为五所大学以及中国水利水电科学研究院。由此可以看出，对于气象灾害预警相关申请，申请人主要为国内申请人，重点为大型国有企业，大学申请量排名也十分靠前。

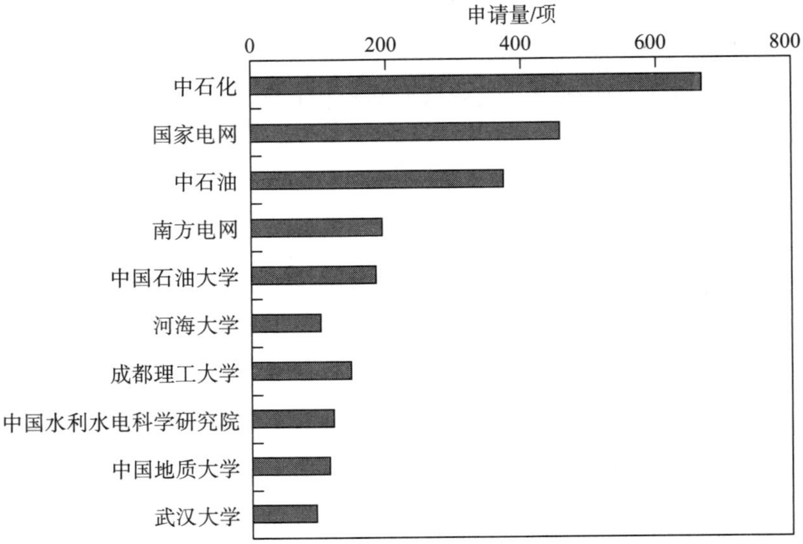

图 5-4-4　气象灾害预警全球主要创新主体

3）典型专利

专利 1——CN109738970B，发明名称为“基于雷电数据挖掘实现雷电预警的方法、装置和存储介质”，申请人为国家电网。该专利为一种基于雷电数据挖掘实现雷电预警的方法，包括以下步骤：①分析大气电场强度和雷达回波，当满足预设条件时，启动雷电预警过程；所述预设条件为所在区域的大气电场达到 4kV/m 且 40dBz 回波顶高度突破并维持在 0℃层结高度之上；②采集卫星云图数据和雷电定位数据，结合卫星云图和雷电定位数据并进行判别修正，再对雷电数据进行聚类分析，得到雷暴团移动的速度和方向；③根据当前得到的雷暴团分布，采用线性回归方法求出雷暴团移动的速度和方向，预测下一时刻雷电发生位置和数量；④将区域划分为不同的网格，根据预测的雷达位置和数量进行相应级别的雷电预警。所述步骤②中，对卫星云图的处理如下：利用均值滤波法对云图进行平滑处理，然后使用 FCM 模糊聚类算法对云图聚类，再对云图的 RGB 通道进行聚类分析，获得多通道相交的聚类云团区域，最终合成出分割后的云团图像，然后对云图作短时外推预测。

专利 2——CN111415492B，发明名称为“一种基于模糊综合评价算法的边坡滑坡预警方法及系统”，申请人为中国水利水电科学研究院。该专利为一种基于模糊综合评价算法的边坡滑坡预警方法，所述预警方法包括如下步骤：确定导致边坡滑坡的影响因素；所述影响因素包括：降雨量、降雨速度、环境的温湿度、边坡松弛度、边坡含水量和边坡形变速度；获取各个影响因素的不同观测值对应的边坡风险等级的历史数据，并对所述历史数据进行归一化处理，建立包括归一化后的历史数据的训练样本数据集；根据所述历史数据计算同一影响因素的不同观测值的平均值；以每个影响因素的不同观测值的平均值为元素，构建等级模糊综合评价矩阵；构建模糊综合评价模型；根据所述等级模糊综合评价矩阵和所述模糊综合评价模型，采用蒙特卡洛算法确定每一滑坡风险等级的评价值区间；利用所述等级模糊综合评价矩阵和所述评价值区间对模糊综合评价模型的判断矩阵进行训练，获得每个影响因素的权重；实时获取边坡的影响因素的当前值，并根据每个影响因素的权重，计算获得所述当前值的模糊评价结果；根据所述模糊评价结果所属的评价值区间进行边坡预警。

专利 3——CN111680171B，发明名称为“一种基于专题知识图谱的河系洪水预报方案构建”，申请人为中国水利水电科学研究院。该专利为一种基于专题知识图谱的河系洪水预报方案构建方法，其特征在于：包括以下步骤：①河系预报专题知识图谱构建：河系预报专题知识图谱的内容包括河系洪水预报方案相关的工程对象、工程对象的属性及工程对象之间的拓扑关系；②用户构建意图的输入和解析：用户对所要构建的河系预报方案设置条件，并将用户设置的条件解析为可供河系预报专题知识图谱推理使用的规范格式；③河系洪水预报方案推理；根据用户构建意图通过河系预报专题知识图谱进行逻辑推理得到河系洪水预报方案所需工程对象、工程对象属性及工程对象之间的拓扑关系；④最终预报方案的生成：将步骤③推理的结果生成最终的河系洪水预报方案的数据格式；步骤①中所述工程对象包括水库断面、河道断面、河道、河道交汇点、产汇流区间、雨量站、预报模型；所述对象属性包括库容曲线、水位泄量关系、关联汇流区间信息、水位、流量关系、关联汇流区间、关联预报模型、流域面积、模型参数、模型初始值；工程对象之间的拓扑关系包括：产汇流关系、河道连接关系、入流与泄流关系。

专利 4——CN110927791A，发明名称为“基于深度学习利用地震数据进行流体预测的方法及装置”，申请人为中石化。该申请为一种基于深度学习利用地震数据进行流体预测的方法，其特征在于，所述方法包括：输入指定区块范围内所有地震数据，并进行预处理以符合第一套深度学习网络要求；利用第一套深度学习网络对地震数据的线性特征进行非线性寻优和拟合，以提取地震数据的线性特征；利用与第一套深度学习网络连接的第二套深度学习网络对大量地震数据的线性特征进行分类，以建立第一流体特征模型；利用第二套深度学习网络中的残差网络对建立的第一流体特征模型进行迭代和校正，以获得第二流体特征模型；通过第二流体特征模型和激活函数，对待预测区块内的地震数据进行矩阵集合计算，获得待预测区块内的流体特征的概率分布数据。

5.4.3 气象预报

5.4.3.1 概念

气象指多种气象要素（如湿度、湿度、气压、风等）在大气或地面空间中表现出的综合物理现象。目前我国常见的气象共分 34 种，与国际气象的分类标准相统一，主要包括视程障碍现象、降水现象、地面凝结现象、雷电现象和其他现象，例如雨、雪、霜、露、雾等。气象与人们的社会生产活动息息相关，衣食住行、公共秩序、科技等各个领域的发展均受其影响。而一些恶劣天气的不良影响是巨大的、不可避免的。如雨雪天气会在很大程度上影响城市交通，造成路面湿滑、道路拥堵，甚至是意外事故；结霜现象对于农作物生长和日常生活会造成不利影响，早春或晚秋时节植物、果实结霜会使其受损害或死亡，路面、桥面结霜影响人们出行安全；沙尘天气不仅降低水平能见度致交通事故频发，还会影响人们的身体健康，引发呼吸、肠胃疾病。因此气象的观测与研究自古以来就是社会发展过程中的重要领域。

“预测”可以说是大数据的核心内容，技术人员在此基础上，可以利用大数据对以前的气象数据进行整合，预测未来的气象。随着社会的发展，社会大众对气象部门的要求也越来越高，为了确保预报预测的准确率，需要对气象数据资源进行整合。在对天气预报的发展形势进行分析时，发现要想准确地预报天气现象主要在于地点以及出现的强度，可以说其是当前的主要发展目标之一。

5.4.3.2 技术发展情况

随着科技水平的提高和理论水平的进步，国内外的气象学都取得了突飞猛进的发展。气象观测的科技器材和观测手段都有了长足的进步，从以前的普通地面观测和高空观测渐渐发展为各种先进类型的气象观测雷达和遥感卫星，这使得气象观测能力有了显著的提高。

在最近几十年里，气象预报技术已经取得了辉煌的成就，随着预报的能力不断提升，预报产品的类别不断增多，预报的时效也不断延长。现代气象预报的主要模型有：天气学预报模型、统计预报模型和数值预报（又称动力学预报）模型，以及将这三种基本预报模型进行综合运用而诞生的天气学统计预报方案、动力学统计预报方案以及天气学动力预报方案。目前对于气象形势的预报主要运用的是动力学预报模型，而对于实况要素的预报，综合预报员的主观经验与数值天气预报产品的统计与使用仍然是最为主要的预报方式。如今统计预报无论在国内还是国外的气象预报领域都是主要的技术方案，尤其是对数值预报产品的统计与使用和对实况要素的预报，更适合使用统计预报的方法。

近年来，统计预报方法在国际上得到了重大的发展，与之相关的主要方法和模型有：回归分析模型、判别分析模型、相关分析模型、均生函数法、聚类分析模型、方差分析法、灰色系统预测模型、分形分析模型、神经网络模型、相似预报法等。

5.4.3.3　专利布局状况

1）专利申请态势

通过对全球专利库中有关气象预报主题进行检索（检索截止日期为 2023 年 4 月 30 日），专利申请态势如图 5－4－5 所示。可以看出，2011 年以前，每年气象预报专利申请量都不多，从 2012 年的 200 项左右开始快速增长，到 2015 年达到近 400 项。从 2014 年起，气象预报的专利申请量也呈现出快速增长态势，到 2021 年，申请量达到 1600 余项。由于 2022 年提交的很多专利申请尚未公开，因此申请量的统计数据不够全面。

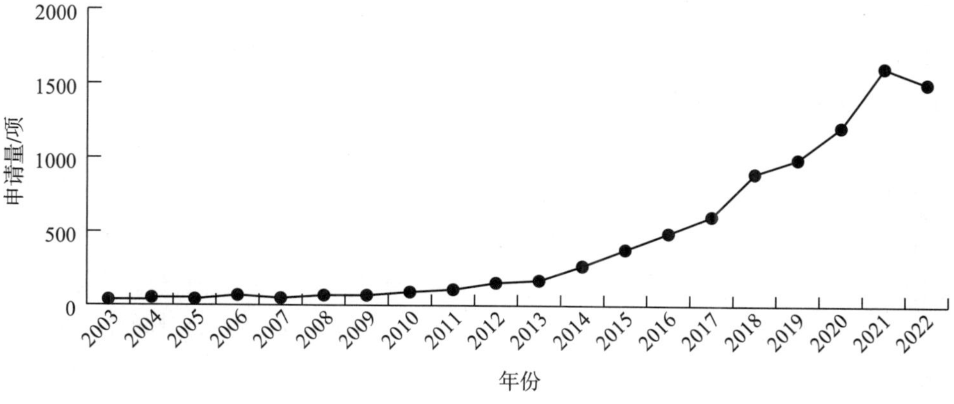

图 5－4－5　气象预报专利申请全球申请趋势

2）主要创新主体

图 5－4－6 示出了全球的创新主体排名，可以看出，排名前十位的创新主体以国内申请人为主。国家电网具有绝对优势，排在第一位，排在第二位、第三位

的为河海大学和南京信息工程大学，东芝排在第四位，第五位至第九位为三所大学以及中国水利水电科学研究院、中科三清科技有限公司，第十位是 IBM。

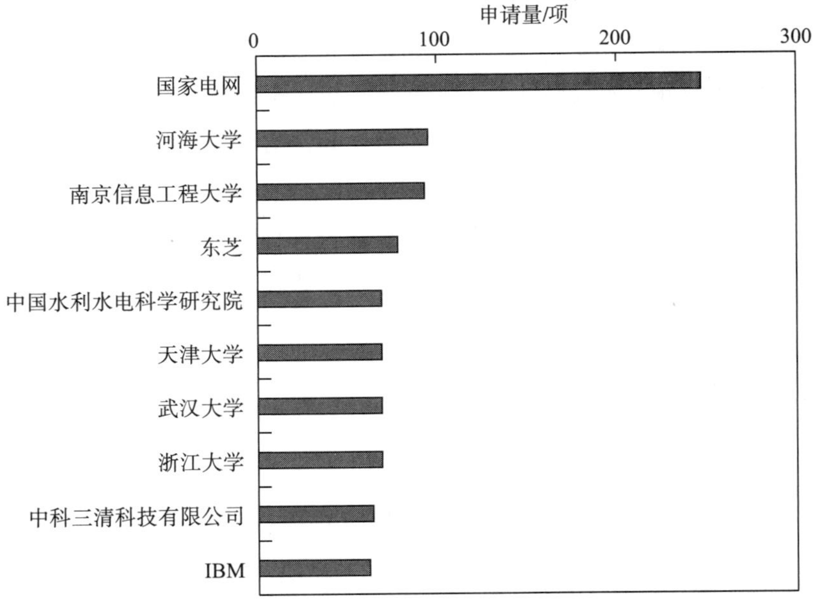

图 5－4－6　气象预报全球主要创新主体

3）典型专利

专利 1——CN110471950A，发明名称为“一种中小河流实时洪水预报智能模型预报方法”，申请人为河海大学。该申请为一种中小河流实时洪水预报智能模型预报方法，包括以下步骤：①收集研究的中小流域的水文数据，然后将收集到的所述水文数据存入水文历史数据库；②对所述水文历史数据库中的水文数据进行预处理，所述预处理包括数据清洗、数据变换、数据集划分；③构建实时预报智能模型，所述智能模型的第一阶段初始建模，使用基于支持向量机的数据驱动模型预报洪水；④所述智能模型的第二阶段情势优化，采用马尔科夫方法对初始预报模型的状态进行智能化调整；⑤所述智能模型的第三阶段预报过程线形状控制，在洪水模式库中采用水文多元融合算法对各洪水特征因子的时间序列模式进行相似性度量方法，寻找与实时洪水过程相同的历史洪水流量模式，然后对实时预报的洪水过程线进行整体形态的调整；⑥使用测试集数据评估智能模型性能；⑦实时预报，将所述步骤②中预处理后的水文数据作为智能模型输入，未来 24 小时流域出口断面流量为智能模型输出。

专利 2——CN114880958A，发明名称为“一种基于多气象因子智能深度学习的能见度预报模型”，申请人为南京气象科技创新研究院。该申请为一种基于多气象因子智能深度学习的能见度预报模型，包括以下步骤：①数值预报模式选取：根据地区气象和地理条件选择数值预报模式；②气象因子建模：以空间同一网格点上的多个气象因子作为一个通道项，将空间多个网格点的特征作为多通道项进行补充，建立能见度预报的神经网络模型；所述多个气象因子包括温度、风速、湿度、大气层结；③特征提取与能见度映射：对数值预报模式输出的气象因子预报值进行提高分辨率的降尺度操作，从而得到关键地区的高分辨率气象因子数值，进而得到高分辨率气象因子的深层特征；④神经网络模型训练：获取历史数据并通过步骤①所述数值预报模式处理得到预报值数据，并与气象观测站的能见度观测值对应后，对神经网络模型进行训练，得到收敛后的神经网络模型；⑤能见度预报与模型参数更新：通过步骤④得到收敛后神经网络模型对步骤①所述数值预报模式的实时输出数据进行处理得到能见度预报，同时对神经网络模型的参数进行更新。

5.5　本章小结

本章对大数据应用进行了介绍，并重点对电子商务大数据、电力大数据、环境气象大数据三个典型应用的技术发展现状和专利布局状况进行了分析。

（1）电子商务大数据的技术发展现状和专利布局状况

从电子商务大数据专利创新的角度来看，电子商务大数据的发展从 2014 年开始进入快车道，经过六年的发展在 2020 年达到顶峰，2021 年的专利申请量则有所下降，由于 2022 年的专利申请量未完全公开，无法判断专利申请量是否会继续下降。中国是最大的申请目标国，占比约 40%，其次是美国和日本，占比分别为 26% 和 14%。

从电子商务大数据专利申请创新主体来看，在全球的创新主体排名中，前十位申请人当中，中国占四席，第一位、第二位为中国著名的电子商务企业阿里巴巴、京东，申请量占有绝对优势，腾讯公司排在第六位，美国的谷歌公司、IBM 以及亚马逊为传统的电子商务企业，在技术创新方面具有传统优势，早期专利申请较多，在大数据技术应用上拥有较多的核心专利。

从电子商务大数据的关键技术及主要应用来看，数据采集、数据挖掘、关联规则算法、聚类分析、商品推荐算法为电子商务大数据的关键技术，电子商务大数据的主要应用场景包括用户画像、推荐系统、物流管理、社交网络，根据电子商务大数据关键技术分布以及专利申请情况，选取了精准营销、智慧物流两个分支作为电子商务大数据应用的分析重点。

从电子商务大数据的重点分支来看，精准营销、智慧物流这两个分支专利申请量在电子商务大数据专利申请总量中占比较高，申请趋势都是从 2014 年起快速增长，得益于人工智能、大数据等技术的快速发展。对于精准营销这一技术分支，中国的阿里巴巴、京东排名第一位、第二位，在专利申请的数量上占有绝对优势，谷歌公司、微软公司和亚马逊紧随其后，在专利数量上相对较少，但作为传统互联网、电子商务公司，具有较强的技术实力。最为著名的电子商务推荐系统应当是亚马逊推荐系统，亚马逊最为著名的推荐算法是由 G. Linden 等创造的基于项目的协同过滤推荐算法，也是迄今为止各电子商务推荐系统的核心推荐算法，亚马逊还采用了许多独到的推荐技术，相对于淘宝和京东，亚马逊推荐系统的推荐信息服务在各方面都显得较为均衡。在列举具有代表性的主要申请人以及典型专利时，精准营销这一分支，主要分析了亚马逊、阿里巴巴和京东涉及的推荐类相关专利，智慧物流这一分支，主要分析了京东和沃尔玛涉及的智慧物流相关专利。

（2）电力大数据的技术发展现状和专利布局状况

从电力大数据专利创新的角度来看，电力大数据的专利申请量从 2013 年开始快速增长，在 2021 年达到顶峰，2022 年的专利申请量则有所下降，由于 2022 年专利申请未完全公开。中国是最大的目标国，占比约 73%，其次是美国和日本。

从电力大数据专利申请创新主体来看，在全球的创新主体排名中，前十位的申请人当中，国家电网、南方电网具有绝对优势，分列第一位、第二位，排名前十位中有四所国内高校，国外的有日立公司、IBM 和微软公司等。在电力大数据这一领域，国内申请人在专利申请数量上占有优势。

从电力大数据的关键技术及主要应用来看，电力大数据已应用于发电、输电、变电、配电、用电以及调度各个环节。电力大数据当前应用较好的主要集中在电力系统状态监测与评估、电力故障分析、负荷预测以及用户用电情况分析，选取了重要的两个技术分支——负荷预测、电力故障分析进行分析，对于相关算法的改进也是当前负荷预测以及电力故障分析的主要研究方向，例如，改进 AlexNet - GRU 组合的短期负荷预测模型、MT - ALSTM 预测模型、基于 Adam 和 SGD 组合改进的神经网络架空线路故障预测方法。

从电力大数据的重点分支来看，负荷预测、电力故障分析这两个分支的专利申请量在电力大数据专利申请总量中占比较高，申请趋势都是从 2011 年起快速增长；对于负荷预测和电力故障分析这两个技术分支，中国的国家电网、南方电网排名第一位、第二位，在专利申请的数量上占有绝对优势，国内高校在负荷预测这一分支上具有较大的申请量。

从电力大数据典型专利来看，目前负荷预测、电力故障分析充分利用大数据、人工智能，从而使用负荷预测，特别是短期负荷预测更加准确，电力故障分析和诊断更加准确和全面。

（3）环境气象大数据的技术发展现状和专利布局状况

从环境气象大数据专利创新的角度来看，环境气象大数据的申请量从 2012 年开始快速增长，在 2022 年达到顶峰。

从环境气象大数据专利申请创新主体来看，在全球的创新主体排名中，前 10 位的申请人当中，国家电网具有绝对优势，排在第一位，中石化、中石油排在第二位和第三位，南方电网排在第四位，排名前十位中有四所国内高校，中国水利水电科学研究院排在第八位，美国的 IBM 排在第十位。在环境气象大数据这一领域，国内申请人在专利申请数量上占有优势。

从环境气象大数据的关键技术及主要应用来看，环境气象大数据关键在于数据处理、数据分析挖掘方面，主要应用于减灾防灾方面、气象预报预测方面。基于大数据分析的灾害预警模式，在预警范围、预警密度、预警精度、项目和种类等各方面都能迅速反应、全面联动、精准预报，因此更适应现代灾害治理发展的需求。

从环境气象大数据的重点分支来看，气象灾害预警、气象预报这两个分支的专利申请量在环境气象大数据专利申请总量中占比较高，申请趋势都是从 2012 年起快速增长；在气象灾害预警分支上，中石化和中石油的申请量排名靠前，在气象预报分支上，国家电网排在前列，而中国水利水电科学研究院及国内高校在灾害预警、气象预报各分支中均有较大的申请量。

第6章　大数据可视化

6.1　大数据可视化概述

6.1.1　大数据可视化的概念

大数据可视化是一种将大规模数据转化为可视化图形或动画的技术，旨在帮助用户更好地理解和分析数据。这种技术通过将数据转化为易于理解的可视化形式，使得用户能够更好地识别数据中的模式、趋势和异常，从而发现有价值的信息和洞见。大数据可视化通常需要使用高级的数据分析和可视化工具，如数据挖掘、机器学习、人工智能、虚拟现实等技术，以实现对大数据的有效分析和可视化展示。

6.1.2　大数据可视化的发展现状

大数据可视化，属于数据可视化的范畴。数据可视化，即通过信息处理技术，将纷繁复杂的数据中蕴含的关系、发展趋势，以视觉的方式展示出来，帮助人们直观地发现、理解数据中包含的信息。在计算机学科的分类中，利用人眼的感知能力对数据进行交互的可视表达以增强认知的技术，称为可视化。这种可视化的表示方式，是跟随人类文明的发展而不断发展的。

6.1.2.1　可视化发展历程❶

最早在16世纪，人类已经在测量、观测方面有所发展，并出现了手工绘制的图表或者地图，用来展示和传递信息，这也是图表的萌芽阶段。到了17世纪，

---

❶ 陈为，沈则潜，陶煜波，等．数据可视化［M］．北京：电子工业出版社，2019：8－23.

人类对于基本物理量测量研究有了较大突破，比如在测量地理和天体位置的技术和仪器方面，这些测量技术也被广泛应用于制图、土地勘探、土木工程等领域，实现了基于真实数据的图表绘制。

在这个时期，笛卡尔发展出了解析几何和坐标系，成为数据可视化历史中重要的基石。并且，这个时期概率论和人口统计学的研究也开始出现，人们开始系统性地进行数据收集、整理和绘制，随着数据量的增大，图表的形式也更加丰富。在18世纪，在图表展示的过程中，出现了更加多样的图形样式，比如等值线、轮廓线等，同时随着统计理论、数据分析的发展，抽象的图形、符号被广泛应用。比如在1765年，Joseph Priestley发明了时间线图，该图涵盖了2000个著名人物的生平，每个人的一生用单个线段来表现，进而整体可以用于比较多人的生命跨度。受这幅时间线图的启发，苏格兰工程师、经济学家威廉·普莱费尔（Wiliam Playfair）发明了柱状图、折线图、饼图等，促进了统计图表的发展，这些图表至今也是人们常用的统计数据展现方式。

威廉·普莱费尔还发明了时间序列图，用于表示丹麦和挪威在1700—1780年的贸易进出口情况。

在18世纪，法国人Marcellin DuCarla绘制了等高线图，用一条曲线表示相同的高程，对于测绘、工程和军事有着重大的意义，成为地图的标准形式之一。

在19世纪至20世纪，人们在柱状图、饼图等常见统计图表的基础上不断完善发展，已经可以熟练应用各类统计图表，并将其用于经济、医学、地理等各个领域，用来展示发展趋势、数据分布等。在这个时期，法国人Charles Joseph Minard发布了用于表示历史事件的流图，其被视为将可视化应用于工程和统计的先驱者。他的这幅流图展示了拿破仑进攻莫斯科时军队的行军方向、军队流转地、军队的减员情况等。

随后，当计算机的应用逐渐广泛后，人们开始采用计算机编程实现可视化，在计算机的辅助下，统计数据的处理广度也得到了极大扩展，可以处理网络、层次、文本等非结构化数据。同时，随着计算机处理速度、计算量的不断提升，大规模数据的可视化应用也逐渐出现。1982年，Edward Tufte出版了*The Visual Display of Quantitative Information*一书，构建了关于信息的二维图形显示的理论，强调有用信息密度的最大化问题。1986年10月，美国国家科学基金会主办“图形学、图像处理及工作站专题讨论”的研讨会，该会议将计算机图形学和图像方法应用于计算科学的学科称为“科学计算之中的可视化”（Visualization in Scientific Computing，ViSC）。在20世纪70年代，医学领域计算机断层扫描（CT）和核磁共振图像（MRI）技术的发展，促进了可视化由二维展示向三维展示的发展。20 世纪 80 年代末，人机交互技术不断成熟，可视化的展示也增加了动态的效果。1990 年，IEEE 专门举办了首届可视化相关的会议——IEEE Visualization Conference。

进入 21 世纪之后，各类数据的来源、形式越来越复杂，量级越来越庞大，对可视化提出了新的挑战。在可视化的过程中，需要利用数据挖掘方法、新的模型等挖掘有用的信息，以用于分析推理与决策，在这个过程中形成了可视分析学。同时，为了从海量、复杂的动态数据中挖掘信息，需要探索针对大数据的可视化的算法、理论和方法。2006 年，美国国家科学基金会联合美国国家卫生研究所发布了一个专题报告来描述大规模数据可视化所面临的挑战。在大数据时代，一方面数据的更新和量级增长都非常迅猛，另一方面数据实时性、复杂性的特点也越发凸显，在数据可视化处理时，对实时性、交互性、预测性方面都提出了更高的要求，大数据可视化成为可视化发展的新命题。

6.1.2.2 大数据可视化发展概况

大数据可视化将海量的数据以图形的形式呈现出来，能够帮助人们更快速地发现关键信息和趋势，提高决策效率和精准度，帮助人们更深入地理解数据，揭示数据背后的规律和趋势，促进创新和改进，已逐渐成为数据驱动决策和创新的重要工具和手段。因此，各国也都非常重视大数据可视化技术的发展。

（1）中国大数据可视化相关政策及发展概况

中国对大数据发展战略非常重视，在大数据可视化方面也有较多政策支持。比如，2015 年发布的《促进大数据发展行动纲要》，在“推进基础研究和核心技术攻关”和“形成大数据产品体系”部分都提到了数据可视化，并且在“专栏 8 大数据关键技术及产品研发与产业化工程”中，特别强调了“大数据技术产品研发。加大投入力度，加强数据存储、整理、分析处理、可视化、信息安全与隐私保护等领域技术产品的研发，突破关键环节技术瓶颈。到 2020 年，形成一批具有国际竞争力的大数据处理、分析、可视化软件和硬件支撑平台等产品”，鼓励开发大数据可视化平台和工具，提高大数据处理和分析的效率和可视化程度。2016 年发布的《中华人民共和国国民经济和社会发展第十三个五年规划纲要》中提出：“深化大数据在各行业的创新应用，探索与传统产业协同发展新业态新模式，加快完善大数据产业链。加快海量数据采集、存储、清洗、分析发掘、可视化、安全与隐私保护等领域关键技术攻关”，明确了提升大数据应用水平、加强大数据安全保障、推进大数据开放共享等政策目标。同时，各地方政府也推出了相关政策，如北京市 2016 年发布了《北京市大数据和云计算发展行动计划（2016—2020 年）》，将大数据可视化列为关键任务之一。2021 年，工业和信息化部印发了《“十四五”大数据产业发展规划》，其中在“创新优质服务链”部分提出要：“围绕数据清洗、数据标注、数据分析、数据可视化等需求，加快大数据服务向专业化、工程化、平台化发展”，在“电力大数据”部分，强调要：“基于大数据分析挖掘算法、优化策略和可视化展现等技术，强化大数据在发电、输变电、配电、用电各环节的深度应用。”

中国较为知名的大数据可视化平台有阿里云大数据可视化平台、百度大数据可视化平台、腾讯数据可视化平台、亿信华辰的 BI@ Report 数据展示分析平台等。阿里云大数据可视化平台是一款云端大数据可视化服务平台，提供数据分析、数据可视化、数据探索、自助分析等功能，并且支持多种数据源的数据接入，如 RDS、MaxCompute、AnalyticDB 等，为用户提供全面的数据分析和可视化能力。2015 年 6 月，阿里云发布大数据可视化平台 Quick BI，并经过几次版本迭代，加入了多维分析、数据建模、数据研发、在线数据仓库、自助 OLAP、数据集市、图表库等功能，实现了支持多租户、多数据源、多场景的数据分析和可视化。2021 年 5 月，阿里云 Quick BI 正式更名为阿里云大数据可视化平台，以更好地展现其完整的数据生态链和数据智能化能力。

百度大数据可视化平台是一款基于云计算和大数据技术的数据分析与可视化工具，首次上线时间是 2015 年，随后又推出了可视化报告功能，用户可以通过该功能快速生成漂亮的数据报告，并进行在线预览和分享。2017 年，百度大数据可视化平台正式上线人工智能数据处理和自然语言处理功能，可以对数据进行更深入的分析和挖掘。2018 年，百度大数据可视化平台推出了实时数据监控和预警功能，帮助企业更好地掌握业务动态和风险。2019 年，百度大数据可视化平台开始向企业提供定制化的解决方案和服务，帮助企业更好地应对数据分析和可视化的需求。该平台支持多种数据源接入和处理，包括结构化数据、非结构化数据和半结构化数据等，同时也支持人工智能和自然语言处理技术的应用，可以帮助用户更加深入地理解数据所呈现的信息和趋势。

（2）美国大数据可视化相关政策及发展概况

美国于 2012 年 3 月发布了《大数据研究和发展计划》，该计划涉及美国国家科学基金、美国国防部、美国国家卫生研究院等六个部门，旨在提高从海量数字数据中提取知识和观点的能力，从而加快科学与工程发展的步伐，是美国为应对大数据革命的重大举措。根据该计划，美国国家科学基金会和美国国家卫生研究院将对大数据进行联合招标，以实现从大数据中提取重要信息并对其进行有效管理、分析、可视化。此外，美国国防部高级研究计划局开展了 XDATA 项目，该项目主要解决开发可扩展到算法、处理分布式数据存储库中不规则数据，创建有效的人机交互工具，用于支持面向各种处理任务的快速可定制视觉分析等。美国能源部则建立了可扩展数据管理、分析与可视化（SDAV）研究所，该研究所汇集了六大国家实验室和七所著名大学的专业知识和经验来开发新工具，帮助科学家对能源部超级计算机上的数据进行有效管理和可视化处理。❶

2019 年 6 月，美国管理和预算办公室（OMB）发布了《第一年联邦数据战略行动计划》（*Year－1 Federal Data Strategy Action Plan*）草案，向社会公开征求意见。2019 年 12 月，在充分吸收公众意见的基础上，OMB 发布了上述草案的最终版本——《联邦数据战略与 2020 年行动计划》。该战略的突出特点在于，美国对数据的关注由技术转向资产，“将数据作为战略资源开发”（Leveraging Data as a Strategic Asset）成为此战略的核心目标。该联邦数据战略确立了 40 项具体数据管理实践。总体可分为三个层面：第一，建立重视数据并促进数据共享使用的文化，如通过数据指导决策、评估公众对联邦政府数据的价值和信任感知、促进各个机构间的数据流通等；第二，保护数据，如保护数据完整性、确保流通数据的真实性、确保数据存储的安全性、允许修改数据提高透明度等；第三，探索有效使用数据的方案，如增强数据管理分析能力、促进数据访问的多样化路径等。❷

在大数据相关政策的支持下，美国一些大型科技公司，如谷歌公司、微软公司、IBM 等，都提供了自己的大数据可视化工具，并开源了相关的代码，以促进该领域的发展。

IBM 在大数据领域拥有丰富的经验，其在大数据基础设施、分析和应用方面积累了许多成功案例。IBM 拥有强大的大数据基础设施，包括 IBM Power Systems、IBM Storage、IBM PureData System 和 IBM Informix 等解决方案。这些解决方案为企业提供存储、计算和分析大数据的能力。同时，IBM 拥有广泛的分析工具和技术，比如：IBM Cognos Analytics，是一个自助式 BI 和数据可视化软件，可以帮助企业用户发现和共享见解；IBM Watson Studio，是一个端到端的人工智能

---

❶ 郎杨琴，孔丽华．美国发布大数据的研究和发展计划［J］．科研信息化技术与应用，2012，3（2）：89－93.

❷ 程莹．美国发布《联邦数据战略和 2020 年行动计划》［EB/OL］．（2020－02－11）［2023－07－31］．http：//www.echinagov.com/news/272975.htm.

平台，其中包括数据探索、可视化和数据科学建模工具；IBM InfoSphere BigInsights，是一个用于大数据分析和可视化的开源分析平台，包括大数据仪表板和可视化工具；IBM Watson Explorer，是一个用于大数据搜索、分析和可视化的分析工具，可帮助用户更快地理解大量数据。这些工具可以帮助企业挖掘数据的价值，从而制定更好的业务战略。同时，IBM 将其大数据分析工具应用在医疗保健、金融、能源等多个领域。

谷歌公司作为科技巨头，拥有多种大数据处理和分析工具，例如 Hadoop、Spark、Bigtable、BigQuery 等。这些工具支持谷歌公司进行海量数据的处理和分析，使谷歌公司能够从数据中获得更多的价值。同时，谷歌公司也开发了多种大数据可视化产品，比如：Google Data Studio，是一款免费的云端可视化报表工具，能够将谷歌数据、Google Analytics、Google Ads 以及其他来源的数据整合并且以图表、图形和表格等形式展现出来；Google Trends，是一个用于分析互联网搜索热门话题和搜索趋势的工具，用户可以输入一个或多个关键词，并且查看特定地理位置与时间段内的热搜度；Google Charts，是一种易于使用且支持多种图表类型的在线绘图工具，可以通过谷歌公司开发者平台直接访问；Google Maps，是一种常见的地图应用程序，在其中可以使用大量数据可视化功能，例如，用户可以在特定地点上添加标记，显示实时交通拥堵情况以及其他附加信息。谷歌公司的大数据可视化产品具有良好的易用性、可扩展性和丰富的功能，能够为用户提供可视化展现数据和互动式数据可视化的全新方式。

（3）日本大数据可视化相关政策及发展概况

2010 年 5 月，日本发布了以实现国民本位的电子政府、加强地区间的互助关系等为目标的《信息通信技术新战略》，在其基础上，2012 年又发布了“活跃 ICT 日本”新综合战略，侧重于以技术革新发展大数据战略，进而实现国民本位的电子政府、加强地区间的互助关系。在应用当中，日本电通公司利用 GPS 系统收集 70 万人的位置信息，开发出位置信息服务“Draffic”，实现了人流动可视化。通过这项服务，可获得持有 NTTDoCoMo 内置 GPS 系统的部分手机和智能手机用户的现在以及之前三年的移动情况。而且，可指定具体日期分析手机用户的移动情况。由于 Draffic 可把检测区域缩小到 2500 平方米，因此它可更确切地分析顾客在商业设施或商场的流动状况，比如来店的人来自何处又将去何处及其人数等。

（4）韩国大数据可视化相关政策及发展概况

韩国科学技术政策研究院在 2011 年，发布了以“构建英特尔综合数据库”

为基础的“大数据中心战略”，2012 年，韩国国家科学技术委员会制定了大数据未来发展环境战略计划。首尔市政府将利用人工智能和大数据构建从 119 报告到现场响应的数字平台。该数据平台还将作为国家消防局和 SMG 的公共数据提供商，计划开发一种算法，通过分析每个地区最有可能发生灾害的时间段来指导防灾巡逻路径。即将于 2026 年建成的灾害响应数字平台将结合分散的现场响应系统，使灾害和调度信息能够在安装在移动指挥车上的监视器上看到。预防性巡逻路径算法将收集过去二十年积累的火灾、救援、急救、生命安全、调度数据等大数据，分析数据后，将实现可视化时隙和易发生灾害的区域。❶

6.1.3 大数据可视化的专利状况

随着大数据时代的到来，可视化技术也越来越重要。大数据可视化手段不断丰富，涵盖了网络节点可视化、时空数据可视化等丰富多彩的展示方式。同时，在存储技术、计算能力、人工智能水平不断提高的情况下，数据处理技术也不断升级，可以更加方便地处理海量的数据，为大数据可视化提供更多的可能性。在大数据可视化技术发展的过程中，各国的创新主体也通过专利的方式对自己的创新进行了保护，下面通过专利申请情况，对大数据可视化的技术发展情况进行分析。

6.1.3.1 全球和我国专利申请态势

通过对大数据可视化相关专利的检索（检索截止日期为 2023 年 4 月 30 日），全球大数据可视化的相关全球专利申请为 34634 项，近二十年的专利申请态势如图6－1－1所示。可以看出，自 2013 年起专利申请的增长速度提升，在 2018 年之后呈现迅猛增长的态势，体现出了各国自 2012 年开始出台各种大数据发展政策的效果。由于 2022 年的部分专利申请可能尚未公开，因此申请量出现下降。

大数据可视化的相关中国专利申请为 14304 件，申请量占比可观，从图6－1－2中的申请趋势可以看出，中国大数据可视化的起步稍晚于全球，从 2017 年开始出现明显的增长，但是发展迅猛，2018—2021 年的增长势头超过了全球的增长势头。从中国各省份的申请情况来看，相关申请主要集中在北京和广东地区，其次是江苏、上海和浙江地区，这与我国高科技企业分布情况相符。

---

❶ 佚名．韩国首尔市将利用人工智能打造灾难响应平台［EB/OL］．（2022－05－31）［2023－06－17］．http：//ai. qianjia. com/html/2022－05/31_391070. html.

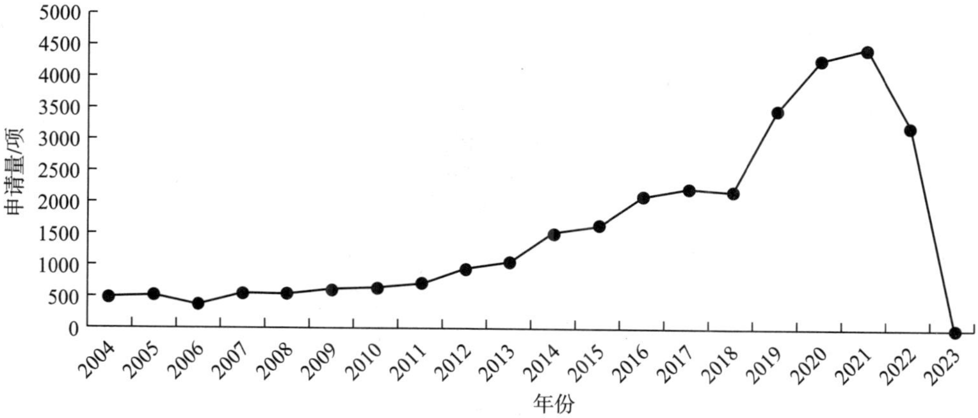

图 6－1－1　大数据可视化全球专利申请趋势

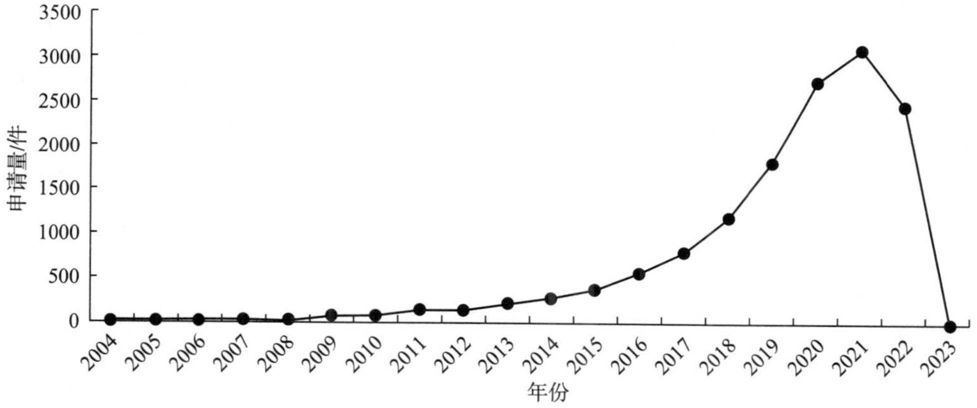

图 6－1－2　大数据可视化中国专利申请趋势

6.1.3.2　各国家/地区申请情况

从图 6－1－3 中各国家/地区申请人专利申请量占比来看，中国和美国在大数据可视化专利申请量方面占据了绝对优势，在全球 3 万多件申请中，来自中国和美国两国申请人的专利申请占比分别为 43% 和 41%。对于美国来说，得益于其大数据技术发展较早，在 2012 年就提出了《大数据研究和发展计划》，并给予了相当可观的经费支持。中国则是在 2016 年后开始发力，也体现出 2015 年中国发布《促进大数据发展行动纲要》的政策效果。全球大数据可视化专利申请量排名的第二梯队是日本和韩国，两国的代表龙头企业有索尼和三星，其中三星的 Brightics AI 可以通过人工智能分析和视觉化大量数据而成为制造业、市场营销和物流业等行业的有力工具。接下来是第三梯队的加拿大、德国、印度和法国等，申请量占比在 1% 左右。

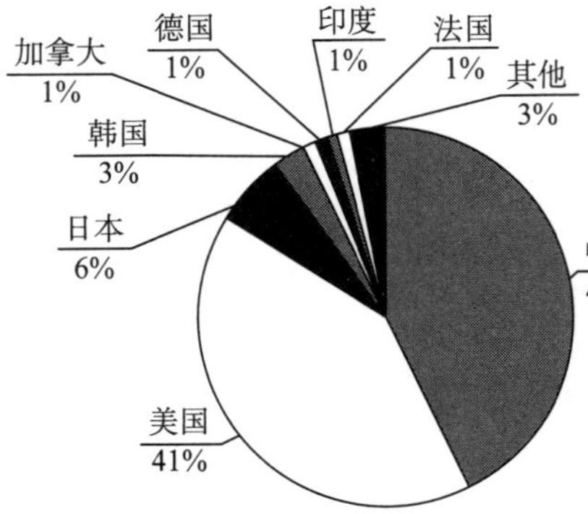

图 6－1－3　大数据可视化各国家/地区申请人专利申请量占比

图 6－1－4 是中国和美国申请趋势的情况，可以明显看出美国早期的积累较多，申请量较高，到了 2017 年，中国和美国申请量基本持平，但是在 2017 年之后，中国的申请量明显高于美国，并呈现逐年递增的态势。在大数据可视化的中国专利申请中，有约 5.6% 的申请来自美国申请人，比如布局较多的创新主体有微软公司、谷歌公司、IBM 和苹果公司等，这些国际科技公司较为注重在中国的专利布局。

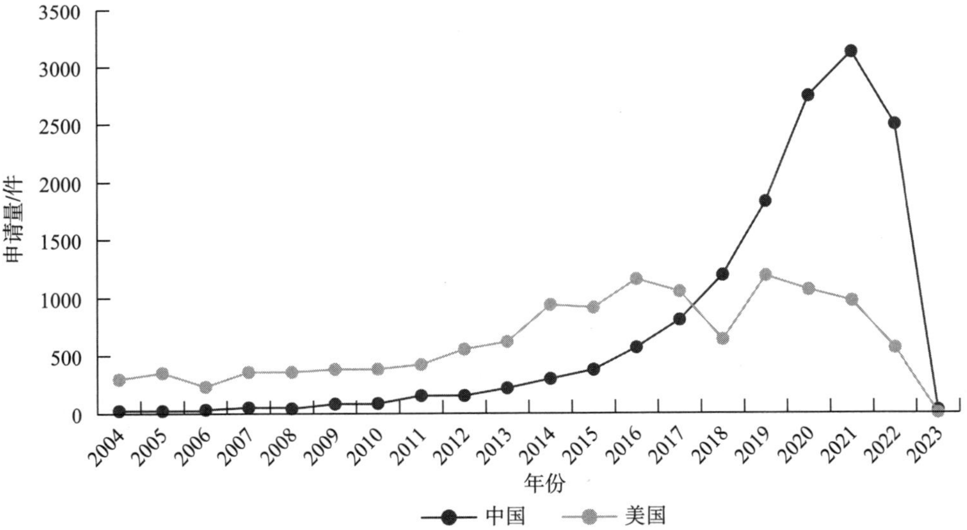

图 6－1－4　大数据可视化主要国家专利申请趋势

6.1.3.3 主要创新主体

图6-1-5示出了全球的创新主体排名，可以看出，排名前十位的创新主体主要是国际巨头公司和各大科技创新企业。排名第一位的是微软公司，申请量为1338项，其次是谷歌公司，申请量为1114项，谷歌公司开发的Google Charts被称为企业可以使用的可视化大数据集的最简单的工具，具有许多强大的图表和图形选项。Google Charts还支持与许多编程语言的集成，比如JavaScript、Python、Java等。在全球专利申请排行榜中经常蝉联第一名的IBM，排在第三位，为743项。排名在第四位至第六名的分别为中国的腾讯公司、百度公司和阿里巴巴，专利申请量均在500项左右，紧跟美国的国际巨头。排名在第七位的是韩国的三星，三星在2018年收购了美国云计算公司Joyent，开始在大数据领域大力发展。排名第八位至第十位的是日本的索尼、中国的国家电网和美国的帕兰提尔技术公司。帕兰提尔技术公司是一家做人工智能大数据分析的公司，创立于2004年，客户包括美国国家安全局（NSA）、美国联邦调查局（FBI）、美国中央情报局（CIA）和很多其他的美国反恐和军事机构。

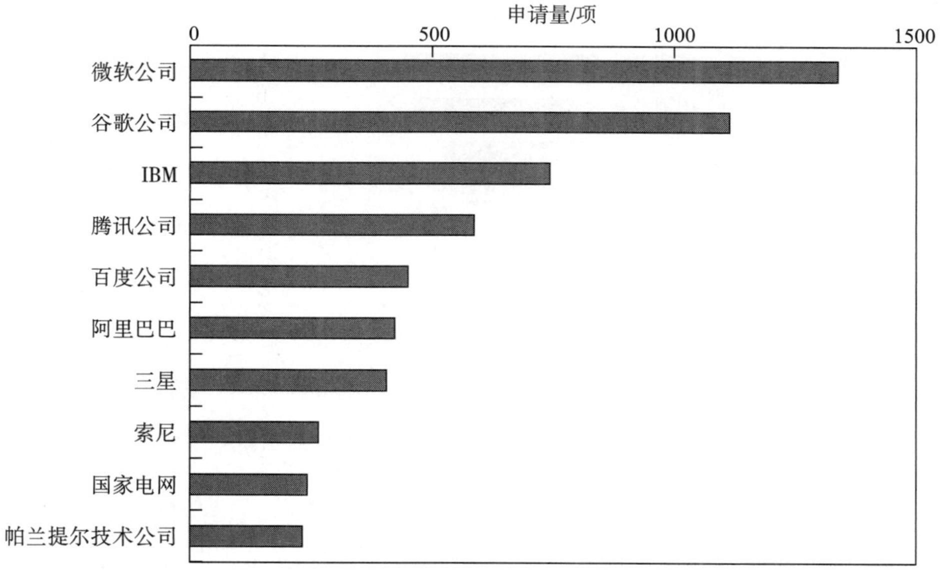

图6-1-5 大数据可视化全球主要创新主体

如图6-1-6所示，国内的大数据可视化专利申请的主要创新主体，除了能够进入全球排名前十位的腾讯公司、百度公司、阿里巴巴和国家电网，还包括中国平安、北京达佳互联信息技术有限公司、浪潮集团、华为公司、字节跳动、京东和清华大学。对于国家电网来说，电网大屏可视化决策系统成为智能电网的重要助力，因此国家电网也较为重视在大数据可视化方面的发展，通过大数据分析与整合，来实现数据融合、数据显示、数据分析、数据监测指挥等，将大数据可视化应用于监测指挥、分析研判、展示汇报等场景。中国平安的 231 件申请中，有 126 件来自平安科技。2022 年，其通过中国信息通信研究院首批大数据平台整体解决方案评测。评测的数据中台产品包括大数据基础平台、数据集成、离线数据开发、实时计算、数据治理、数据服务、数据管控、克瑞斯机器学习、统一调度、深度学习平安赛飞人工智能平台、数据加解密、敏感数据管理等产品，提供整套数据生态闭环与数据中台产品体系。其中大数据基础平台基于 Hadoop、Hive、Spark、Flink 等主流开源技术，提供离线和实时等各种场景大数据分析和处理能力和多种计算引擎，统一调度支持作业 API 接入、跨组件跨频度的依赖编排，同时具备可视化、可扩展能力。

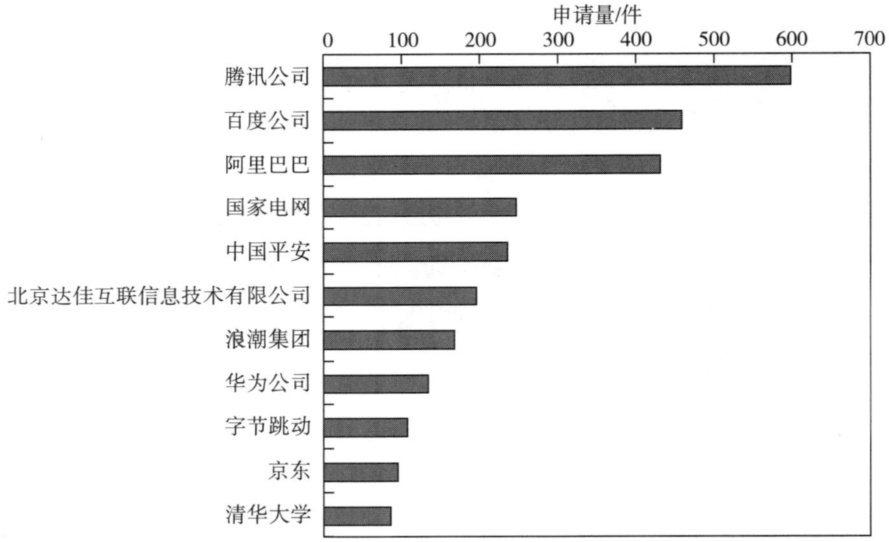

图 6-1-6　大数据可视化国内主要创新主体

清华大学在中国大数据可视化的申请量排名第十一位，是高校中申请量最多的创新主体。可以看出，在排名前十位的创新主体皆为企业，这可能与大数据可视化与应用紧密相关有关。清华大学的 AutoVis 是“大数据系统软件国家工程实验室”自主研发的大数据可视化设计框架。面向大数据应用，特别是工业场景，此框架提供了一种新的数据生成图表和看板的方式，具有表达能力丰富、简单易用、高可扩展、高效率等特点，已应用于中车四方车辆有限公司、石家庄天远科技集团有限公司等工业企业。

6.1.4　大数据可视化的分类

大数据可视化基于处理数据的特点和结构，可以分为以下几类。

文本和文档可视化：意义在于将文本中蕴含的语义特征（如词频与重要度、逻辑结构、主题聚类、动态演化规律等）直观展示出来。

典型文本可视化技术：标签云（word clouds）；叙述结构语义树：DAViewer；文本结构放射状层次圆环：DocuBurst；文本聚类可视化：Hipp；动态文本时序信息可视化：ThemeRiver、TextFlow、EventFlow。

网络（图）可视化：网络关联关系，如互联网与社交网络；层次结构数据；节点或边聚集性是网络可视化的主要内容之一。

基于节点和边的可视化是图可视化的主要形式。常用的具有层级特征的图可视化典型技术包括 H 状树（H – Tree）、圆锥树（Cone Tree）、气球图（Ballon View）、放射图（Radial Graph）、三维放射图（3D Radial）、双曲树（Hyperbolic Tree）。对于具有层次特征的图，空间填充法也是常用的可视化方法，如树图技术（Treemaps）等。

动态网络可视化的关键是如何将时间属性与图进行融合，其基本方法是引入时间轴。如 StoryFlow 是一个对于复杂故事中的角色网络的发展进行可视化的工具。

时变数据可视化：时空数据是指带有地理位置与时间标签的数据。流式地图（Flow map）是一类典型方法，可以将时间事件流与地图进行融合。另一类方法是时空立方体（Space – time Cube），可以利用三维方式将时间、空间及事件直观展现出来。

多维数据可视化：多维数据可视化的基本方法包括基于几何图形、基于图标、基于像素、基于层级结构、基于图结构以及混合方法。散点图是最常用的多维可视化方法。投影是同时展示多维的可视化方法。平行坐标是研究和应用最为广泛的多维可视化技术，可以将维度与坐标轴建立映射，在多个平行轴之间以直线或曲线映射的形式表示多维数据。

支持可视化分析的人机交互技术：信息可视化中的人机交互技术主要分为五类：动态过滤技术与动态过滤用户界面、整体 + 详细技术与用户界面、平移 + 缩放技术与可缩放用户界面、焦点 + 上下文技术与用户界面、多视图关联协调技术与用户界面。

面向 Post - WIMP 的自然交互技术：多通道交互、触摸式交互、笔交互。[1]

在上述大数据可视化分类中，文本和文档可视化、层次和网络可视化是应用热点和/或专利创新较多的领域，因此，本书后续将分别对这些领域的创新情况进行详细介绍。

6.2 文本和文档可视化

6.2.1 文本和文档可视化的概念

文本和文档可视化是一种将大量文本和文档数据可视化呈现的方法。它通过可视表达技术刻画文本和文档，直观地呈现文档中的有效信息，用户通过感知和辨析可视图元提取信息，以支持更深入的理解和更好的分析。它可以帮助用户浏览、搜索、导航和发现文本和文档的内容。它可以通过不同的视觉化工具呈现，如词云图、散点图、树状图、地图等，以及将文档分成主题，提高文本的可读性和理解。文本和文档可视化在许多领域都有广泛的应用，如自然语言处理、数据分析、市场调研、新闻和媒体等。

6.2.2 文本和文档可视化技术概况[2]

文本可视化涵盖了信息收集、数据预处理、知识表示、视觉呈现和交互等过程。其中，数据挖掘和自然语言处理等技术充分发挥计算机的自动处理能力，将无结构的文本信息自动转换为可视的有结构信息；而可视化呈现使人类视觉认知、关联、推理能力得到充分发挥。因此，文本可视化有效地综合了机器智能和人类智能，为人们更好地理解文本和发现知识提供了新的有效途径。

（1）基于文本内容的可视化

基于文本内容的可视化主要关注的是如何快速获取文本内容的重点，主要可以分为基于词频的可视化和基于词汇分布的可视化。基于文本内容的可视化既可

---

[1] 苏尽欢．大数据导论（6）——大数据可视化［EB/OL］．（2023 - 01 - 03）［2023 - 06 - 17］．https：//zhuanlan. zhihu. com/p/577616614.

[2] 唐家渝，刘知远，孙茂松．文本可视化研究综述［J］．计算机辅助设计与图形学学报，2013，25（3）：273 - 285.

以应用于单个文本，也适用于较大的文本集。如图6－2－1所示，通过统计结果的可视化呈现，能使用户快速地了解文本的大体内容。

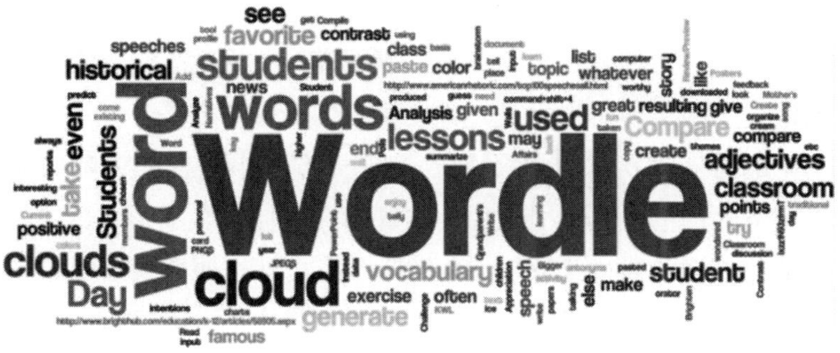

图6－2－1　文本可视化之Wordle❶

当面对海量文本时，需要对每个文本或者整个文本集合的主要内容进行快速浏览，因此需要基于词频的文本可视化。最常用的文本可视化的思路是将文本看作一个词汇的集合（词袋模型），利用词频信息来呈现文本特征。其中，经常被采用的词频计算方法是TFIDF，最典型的可视化形式是“标签云”（tag cloud）。如图6－2－2所示，标签云将关键词按照一定顺序和规律排列，如频度递减、字母顺序等，并以文字的大小代表词语的重要性。最初的标签云大多都采用将文字一行一行地水平排列的方式，后来渐渐遵循更加美观复杂的布局规则。

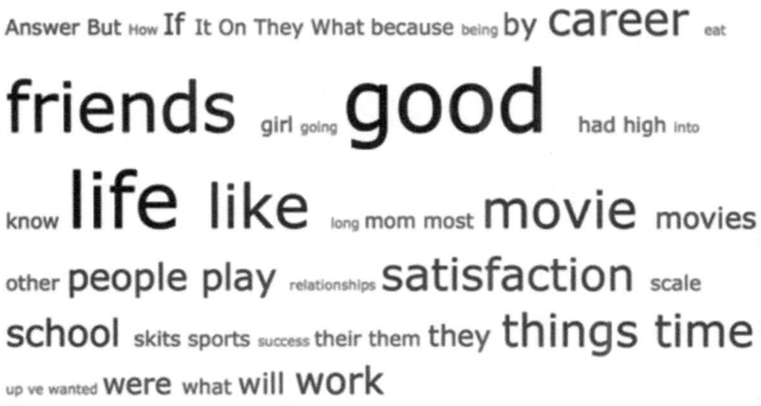

图6－2－2　文本可视化之标签云❷

---

❶ GeekPlux. 文本数据可视化（上）——从Wordle谈起［EB/OL］.（2017－04－14）［2023－06－17］. https：//zhuanlan. zhihu. com/p/26306683.

❷ GeekPlux. 文本数据可视化（上）——从Wordle谈起［EB/OL］.（2017－04－14）［2023－06－17］. https：//zhuanlan. zhihu. com/p/26306683.

尽管标签云能有效地列出文本中的高频词汇，但它无法提供连续和有内在联系的上下文信息。而 Document Card 却能自动提取关键的文字和图像，并将这些信息整合到一个连贯的卡片系列中，让用户能迅速地把握文本的重要内容。此外，标签云也常常被用作一种辅助工具，出现在一些视觉呈现的方案中。

基于词汇分布的文本可视化是一种用于查询任务的方法，它通过图形化展示词汇在文本中的分布情况来帮助用户。在这种方法中，首先去除文本中的停用词，然后将剩下的词汇建立索引。用户输入的查询词会以图形化的方式显示在文本中的分布情况，例如通过 TileBars 等工具，将文献按照段落、章节等划分为文本单元。通过矩形条的灰度显示每个查询词在文献中的分布情况。这样，用户可以观察查询词在相同的文本单元中的同现情况，从而快速了解文本内容与查询意图之间的相关性。

（2）基于文本关系的可视化

文本关系的可视化研究旨在帮助人们更好地理解文本内容并发现其中的规律。常见的可视化形式包括树状图和节点连接的网络图。其中，基于文本内在关系的可视化主要关注文本的内部结构和语义关系。例如，Contexter 利用网络图展示了新闻中命名实体在同一文本中的共同出现关系；WordTree 结合了后缀树的思想，以树状结构展示了查询词的上下文关系。另外，语义的层次结构也是常见的可视化内容。例如，FanLens 使用径向的空间填充方式展示了命名实体的层次关系。

文本外在关系的可视化研究着重于展示文本之间的直接关系，包括引用关系、网页的超链接关系以及潜在关系，例如主题相似性。许多可视化研究将网络图作为呈现形式，来展示文本间的直接关系。例如，在对文本集的引用关系进行可视化时，使用网络节点表示文本，有向线段表示引用关系。主题关系是文本间更为常见的外在关系场景，特别是在大规模文本集合中。通常基于聚类算法展示主题分布，并呈现与特定主题相关的关键词，主题关系的可视化多用于信息检索、主题检测和话题演变等应用。此外，为了分析文本的主题关系，除了基于统计的方法，更常见的是采用特征降维技术。这种技术首先使用高维向量空间模型（VSM）表示复杂的文本，然后通过投影技术对文本特征向量进行降维处理，使得信息可以在二维或三维空间中进行可视化呈现。文本地图是一种常见的形式，在基于特征降维技术的文本可视化中得到广泛应用。

6.2.3　文本和文档可视化的专利状况

通过对全球专利库中有关文本和文档可视化相关的主题进行检索（检索截止日期为 2023 年 4 月 30 日），共得到 6058 项专利申请。

6.2.3.1　申请态势

从图 6－2－3 可以看出，文本和文档可视化的全球专利申请趋势与大数据可视化的全球专利申请趋势略有不同，在 2011—2014 年出现过一次申请的小高峰，但在 2015 年又出现了下跌，随后直到 2019 年出现第二次申请高峰，但增长的势头仍然未能持续，2020—2021 年的申请量出现小幅下跌。在第一次小高峰期间，出现了 Datawrapper、D3. js（Data－Driven Documents）等数据可视化工具。D3. js 是一个用于可交互数据可视化的 JavaScript 库。它是基于 Web 标准（HTML、CSS 和 SVG）的数据驱动模型，能够助力开发者将复杂的数据可视化呈现在网页上，包括各种形式的图表、地图、动画等。在第二个小高峰出现的数据可视化工具包括 Flourish、Power BI 等，其中 Power BI 是一个由微软公司开发的商业智能（BI）平台，可用于数据可视化、分析和报告。Power BI 提供了一组强大的工具和服务，可从不同数据源中提取数据，在云端和本地环境中进行数据处理、分析和可视化。2017 年，新的词云工具 EdWordle 发表在可视化领域的顶级国际会议 IEEE VIS 上，解决了传统词云工具 Wordle 在编辑词云的过程中容易产生不可预测的布局变化、丢失单词之间的邻居约束关系的问题。

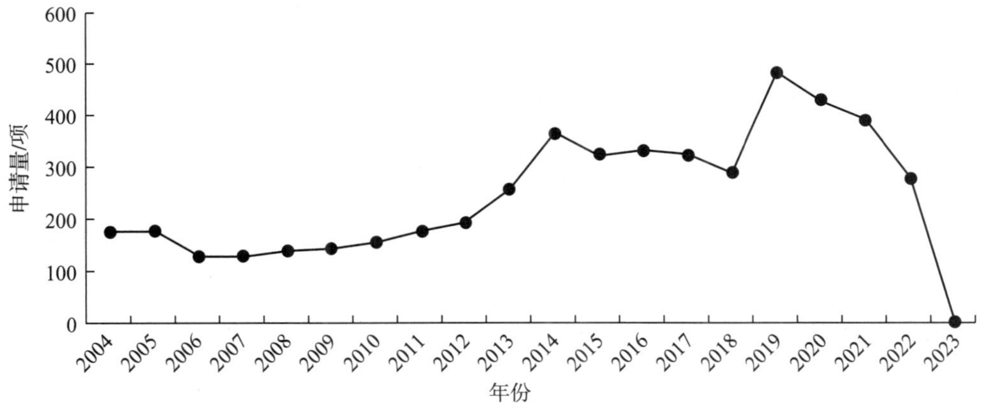

图 6－2－3　文本和文档可视化全球专利申请趋势

图 6－2－4 为文本和文档可视化的中国专利申请趋势，通过对比可以看出，中国的专利申请的爆发期稍晚于全球，自 2017 年开始快速增长，并且与全球申请态势不同的是，在 2020 年和 2021 年依旧保持了高速增长，增长率未出现下滑。这一方面可能是由于中国创新主体的研发水平在不断提高，另一方面也可能是对市场的反应稍晚于全球，后续可根据申请情况持续关注。

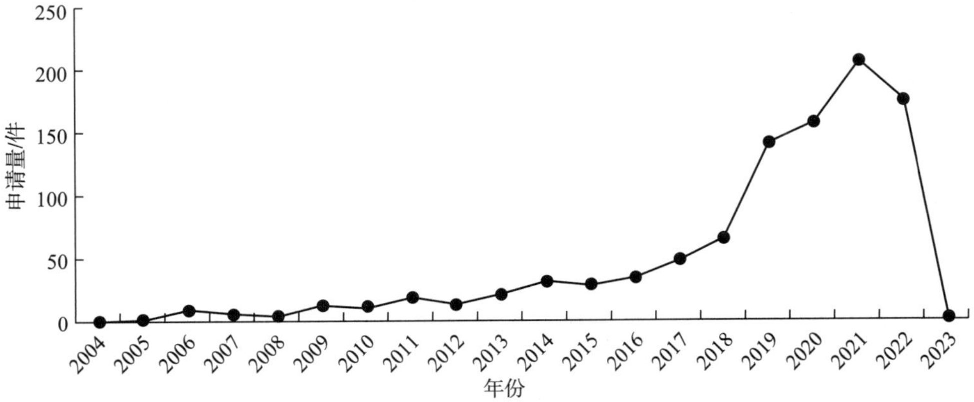

图 6－2－4　文本和文档可视化中国专利申请趋势

6.2.3.2　各国家/地区申请情况

图 6－2－5 示出了文本和文档可视化领域的各国家/地区申请人专利申请量占比，可以看出，在这个技术分支下，美国具有绝对优势，申请占比为 63%，这与美国具有微软公司、谷歌公司、IBM 等传统科技巨头有关，这些公司多年的技术积累、多样的分析方法，也为文本和文档可视化的研发提供了良好的支撑。文本和文档可视化领域全球申请占比排名第二位的是中国，占比为 17%。虽然与美国的专利申请量有一定的差距，但是相较日本和韩国还是具有一定优势的。

从图 6－2－6 示出的文本和文档可视化领域重要国家申请趋势可以看出，美国一直以来都保持了高位的申请量，并且每次申请量提升的时间点都早于中国，日本的申请趋势与美国基本一致，说明二者在研发的进度上较为同步。值得一提的是，从 2021 年起，中国的申请量超过了美国，呈现出良好的增长态势。

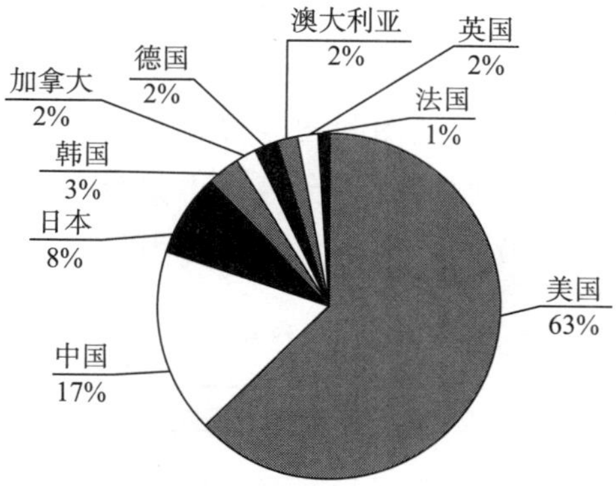

图6-2-5　文本和文档可视化各国家/地区申请人专利申请量占比

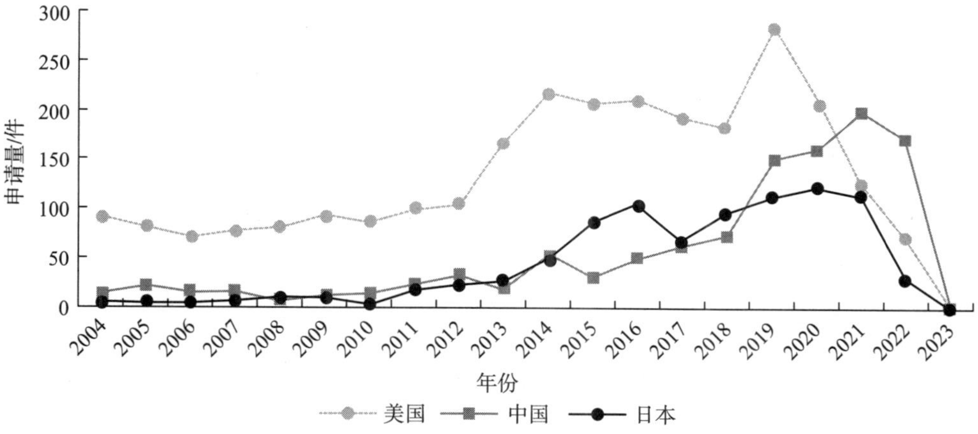

图6-2-6　文本和文档可视化重要国家申请趋势

6.2.3.3　主要创新主体

从图6-2-7所示的全球主要创新主体来看，在文本和文档可视化排名前十位的申请人中，美国的IBM、微软公司属于专利申请的第一梯队。其中IBM有多款大数据分析和可视化工具，如：IBM InfoSphere BigInsights是一款基于Hadoop的大数据分析平台，提供多维数据分析和可视化工具；IBM Bluemix Data Connect是一款数据集成和可视化平台，可以从不同的数据源中提取数据，然后通过可视化图表、仪表盘和报告展示数据分析结果。谷歌公司比第一梯队申请量减少1/3，属于第二梯队，谷歌公司也拥有多款较为知名的大数据可视化工具，除了前文提及的Google Charts，还包括Google Data Studio、Google Fusion Tables、Google Cloud Datalab等。Google Data Studio是一款免费的数据可视化工具，可以将不同数据源的数据集成和分析，并通过自定义报告和仪表盘展示数据分析结果。Google Fusion Tables 是一款在线数据分析和可视化工具，可以将多个数据源进行整合和处理，并提供地图和图表等可视化选项。第三梯队有韩国的三星、中国的腾讯公司、美国的元平台等，申请量较第一、第二梯队有一定的差距。这说明在文本和文档可视化方面，美国的巨头公司技术优势明显。

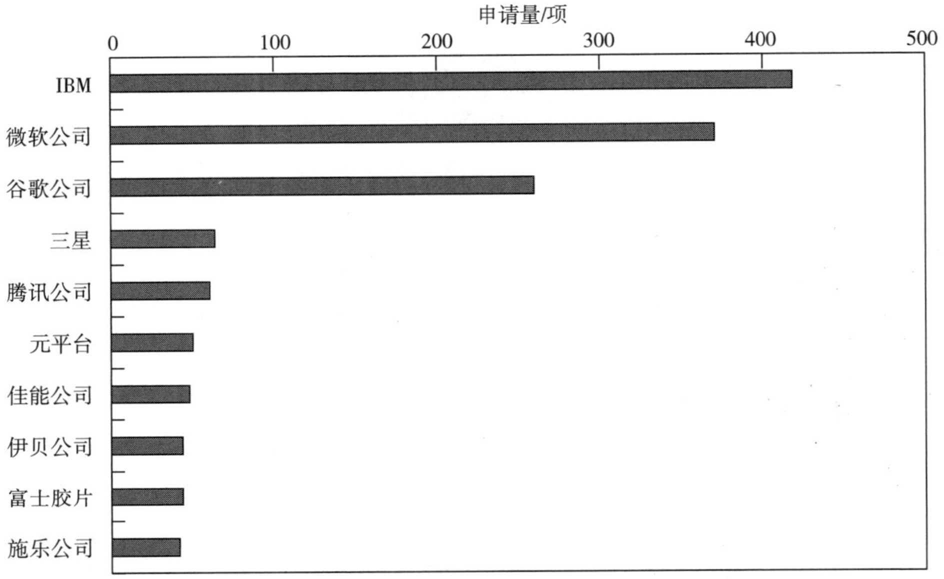

图 6-2-7 文本和文档可视化全球主要创新主体

图 6-2-8 为全球主要创新主体申请趋势，其中微软公司在 2004—2005 年有一次文本和文档可视化方面专利申请量的爆发，主要涉及电子文档、文本数据的可视化时的优先级确定、类别信息、突出强调等技术方案。在 2012 年，微软公司的申请量被 IBM 超越，后续 IBM 的申请趋势与微软公司基本趋于一致，在 2019 年申请量出现了猛增，申请涉及内容包括：自然语言间依赖关系的可视化、情感状态的可视化等。谷歌公司在 2013 年有一次申请量的高峰，随后申请量呈现震荡下降的趋势。中国的腾讯公司起步较晚，从 2018 年起开始进入明显的增长期，2020 年申请量与 IBM 持平。

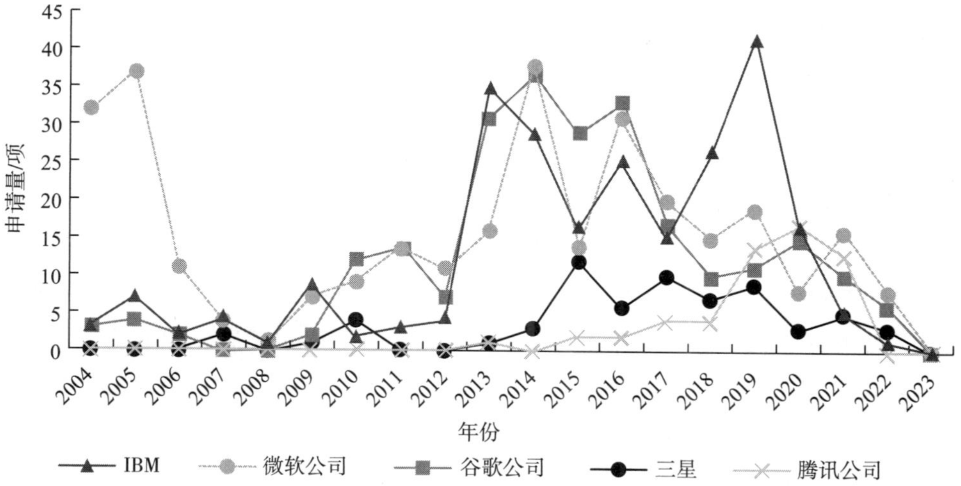

图6-2-8　文本和文档可视化全球主要创新主体申请趋势

图6-2-9为国内主要创新主体，可以看出，其中大多为企业，高校或者科研院所偏少，仅有浙江大学一家，这可能与大数据可视化与应用紧密相关有关。

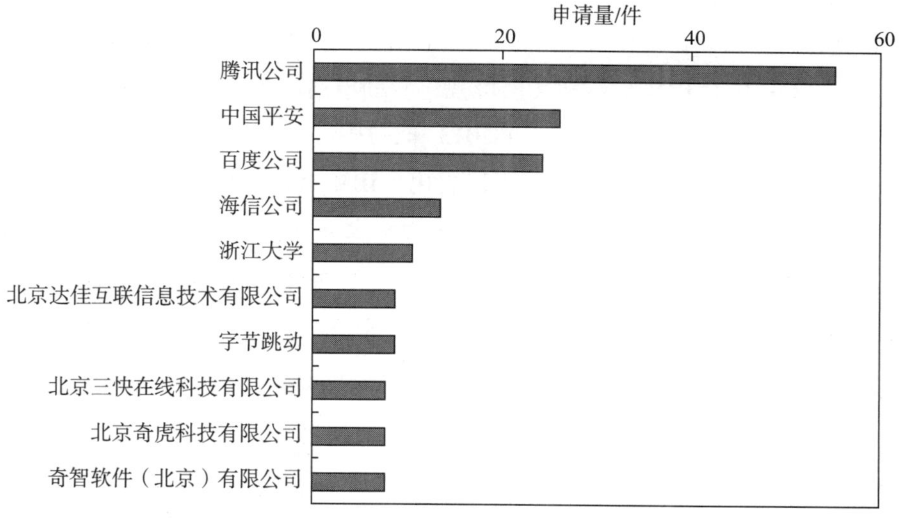

图6-2-9　文本和文档可视化国内主要创新主体

在企业申请人中，腾讯公司的申请量最多，接下来是中国平安和百度公司。同时可以看出，主要申请人的申请量并不多，反映出文本和文档可视化的技术集中度并不高，研发较为分散。

6.2.3.4 典型企业及典型专利

1）IBM

IBM 在文本和文档可视化技术方面是全球排名第一位的申请人。因此，首先选取 IBM 的创新情况进行介绍。

近些年来，IBM 一直在进行大数据的前瞻研究，有自己的数据管理系统、数据仓库、Hadoop System、Stream Computing 流计算、信息整合管理平台这一整套的大数据技术，其中数据可视化功能是 IBM 的一个重大突破，即分析工具生成的信息以可视化形式呈现在用户面前，给用户一个非常强烈的直观判断。可视化分析方法，主要包括可视化查询、链接分析、路径分析、群集分析、社会网络分析等分析算法与分析工具。

IBM 在大数据可视化的商业化研发的三大工作方向为：①从结构化、半结构化、非结构化的音频和视频当中抽取特殊数据，即语义分析和语境分析，来帮助企业进行决策和分析；②将分析得出的结果以可视化的方式让业务用户能够理解；③将可视化与地理位置信息相结合，例如在港口监控所有船只时，一旦出现异常情况，可视化软件可以让工作人员更准确地判断现实情况并更快地得到解决方案。

图 6－2－10 为 IBM 文本和文档可视化专利申请趋势，美国于 2012 年 3 月发布了《大数据研究和发展计划》，在 2013 年，IBM 在文本和文档可视化技术的专利申请量出现了第一个申请高峰，可以看出，IBM 对政策导向的敏感度很高，加大了在大数据方面的研发投入。这个时期的文本和文档可视化技术的专利布局，集中在自然语言的查询可视化、事件上下文、可视化指示等方面。2019 年，美国发布《联邦数据战略与 2020 年行动计划》，同样可以看到 IBM 在 2019 年专利申请量也出现了一次增长，但在随后的两年申请量出现下滑。

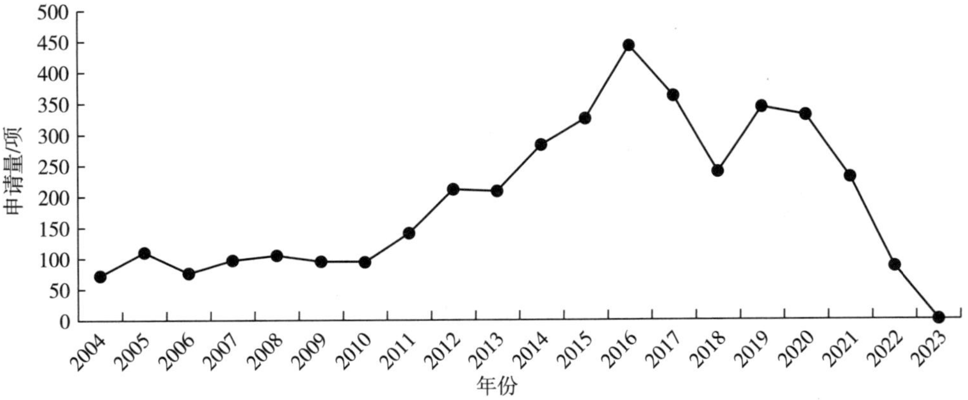

图 6－2－10 IBM 文本与文档可视化专利申请趋势

IBM有关文本和文档可视化的专利申请，除了在美国本土布局，有36%的申请会在其他国家/组织进行专利布局。从图6－2－11中可以看出，日本、欧洲专利局和韩国是IBM主要的专利布局区域。同时，在中国的专利布局也占到其总申请量的5%。并且，IBM有3%的专利申请以PCT申请的形式进入各国。

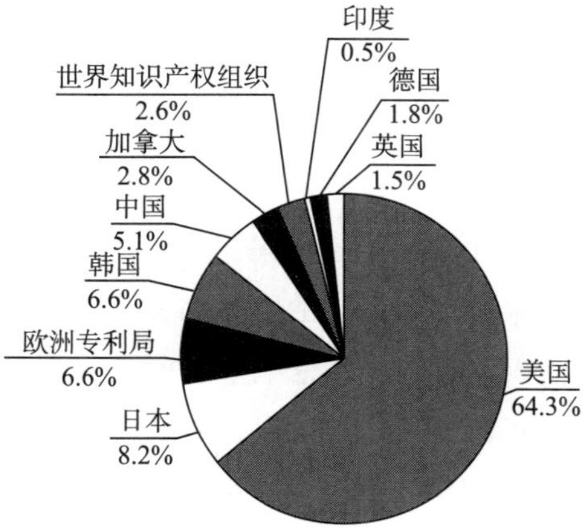

图6－2－11　IBM文本与文档可视化专利申请公开地申请量占比

通过被引证次数、同族数量、专利状态等指标筛选出IBM在文本和文档可视化方面的典型专利。

（1）自然语言处理类

专利1——US10572473B2，根据自然语言查询优化数据可视化，通过访问主题数据语料库，根据自然语言查询，或根据用户对数据语料库的陈述，自动选择和生成数据语料库的最佳可视化格式；其具体为：从用户接收查询或语句的自然语言表达，通过自然语言处理识别查询或语句中的符号，将符号映射为多种格式化的权重，评分可视化格式，并根据得分生成主题数据语料库的可视化。新工具可以产生可视化作为数字图像文件，数字文档文件，数字电影文件，数字三维模型文件，或这些的组合。

专利2——US9940384B2，从自然语言中推断出的统计聚类，用于驱动相关的分析和与用户的对话，在数据处理系统中提供了一种机制，用于从自然语言推断统计聚类以驱动相关分析。该机制从用户处接收自然语言文本并处理自然语言文本以识别感兴趣的实体和统计分析的焦点。该机制执行与用户的后续问答对话，以从用户处接收一个或多个驱动因素的一个或多个驱动因素值。所述机制确定匹配所述一个或多个驱动因子值的至少一个实体簇，并生成用于统计分析的焦点的语料库中的数据的至少一个数据可视化，所述统计分析的焦点具有基于匹配所述一个或多个驱动因子值的所述至少一个实体簇而缩小的范围。

专利3——US11487801B2，来自文本中的事实语句的动态数据可视化，提供了一种用于动态数据可视化的方法，计算机系统和计算机程序产品。该发明可以包括识别人类可读文本文档中的至少一组事实。然后，该发明可以包括从信息源检索与所述至少一组识别的事实相关联的数据集。该发明还可以包括：响应于确定所检索的数据集包括事实支持数据集，其中所述事实支持数据集被配置为验证所述至少一组识别的事实，基于所检索的数据集生成至少一个数据可视化。该发明可进一步包括提供所述至少一个生成的数据可视化，用于插入所述人类可读文本文档中以支持所述至少一个识别的事实集。

专利4——US11366964B2，文档中的实体和关系的可视化，一种用于可视化文件内的实体和关系的计算机实现的方法、非临时性计算机可读存储介质和计算设备。文件的至少一部分的内容由NLP解析，确定由NLP解析的文件的至少一部分内的一个或多个实体的频率，生成文件中的一个或多个实体中的至少一个实体的可视化数据，并输出该可视化数据以供显示。

（2）词云、标签云类

专利1——US10394936B2，涉及使用标记云查看分层文档摘要，获得对具有多个分层级别的分层结构文档的访问。对于每个分层级别，获得其中包括每个单词的单词计数的单词列表。对于每个层次级别，基于相应的单词计数中创建一个标记云。至少一个标签云与对应的一个分层级别的标签相关联地显示。

专利2——US9164950B2，涉及使用标记云可视化与事件相关的组件，提供了一种用于显示分配给由资源产生的事件的组件的方法，包括：通过生成标签来注册新资源，计算环境内的新资源所使用的系统特定设备标识符与该标签相关联；将所生成的标识所注册的新资源的标签与相关联的系统特定设备标识符一起存储在映射表中；以及通过将计算环境内的新资源所使用的任何其他系统特定设备标识符与标签相关联来更新映射表；接收当在所述计算环境内执行时由资源产生的事件，每个事件与与所述事件的产生相关的资源的标签列表相关联；以及维护包括不同标签的标签云，所述不同标签包括与要显示为组件的所接收事件相关联的资源的标签。

专利3——US9910918B2，提供了一种方法、系统和计算机程序产品，用于以更易于理解和视觉上更吸引人的方式呈现标签云的标签。检索与对象（例如网页）相关联的标签云的标签。然后将检索到的标记分配给词类（例如名词、动词、形容词、副词）。然后基于分配给标签的词性生成标签的组合。例如，标记的组合可以基于模板，例如 <noun> <verb> <adjective>、<pronoun> <verb> <adjective>、<pronoun> is <advanced> <verb> 等。然后，在确定布局以显示所生成的标签的组合之后，呈现标签的组合。因为标签云的标签是基于分配给标签的词性组合呈现的，所以标签云更容易理解并且在视觉上更吸引人。

（3）地图类

US10318559B2，涉及基于文本内容的图形地图生成。收到文本内容。标识地图元素以及每个地图元素存在的相关联的文本内容位置。识别所标识的地图元素中的每一个的一个或多个特征，并将其与对应的所标识的地图元素相关联，包括相关联的文本内容位置。接收由用户设备的用户读取的文本内容的最远位置。生成图形地图，显示所识别的地图元素的地图位置及其相关联的特征，其中所识别的地图元素的相关联的文本内容位置和相关联的特征，直到用户设备的用户读取的文本内容的最远位置。发送所生成的地图以在用户设备上显示。

（4）3D 显示类

US8863034B2，用于可视化联邦跨系统标记 3D 标记云，球面显示在交互式图形用户界面上，该交互式图形用户界面具有表示当前计算机系统的中心圆盘和表示第二计算机系统的第二圆盘，所述第二圆盘作为所述球面的一部分平行地位于所述中心圆盘的上方或下方。表示存储在当前计算机系统的当前存储器中的第一资源的当前标签被显示在中央圆盘的表面上的交互式图形用户界面上。表示存储在第二计算机系统的第二存储器中的第二资源的第二标签被显示在第二圆盘的表面上的交互式图形用户界面上。

（5）导航浏览类

US10565225B2，涉及内容集合的浏览和导航，提供了用于内容集合的浏览和导航的技术。在电子显示器上显示的用户界面内创建第一窗口和第二窗口。在所述第一窗口中显示节点图可视化，其中所述节点图可视化包括表示所述内容内的各个内容元素的节点，并且其中所述节点根据与所述各个内容元素相关联的主题彼此邻近地群集。基于文本的主题可视化显示在第二窗口中，其中基于文本的主题可视化包括表示与内容内的各个内容元素相关联的主题的文本元素。接收对一个或多个文本元素的选择。在表示与对应于一个或多个感兴趣主题所选择的一个或多个文本元素的联合相关联的各个内容元素的节点子集上执行高亮显示和放大。

由此可以看出，IBM 在文本和文档可视化方面的技术研发方向多样，包括 NLP、词云和标签云的改进、3D 可视化、文本地图可视化等多个方面，基础专利布局较为全面。

2）腾讯公司

腾讯公司是文本和文档可视化的全球专利申请人排名前十位中唯一一家中国企业，也是中国的互联网龙头企业，下面对其在文本和文档可视化方面的专利情况进行分析。

腾讯公司作为中国领先的互联网企业，在全球范围内拥有多个大数据中心，这些中心能够提供丰富的云计算资源和数据存储服务，为企业和个人提供基于大数据的解决方案。腾讯公司基于其庞大的海量数据和人工智能技术，推出了一些大数据平台腾讯云图和大数据可视化产品 DataV 等，在数据采集、存储、分析、展示等方面都取得了丰硕的成果。

如图 6－2－12 所示，腾讯云图数据可视化（Tencent Cloud Visualization）是一站式数据可视化展示平台，能够帮助用户快速通过可视化图表展示大量数据，低门槛快速打造出专业大屏数据展示。其精心预设多种行业模板，极致展示数据魅力，采用拖拽式自由布局，全图形化编辑，快速可视化制作。腾讯云图数据可视化支持多种数据来源配置，支持数据实时同步更新，同时支持基于 Web 的页面渲染，可灵活投屏多种屏幕终端。

图 6－2－12　腾讯云图数据可视化展示

从图 6－2－13 可以看出，腾讯公司在文本和文档可视化方面的全球专利申请布局较晚，从 2015 年开始出现申请量的增长，并在 2019—2020 年申请量猛增。2015 年，腾讯公司刚开始自研大数据分布式系统设备学习平台 Angel，选用 PS 构架，能适用 10 亿层面。2019 年，Angel 增加了对深度神经网络、图测算等的适用。相应地，腾讯公司在 2019 年的专利申请主要集中在文本信息展示、目标地图等方面，2020 年的专利申请主要集中在会话消息的展示、知识图谱观点以及文本信息展示方面。

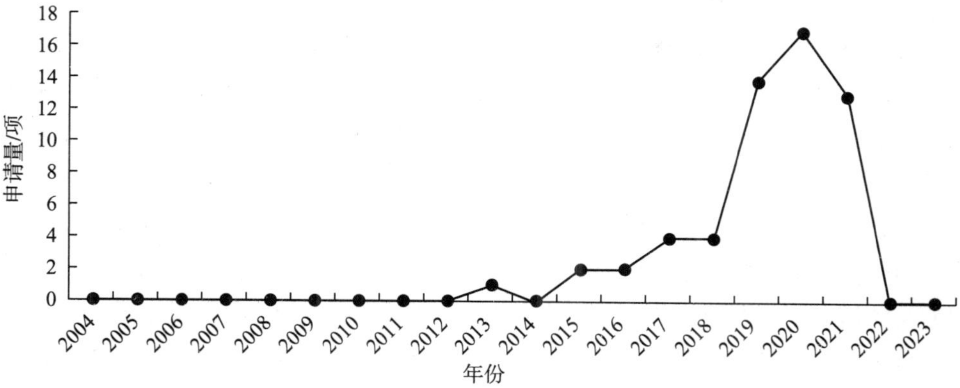

图 6－2－13　腾讯公司文本与文档可视化全球专利申请趋势

现阶段，腾讯公司以批流结合、ABC 结合及其数据湖和联邦政府学习培训为方位的下一代大数据平台的科学研究，该服务平台将具有混合、跨域数据共享资源和边缘计算等工作能力。

图 6－2－14 为腾讯公司文本与文档可视化专利技术构成情况，可以看出，其在 G06F 17/30（信息检索及其数据库结构）、G06F 9/451（用于用户界面的执行机制）和 G06F 16/957（浏览优化）方面的申请占比相对较高，分别占 19% 和 16%。另外，在 G06F 16/33（查询）和 G06F 16/332（查询公式）方面的申请也占到 13% 左右。同时，也有涉及 G06T 15/20（透视图计算）和 G06F 16/16（文件或文件夹操作）的申请。

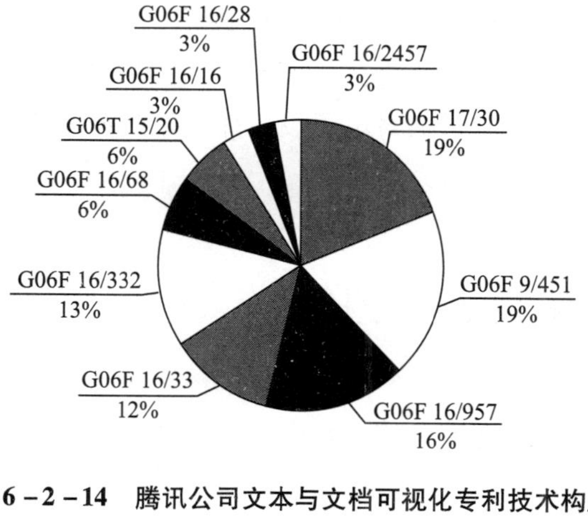

图 6－2－14　腾讯公司文本与文档可视化专利技术构成

通过被引证次数、同族数量、专利状态等指标，筛选出腾讯公司在文本和文档可视化方面的典型专利。

专利1——CN112579707B，涉及一种日志数据的知识图谱构建方法，包括：获取指定时间窗口内的日志数据；对所述日志数据进行预处理，并转换为结构化的日志数据；以及依据模板树建立策略建立模板树；基于建立的模板树，获取日志模板；基于结构化的日志数据和日志模板，进行实体抽取和关系抽取，获得用于输出的多个三元组数据，所述三元组数据为<实体-关系-实体>形式的数据；对多个三元组数据按照时间序列进行融合，获得日志数据的知识图谱。该发明的方法能够将非结构化文本数据转化为结构化数据，构建运维日志知识图谱，围绕着知识图谱中的实体信息，从不同维度为业务的实体信息提供不同功能的可视化服务。

专利2——CN108563786B，涉及文本分类和展示方法，该文本分类方法包括：从待分类的文本的分词结果中确定部分目标类别的分词结果；为包括目标类别的分词结果的文本添加目标类别的分类标记，并为不包括目标类别的分词结果的文本添加非目标类别的分类标记；按待分类的文本和所添加的分类标记进行模型训练，得到分类模型；将各分词结果输入分类模型中，输出各分词结果属于目标类别的概率；将属于目标类别的概率大于或等于第一概率阈值的分词结果重新确定为目标类别的分词结果，返回为包括目标类别的分词结果的文本添加目标类别的分类标记并继续处理，直至满足迭代停止条件时得到待分类的文本的分类标记。该发明的方案提高了处理效率。

专利3——CN110796725B，涉及一种数据渲染方法，该数据渲染方法包括：响应地图显示请求，显示目标地图；确定所述目标地图中的可视区域，在所述可视区域的上方叠加透明的画布蒙层，构建所述可视区域与所述画布蒙层的映射关系；获取所述可视区域所对应的目标待渲染数据；根据所述映射关系，确定所述目标待渲染数据所对应的像素点集；在所述画布蒙层中渲染所述像素点集，得到所述画布蒙层与所述目标地图的叠加显示结果。该发明避免了因直接在地图上渲染数据生成大量文档元素导致的对电子设备性能的严重消耗，提升了渲染性能，非常适用于对海量数据点的渲染。

6.3 层次和网络数据可视化

6.3.1 层次和网络数据可视化的概念

层次和网络数据可视化通过展现数据之间的关系和连接模式来传递信息和知

识，帮助人们更清晰地理解数据之间的联系，发现数据中的模式和趋势，提高分析和决策的效率。层次数据可视化是将数据按照层次结构展示，例如树状结构、鱼骨图等。这种可视化方法可以展示数据之间的层次关系和从属关系，便于用户理解数据的结构和组成。同时，层次数据可视化还可以帮助用户识别出某些数据与整体数据之间的关系，帮助用户快速分析数据。网络数据可视化是将相关的数据以网络形式展示，例如力导向图、关系图等。这种可视化方法可以非常清晰地显示数据之间的关系和连接模式，便于用户发现数据中隐藏的规律和趋势。与层次数据可视化不同的是，网络数据可视化可以更加灵活地处理数据关系，因此在分析复杂的数据关系时更加有用。

6.3.2 层次和网络数据可视化技术概况

1）层次数据可视化技术❶

层次数据可视化是一种有效的工具，用于辅助管理层次信息，使用户能够以最自然的方式获取和理解所需信息，并作出决策。它对于层次结构数据和数据项之间的关系理解具有重要意义，并为表达其他复杂结构信息提供了新的途径。层次数据可视化能够改善用户对层次结构数据和数据项之间关系的理解，并辅助信息的操作。因此，在信息认知阶段，层次数据可视化技术被广泛用于辅助理解和分析层次结构数据集。通过对抽象层次信息进行合理而美观的可视化描述，用户能够快速准确地发现数据集中潜在的特征信息，并以可视化方式分析数据，帮助解释现象、发现规律并制定决策。

层次结构中可存储两类信息，一是结构信息，二是内容信息。结构信息由层次结构的亲子关系构建，而内容信息则包含在节点中。现有的层次数据可视化可以从维度、样式等方面分为二维节点连接、三维节点连接、二维空间填充、三维空间填充、混合式等。

（1）二维节点连接

二维节点连接常见的形式有空间树、双曲树和径向树。空间树通过点线和收缩展开方法展示层次结构，并提供预览图标展示分支信息。双曲树基于双曲几何的“焦点+上下文”，将更多可视空间分配给用户关注的部分分支，并保证完整展示整个层次结构。径向树将不同层次的节点配置在同心圆上，根节点位于圆

❶ 肖卫东，孙扬，赵翔，等．层次信息可视化技术研究综述［J］．小型微型计算机系统，2011，32（1）：137－146.

心，子节点排布在放射状楔形圆弧上，避免了子树重叠。这些可视化方法在展示层次结构时各有特点，适用于不同的应用场景。

（2）三维节点连接

圆锥树是一种将传统二维树形表示扩展到三维空间的层次数据可视化方法。它利用锥体来展示亲子节点之间的关系，节点在锥体顶端表示，子节点环形排布在锥体底面上，并随着层次结构的深入逐渐减小。魔法眼使用 Walker 布局算法实现了放射状布局，将二维布局结果映射到三维环境中，并通过焦点转换实现节点的放大显示。轴环柱形树（Collapsible Cylindrical Trees，CCT）适用于中型层次结构的可视化，通过动态显示和隐藏节点，实现了良好的显示平衡和快捷的节点交互操作。这些方法在展示层次结构时提供了不同的视觉效果和交互方式。

（3）二维空间填充

树图是一种将层次结构映射到二维矩形区域的可视化方法。如图 6－3－1 所示，每个子树用一个矩形框表示，并根据权重（如文件大小）确定矩形的面积。孩子节点对应的子矩形在垂直方向上与父矩形对齐，表示各个孩子节点。然而，树图在嵌套过程中丧失了层次结构的直观性和准兄弟关系的感知能力。

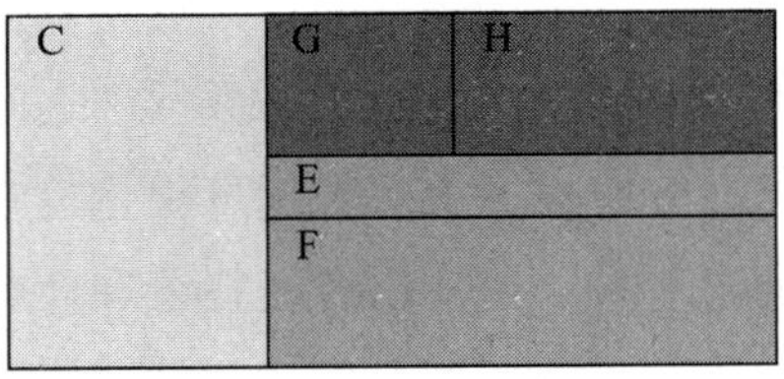

图 6－3－1　二维空间填充可视化示例❶

圆形嵌套则使用嵌套的圆形可视化层次结构，利用不同大小、位置和颜色的圆环表示节点的属性和关系。该方法能够观察整个层次数据集，并且容易查看分支和叶节点信息。此外，还可使用缩进显示进行辅助。类似于圆形嵌套还有用矩形进行嵌套表现层次结构的方法。径向空间填充技术和信息片也是常用的可视化层次结构方法，它们都具有高效利用显示空间和表达层次结构的优点。

（4）三维空间填充

信息金字塔是一种将层次结构在三维空间中可视化展示的方法，使用正方体来代表节点。正方体在垂直方向上随着层次的深入逐渐增长，用一块平原表示根节点，较小的平原表示子树，顶部图标表示叶节点。平原和图标的大小与节点的

❶ 陈为，沈则潜，陶煜波，等．数据可视化［M］．北京：电子工业出版社，2019：344－366.

权重成正比。用户可以自由导航并查看感兴趣的属性和细节。

阶梯树是基于嵌套Venn图的概念的3D可视化技术，能够同时展示上千个节点的规格和属性，如尺寸、历史变化和文件类型等。通过平等化操作，减小兄弟节点尺寸差异，使零字节大小的文件仍然可见，并起到美化效果。未修改的文件以线框形式显示，降低显著性。最终的可视化效果类似于阶梯状金字塔。

信息立方体与树图类似，使用半透明的着色来可视化层次结构。最外层的立方体表示根节点，内部的较小立方体表示下层节点。每个立方体都是半透明的，因此用户可以看到每个立方体及其内部。用户可以在虚拟现实环境中使用Data-Glove进行操作和导航。

（5）混合式

弹性层次是将树图和节点连接图结合起来的一种混合可视化方法，它允许在单一视图中灵活配置和显示大型层次结构。弹性层次具有多种节点表现形式，并支持动态交互。它可以将连通的子图收缩成树图，或者选择多个焦点进行节点连接展示。这种方法适用于可视化多个焦点和上下文信息的需求，也可以与其他可视化方法结合使用，辅助信息挖掘和知识发现。

收缩树（CHEOPS）是一种用三角形作为可视化构件的表现、浏览和探索巨型复杂层次信息的方法。它通过对节点进行压缩可视化，用三角形表示不同层次的逻辑分支。当选中一个节点时，它的子树会被展开，其他兄弟节点及其子树被禁用，实现自上而下的导航。这种方法适用于探索任何类型的复杂层次，但节点交叠会导致难以获取整体结构。

随着信息科技的进步，我们面临着越来越多的信息源。虽然这些信息原本旨在帮助我们作出决策，但由于其数量巨大，反而妨碍了我们完成任务。为了解决这一问题，层次数据可视化技术将人的思维与计算机系统相结合，让我们能够有效地观察、操作、浏览、研究、探索、过滤和理解庞大的层次结构。通过这种技术，我们能够更加有效地发现隐藏在层次结构中的特征和规律。

2）网络可视化技术❶

网络可视化是信息可视化的一个重要分支，涵盖了各种常见任务，如检索、筛选、计算派生值、查找极值、排序、确定属性值范围、刻画分布、发现关联等。根据用户对网络数据的理解需求，马里兰大学的Plaisant将网络可视化的任务归为4大类20小项。这包括基于拓扑的任务（如查找邻接节点、找最短路径）、基于属性的任务（如确定特定属性值的节点）、浏览任务（如跟踪路径、

❶ 孙扬，蒋远翔，赵翔，等．网络可视化研究综述［J］．计算机科学，2010，37（2）：12-18.

回溯节点）以及概览任务（如获得网络概要信息）。网络可视化帮助用户更好地理解和分析网络数据结构。

网络布局对于用户理解网络结构十分重要。即使是小型网络，如果布局混乱，也会增加用户理解的困难。通过优化布局，网络结构会变得更加美观且易于理解。为了充分利用用户的视觉感知能力，以帮助他们直观、深入地理解网络结构，研究人员提出了许多美学标准作为绘制网络结构的理论基础和原则。这些原则包括：最小化边交叉，邻接点的空间位置应接近，应遵循节点层次布局原则，尽可能减小区域，使节点密度均匀，以及考虑对称性和正交性等。按照网络节点的布局方法，主要的网络可视化技术包括：力导引布局（Force-directed Algorithm，FDA）、地图布局（Geographical Map）、圆形布局（Circular）、相对空间布局（Spatial Calculated）、聚类布局（Cluster）、时间布局（Time – oriented）、层布局（Substrate – based）。

（1）力导引布局

力导引布局方法通过模拟物理系统为网络节点生成优美布局，并广泛用于网络可视化。这种方法最早由 Eades 在 1984 年提出，把网络视为由钢环组成的顶点和弹簧组成的边的物理系统，通过弹簧的弹力使系统达到最低总能量状态。Kamada 和 Kawai 对此方法进行了优化，提出 KK 算法，引入非相邻节点间的理想距离概念，以系统总能量的最小值确定节点位置。Davidson 和 Harel 的 DH 算法通过模拟退火算法优化能量函数，考虑顶点分布、边界、边长和边交叉等因素。Fruchterman 和 Reingold 的 FR 算法基于粒子物理理论，模拟原子间的力场来计算节点位置，同时采用网格变量法进行优化，提高效率。力导引布局方法因其生成的网络布局具有美观性，被广泛应用于 Vizster、Dig – Cola、IPSepCola 和 SocialAction 等网络可视化系统中。

（2）地图布局

地图布局以地图作为背景，根据网络节点的地理坐标将其布局在背景图上，然后根据节点间的连接关系绘制网络边。地图布局方法的优点是符合人类视觉思维，地图背景可以直观展现网络节点的地理分布，而且能够准确定位网络节点；缺点在于网络节点在背景图上位置固定，节点交叠、边交叉问题严重，不利于可视化节点、边数量较多的网络结构。

（3）圆形布局

圆形布局是一种网络布局方法，通过将根节点放在圆心，其他节点按顺序或优先度在同心圆上排布，形成清晰的层次关系，突出中心。但该方法要求节点有一定顺序，适用性有限，并可能降低对其他网络拓扑特征的展示。具体的圆形布局可视化示例见图6-3-2。

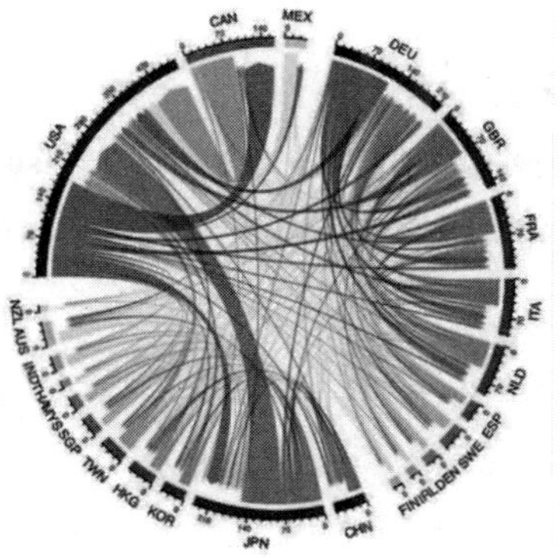

图6-3-2　圆形布局可视化示例

(4) 相对空间布局

相对空间布局以“参照体”（relatedentity）的空间位置为基础，根据网络各节点与“参照体”的关系计算其坐标。“参照体”是以某种方式与网络节点相关联的对象。“参照体”可以是网络节点的一个子集，也可以是散布在网络周围或网络中除节点外的其他对象。相对空间布局主要展现网络节点与“参照体”间的关系，也可以间接体现网络和节点间的关系，且“参照体”选取的质量决定了网络图的效果。

(5) 聚类布局

聚类布局是一种通过人机交互或算法（如MDS、SOM和Sammon映射等）对网络节点进行分组的方法，它根据节点的属性和相互连接关系进行分组。这种布局可以是单层的（所有节点在同一平面上，如Vizster），也可以是多层的（节点在不同平面上，如MVCG方法）。在多层聚类中，根据节点间的连接结构生成聚类，抽取网络的层次结构，同层节点在同一平面上分布。聚类布局有助于用户发现网络中的关系、模式和聚类信息等隐性知识，并常与其他布局方法配合使用。

(6) 时间布局

时间布局的基本原理是根据节点的时间属性对其进行排布，其典型布局是将历史节点排列在屏幕顶（左端），当前节点摆放在屏幕底（右）端，同一时间的节点放置在同一排（列）。如该方法用于文献引用网络时，就形成右（底）部近期文献引用左（顶）部历史文献的网络结构。时间布局能够清晰反映网络节点随时间的演化规律，但对于除时间属性外的其他网络结构特性表现力不足，且容易产生节点交叠问题。

（7）层布局

层布局方法通过利用节点的分类属性，把屏幕分为不同区域，然后在对应区域中布局网络节点。AleksAris 的 NVSS（Network Visualization by Semantic Substrates）是一个例子，它将诉讼案件网络可视化。节点代表案件，边代表案件间的引用。案件按审理机构分层并按时间排列。这种布局揭示了诉讼案件引用网络的特点和隐藏信息，如地区法院案件的引用寿命较短。层布局有效利用了属性信息，增加了信息量，帮助发现趋势和关系。但是，其网络可视化质量很大程度上取决于属性的选择，而网络自身结构特征的反映可能不明显。

当前，网络可视化技术的研究和应用已经从根本上改变了大型、复杂、抽象的网络新型的表示和理解方式，并成为获得新见解和作出准确、有效决策的决定性因素。

6.3.3 层次和网络数据可视化的专利状况

通过对全球专利库中有关层次和网络数据可视化相关的主题进行检索（检索截止日期为 2023 年 4 月 30 日），共得到 9355 项专利申请。

6.3.3.1 申请态势

从图 6－3－3 可以看出，层次和网络数据可视化的全球专利申请从 2010 年开始呈现增长态势，但增长的速度并不快。在 21 世纪初期，随着互联网的普及，Web 应用程序开始广泛使用层次数据可视化技术，如实时显示来自 Google News 新闻的 Newsmap 系统，其将新闻分成不同的类别，采用 2D 填充法用不同的颜色表示不同的类别，同时这些类别组成了两层的层次结构，矩阵的面积表示了这个类别下新闻的数量。另外，Google Global 和 TreeMaps 网站也都采用了层次数据可视化技术。在 2018 年的时候，专利申请量出现了下降，但随后又进入新一轮的增长，在 2019 年申请量出现反弹。2019 年是数据可视化成为主流的一年，数据可视化在主要新闻报道中占据突出地位，并且该领域的主要参与者创造了不仅在 Dataviz Twitter 上表现出色而且在整个领域都表现出色的作品。2019 年，SalesForce 以 150 亿美元收购了 Tableau，谷歌公司以近 30 亿美元收购了 Looker。SalesForce 和谷歌公司都已经在自己的内部数据可视化工具方面进行了大量投资，它们都意识到，为了竞争，它们需要快速扩展其数据可视化能力，并且愿意为此付出高昂的代价。

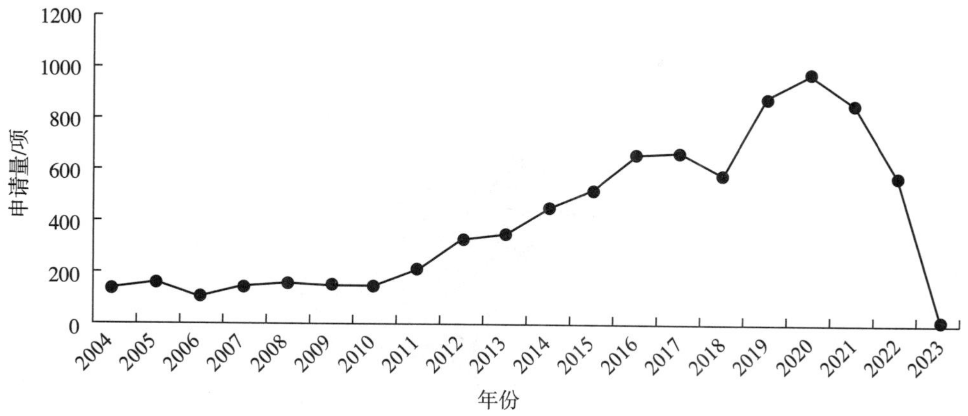

图 6－3－3　层次和网络数据可视化全球专利申请趋势

图 6－3－4 为层次和网络数据可视化的中国专利申请趋势，通过对比可以看出，中国的专利申请的爆发期晚于全球，2015—2017 年的专利申请增长速度低于全球同期的增长速度。但是，中国在 2018 年未出现申请量下滑，而是紧接着进入了发展的高峰期，在 2018 年之后的增长速度超过了全球同期的增长速度。

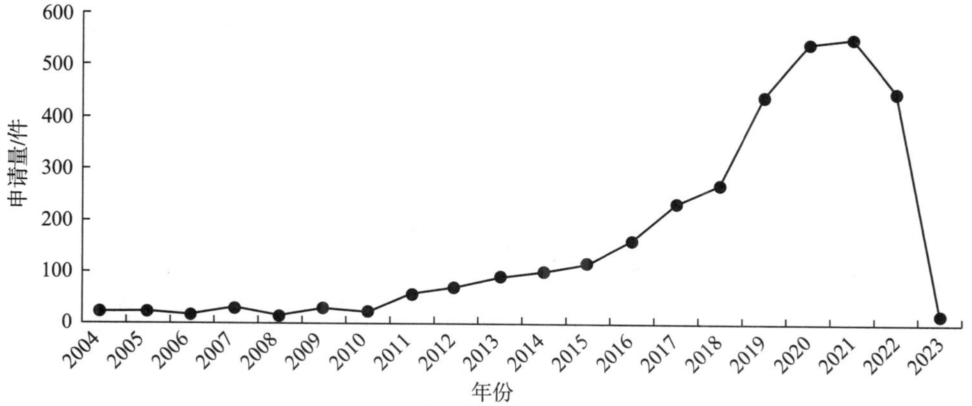

图 6－3－4　层次和网络数据可视化中国专利申请趋势

6.3.3.2　各国家/地区申请情况

图 6－3－5 示出了层次和网络数据可视化领域的各国家/地区申请人专利申请量占比，其中，美国的申请量占比最高，达到 49%，接下来是中国，占比 35%。在层次和网络数据可视化方面中国和美国申请量占比相较于文本和文档可

视化分支而言，差距有所缩小。中美两国占据了近3/4的申请量。接下来是日本，占5%，而韩国、英国等则分别仅占2%左右。

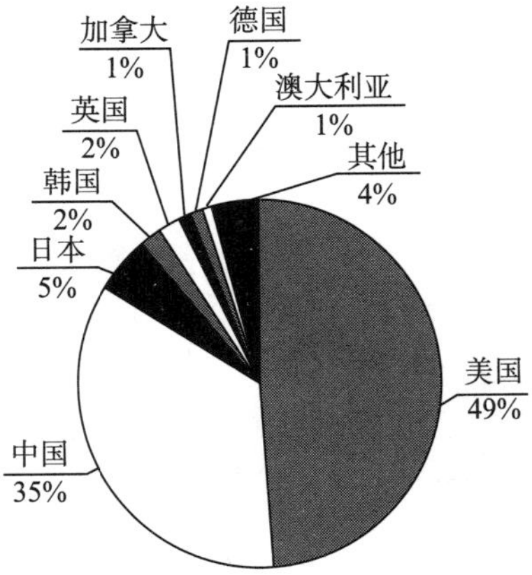

图6-3-5 层次和网络数据可视化各国家/地区申请人专利申请量占比

图6-3-6示出了层次和网络数据可视化重要国家申请趋势，可以明显看出，美国的发展高峰早于中国，出现在2016年左右，而中国的专利申请量则在近五年反超美国，保持了良好的发展态势。

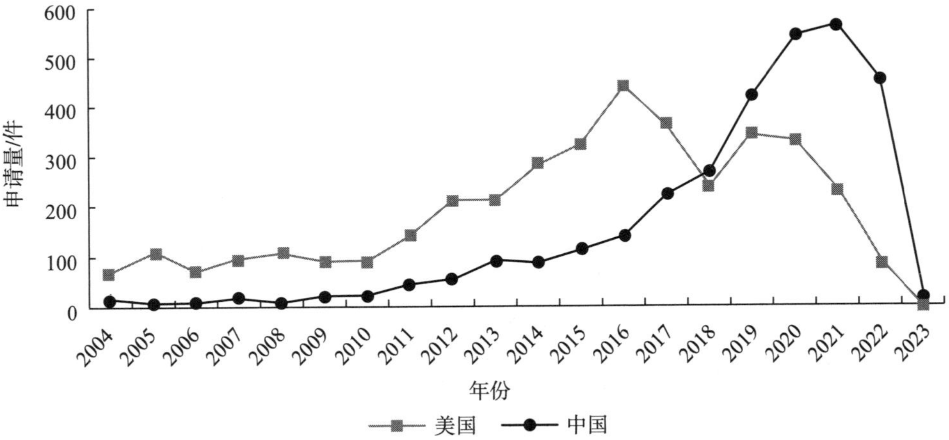

图6-3-6 层次和网络数据可视化重要国家申请趋势

6.3.3.3 主要创新主体

从图6-3-7全球主要创新主体来看，层次和网络数据可视化的全球专利申请量排名前十位的申请人中，美国的IBM、微软公司、元平台，属于第一梯队，申请量都在200项以上。谷歌公司属于第二梯队，申请量接近200项。第三梯队为中国的腾讯公司，申请量在100项以上。排名第六位至第十位的申请人，申请量均未超过100项，其中，除了美国的亚马逊、Splunk公司、Salesforce. com和日本的索尼，中国的阿里巴巴排名第八位。

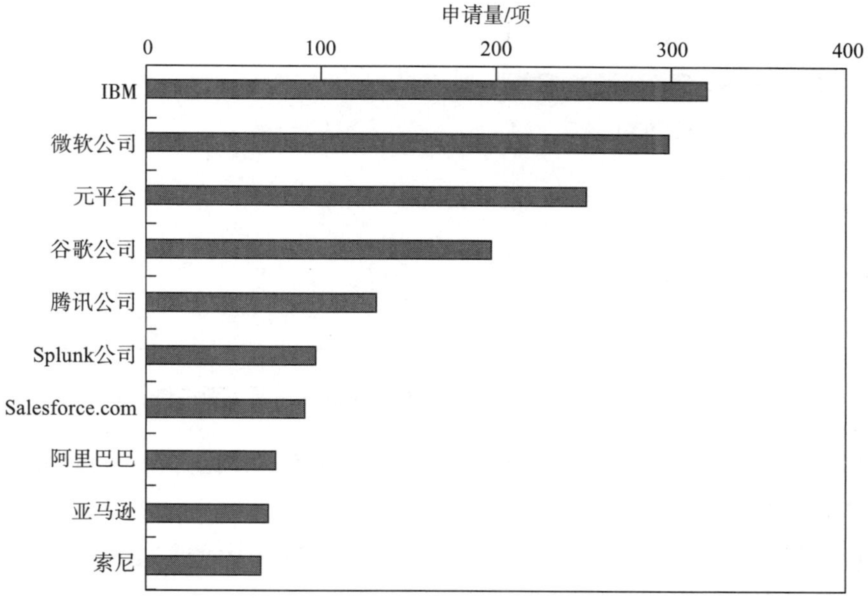

图6-3-7 层次和网络数据可视化全球主要创新主体

从全球主要创新主体的申请趋势来看，2014—2017年，是各主要申请人的集中布局时间，尤其是元平台在此期间进行了大量的布局。而申请总量排名第一位的IBM的专利申请特点是一直持续布局，但其在2014—2017年的布局并不多。微软公司的布局集中在2015—2017年。

图6-3-8为国内主要创新主体，排名前十位的申请人中七家为企业，三家为高校，企业和高校都在积极地进行层次和网络数据可视化的技术研发。

6.3.3.4 典型企业及典型专利

1）谷歌公司

谷歌公司的大数据技术架构一直都是全球互联网企业争相学习和研究的重点，在市场研究中谷歌公司所提供的大数据分析主要涵盖客户情绪分析、交易风险分析、产品推荐、消息路由、诊断、客户流失预测、法律文案分类、电子邮件内容过滤、政治倾向预测、物种鉴定等多个方面。谷歌公司的大数据应用具体如下。

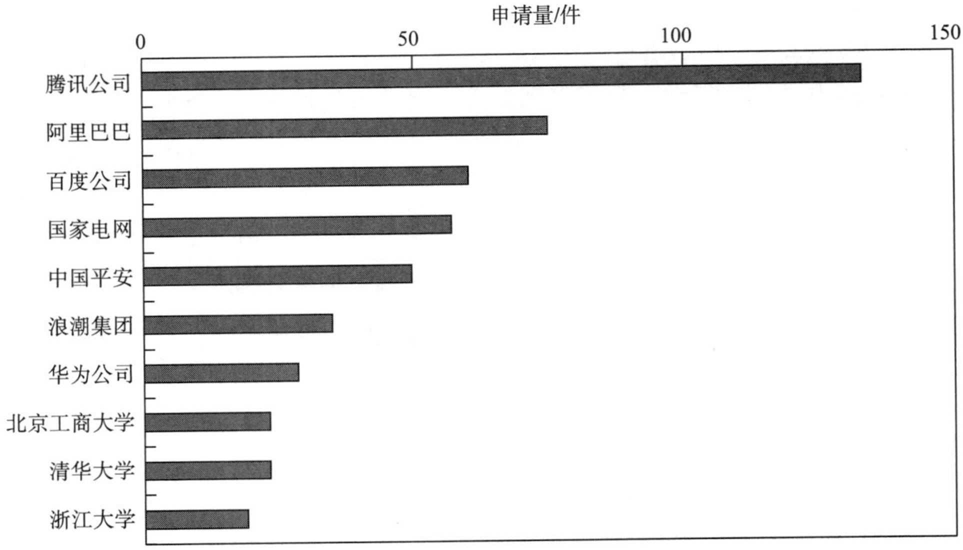

图 6-3-8 层次和网络数据可视化国内主要创新主体

基于 Map Reduce，谷歌公司提供了包括数据存储、数据分析、日志分析、搜索质量以及其他数据分析应用。

基于在线可视化系统 Dremel，谷歌公司推出其强大的数据分析软件 BigQuery，它也是谷歌公司自主开发的一个云数据分析引擎。BigQuery 可以快速扫描高达 70TB 未经压缩处理的数据，并且可马上得到分析结果。这个服务，能帮助企业用户在数秒内完成万亿字节的扫描。

谷歌公司的趋势图应用，可以通过用户对搜索词的关注度，很快了解社会上的热点是什么。对广告主来说，它的商业价值就是很快知道现在用户在关心什么，它们应该在什么地方投放一个广告。如“Brand Lift in Adwords”“Active GRP”等工具，可以帮助广告客户分析和评估其广告活动的效率，再利用 Google Analytics，可全面掌控营销投资回报率。

谷歌公司的大数据平台架构仍在演进中，追求的目标是更大数据集和更快、更准确的分析和计算，这将进一步引领大数据技术发展的方向。

(1) 专利申请情况

图 6-3-9 为谷歌公司在层次和网络数据可视化技术的全球专利申请趋势，整体呈现出震荡发展的态势。2006 年，出现第一次申请量增长，紧接着在 2007 年谷歌公司公布了 Google Chart，用于统计数据后自动生成图片，并且使用简单，不用安装任何软件，只使用浏览器就可以。Google Chart 一共提供五种图，分别是折线图、条状图、饼图、Venn 图和散点图。2009 年，谷歌公司推出了针对可

视化数据的一项新服务：Google Fusion Tables（数据融合表），这项服务针对大数据集进行了优化，因此用户可以导入大至100MB的表格，可以将Google表格、CSV、KML等格式的数据转换成交互式地图、图表等形式展现。2016年，谷歌公司推出了Google Data Studio，这是一款在线数据报表工具，可以将Excel、Google Analytics等数据源转换成高品质可视化报表。随后分别在2017年和2020年出现了两个申请的小高峰。

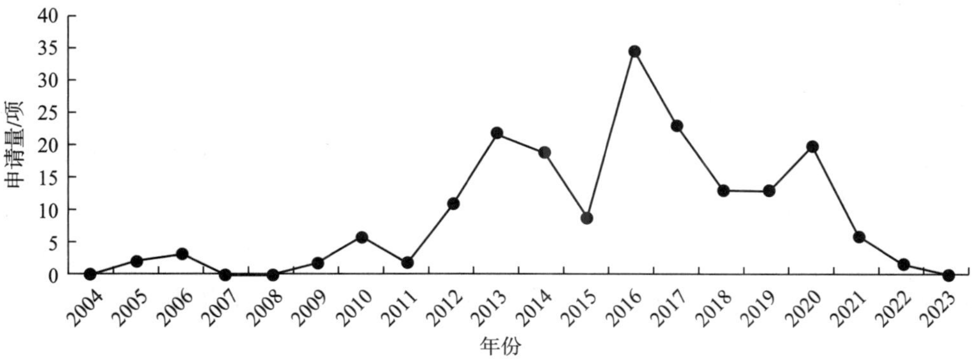

图6-3-9　谷歌公司层次和网络数据可视化专利申请趋势

（2）技术布局情况

谷歌公司有关层次和网络数据可视化的专利申请，除了在美国本土布局，有43%的申请会在其他国家/组织进行专利布局，可见其具有很强的专利布局意识。从图6-3-10中可以看出，谷歌公司有13%的专利申请以PCT申请的形式，进入其他国家/组织。另外，欧洲也是谷歌公司在层次和网络数据可视化方面的重要布局地。同时，谷歌公司在澳大利亚、韩国、日本、中国也进行了少量布局。

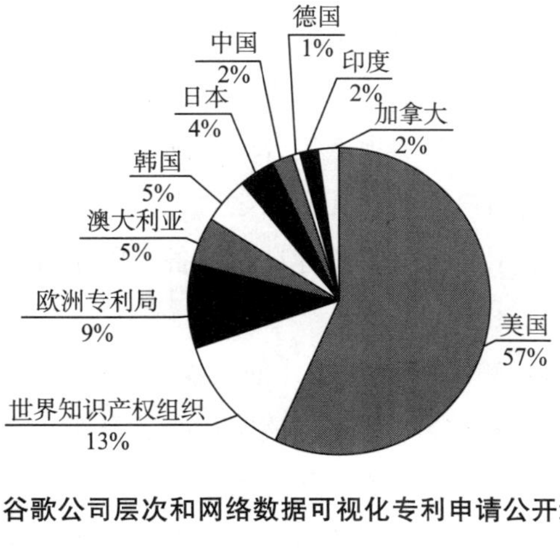

图6-3-10　谷歌公司层次和网络数据可视化专利申请公开地申请量占比

（3）典型专利

本节通过被引证次数、同族数量、专利状态等指标，筛选出谷歌公司在层次和网络数据可视化方面的典型专利。其主要包括以下三类。

第一，地理信息可视化类。

专利1——US9471625B2，涉及地理信息系统中基于动态视图的数据层，为用户提供更大程度的灵活性、实用性和信息的交互式地理信息系统（GIS）和技术。该专利提供了一种标记语言，其促进交互式GIS的服务器和客户端之间的通信，能够实现多个GIS特征，诸如网络链接（基于时间的和/或依赖于视图的动态数据层）、地面覆盖、屏幕覆盖、位置标记、3D模型和风格化的GIS元素，诸如几何形状、图标、描述气球、多边形和用户通过其看到目标区域的查看器中的标签。此外，还启用了分布式地理空间可视化环境中用户定义路径的“虚拟旅游”。还能够对填充的多边形数据进行流式和交互式可视化，从而允许以3D形式提供建筑物和其他此类特征。此外，提供了用于在GIS中启用模糊搜索请求的技术。

专利2——KR100928274B1，使用与地图视图关联的边框进行商家位置搜索，该系统从分布在网络中多个位置之间的多个文档收集实体位置信息，检索实体位置信息以识别位于用户选择的整个第一区域内的第一组实体。该系统经由网络提供第一数字地图，该第一数字地图包括第一区域并包括所识别的第一实体集合及其关联地理位置的视觉表示。

第二，社交网络可视化类。

专利1——US8977649B1，为社交网络中的用户组生成建议，实现提供所建议的社交圈，所述社交圈包括基于第一预定标准生成联系人列表，所述联系人列表将被考虑潜在地包括在将被建议给特定用户的社交圈中，以及生成指示所述特定用户对所述联系人中的每一者的亲和力的强度的边和顶点加权图表示。识别图中基于预定因素具有高总得分的顶点集合。在确定对应于所识别的顶点集的联系人应当被呈现为对特定用户的建议社交圈之后，将对应于所建议社交圈的社交圈数据发送到与所述特定用户相关联的客户端设备，以在所述客户端设备上显示所建议社交圈的表示。

专利2——US9811539B2，涉及照片的层次空间聚类，访问多张照片，每一张照片与在线地图上的地图特征和表示该照片的适合性的得分相关联；响应于所述照片的得分，由一个或多个计算机从所述多个照片中选择一组候选照片；通过一个或多个计算机，确定从所述候选照片集合中选择的照片簇，所述簇具有预定形状和阈值大小，所述预定形状由所述簇中所选择的照片的分布的度量确定，所述阈值大小基于与所述候选照片集合相关联的位置之间的地理距离确定，选择所选择的照片，使得具有所选择的照片的群集的结果形状和结果尺寸分别在群集的预定形状和阈值尺寸之内；其中所述群集对应于所述在线地图的特定缩放级别，其中在一个缩放级别所选择的照片的群集不依赖于在另一个缩放级别的群集；并且其中所述预定形状还基于所述地图特征的形状来确定；以及将所述群集存储为与所述集合中的每个所选择的照片相关联。

第三，导航浏览类。

US8928666B2，涉及导航与关注点关联的可视数据，提供了用于导航图像图形的系统和方法。在一些方面，提供用于显示的第一图像，其中所述第一图像对应于图像图内的第一图像节点，其中所述图像图包括对应于来自多个不同图像类型的图像的图像节点，并且其中所述图像图中的每个图像节点与地理空间数据相关联。接收对所述第一图像内的预定区域的选择的指示，其中所述预定区域与所述第一图像中对应于与所述图像图内的第二图像节点相关联的地理空间数据的位置相关联。响应于对预定区域的选择的指示，提供对应于第二图像节点的第二图像以供显示。

整体来看，谷歌公司在层次和网络数据可视化方面的专利申请授权率较高，达到62%左右，且专利申请的平均同族数量较多，专利布局全面。

2）阿里巴巴

2008 年 9 月，阿里巴巴确定“云计算”和“大数据”战略，决定自主研发大规模分布式计算操作系统“飞天”。2014 年 7 月，阿里云发布大数据计算平台 MaxCompute，中小公司花几百元即可开始分析海量数据。2017 年开始，数据可视化分析平台 Quick BI 在阿里巴巴内部已经统一的 BI 产品基础之上，开始在阿里云上对外提供数据可视化和分析的服务。从 2020 年开始，Quick BI 成长为面向于企业全场景的消费式 BI 平台，企业可以在阿里云、钉钉、淘宝等多个平台选择 Quick BI 的服务，服务于零售、金融、政务、互联网、制造等各种行业上的万家企业。

如图 6-3-11 所示，Quick BI 可以提供海量数据实时在线分析服务，支持拖拽式操作和丰富的可视化效果，帮助轻松自如地完成数据分析、业务数据探查、报表制作等工作。

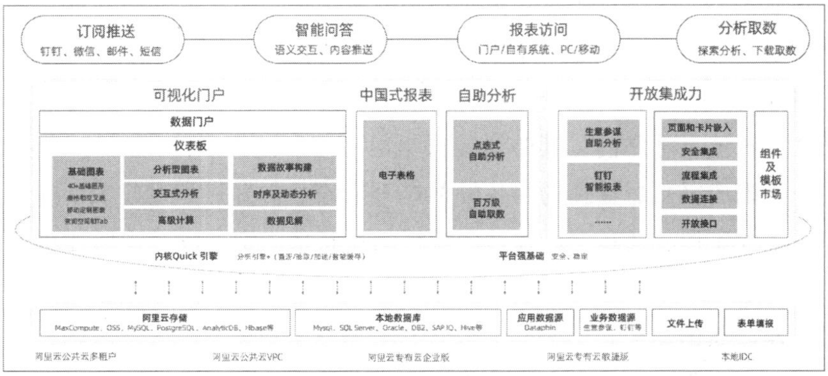

图 6 –3 –11 阿里巴巴 Quick BI 平台框架

Quick BI 的数据展示模块包括电子表格、仪表板、数据门户等模块。其中电子表格负责在线电子表格（WebExcel）的相关操作功能，涵盖行列筛选、普通/高级过滤、分类汇总、自动求和、条件格式等数据分析功能，并支持数据导出，以及文本处理、表格处理等丰富功能。仪表板负责将可视化图表控件拖拽式组装为仪表板，支持线图、饼图、柱状图、漏斗图、气泡地图、色彩地图、指标看板等 40 多种图表；支持查询条件、TAB、IFRAME、PIC 和文本框五种基本控件，支持图表间数据联动效果。数据门户负责将仪表板拖拽式组装为数据门户，支持内嵌链接（仪表板），支持模板和菜单栏的基本设置。

如图 6 –3 –12 所示，2019 年，阿里云数据可视化应用工具 DataV 正式推出专业版，该版本为可视化领域专业团队和从业者量身打造，定位数据可视分析大屏搭建场景，让使用者可以轻松进行复杂交互设计，满足实时数据交互查询需求。

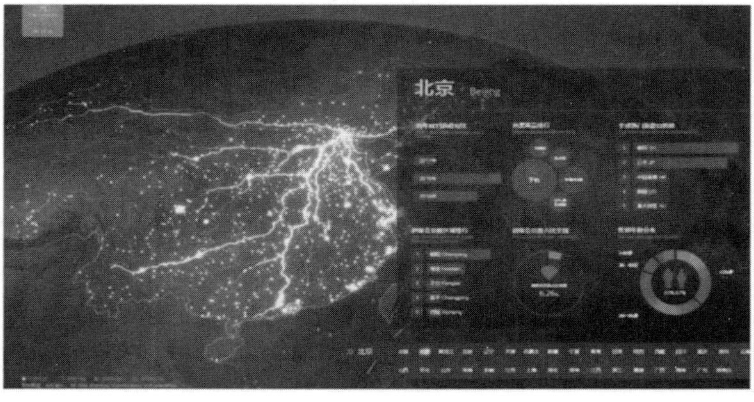

图 6 –3 –12 阿里云数据可视化应用工具 DataV

DataV 数据可视化是使用可视化应用的方式来分析并展示庞杂数据的阿里云产品。DataV 旨在通过图形化的界面帮助不同专业背景的用户轻松搭建专业水准的可视化应用，满足会议展览、业务监控、风险预警、地理信息分析等多种业务的展示需求。DataV 数据可视化已形成多样化的典型场景，例如：运营数据看板、地理数据看板、城市交通看板、指挥中心看板等。用户也可以基于 DataV 数据可视化内各类优质可视化应用模板，快速搭建属于自己的可视化应用。

（1）专利申请情况

从图 6-3-13 可以看出，阿里巴巴在层次和网络数据可视化技术方面呈现出震荡上扬的趋势。由于整体专利申请量不大，因此申请量的增长多以单个年份的增长而出现小高峰。但是 2018—2020 年，阿里巴巴在层次和网络数据可视化技术方面的专利申请保持了持续增长。这也与其推出数据可视化平台 Quick BI 和 DataV 的时间相吻合。

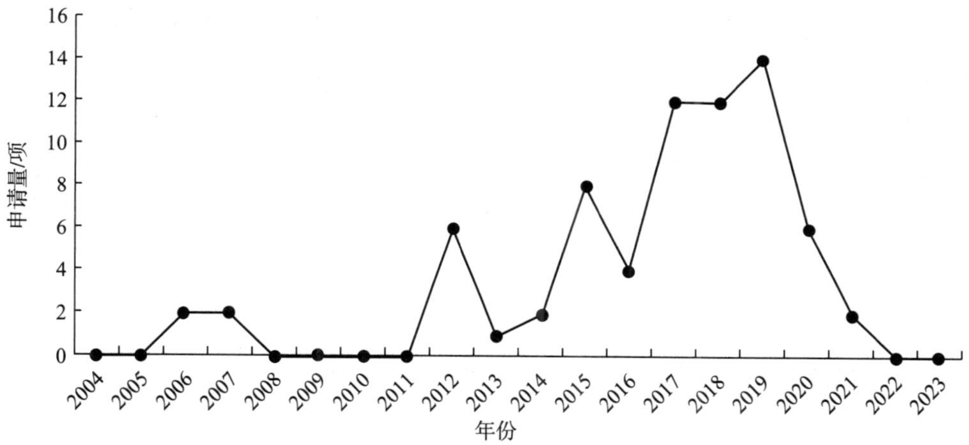

图 6-3-13 阿里巴巴公司层次和网络数据可视化专利申请趋势

阿里巴巴在层次和网络数据可视化技术方面的专利申请主要涉及信息搜索的可视化呈现、树形结构数据、块链可视化等。

（2）典型专利

本节通过被引证次数、同族数量、专利状态等指标，筛选出阿里巴巴在层次和网络数据可视化方面的典型专利。

专利 1——EP3559819B1，涉及可视化块链浏览器，实现包括从客户端设备接收对块链可视化用户界面的请求。基于块链生成块链可视化用户界面。所述块链可视化用户界面包括链图结构，所述链图结构可视地描述所述块链的至少一部分以及在所述块链网络中发生的事务的事务信息。响应于对块链可视化用户界面的请求，块链可视化用户界面被提供用于在客户端设备上显示。

专利2——CN110334165B，涉及基于地理位置的多媒体信息展示方法、系统、装置及设备。通过客户端获取多媒体信息并构建包含信息地理位置的交易，上传至区块链节点，区块链节点对所述交易进行共识并存证至区块链网络，进而，对已经存证的交易根据地理位置进行分类，并且在终端展示设备上进行根据地理位置分类展示用户相关的多媒体信息。

专利3——CN108280135B，涉及实现数据结构可视化的方法、装置和电子设备，该方法包括：对关系型数据结构进行处理得到节点集合和边集合；基于所述节点集合中的节点的出度，确定所述边集合中的待布局边，所述待布局边为需要在布局过程中确定相应的图形在画布中的位置的边；基于所述节点集合中的节点和所述待布局边，向用户呈现所述关系型数据结构相关的可视化图形。

专利4——CN111078967B，涉及显示方法、装置、电子设备和存储介质，所述的方法包括：确定多个节点和所述多个节点间的关联关系，并按照设定规则将所述多个节点划分为多于一层，其中，所述关联关系包括同层节点间的第一关联关系和不同层节点间的第二关联关系；依据所述关联关系确定节点间的边，以及确定所述多个节点的显示信息，构成节点网络，其中，所述节点间的边包括同层节点间的边和不同层节点间的边；显示所述节点网络。该专利能够减少节点堆积，减少节点间的连线交叉的问题，有效地管理节点网络。

6.4 本章小结

本章介绍了大数据可视化的技术发展现状和专利布局状况，从专利创新的角度来看，可以看出自2013年起专利申请的增长速度提升，在2018年之后呈现迅猛增长的态势，体现出了各国自2012年开始出台各种大数据发展政策的效果。同时，2019年是数据可视化的大年，Salesforce收购数据分析平台Tableau，谷歌公司以26亿美元收购数据分析公司Looker。数据可视化产业开始进入规模化的阶段。从大数据可视化的技术分支来看，在文本和文档可视化技术方面，专利申请高峰在2011—2014年出现过一次，随后同样是在2019年，出现了第二次的专利申请高峰。每一次申请高峰的出现，也伴随着新的数据可视化产品的出现，如Datawrapper、D3. js、EdWordle等。在层次和网络数据可视化方面，专利申请的态势与大数据可视化整体的态势较为一致，也是在2019年出现明显的增长。从中国的大数据可视化的专利申请趋势来看，其起步晚于全球，在 2013—2018 年专利申请量增长缓慢，未能赶上第一波的发展高峰。但是在 2018 年后，呈现出了快速增长的势头，增长速度赶超美国。这说明中国近五年在大数据可视化方面发展迅速，并产生了较多的研发成果。

从各国创新主体的构成来看，大数据可视化的创新主体多为企业，排名前十位的申请人皆为企业，说明大数据可视化技术的发展已经较为成熟，商业落地情况较好。中国在发展起步较晚的情况下，需要关注 IBM、微软公司、谷歌公司、元平台等国际巨头公司已完成的基础专利布局情况，绕开专利壁垒。同时，中国丰富的数据资源，也为大数据可视化发展提供了肥沃的土壤。腾讯公司、阿里巴巴、百度公司等在大数据可视化方面已逐步跟上全球技术发展的步伐，国内高校清华大学、浙江大学在大数据可视化方面也具有一定的研发实力。

随着信息技术的不断发展，在生产和生活中产生的数据量级呈指数级增长。大数据可视化通过对海量信息的处理，将抽象的数字和统计数据转换为形象化的图表、图像、地图等形式，帮助人们更快、更方便地发现问题和趋势进而作出决策。未来，人工智能技术、云计算技术的快速发展，也必将促进大数据可视化技术变得更加智能和广泛，创造更好的交互式体验。

第7章　结语

7.1　大数据关键技术专利布局特点

大数据关键技术包括大数据采集与预处理技术、大数据存储技术、大数据计算技术、大数据应用分析技术和大数据可视化技术等五个方面。

通过对现有的全球专利申请文献的研究分析，其中大数据采集与预处理技术从2011年开始就进入了发展的快车道，得益于一系列国家宏观政策和行业领域规范的相继出台，中国的专利申请量保持了突飞猛进的势头，由2004年仅占12%的比重快速上升到2021年占比83%。从各个技术分支的专利申请量上看，中国在互联网数据采集和数据清洗方面的优势更为明显，而在数据库采集和日志采集方面相对来说，还有一定的发展空间。

大数据存储技术，包括分布式文件系统技术、数据库模型技术、存储虚拟化和存储云等虚拟存储技术。其中，在分布式文件系统技术领域，2010年以后专利申请量进入爆发期。从专利申请原创地情况统计，以美国为原创地的申请数量占比61%。而日本和中国占比12%。在数据库模型技术领域，专利申请量从2012年开始突破，并呈现逐年上升态势，其峰值出现在2019年。以美国为原创地的申请数量占比64%，而以中国为原创地的占比7%，还有很大的提升空间。在存储虚拟化与存储云技术领域，从2010年开始专利申请量逐步上升，增长态势平稳；以美国为原创地的申请数量占比62%，排名第一位，而日本次之，其申请数量占比10%，中国和韩国均占比7%，排名在第三位和第四位。

大数据计算技术，受谷歌公司发表的三篇大数据相关的重要论文影响，专利申请量从2005年开始增长。2016年人工智能得到普遍关注，大数据计算技术的创新也在此影响下而再次被激发，从2018年开始大数据计算的申请量呈直线增长趋势。其中，申请人来自中国的申请数量占到63%，具有绝对优势，美国次之，占到 26%。根据申请的公开地域进行分析，中国专利申请从 2007 年开始快速增长，涨幅明显快于其他国家/组织，在 2014 年数量上超过美国，成为申请量最多的国家。

大数据应用分析技术已广泛应用在政务、金融、能源、地产、工业、互联网、媒体、医疗、教育、出行等多个领域。在电子商务领域，从 2014 年起，得益于人工智能、大数据等技术的快速发展，电子商务大数据的专利申请量呈现出快速增长态势。中国是电子商务大数据专利申请的重要目标国，占比达 40%，而美国占 26%。排名前五位的创新主体中，第一位、第二位为中国的阿里巴巴、京东，第三位、第四位、第五位为美国的谷歌公司、IBM 和微软公司。在电力大数据领域，自 2013 年起专利申请的增长速度提升，呈现迅猛增长的态势。中国是电力大数据申请的重要目标国，占比达 73%，而美国、日本分别占 8%、7%，分列第二位、第三位。从创新主体申请量来看，国家电网、南方电网具有绝对优势，分列第一位、第二位。在环境气象大数据领域，从 2014 年起，得益于人工智能、大数据等技术的快速发展，环境气象大数据的申请量也呈现出快速增长态势，从创新主体申请量来看，国家电网具有绝对优势，排在第一位，中石化和中石油排在第二位、第三位。

在大数据可视化技术领域，全球专利申请自 2013 年起增长速度出现提升，2018 年之后呈现迅猛增长的态势。中国大数据可视化的起步稍晚于全球，从 2017 年开始出现明显的增长，但是发展迅猛，2018—2021 年的增长势头超过了全球的增长势头。中国和美国在大数据可视化专利申请方面占据了绝对优势，来自中美两国申请人的专利申请占比分别为 43% 和 41%。从创新主体申请量来看，排名前十位的主要是国际巨头和各大科技创新企业。微软公司、谷歌公司、IBM 排在前三位。腾讯公司、阿里巴巴、百度公司等在大数据可视化方面已逐步跟上全球技术发展的步伐。

在本书的前述章节，我们从专利视角分析了大数据技术的专利创新和保护情况，尽管其并非大数据技术和产业全貌，但我们不难看出大数据技术在我国的迅猛发展。中国大数据技术和产业自 2014 年 3 月“大数据”首次被写入政府工作报告以来，走过了“顶层设计”和“产业实践”阶段，在“十四五”开局之年，大数据技术发展也进入了集成创新、深度应用的“持续深化”的新阶段，中国从“数据大国”向“数据强国”迈进，大数据技术发展已进入“全球第一梯队”。中国大数据在医疗、交通、工业自动化等多领域不断融合，加快创新突破，融合应用从虚拟经济转变为实体经济。

7.2 未来大数据技术创新面临的挑战

当下，大数据技术仍然在快速发展。人们认识到大数据的出现，对企业界、学术界和教育界都正在产生巨大影响。未来的一段时间，ChatGPT 对话引擎、脑机接口等会给大数据技术再次提供更多的发展空间和发展动力。大数据技术的发展将有如下特点。

去专业化：大数据工具将不仅仅为工程师而生，而是让企业内部更多的人，能够更容易更高效的使用，直接完成企业内部数据的分析。

去中台化：让用户从当时需要使用的组件开始切入，避免不必要的成本和复杂性。

极速体验：让用户尽快看到数据操作结果而不是经过数天的复杂的程序编写、调试、上线最终验证结果如何。

随需随用：无论采用哪种云原生技术，庞大的、闲置的大数据集群算力时代已经过去，随需随用的云原生大数据技术会替换企业现有的大数据平台计算体系。[1]

大数据技术的发展是从开源生态获得基础性力量。开源生态对于大数据具有重要的意义。开源生态是以开放的方式共享技术、代码、数据等资源，以促进技术的创新和发展。开源技术的优势在于可以让更多的社区参与到技术的开发和维护中，从而让技术更加稳定、安全、灵活和创新。同时，开源技术的共享和开放性也有助于降低技术成本，提高技术的普及程度。在大数据技术领域，开源生态为技术的传播和创新提供了重要的支持。例如，Hadoop、Spark 等分布式计算框架就是基于开源技术开发的。可以说，没有开源技术，就没有大数据的今天。在未来，大数据技术仍将在开源生态的基础上不断快速发展。

专利保护是大数据技术发展的重要保障。由于大数据技术的应用范围和创新性较高，专利保护既可以保护技术的创新成果，鼓励企业和个人进行技术研发和创新，专利保护也可以避免技术的滥用和抄袭，保护企业和个人的利益。在大数据技术领域，专利保护的实施需要考虑技术的开放性和创新性，避免对技术的创新和发展造成不利影响。

---

[1] 郭炜. 大数据技术的未来发展趋势怎么样？［EB/OL］.（2022－09－01）［2023－07－31］. http：//zhihu. com/question/508594228.

2022 年，ChatGPT 横空出世，掀起了人工智能技术的又一次高潮。ChatGPT 依赖的大模型技术，是基于神经网络的模型，具有强大的自然语言处理和图像识别能力，能够处理大规模的数据，并取得了很大的成功。这些大模型技术的出现对大数据技术的未来发展带来了很大的影响。不仅让人们更加重视数据的采集、存储和处理，也推动了大数据技术的发展，并为大数据技术带来新的技术挑战。

首先，大模型技术让人们意识到了数据的重要性。大模型技术需要大规模的数据来进行训练，才能取得更好的效果。这就促使人们更加重视数据的采集、存储和处理，以获取更多、更好的数据。

其次，大模型技术也推动了大数据技术的发展。大模型技术需要处理大规模的数据，而处理大规模数据的技术正是大数据技术所擅长的。因此，大模型技术的出现将极大地促进大数据技术的发展，以满足大模型技术的需求。

最后，大模型技术也为大数据技术带来了新的技术挑战。大模型技术需要解决模型训练的效率和精度问题。这就需要大数据技术不断推陈出新，在存储、计算、分析等方面进行优化，以提高大模型技术的训练效率和精度。同时，大模型技术的出现也推动大数据技术向更加智能化、自动化的方向发展，例如自动调参、神经网络结构搜索等技术。这些技术的出现，将让大数据技术更加智能、高效地处理大规模数据。

可见，大模型技术是大数据技术发展的重要推动力量。我们可以期待大数据技术和大模型技术更加深入的结合，以实现更加智能、高效的数据处理和应用。

此外，我们需要不断探索和应用新的技术和方法，在法律、技术和方法方面不断完善和提高，以更好地利用大数据的潜力和价值，以更好地应对当前和未来的挑战和需求，从而推动社会的进步和发展。